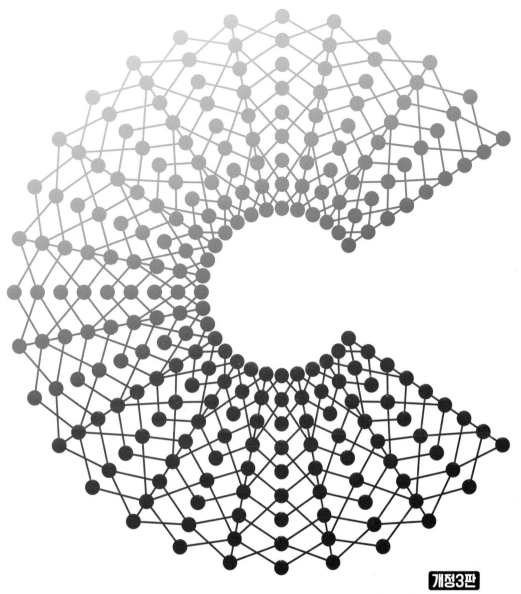

개정3판

명품 C 언어 프로그래밍

안기수 지음

생능출판

저자 소개

안기수(kashn@dongnam.ac.kr)
성균관대학교 통계학과 졸업
성균관대학교 대학원 통계학과 전산통계학 전공(석사, 박사)
현 동남보건대학교 세무회계학과 교수

저서
단계별로 설명한 C 프로그래밍(2000, 생능출판사)
응용 프로그램 개발을 위한 명품 C 언어 프로젝트(2010, 생능출판사)
엑셀로 풀어보는 생활 속의 통계학(2014, 생능출판사)

명품 C 언어 프로그래밍

초판발행 2007년 9월 1일
제3판1쇄 2021년 11월 15일

지은이 안기수
펴낸이 김승기
펴낸곳 (주)생능출판사 / **주소** 경기도 파주시 광인사길 143
출판사 등록일 2005년 1월 21일 / **신고번호** 제406-2005-000002호
대표전화 (031)955-0761 / **팩스** (031)955-0768
홈페이지 www.booksr.co.kr

책임편집 신성민 / **편집** 김민보, 유제훈, 권소정 / **디자인** 유준범
마케팅 최복락, 김민수, 심수경, 차종필, 백수정, 송성환, 최태웅, 명하나, 김민정
인쇄 천일문화사 / **제본** 은정문화사

ISBN 978-89-7050-521-3 93000
정가 28,000원

머리말

저자가 처음으로 컴퓨터와 프로그램이라는 것을 접했던 시기는 1984년 초쯤으로 기억합니다. 그 당시 APPLE PC라고 하는 개인용 컴퓨터가 청계천 전자상가에서 조립되어 판매되기 시작했는데 본체의 가격도 고가였으며, 플로피 디스크를 이용하는 보조기억장치나 프린터가 본체 가격만큼이나 비싸서(프린터는 본체의 2배로 기억) 그림의 떡이었던 시절이었기에 모든 장치를 완벽하게 갖춘 PC를 개인적으로 보유했던 사람이 드물었습니다.

우연히 교수님 연구실에 들렀을 때 컴퓨터로 프로그램 작업을 하던 교수님께서 너무도 궁금해 하던 본인을 위해 짧은 시간 동안이었지만 컴퓨터의 기능과 프로그램을 소개해 주었고, 그 이후로 컴퓨터라는 기계에 매료되었습니다.

공부하는데 꼭 필요한 것이라고 부모님을 여러 번 조른 끝에 본체와 자그마한 흑백 모니터는 어렵사리 장만했으나 보조기억장치를 이용할 수 없었기 때문에 한번 프로그램을 시작하면 중간에 멈추고 다른 일을 할 수가 없었으며, 어찌되었던 실행 결과를 확인해야만 끝이 났었습니다. 그런데 그 당시는 요즘과는 달리 밤늦은 시간에도 자주 정전이 되는 바람에 많은 시간을 공들여 작성했던 프로그램들이 실행 결과를 보기도 전에 한순간에 날아가 버리는 사태가 이틀 걸러 일어났었고, 그때마다 말로 표현할 수 없는 탄식과 회의가 있었지만 어느 순간부터 오기가 생겨 몇 번이고 다시 작성했었고, 아침이 된 것도 모르고 실행 결과를 보면서 흐뭇해하던 때가 있었습니다. 아마도 이러한 색다른 경험이 새롭고 다양한 프로그래밍에 대해 눈을 뜨게 하였고, 초보 프로그래머를 위한 책을 만들려는 용기를 준 것으로 생각합니다. 저자의 경험상 프로그램 언어는 외국어와 마찬가지로 문법만을 외우거나 이해한다고 해서 외국인과의 대화를 자연스럽게 할 수 없듯이 직접 그리고 자주 프로그램을 작성해봐야만 그 문장과 문법의 의미를 이해할 수 있으며, 스스로 새로운 문제에 대해 프로그램을 작성할 수 있는 용기와 능력이 생기게 됩니다. 저자는 우연히도 그러한 연습을 본의 아니게 반복하게 되었지만 지금도 그때의 상황을 고맙게 생각하고 있습니다.

모든 일에는 순서가 있듯이 프로그램도 결국 그 처리의 순서를 정하여 작성하는 것입니다.

이 책이 나오기까지 많은 분들의 도움이 있었습니다. 10여년 가까이 프로그램 언어 과목을 강의해오면서 다소 엉뚱했지만 생각의 전환을 주었던 질문을 던진 학생들에게 고마움을 표시합니다. 프로그램에 눈을 뜨게 하였고 다양한 마인드를 경험하게 해준 허문열 교수님, 책의 목차와 구성에 대해 조언을 아끼지 않으셨던 학과의 여러 교수님께 감사를 드립니다. 그리고 책의 여러 부분에서 생각의 모티브를 얻게 해준 C 언어 책을 출판하였던 선배 교수님들께도 지면을 통해 감사드립니다.

그리고 김승기 사장님과 더불어 이 책이 더욱 돋보이도록 훌륭하게 편집해 준 편집부 직원들에게도 감사의 말씀을 전하며, 항상 믿음으로 대해주는 아내와 정호, 지호 그리고 자식을 위해 헌신적인 도움을 주시는 부모님께 머리 숙여 감사를 드립니다.

끝으로 이 책의 많은 부분에서 쉽게 표현하려고 했던 서사의 본래 의노와는 다르게 표현된 미흡한 점이 없지 않으나 프로그램 언어를 공부하려는 학생들에게 좋은 벗으로 기억되기를 희망합니다.

2021년 10월
안기수

PREFACE

이 책의 대상과 구성

이 책은 C 언어 문법과 프로그래밍 방법을 이해하기 쉽게 서술한 프로그램 입문서로서 컴퓨터 비전공자나 전공자 모두를 대상으로 한다. 이 책에 포함된 예제 프로그램은 Visual Studio Community 2019를 기준으로 작성되었으나, Turbo C/C++의 경우와 실행 결과를 비교할 수 있도록 함께 수록하여 컴파일러에 상관없이 예제 프로그램의 실습을 진행할 수 있다.

이 책은 다음과 같이 [프로그램 기초], [문법 이해와 적용], [프로그램 응용] 그리고 [분석 및 종합 평가]의 4단계로 진행할 수 있도록 구성되어 있으며, 총 11부(20장)로 구분하였다. 각 단계별 구성, 학습 내용과 진행은 다음과 같다.

구분	단계		학습 내용과 진행	
책	프로그램 기초	1부 프로그램을 시작하기 전에 2부 프로그램의 작성과 실행	프로그램 기초 ↓ 프로그램 환경 이해	컴퓨터와 프로그램 컴파일 실습
	문법 이해와 적용	3부 데이터와 연산 4부 제어문 5부 함수 6부 배열과 포인터 7부 사용자가 정의하는 데이터 형 8부 파일 출력과 파일 입력 9부 고급 프로그래밍 기술	문법 학습 ↓ 문법 이해 ↓ 문법 확인 응용력 향상	[기초 문법] [예제실습] [실습문제] [단원정리] [연습문제]
보조자료 (홈페이지 제공)	프로그램 응용	10부 응용 프로그래밍	프로그램 응용	[고급기술] [심화학습]
	분석 및 종합 평가	11부 과제와 프로젝트 프로그램	과제선택 ↓ 과제평가	[과제완성] [프로젝트완성]
	예제	예제 프로그램, 실습문제 정답	Visual C++ source	

이 책의 특징과 미리보기

이 책은 다음의 4단계로 진행하여 학습의 완성도를 높이고자 한다.

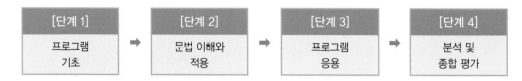

각 단계별로 특징을 요약하면 다음과 같다.

[프로그램 기초] 단계
• 프로그램의 개요, 프로그램 작성에 요구되는 기초 지식(변수와 연산자, 출력) 설명
• 맛보기 프로그램을 통해 프로그램을 작성하고, 컴파일과 실행 방법을 단계별로 진행

[문법 이해와 적용] 단계
• 프로그램 언어를 배울 초보자에게 문법의 개념은 쉽지 않으므로 각 단원 도입 부분에 실생활과 연관지어 문법의 개념을 이해할 수 있도록 설명
• 각 장에는 예제와 더불어 실습문제를 추가하여 자기 주도적 학습으로 진행하도록 구성
• 빠른 실습 진행과 확고한 문법 이해를 위해 가능한 예제의 일관성 유지
• 각 장에 '참고'를 삽입하여 프로그래밍에 참고할 만한 추가적인 내용 제공
• 각 단원의 마지막에 제시된 '단원정리'를 통해 학습한 문법을 정리·확인
• 연습문제는 난이도 별로 다양한 형태로 제시하여 수준별 평가가 가능

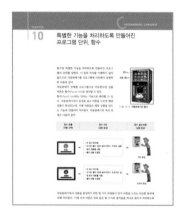

[프로그램 응용] 단계

- [문법 이해와 적용] 단계에 대한 심화학습 부분
- 10부의 응용 프로그래밍은 진법 변환 외에 7개의 주제를 중심으로 각 주제에 대한 프로그램을 어떻게 어떤 방법으로 확장시켜 나갈 수 있는지를 단계별로 설명하여, 자기 주도적 심화학습이 가능하도록 구성

[분석 및 종합 평가] 단계

- 다양한 내용으로 구성된 52개의 과제와 36개의 프로젝트 수록
- 비전공자나 전공자가 과제나 프로젝트를 수행하는데 있어서 쉽게 접근할 수 있도록 각 주제별로 '설명', '처리 방법과 기준', '문제 분석', '예제와 출력 형식' 그리고 '주요 문법과 참고 프로그램'으로 구분하여 정리

보조자료(홈페이지 제공)

10부 응용 프로그래밍과 11부 과제와 프로젝트 프로그램은 PDF 파일로 수록되어 있으며, 실습문제 정답과 예제 source 프로그램은 텍스트 형식으로 제공한다. 보조자료는 생능출판사 홈페이지(http://www.booksr.co.kr)에서 제공한다.

학습 일정(이 책은 한 학기 주당 3~4시간을 기준으로 구성하였다.)

1. 한 학기 학습 일정

주별	학습 일정	강의 및 실습 내용
1주	1장 컴퓨터와 프로그램 2장 프로그램의 작성과 실행	프로그램에 대한 기초 지식과 컴파일 과정 설명
2주	2장 프로그램의 작성과 실행 3장 printf의 기본적인 사용법과 상수	컴파일 과정과 기초 프로그래밍 학습
3주	3장 printf의 기본적인 사용법과 상수 4장 데이터를 보관하는 장소인 변수와 데이터 형	기초 프로그래밍 학습, 데이터의 표현 방법, 데이터 형의 종류와 차이, 변수의 사용 방법
4주	4장 데이터를 보관하는 장소인 변수와 데이터 형 5장 데이터 입력과 scanf	변수를 이용한 데이터의 입력
5주	5장 데이터 입력과 scanf 6장 계산에 필요한 연산자와 연산식	데이터의 입력과 연산
6주	6장 계산에 필요한 연산자와 연산식 7장 조건에 대한 판단과 선택	연산과 프로그램의 흐름과 순서를 제어하는 제어문의 역할과 기능
7주	8장 반복문 9장 처리의 흐름 조절	프로그램의 일부를 반복 처리하는 반복문의 활용 방법과 기능, 프로그램의 흐름과 순서를 제어하는 제어문의 역할과 기능
8주	중간 평가(또는 10장 특별한 기능을 처리하도록 만들어진 프로그램 단위, 함수)	
9주	10장 특별한 기능을 처리하도록 만들어진 프로그램 단위, 함수 11장 변수에 대한 또 다른 속성, 기억 클래스	함수의 역할과 필요성, 라이브러리 함수 맛보기, 사용자 정의 함수의 사용 방법
10주	12장 라이브러리 함수와 응용 13장 번호가 붙은 변수, 배열	라이브러리 함수의 종류와 기능, 사용 방법, 연속된 기억 장소를 사용하는 배열의 개념과 정의
11주	13장 번호가 붙은 변수, 배열 14장 포인터	배열의 활용 방법, 메모리의 주소를 가리키는 포인터의 개념과 필요성
12주	14장 포인터	포인터의 사용법과 포인터를 사용하는 라이브러리 함수들
13주	15장 여러 데이터를 하나로 묶는 구조체 16장 그 외의 사용자 정의 데이터 형	여러 데이터를 묶어서 처리할 수 있는 구조체와 enum, union, bit filed
14주	17장 파일을 이용한 데이터의 입력과 출력	데이터를 파일에 저장하고, 저장된 파일을 불러오는 파일 입출력 방법
15주	18장 응용 프로그램 개발을 위해 필요한 방법과 문법들 19장 응용 프로그래밍	응용 프로그래밍 실습 (응용 주제는 19장에서 선택)
16주	기말 평가	기말시험 및 과제(프로젝트) (과제와 프로젝트는 20장에서 선택)

PREFACE

2. 두 학기 학습 일정

두 학기의 과정으로 진행할 경우에는 시간적 여유가 있으므로 강사만의 강의 진행을 탈피하여 학생들이 자기 주도적 학습에 의해 프로그램을 완성해 나갈 수 있도록 10부와 11부의 응용 프로그램들을 활용할 수 있다.

주별	1학기 학습 일정	2학기 학습 일정
1주	1장 컴퓨터와 프로그램 2장 프로그램의 작성과 실행	10장 특별한 기능을 처리하도록 만들어진 프로그램 단위, 함수 12장 라이브러리 함수와 응용
2주	2장 프로그램의 작성과 실행 3장 printf의 기본적인 사용법과 상수	응용 프로그래밍 1(함수)
3주	3장 printf의 기본적인 사용법과 상수	13장 번호가 붙은 변수, 배열
4주	4장 데이터를 보관하는 장소인 변수와 데이터 형 5장 데이터 입력과 scanf	14장 포인터
5주	5장 데이터 입력과 scanf	응용 프로그래밍 2(배열과 포인터)
6주	6장 계산에 필요한 연산자와 연산식	15장 여러 데이터를 하나로 묶는 구조체 16장 그 외의 사용자 정의 데이터 형
7주	7장 조건에 대한 판단과 선택	응용 프로그래밍 3(구조체)
8주	중간 평가	중간 평가
9주	8장 반복문	17장 파일을 이용한 데이터의 입력과 출력
10주	8장 반복문 9장 처리의 흐름 조절	응용 프로그래밍 4(파일 입출력)
11주	10장 특별한 기능을 처리하도록 만들어진 프로그램 단위, 함수	18장 응용 프로그램 개발을 위해 필요한 방법과 문법들
12주	10장 특별한 기능을 처리하도록 만들어진 프로그램 단위, 함수 11장 변수에 대한 또 다른 속성, 기억 클래스	19장 응용 프로그래밍
13주	12장 라이브러리 함수와 응용	19장 응용 프로그래밍
14주	13장 번호가 붙은 변수, 배열	20장 과제와 프로젝트
15주	19장 응용 프로그래밍	20장 과제와 프로젝트
16주	기말 평가	기말 평가

차 례

PART 사용자가 정의하는 데이터 형

CHAPTER **15** 여러 데이터를 하나로 묶는 구조체

CHAPTER **16** 그 외의 사용자 정의 데이터 형

CONTENTS

CONTENTS

PART

I

프로그램을 시작하기 전에

Contents

01 컴퓨터와 프로그램

1.1 프로그램이 필요한 이유는?

컴퓨터를 통해 문제를 해결하려면 프로그램이 필요하다.

우리가 컴퓨터를 사용하는 이유는 주어진 문제를 보다 쉽고, 빠르게 해결하기 위해서이다. 그러나 컴퓨터를 이용하여 문제를 해결하기 위해서는 그 문제를 해결할 수 있는 프로그램, 즉 소프트웨어가 필요하다.

컴퓨터를 이용하여 해결해야 할 문제가 문서 작성이라면 아래아 한글과 같은 워드프로세서 프로그램, 디지털 카메라로 찍은 사진이나 이미지를 편집하기 위해서는 Photoshop과 같은 이미지 편집 프로그램, 게임을 하기 위해서는 그러한 게임을 할 수 있는 게임 프로그램이 필요하듯이, 각자의 문제(또는 목표)를 해결하기 위해서는 각각의 프로그램이 있어야 한다. 결국 컴퓨터를 사용한다는 것은 컴퓨터 안에 설치된 혹은 저장된 프로그램을 사용하는 것이며, 컴퓨터를 이용하여 문제를 해결하기 위해서는 그 문제를 해결할 수 있는 프로그램이 필요하다.

그러나 자신의 개인적인 문제를 해결하기 위한 프로그램이 존재하지 않는다면 프로그래머에게 의뢰하거나 프로그램을 직접 만들어야 한다. 그렇다면 프로그램은 무엇으로 만들까?

[그림 1-1] Adobe Photoshop

[그림 1-2] 스마트폰 게임

1.2 프로그램은 무엇으로 만드는가?

프로그램은 프로그래밍 언어를 이용하여 작성한다.

개인용 컴퓨터를 구입하면 기본적으로 Windows 소프트웨어가 이미 설치되어 있으므로 전원을 켜기만 하면 컴퓨터를 사용할 수 있다. 이러한 소프트웨어에는 메모장(notepad)과 같은 간단한 문서 편집기와 인터넷상의 문서들을 볼 수 있는 웹 브라우저(web browser)와 같은 프로그램들이 포함되어 있어서 마우스 클릭만으로 프로그램들을 사용할 수 있다. 그러나 사용자의 눈에는 보이지 않지만 그 외에 컴퓨터라는 시스템의 전반적인 동작을 제어하고 조정하는 여러 프로그램들이 포함되어 있으며, 이러한 프로그램들의 집합을 운영 체제(operating system)라 부른다.

컴퓨터 사용자는 컴퓨터라는 장치에 그러한 프로그램들이 원래부터 포함되어 만들어진 것으로 생각하는 경우가 있다. 컴퓨터라는 기계는 컴퓨터 제조 기술자가 만든 것이며, 운영 체제를 포함하여 컴퓨터에 설치된 모든 프로그램들은 전문 프로그래머에 의해 개발된 것이다. 우리가 별 생각 없이 편리하게 사용하고 있는 많은 프로그램들은 수많은 전문 프로그래머의 땀과 노력에 의해 만들어진 것이다. 그렇다면 프로그래머들은 무엇을 가지고 프로그램을 만들었을까?

프로그램을 만들 수 있는 도구에 해당하는 것이 프로그래밍 언어(programming language)라는 것인데 프로그래밍 언어에는 JAVA, Python, Perl 그리고 C, C++ 언어 등이 있다. 이러한 프로그래밍 언어를 이용하여 문제 해결을 위한 프로그램을 작성하고, 컴퓨터에서 실행 가능하도록 만드는 것이다.

프로그래밍 언어는 컴퓨터 프로그램을 만들기 위해 고안된 특별한 언어이다.

언어는 사람과 동물을 구별하여 주는 특징 중의 하나이다. 아무리 미개한 종족이라 할지라도 그들만의 언어가 있으며 현재 지구상에는 약 6,500개 정도의 독립적인 언어가 존재한다. 언어는 생각, 느낌 따위를 나타내거나 전달하는 데에 쓰는 음성, 문자 따위의 수단을 말하는데 사람과 컴퓨터 사이에서도 마찬가지로 컴퓨터를 이용하여 문제를 해결하기 위해 작성한 명령의 의미를 컴퓨터에 전달할 수 있는 수단이 필요하다. 이것을 프로그래밍 언어라 한다. 따라서 프로그래밍 언어란 컴퓨터가 이해할 수 있고, 처리할 수 있는 프로그램을 만들기 위해 특별히 고안된 언어이다.

다음은 1부터 100까지 더한 합을 출력하는 프로그램을 여러 프로그래밍 언어로 작성한 것이다.

[표 1-1] FORTRAN 언어의 예

```
        INTEGER HAP
        HAP=0
        DO 10 I = 1, 100, 1
10      HAP = HAP + I
        WRITE(6, 20) HAP
20      FORMAT(10X, I6)
        STOP
        END
```

[표 1-2] C 언어의 예

```
#include <stdio.h>
void main()
{
    int i, sum = 0;
    for(i=1;i<=100;i++)
        sum+= i;
    printf("sum=%d", sum);
}
```

[표 1-3] Visual BASIC 언어의 예

```
Option Explicit
Dim i, sum
Private Sub Form_Load()
sum = 0
For i = 1 To 100
sum = sum + i
Next i
MsgBox (sum)
End Sub
```

[표 1-4] JAVA 언어의 예

```
import java.io.*;
public class A
    public static void main(String[] args)
        System.out.println("sum="+ Calc(10));
    }
    static int Calc(int i) {
        int sum =0;
        for (int j=1; j<=i; j++)
            sum += j;
        return sum;
}
```

[표 1-5] BASIC 언어의 예

```
30      SUM = 0
40      FOR i=1 TO 100
50          SUM = SUM + i
60          NEXT i
70      PRINT SUM
```

[표 1-6] Python 언어의 예

```
i = 0
sum = 0
while i < 10:
    i = i + 1
    sum = sum + i
print(sum)
```

프로그래밍 언어들을 이용하여 작성한 프로그램들은 서로 차이가 있지만 영어 단어로 표현되는 명령(write, format, print, stop, end 등)들과 연산자가 포함된 수식(sum=sum+i, sum+=i)으로 구성되어 있다. 프로그래밍 언어는 각각의 프로그램 작성에 요구되는 문법에 따라 차이가 있다. 그렇다면 프로그래밍 언어들은 어떤 특징이 있는가?

현재 지구상에는 수천 개의 프로그래밍 언어가 존재한다고 한다. 이렇게 많은 프로그래밍 언어가 존재한다는 것은, 다시 말해 완벽한 프로그래밍 언어는 존재하지 않는다는 것과 같다. 어떻게 생각하면 프로그래밍 언어는 하나만 존재해야 되지 않을까 라고 생각할 지도 모르나, 각 언어마다의 활용 분야와 장단점이 있기에 여러 종류의 언어가 개발된 것이다. 활용 분야에 따른 대표적인 프로그래밍 언어를 구분하면 [표 1-7]과 같다.

[표 1-7] 활용 분야에 따른 프로그래밍 언어의 구분

영역	프로그래밍 언어
통계 및 빅데이터	R, Python
웹프로그래밍용	JAVA, Python, PHP, JSP
인공지능용	LISP, PROLOG, Python, C/C++
시스템 프로그래밍용(운영체제)	PL/S, ALGOL, C/C++, Swift

1.3 프로그램은 어떻게 시작되었나?

프로그램(program): 미리 쓰다.

프로그램(program)은 본래 '미리 쓰다'는 뜻을 지닌 라틴어에서 유래한 말로서 17세기에 처음으로 사용되었다고 한다. 이 단어는 일상생활에서 운동회의 순서나 음악회의 연주곡 순서 등을 미리 짜놓은 것을 의미하기도 한다. 1920년대에 라디오가 개발되면서부터 방송 시간표를 일컫는 말로 흔히 사용되었으며, 컴퓨터 분야에서는 1946년 과학 잡지 〈Nature〉에 게재된 ENIAC 관련 기사에서 처음으로 사용되었다고 한다.

컴퓨터 프로그램: 컴퓨터를 이용하여 문제를 해결하기 위해 작성한 명령들의 집합

컴퓨터 프로그램은 컴퓨터를 이용하여 문제를 해결하기 위해 순서적으로 작성한 명령들의 집합이라고 할 수 있다. 그러나 컴퓨터라는 기계가 세상에 선을 보이던 때부터 명령들이 사용된 것은 아니다.

최초의 범용 컴퓨터인 ENIAC은 새로운 계산(문제 해결을 위한 계산)을 할 때마다 [그림 1-3]과 같이 기술자들이 진공관 회로의 스위치를 처음부터 하나하나 다시 조정하여 처리해야 하는 단점을 가지고 있었다. 이후 폰 노이만(John von Neumann)에 의해 최초로 제안된 프로그램 내장(stored program) 방식은 컴퓨터로 하여금 문제를 해결하기 위해 처리해야 할 내용들을 차례대로 작성한 명령들의 모음, 즉 프로그램으로 만들어 컴퓨터에 기억시킨

다음, 순서대로 처리하는 방식이다.

[그림 1-3] ENIAC

[그림 1-4] 노이만과 EDVAC

프로그램 내장 방식과 2진 표현 방식을 최초로 사용한 EDVAC 컴퓨터 이후 개발된 거의 모든 컴퓨터들은 폰 노이만의 설계를 기본 구조로 만들어진 것으로, 이를 노이만 형 컴퓨터라 부른다. 프로그램은 소프트웨어(software)라고도 불리며 워드프로세서나 게임 프로그램들도 순서화된 명령들의 집합으로 이루어져 있다. 프로그램에 대한 사전적 정의는 다음과 같다.

> 프로그램: 어떤 문제를 해결하기 위하여 그 처리 방법과 순서를 기술하여 컴퓨터에 주어지는 일련의 명령문 집합체

프로그램 관련 용어들을 정리하면 다음과 같다.

- 프로그램(program): 컴퓨터에게 주어지는 일련의 지시를 정해진 언어로 기술한 명령문의 집합
- 프로그래밍(programming): 프로그램을 작성하는 일련의 과정
- 프로그래밍 언어(programming language): 프로그램을 작성하는데 사용하는 언어
- 프로그래머(programmer): 프로그램을 작성하는 사람

1.4 프로그래밍은 요리를 만들어가는 과정과 같다

> 프로그래밍: 요리 방법이나 조리 순서를 작성하는 과정
> 프로그램: 완성된 조리 방법

프로그래밍(programming)이란 프로그램을 작성해가는 과정을 의미한다. 조리의 예를 들어 프로그래밍과 프로그램을 설명한다. 프로그래밍은 하나의 요리를 완성시키기 위한 조리 순서를 만들어가는 것이며, 프로그램은 문서로 완성된 조리 방법이라고 할 수 있다. 따라서 프로그래밍의 단계를 거쳐 프로그램이 완성되는 것이며 최초로 작성한 프로그램을 원시 프로그램(source program)이라고 부른다. 이후에 같은 요리를 만들 때에는 그 요리에 대한 조리법(프로그램)만 참고하면 된다. 예를 들어 자장면의 조리 과정과 성적표 출력 프로그래밍을 비교해 보자.

[표 1-8] 조리 순서와 프로그램 작성 순서

단계	조리 순서	프로그래밍
목표(문제)	자장면 만들기	성적표 출력
재료 준비(입력 자료)	조리에 필요한 재료의 준비	프로그램 처리를 위해 필요한 데이터 준비
	춘장, 감자, 식용유, 국수, 양파, 각종 양념들	한 반 40명의 이름, 번호와 과목에 대한 성적 점수
순서(처리)	자장면 조리 순서	성적 처리 순서
	춘장을 식용유로 볶는다. → 녹말물을 넣어 걸쭉하게 만든다. → 준비된 야채를 넣어 끓인다. → 국수를 삶는다. → 자장 소스를 국수에 붓는다.	학생들의 성적 데이터를 모두 입력한다. → 각 학생별로 성적 합계와 평균을 계산한다. → 전체 순위를 계산한다.
완성(출력)	자장면 완성	성적표 출력

요리를 만들건 프로그램을 만들건 우선적으로 재료가 필요하다. 조리에 있어서 조리 재료는 프로그램에 있어서 입력 자료에 해당한다. 요리를 만들기 위해서 조리 재료가 필요하듯이 성적표를 출력하기 위해서는 학생들의 데이터가 필요하다.

[표 1-8]에서 순서, 즉 처리 과정은 입력 → 처리 → 출력의 과정을 순환한다. 국수를 삶는 과정은 국수를 끓는 물에 넣고(입력) 몇 분간 끓이고 나서(처리) 국수가 완성(출력)되듯이 학생들의 평균과 순위를 계산하기 위해서는 계산 과정에서 만들어지는 자료(입력)들을 다시 계산(처리)하여 결과(출력)를 얻게 된다. 결론적으로 모든 처리 과정은 입력 → 처리 → 출력의 단계로 이루어지며 출력된 결과들이 다시 입력으로 사용(전체 순위 계산)되듯 이러한 과정이 순환되어 처리된다.

위의 요리 과정은 예를 들어 설명하기 위해 단순하게 요약한 것이다. 요리 책에는 좀더 자세한 내용과 과정이 묘사되어 있는데 우선 재료의 양, 볶는 정도나 시간, 기타 추가적인 양념들의 사용과 세부적인 내용들이 표현되어 있다.

중요한 것은 같은 재료를 사용하더라도 요리를 하는 사람 즉, 요리사에 따라 완성된 요리의 맛이 달라진다는 것과, 위의 예에서와 같이 자장면을 만드는 방법도 오직 한 개가 아닌 여러

가지 방법이 사용될 수 있다는 것을 염두에 두어야 한다. 프로그램도 마찬가지다.

하나의 요리를 만들어 내는 조리법이 요리사의 취향, 경험과 지식에 따라 다양한 방법으로 표현되듯이 하나의 목표를 갖는 프로그램도 프로그래머에 따라 다양하게 작성될 수 있다.

프로그래밍 언어들은 앞에서와 같이 대부분 영어 단어와 수식으로 표현하는 데 컴퓨터라는 기계가 이와 같은 영어 문장과 수식을 그대로 이해하는 것일까?

1.5 컴퓨터는 프로그램을 이해하는가?

프로그래밍 언어로 작성된 원시 프로그램은 번역 과정을 거쳐 실행 가능한 프로그램으로 만들어진다.

앞에서 프로그램은 프로그래밍 언어를 이용하여 작성한다고 하였다. 이미 사용하고 있는 프로그램은 제외하고 여러분이 직접 그와 같은 프로그램을 만들어 본다고 가정하자. 프로그램은 컴퓨터로 하여금 주어진 작업을 처리하기 위해 작성한 작업 지시서에 비유할 수 있다.

예를 들어 어느 공장에서 공장장이 외국인 근로자에게 오늘 해야 할 작업 지시를 내린다고 하자. 이때 공장장이 사용하는 언어와 외국인 근로자가 사용하는 언어가 서로 다르다면 정확한 작업 지시를 할 수 없지만, 가운데서 통역을 해 줄 사람이 있다면 서로 간의 언어가 다르더라도 작업 지시를 내릴 수 있다.

컴퓨터에서도 마찬가지의 상황이 일어난다. 사람이 컴퓨터에 작업 지시를 내린다고 할 때 그 내용을 컴퓨터가 이해(혹은 처리)할 수 있도록 해주는 무엇인가가 있다면 우리는 컴퓨터를 이용하여 더 많은 일을 처리할 수 있을 것이다.

과거에는 컴퓨터로 처리해야할 작업 지시서의 작성이 너무 어렵고 복잡했기 때문에 아주 소수의 사람들만이 프로그램을 작성하였다. 그러나 많은 연구와 시도를 통해 프로그램을 비교적 쉬운 방법으로 작성할 수 있도록 하는 대신에 이러한 내용을 컴퓨터가 이해하고 처리할 수 있도록 만들어 주는 번역기라는 것이 개발되었다.

이처럼 사람들이 작성한 프로그램을 컴퓨터가 처리할 수 있도록 만들어 주는 것은 마치 사람과 컴퓨터 사이에 통역자를 두는 것과 같으며 이러한 기능을 하는 프로그램을 번역기, 즉 컴파일러(compiler)라 한다.

대부분의 나라에서 사용하고 있는 그들만의 언어

서류를 가져가도 될까요?

아하~

@#%&&*^
$%#!@$@#
*~??

들은 서로의 생각과 감정을 다양하게 표현할 수 있지만 컴퓨터가 실제로 이해할 수 있는 언어는 언어라기보다는 0과 1이라는 숫자로 조합된 하나의 기호체계이다. 이것을 기계어 (machine language)라 한다. 폰 노이만이 제안한 프로그램 내장 방식은 프로그램을 작성하는데 있어서 숫자로 표현한 명령어인 기계어를 사용하였으며, 이러한 방법은 EDSAC 과 EDVAC 컴퓨터에 의해 실현되었다. 이때 사용된 기계어를 제1세대 프로그래밍 언어라 한다.

학자의 관점에 따라 견해의 차이가 있지만 인공지능 또는 네트워크 언어로 불리는 제5세대 프로그래밍 언어들이 현재 개발되거나 개발 중에 있다. 그러나 현재까지도 일반적으로 사용하고 있는 대부분의 컴퓨터들은 기계어로 처리되며 컴파일러는 프로그래밍 언어로 작성된 원시 프로그램을 기계어로 번역한다.

번역기는 프로그래머가 사용하려는 프로그래밍 언어와 컴퓨터 간에 1:1 대응으로 만들어져 있다. 즉, 하나의 번역기가 모든 프로그래밍 언어를 전부 번역할 수 있는 것이 아니라 번역기가 번역할 수 있도록 특별히 고안된 언어만을 사용하도록 만들어졌다는 것이다. 따라서 FORTRAN 언어로 작성한 프로그램은 FORTRAN 컴파일러를 통해서만 번역되고 실행되며, C 언어로 작성한 프로그램은 오직 C 컴파일러에 의해서 번역되어야만 실행이 가능하다.

이렇게 고안된 프로그래밍 언어는 나름대로의 문법 체계를 가지고 있다. 따라서 작업 지시서, 즉 프로그램을 작성할 때 약속된 문법 체계로 작성해야만 정확한 번역이 이루어지며 컴퓨터에서 실행이 가능하게 된다.

1.6 실행 가능한 프로그램이 만들어지기까지의 과정

원시 프로그램은 컴파일 과정을 거쳐야만 실행 가능한 프로그램으로 만들어진다.

프로그래밍의 단계를 거쳐 완성된 프로그램을 원시 프로그램(source program)이라고 부른다. 원시 프로그램은 번역 과정인 컴파일 과정을 거쳐야만 실행 가능한 프로그램으로 만들어진다.

그러나 원시 프로그램 모두가 실행 가능한 프로그램으로 만들어지는 것은 아니다. 앞에서 언급했듯이 실행 가능한 프로그램으로 만들어지려면 반드시 컴파일 과정을 거쳐야 하는데 컴파일 과정은 원시 프로그램이 문법에 맞게 작성되었는가를 검사한다. 만약 원시 프로그램에 문법에 맞지 않는 부분이 있다면 컴파일러는 문법 오류(syntax error)가 있음을 표시하고, 문법 오류가 존재하는 한 실행 가능한 프로그램은 만들어지지 않는다. 따라서 프로그래머는 문법 오류가 나타나지 않을 때까지 프로그램을 수정하여 다시 컴파일 해야 한다.

문법 오류란 프로그래머가 작성한 프로그램의 어떤 부분이 약속된 문법을 지키지 않거나 약속된 명령을 사용하지 않아 컴파일러가 제대로 번역할 수 없는 오류를 말한다.

우리가 사용하는 언어에도 문법이 있지만, 어느 정도 문법이 틀렸다 하더라도 상대방에게 의미를 전달할 수는 있다. 그러나 컴파일러는 그러한 융통성이 전혀 없기 때문에 약속된 문법을 정확하게 사용해야만 실행 가능한 프로그램을 만들 수 있다.

예를 들어 C 언어에서 결과를 화면에 출력하는 명령 중에 printf라는 것이 있는데, 만약 prontf 혹은 frint라고 작성했다면, 컴파일러는 그러한 명령이 어떤 명령인지를 알 수 없기 때문에 오류 메시지를 출력한다. 그러므로 프로그래머는 컴파일 과정에서 오류가 발생하면 오류가 있는 부분을 모두 문법에 맞게 수정해야 하는데 이를 디버깅(debugging)이라 한다. 프로그램에서 나타나는 오류를 버그(bug)라 부르는데 버그는 벌레(해충)를 의미하며 디버깅이란 벌레를 없앤다는 의미로 오류를 해결한다는 뜻이다.

[그림 1-5] 프로그램의 오류를 찾아 수정하는 디버깅

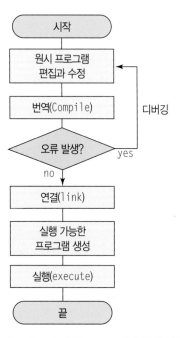

[그림 1-6] 실행 프로그램의 생성 과정

프로그램을 작성하여 실행 가능한 프로그램이 만들어지기까지의 과정을 표현하면 [그림 1-6]과 같다. 설명을 간단히 하기 위해 몇 가지 과정은 생략하였으나 중요한 것은 컴파일 과정을 거쳐야 실행 가능한 프로그램이 만들어진다는 것이다. [그림 1-6]에서 연결(link) 부분은 컴파일 된 파일들을 서로 연결하여 실행 가능한 하나의 프로그램을 만드는 과정으로 이에 대한 내용은 차후에 자세히 설명한다.

컴파일 과정 후에 실행 프로그램의 생성은 문법적으로 오류가 없을 경우에만 가능하다. 그런데 실행 프로그램의 실행 중에 프로그램이 진행되지 않거나 중단되는 경우가 발생할 수 있다. 이러한 오류를 문법 오류와 구별하여 실행 오류(runtime error)라 부른다. 예를 들어 프로그램의 실행 중에 나이를 입력해야 하는데 이름을 입력하거나 계산 과정 중에 어떤 숫자 값을 0으로 나누는 경우에, 프로그램 자체에 문법 오류는 발견되지 않아도 실행 중에 오류가 발생되어 중단된다.

프로그램을 처음 배우는 학생들의 대부분은 주어진 문제에 대한 프로그램을 작성하기 위해 프로그래밍에 많은 시간을 투자하게 되지만, 실력이 어느 정도 향상되면 프로그램에 나타난 오류를 해결하기 위한 디버깅에 더 많은 시간을 보내게 된다. 버그는 주로 문제를 제대로 분석하지 않아, 엉뚱한 방향으로 프로그램을 작성하기 때문에 발생한다. 그러므로 어떤 문제에 대한 프로그래밍보다 그 문제 자체를 분석하는 것이 필요하다. 참고로 문제 분석이란 문제를 해결하기 위해 문제 자체의 의미와 목표, 그리고 처리 방법 등을 꼼꼼하게 검토하는 것이다.

1.7 프로그램은 어디에서 어떻게 작성하는가?

> 프로그램은 각각의 컴파일러가 포함된 통합 환경에서 문법에 맞게 작성한다.

프로그램은 특별히 고안된 프로그래밍 언어를 사용하여 작성하며 작성된 후에는 번역기, 즉 컴파일러에 의한 번역 과정을 거치고 나서 컴퓨터에서 실행할 수 있다. 프로그래밍 언어는 수천 가지가 있다. 대부분의 프로그래밍 언어는 수식과 영어 단어를 기본으로 구성되며 각각의 고유한 문법 체계를 가지고 있다.

프로그램 언어는 사람이 사용하도록 만들어졌기 때문에 프로그램을 작성하기에 편리한 형태로 발전되어 왔다. 프로그램은 [그림 1-7]과 [그림 1-8]과 같이 대부분 개별적인 프로그램 편집기(윈도우 내에 있는 메모장과 비슷한)를 사용하여 작성하되 문법에 맞게 작성해야 한다. [그림 1-7]과 [그림 1-8]은 각각 Visual Studio와 Dev C++의 편집 창에서 C 언어를 이용하여 프로그램을 작성한 화면이다.

프로그래머가 프로그램이 의도한 대로 잘 실행되는지 실제로 실행해 보기 위해서는 먼저 컴파일러로 컴파일(compile)하여 실행 가능한 프로그램으로 만들어야 한다. 따라서 C 언어로 작성된 프로그램의 결과를 확인하기 위해서는 Turbo C++나 Visual C++와 같은 컴파일러가 반드시 필요하다. Turbo C++나 Visual C++와 같은 컴파일러들은 위와 같은 프로그램 편집기 외에도 프로그램의 작성을 용이하게 하는 다양한 기능이 포함된 통합된 환경을 제공한다.

만약 컴파일 과정에서 문법에 맞지 않는 문장이 사용된 경우는 [그림 1-7]의 아래 부분과 같이 문법 오류 메시지가 표시된다. 번역 과정, 즉 컴파일 과정 중에 이러한 오류가 나타나지 않아야만 실행이 가능하며 아주 사소한 오류라도 발생될 경우에는 실행을 할 수 없다.

따라서 여러분이 이 책을 통해 배우게 될 것은 기본적으로 C라고 하는 프로그래밍 언어의 문법을 배우는 것이며, 이러한 문법을 기반으로 다양한 프로그램을 작성할 수 있도록 하는 것이다.

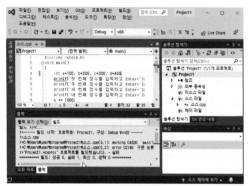

[그림 1-7] Visual Studio 편집기

[그림 1-8] Dev C l+ 편집기

C 언어가 탄생하기까지

REFERENCE 참고

C 언어는 Unix(제 1버전)를 개발한 Ken Thompson의 B 언어를 모태로 1972년도에 Dennis Ritchie에 의하여 개발되었다. B 언어를 설계한 Ken Thompson은 Bell 연구소에서 MULTICS란 운영 체제를 개조하여 Unix를 개발하던 중 이식성이 좋고, 호환성이 좋은 언어의 제작이 요구되었고, 이때 Dennis Ritchie가 B 언어를 개조하여 C 언어를 제작하였고, C 언어로 Unix를 다시 제작하였다.

C 언어의 성능이 점차 알려지게 되자 많은 프로그래머들이 C 언어를 가지고 프로그래밍을 하였고, 자신에게 맞는 C 언어로 변형하면서 여러 변종들이 생겨나게 되었다. 따라서 표준화된 C 언어의 필요성이 요구되었고, 1983년 미국표준협회(ANSI: American National Standards Institute)에 의해 정의된 표준 C 언어를 ANSI C라 한다. 이후 여러 회사에서 ANSI C를 표준으로 하여 C 언어 번역기(compiler)를 만들게 된다. C 언어의 탄생 배경에 모태가 된 언어들을 정리하면 다음과 같다.

[C 언어 탄생에 모태가 된 언어들]

프로그램 언어	제작 년도	약어 설명, 제작자/설계자
ALGOL 60	1960	ALGOrithmic Language 국제 위원회
CPL	1963	Combined Programming Language 영국 Cambridge 및 London 대학
BCPL	1967	Basic Combined Programming Language 영국 Cambridge 대학의 Martin Richards
B	1970	미국 Bell 연구소의 Ken Thompson
C	1972	미국 Bell 연구소의 Dennis Ritchie
ANSI C	1983	미국표준협회(ANSI)에서 만든 표준 C

단원정리

프로그램이 필요한 이유
컴퓨터를 통해 문제를 해결하기 위해서는 프로그램이 필요하다.

프로그램은 무엇으로 만드는가?
프로그램은 프로그램 언어를 이용하여 작성한다.

컴퓨터 프로그램
컴퓨터를 이용하여 문제를 해결하기 위해 작성한 명령들의 집합

프로그램 내장(stored program) 방식
폰 노이만(John von Neumann)에 의해 최초로 제안된 방법으로 컴퓨터로 하여금 문제를 해결하기 위해
처리해야할 내용들을 차례대로 작성한 명령들의 모음, 즉 프로그램으로 만들어 컴퓨터에 기억시킨 다음
순서대로 처리하는 방식

프로그래밍 언어
컴퓨터 프로그램을 만들기 위해 고안된 특별한 언어

프로그래밍
프로그램을 작성하는 과정

작성된 프로그램은 어떻게 컴퓨터에서 실행되는가?
프로그래밍 언어로 작성된 프로그램은 번역 과정을 거쳐 실행 가능한 프로그램으로 만들어진다.

프로그램은 어디에서 어떻게 작성하는가?
프로그래밍 언어는 각각의 컴파일러가 포함된 통합 환경에서 문법에 맞게 프로그램을 작성한다.

실행 가능한 프로그램
원시 프로그램은 반드시 컴파일 과정을 거쳐야만 실행 가능한 프로그램으로 만들어지며 이때 문법 오류
가 없어야 한다. 단계를 요약하면 원시 프로그램 → 컴파일 → 링크 → 실행 프로그램이다.

문법 오류(syntax error)
프로그래머가 작성한 프로그램의 어떤 부분이 약속된 문법을 지키지 않거나 약속된 명령을 사용하지 않
아 컴파일러가 제대로 번역할 수 없는 오류

디버깅(debugging)
프로그램에서 나타나는 오류를 버그(bug)라 부르며 프로그램의 오류를 해결한다(벌레를 없앤다)는 뜻으
로 사용한다.

실행 오류(runtime error)
컴파일 과정을 마친 후 실행 중에 프로그램이 진행되지 않거나 중단되는 경우의 오류

연습문제

1.1 다음의 설명이 맞으면 ○, 틀리면 ×로 표시하시오.

(1) 컴퓨터를 이용한다는 것은 결국 특정한 소프트웨어를 사용하는 것이다.

(2) 컴퓨터 소프트웨어를 개발하기 위해서는 프로그래밍 언어가 필요하다.

(3) 프로그램을 개발하려면 우선 프로그래밍 언어로 작성해야 한다.

(4) 프로그래밍 언어의 문법은 언어마다 차이가 없다.

(5) 최초의 범용 컴퓨터인 ENIAC부터 프로그래밍 언어를 사용하였다.

(6) 컴파일러에 의해 원시 프로그램을 번역하는 과정에서 오류가 발생하기 전까지의 프로그램은 실행된다.

(7) 동일한 결과를 출력하는 프로그램은 다른 프로그래밍 언어로도 구현이 가능하다.

(8) 동일한 결과를 출력하는 원시 프로그램은 프로그래머에 따라 달라질 수 있다.

(9) 문법 오류가 없어도 프로그램의 실행 중에 오류가 발생할 수 있다.

(10) 실행 프로그램은 문법적인 오류가 없을 경우에만 만들어진다.

(11) 실행 가능한 프로그램이 만들어지더라도 다시 실행하기 위해서 컴파일을 해야 한다.

(12) 원시 프로그램은 메모장(notepad)으로 작성할 수 있다.

(13) 컴퓨터에서 한글을 사용할 수 있는 이유는 컴퓨터가 한글을 이해하기 때문이다.

1.2 다음 문장의 □ 안에 적절한 단어를 아래의 보기에서 골라 써 넣으시오.

> **보기**
>
> 문법 오류, 목적 프로그램, 컴파일러, 프로그래밍 언어, 컴파일 과정, 인터프리터,
> 프로그램 내장 방식, 디버깅, 프로그래밍, 원시 프로그램, 운영 체제, 링커

(1) □ 란 컴퓨터라는 시스템의 전반적인 동작을 제어하고 조정하는 여러 프로그램들이 포함되어 있는 소프트웨어를 말한다.

(2) 프로그램을 작성하는 도구로 사용하는 것을 □ 라 한다.

(3) 작성된 프로그램을 컴퓨터가 이해할 수 있도록 번역해주고, 실행 가능하도록 처리해주는 프로그램을 □ 라 한다.

(4) □ 이란 작성된 프로그램이 문법에 맞게 작성된 것인지를 판단하는 과정으로 문법적 오류가 없어야만 실행이 가능하다.

(5) 번역 프로그램에는 컴파일러, □ , 어셈블러 등이 있다.

(6) 기계어로 번역되기 이전의 프로그램을 □ 이라 부른다.

(7) 폰 노이만(John von Neumann)에 의해 최초로 제안된 방법인 □ 은 컴퓨터로 하여금 문제를 해결하기 위해 처리해야 할 내용들을 차례대로 작성한 명령들의 모음, 즉 프로그램으로 만들어 컴퓨터에 기억시킨 다음 순서대로 처리하는 방식을 말한다.

(8) 프로그램을 작성하는 과정을 □ 이라 부른다.

(9) 프로그램의 오류를 수정하는 것을 □ 이라 부른다.

(10) 프로그래머가 작성한 프로그램의 어떤 부분이 약속된 문법을 지키지 않거나 약속된 명령을 사용하지 않아 컴파일러가 제대로 번역할 수 없는 오류를 □ 라 한다.

1.3 기계어로 번역되기 이전의 프로그램을 무엇이라 부르는가?

① 컴파일러   ② 제어 프로그램

③ 원시 프로그램   ④ 목적 프로그램

1.4 프로그래밍 언어에 대한 설명 중 가장 적절한 것은?

① 프로그래밍 언어는 사람보다 기계가 이해하기 쉽게 고안된 언어이다.

② 프로그래밍 언어는 작성만으로 바로 실행이 가능하다.

③ 프로그래밍 언어는 특정 분야가 아닌 일반적인 모든 분야에 사용 가능하도록 고안된다.

④ 대부분의 프로그래밍 언어는 기계어로 번역된 다음 실행된다.

1.5 프로그래밍 언어를 배우는 이유로 적당하지 않은 것은?

① 자신의 생각을 프로그래밍 언어로 표현할 수 있는 능력을 길러준다.

② 특정 프로그램에 적합한 프로그래밍 언어를 선택할 수 있는 지식을 갖게 해 준다.

③ 다른 프로그래밍 언어를 쉽게 배울 수 있게 한다.

④ 컴퓨터에 관한 시야를 넓혀준다.

1.6 실행 프로그램이 만들어지기까지의 과정 중 (   ) 안에 들어갈 적절한 단어는?

> 원시 프로그램 작성 → 컴파일 → (   ) → 실행 프로그램

① editor   ② taster

③ linker   ④ assembler

1.7 다음 중 C 언어의 개발에 영향을 가장 적게 미친 언어는?

① CPL   ② FORTRAN

③ B   ④ BCPL

1.8 다음 중 C 언어의 특징으로 볼 수 없는 것은?

① 시스템 프로그램을 개발하는데 사용한다.

② 컴퓨터 하드웨어를 제어할 수 없다.

③ 이식성이 높은 언어이다.

④ 컴파일러를 사용하는 언어이다.

1.9 다음 설명 중 잘못된 부분을 모두 고치시오.

(1) 프로그램은 프로그래밍 언어를 이용하여 작성한다.

(2) 하나의 컴파일러로 모든 프로그램 언어를 번역할 수 있는 것은 아니다.

(3) 프로그래밍 언어는 컴파일 과정을 거쳐야만 컴퓨터가 이해할 수 있는 언어로 번역된다.

(4) 프로그래밍 언어들의 문법은 모두 같다.

1.10 C 언어가 개발된 이후로 표준화가 필요하게 된 이유는 무엇인가?

1.11 C 언어와 비교적 최근에 개발된 3개의 프로그래밍 언어에 대해 조사하고 어떤 특징과 장점이 있는지를 비교하시오.

1.12 컴퓨터 프로그래머라는 직업 세계와 앞으로의 전망에 대해서 조사하시오.

1.13 자신이 가장 선호하는 라면에 대해 각자의 취향대로 라면을 조리하는 과정을 순서대로 나타내고 가능하다면 순서도로 표시하시오.

1.14 영어를 사용하는 외국인이 현재 여러분이 다니는 학교를 찾아간다고 했을 때 어떤 방법과 절차가 필요한지 간단한 영문으로 작성하시오. 단, 출발지는 여러분의 집으로 가정한다.

1.15 영화를 선택하고 티켓을 구매하여 영화관에서 관람하기까지 필요한 정보를 얻는 구체적인 방법을 포함하여 순서대로 나타내시오.

1.16 만약 10억 원의 복권에 당첨되었다고 할 때 당첨일로부터 향후 n년간 복권금액의 사용 계획을 세우시오.

1.17 자신이 잘하는 분야(학문, 스포츠, 예술, 게임 등) 또는 특기(기술)를 다른 사람에게 가르친다고 했을 때 단계별(초급, 중급, 고급)로 어떻게 진행할 것인가에 대해 기술하시오.

1.18 현재 유치원에 다니고 있는 동생이 있다는 가정 하에 여러분이 동생에게 라면과 음료수를 사오라고 10,000원을 주고 심부름(심부름 값은 1,000원)을 보냈다고 하자. 동생이 집을 출발하여 물건을 사서 돌아올 때까지 동생이 마주치게 될 고민스러운 상황에 대해 예상해 보고, 만약 동생으로 하여금 고민 없이 물건을 사게 하려면 어떠한 정보와 절차를 알려줘야 하는지 동생이 이해할 수 있는 문장으로 작성하시오.

1.19 서울을 출발하여 부산 자갈치시장에 도착하기까지 이용 가능한 모든 교통수단과 교통비용을 조사하여 적은 비용으로 비교적 빠르게 가는 방법은 무엇인지 조사하시오.

PART **II**

프로그램의 작성과 실행

Contents

02 프로그램의 작성과 실행

2.1 Visual C++ 설치와 실행

프로그램 언어로 작성된 프로그램을 실행하기 위해서 컴파일러가 필요하며 C 언어의 경우 일반적으로 Microsoft사의 Visual C++를 사용한다. Visual C++는 Microsoft사의 Visual Studio(visualstudio.microsoft.com)에서 무료로 다운로드하여 설치할 수 있다. Visual Studio의 제품에는 [그림 2-1]과 같이 Community 2019, Professional 2019, Enterprise 2019가 있으나 이 중에서 Community 2019를 선택하여 설치하는 과정을 설명하기로 한다.

Visual Studio 제품을 다운로드하여 사용하기 위해서는 Microsoft사의 계정이 필요하므로 다운로드 이전에 Microsoft사에 로그인 하여 계정을 만들어 놓고 시작한다.

[그림 2-1] Microsoft사의 Visual Studio

[그림 2-1]의 Visual Studio 부분을 클릭하면 다운로드 제품들이 나타나고, 이 중에서 Community 2019를 클릭하면 다운로드 사이트로 이동하고 설치 프로그램을 클릭하여 설치를 시작한다. [그림 2-2]와 같이 설치 프로그램의 과정이 끝나면 [그림 2-3]과 같이 워크로드가 나타나고, 화면에서 [C++를 사용한 데스크톱 개발] 부분에 체크 표시를 한 다음,

화면 오른쪽 아래 부분에서 [Install]을 클릭한다. 클릭 이후 [그림 2-4]와 같이 Visual
Studio Community 2019를 설치한다.

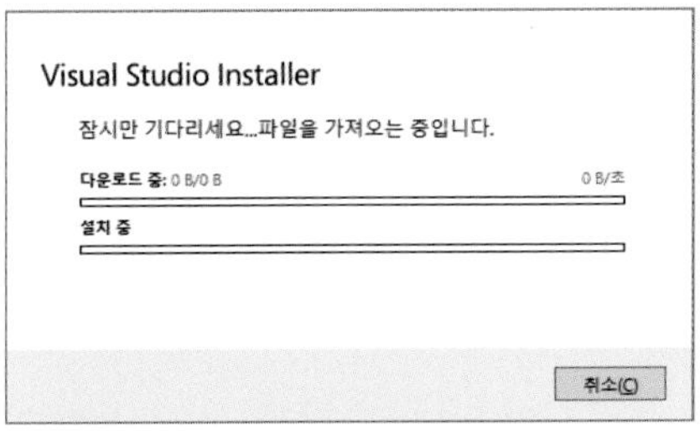

[그림 2-2] 설치 프로그램(Installer)

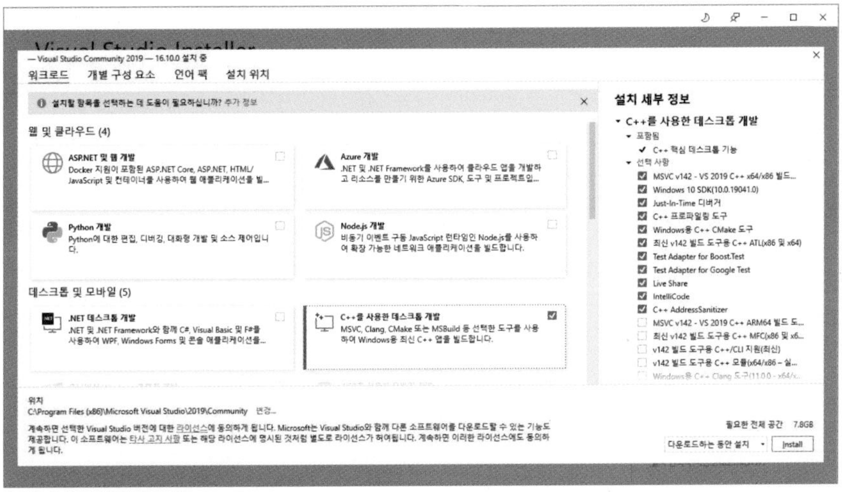

[그림 2-3] C++를 사용한 데스크톱 개발

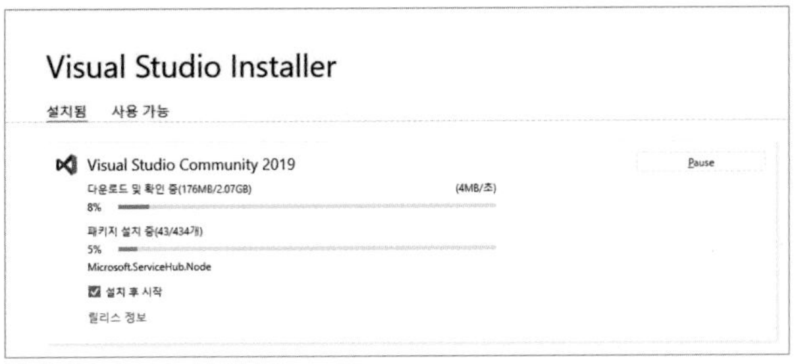

[그림 2-4] Visual Studio Community 2019 설치

2.2 처음으로 작성하는 프로그램과 실행

프로그램을 작성하고 실행하려면 다음과 같은 단계를 거친다.

[단계 1] 프로젝트 생성

[단계 2] 프로그램 작성

[단계 3] 솔루션 빌드

[단계 4] 프로그램 실행

[단계 5] 파일 저장과 솔루션 닫기

프로젝트(project)란 개발하려는 프로그램을 대표하는 이름이라고 할 수 있다. 워드 프로세서나 그래픽 편집 프로그램과 같이 규모가 있는 대부분의 소프트웨어들은 한 개의 프로그램으로만 작성된 것이 아니라 여러 개의 프로그램으로 구성되어 있다. 따라서 소프트웨어의 이름은 이들 프로그램을 대표하는 프로젝트 이름이라고 할 수 있다.

여러분이 작성할 프로젝트는 거의 한 개의 프로그램으로만 구성될 것이므로 프로젝트의 이름과 프로그램의 이름을 같게 해도 되고, 다르게 해도 무방하지만 실행 프로그램의 이름은 프로젝트 이름이므로 프로그램 이름 대신에 프로젝트 이름을 기억하는 것이 좋다. 하나의 프로젝트에서 두 개 이상의 프로그램을 작성하고 실행하는 방법은 18장에서 설명한다.

프로젝트를 생성한 후에 프로그램을 작성하는데 이를 원시 프로그램(source program)이라 한다. 프로그램을 문법에 맞게 작성한 후에 실행 프로그램을 만들기 위해 컴파일과 링크 과정을 거치는데 이 부분을 솔루션 빌드(solution build)라 한다. 솔루션 빌드에서 오류가 발생되지 않았다면 실행 프로그램이 만들어지고 이를 실행하여 결과를 확인한다. 이 과정을 요약하면 [그림 2-5]와 같다.

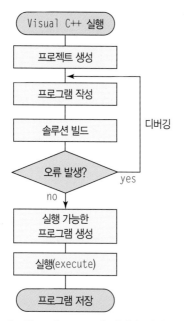

[그림 2-5] 프로그램 작성과 실행 순서도

2.2.1 [단계 1] 프로젝트 생성

[그림 2-4]의 설치가 끝나면 Visual Studio Community가 자동으로 실행될 수도 있고, 자동으로 실행되지 않을 경우에는 윈도우 [시작]에서 Visual Studio Community를 선택하여 실행한다. 이때 Microsoft사의 계정으로 로그인을 한다.

Visual Studio Community의 실행 화면은 [그림 2-6]과 같고, 새로운 프로그램을 작성하는 경우에는 [새 프로젝트 만들기]를, 이전에 작성한 프로그램을 수정하는 경우에는 [프로젝트 또는 솔루션 열기]를 클릭한다.

[새 프로젝트 만들기]를 선택한 경우 [그림 2-7]에서 [빈 프로젝트]를 선택하고 [다음]을 클릭한다. 이어서 [그림 2-8]에서 [프로젝트 이름](Project1)을 정하고, 필요에 따라 [위치]를 변경하고, [솔루션 및 프로젝트를 같은 디렉터리에 배치]에 체크 표시한 다음 [만들기]를 클릭한다. 지금까지의 과정에 의해 폴더 c:\User\user\program에 프로젝트(이름 Project1)가 생성된다.

[그림 2-6] Visual Studio Community(2019)의 실행 화면

[그림 2-7] 새 프로젝트 만들기

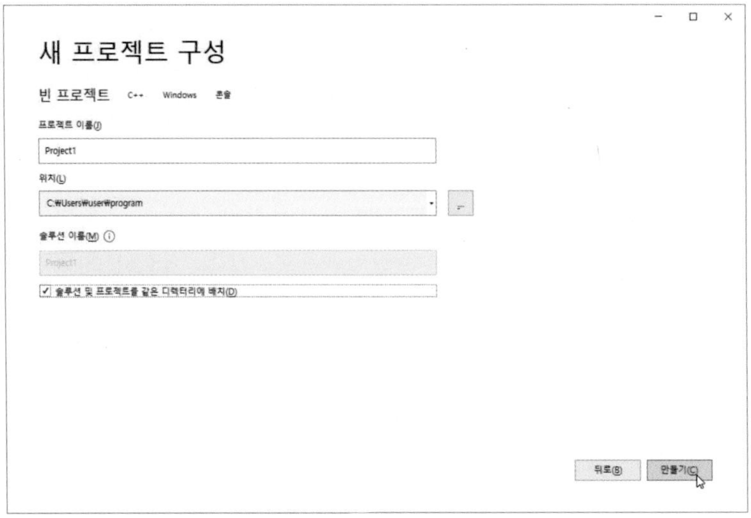

[그림 2-8] 새 프로젝트 구성

2.2.2 [단계 2] 프로그램 작성

프로젝트가 생성되었으므로 이제는 프로그램을 작성해 보자. 프로그램을 작성하기 전에 소스 파일(원시 프로그램)을 추가한다. [그림 2-9]와 같이 화면 오른쪽의 솔루션 탐색기의 폴더 Project1(프로젝트 이름) 아래 부분의 폴더 [소스 파일]을 선택하고 마우스 오른쪽 버튼을 눌러 [추가] 메뉴를 선택하고 이어서 [새 항목]을 선택한다.

[그림 2-10]과 같이 [새 항목 추가] 대화상자가 나타나면 화면 윗부분에서 [C++ 파일 (.cpp)]를 선택하고, 이름 부분에 프로그램의 이름을 입력하는데 이 예에서는 프로그램 이름을 프로그램1으로 변경하였다. 이제 소스 파일의 이름은 프로그램1.cpp이며 마지막에 [추가] 버튼을 클릭한다.

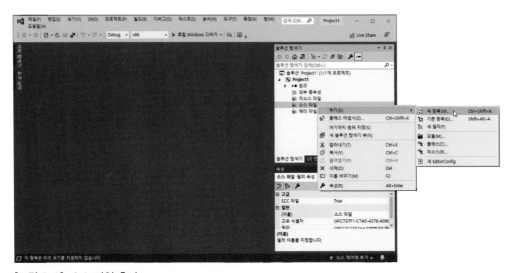

[그림 2-9] 소스 파일 추가

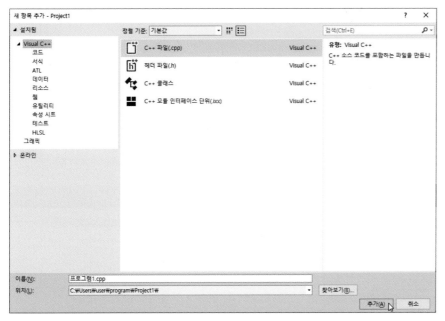

[그림 2-10] 프로그램 이름 입력

이제 [그림 2-11]과 같이 화면 왼쪽 부분에 소스 프로그램을 작성할 수 있는 편집기 창이 나타난다. 이 편집기 창에 〈예제 2-1〉의 내용을 입력한다. 처음으로 작성할 프로그램 〈예제 2-1〉은 "C언어 programming"이라는 문장을 화면에 출력하는 것이다. C 언어에서 결과를 화면에 출력할 때 printf라는 문장을 사용하며 출력할 내용의 앞뒤에는 큰따옴표(", quotation mark)를 사용한다.

〈예제 2-1〉 화면에 문장 출력

```
01   #include  <stdio.h>
02   void main()
03   {
04      printf("C언어 programming");
05   }
```

[그림 2-11] 편집기 창과 프로그램 작성

C 언어로 작성하는 프로그램은 기본적으로 다음과 같은 구조를 가진다. 따라서 앞으로 여러분은 다음의 기본 구조 안에 계산과 출력할 내용에 필요한 프로그램 문장들을 작성해야 한다.

[프로그램의 기본 구조]

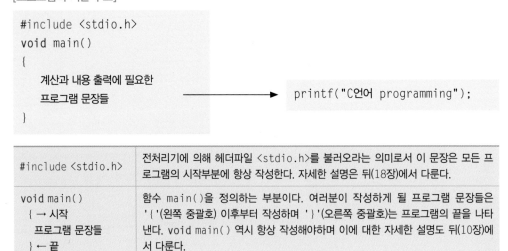

#include <stdio.h>	전처리기에 의해 헤더파일 <stdio.h>를 불러오라는 의미로서 이 문장은 모든 프로그램의 시작부분에 항상 작성한다. 자세한 설명은 뒤(18장)에서 다룬다.

void main()
  { → 시작
    프로그램 문장들
  } ← 끝
	함수 main()을 정의하는 부분이다. 여러분이 작성하게 될 프로그램 문장들은 '{'(왼쪽 중괄호) 이후부터 작성하며 '}'(오른쪽 중괄호)는 프로그램의 끝을 나타낸다. void main() 역시 항상 작성해야 하며 이에 대한 자세한 설명도 뒤(10장)에서 다룬다.

모든 문장들의 마지막에는 반드시 ';'(semicolon)을 사용해야 하고, ';'의 의미는 하나의 문장이 끝났음을 나타낸다.

2.2.3 [단계 3] 솔루션 빌드

〈예제 2-1〉의 내용을 편집기 창에 모두 입력하였다면 틀린 부분이 있는지 다시 확인한다. 프로그램을 모두 작성하였다면 이제 실행이 가능한 프로그램을 만들기 위해 솔루션 빌드 (solution build)를 선택하며 솔루션 빌드는 컴파일과 링크 과정을 처리한다. 컴파일은 작성한 프로그램에 대해 문법 오류가 있는지(문법에 맞게 작성했는지)를 검사하며, 링크는 실행 프로그램을 생성한다. 이 과정을 빌드(build)라 한다. 만약 문법과 다르게 작성한 부분이 있다면 실행 프로그램은 생성되지 않으며 오류가 발생한 부분을 수정하여 솔루션 빌드를 해야 한다.

솔루션 빌드는 [그림 2-12]와 같이 메뉴에서 [빌드] → [솔루션 빌드]를 선택한다. 빌드의 결과는 [그림 2-13]의 아래 부분 [출력]에 나타나 있고 내용은 다음과 같다.

[빌드 결과]

```
빌드 시작...
1>------ 빌드 시작: 프로젝트: Project1, 구성: Debug Win32 ------
1>프로그램1.cpp
1>C:₩Users₩user₩program₩Project1₩프로그램1.cpp(3,1): warning C4326:
'main'의 반환 형식이 'int'이어야 하는데 'void'입니다.
1>Project1.vcxproj -> C:₩Users₩user₩program₩Project1₩Debug₩Project1.exe
1>"Project1.vcxproj" 프로젝트를 빌드했습니다.
========== 빌드: 성공 1, 실패 0, 최신 0, 생략 0 ==========
```

제일 아래 부분에 빌드 : 성공 1, 실패 0은 컴파일과 링크과정이 정상적으로 처리되어 실행 프로그램인 Project1.exe가 생성되었음을 의미한다. 중간부분에 warning C4326:은 경고를 나타내며, 경고는 오류가 발생한 것은 아니지만 잠재적인 문제있다는 의미이다. 이 예에서의 경고를 해결하는 방법은 지금 설명하기가 쉽지 않기 때문에 당분간 이 경고('main'의 반환 형식이 'int' 이어야 하는데 'void'입니다.)는 무시하기로 하고, 자세한 것은 10장에서 다루기로 한다.

컴파일 과정에서 오류가 나타났다면 구문 오류가 표시되고, 실패 1로 표시된다. 오류가 표시되었다면 프로그램을 수정해야 하고, [그림 2-12]에서 [솔루션 다시 빌드]를 선택한다.

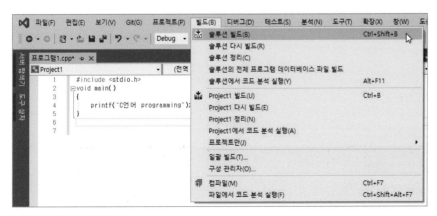

[그림 2-12] 솔루션 빌드

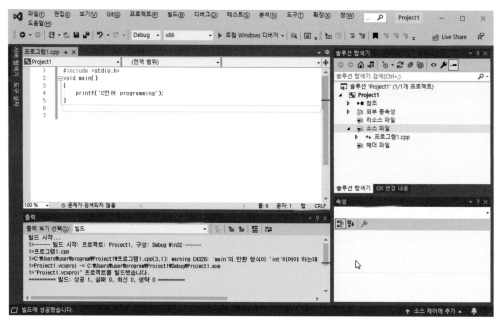

[그림 2-13] 빌드의 결과

2.2.4 [단계 4] 프로그램 실행

빌드과정이 성공적으로 끝났다면 프로그램을 실행하여 결과를 확인한다. 프로그램 실행은
[그림 2-14]와 같이 메뉴 [디버그] → [디버그하지 않고 시작]을 선택한다. 실행 결과는 [그
림 2-15]의 첫줄에 나타나 있다.

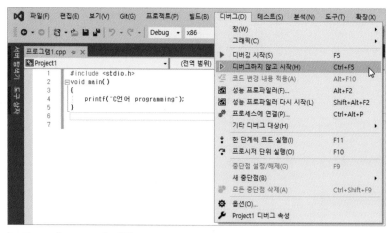

[그림 2-14] 프로그램 실행

[그림 2-15] 〈예제 2-1〉의 실행 결과

〈예제 2-1〉에서 작성한 내용은 화면에 "C언어 programming"라는 문장을 출력하는 것인데 [그림 2-15]의 마지막 부분에 "이 창을 닫으려면 아무키나 누르세요...."가 출력된다. 이 부분은 모든 프로그램의 마지막에 자동으로 출력되는 부분이며 실행화면에서 아무키나 누르면 실행 창을 닫는다.

이 예제에서 소스 프로그램의 파일 이름은 프로그램1.cpp이고, 실행 프로그램의 파일 이름은 [그림 2-15]에 나타나 있듯이 프로젝트 이름인 Project1.exe이다.

2.2.5 [단계 5] 파일 저장과 솔루션 닫기

결과를 확인했다면 새로운 프로그램을 작성하기 위해서 프로그램을 모두 저장하고 솔루션 닫기를 한다. [그림 2-16]과 같이 메뉴 [파일] → [모두 저장]을 선택하고 [그림 2-17]과 같이 [파일] → [솔루션 닫기]를 선택한다.

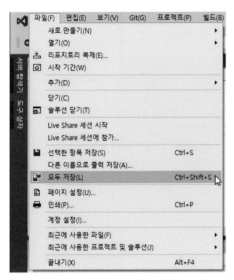

[그림 2-16] 모두 저장

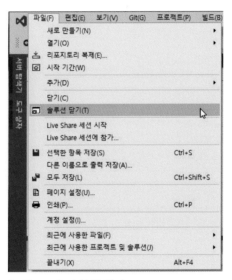

[그림 2-17] 솔루션 닫기

새로운 프로그램을 작성하려면 앞서 [단계 1]부터 차례로 진행한다. 주의해야 할 것은 같은 프로그램이 저장된 폴더에 동일한 프로젝트의 이름을 사용할 수 없다는 것이다. 따라서 새로운 프로그램을 작성할 경우에는 폴더를 변경하거나 프로젝트 이름을 다르게 지정해야 한다.

2.3 이미 작성된 프로그램의 수정

2.2절에서 작성한 프로젝트(Project1)의 프로그램(프로그램1.cpp)을 수정하는 방법을 알아보자. Visual Studio가 실행되어 있는 상태라면 두 가지 방법 중 한 가지를 이용한다.

2.3.1 프로그램 불러오기

[방법 1] [그림 2-18]과 같이 메뉴 [파일] → [열기] → [프로젝트/솔루션]을 선택

[방법 2] [그림 2-19]와 같이 메뉴 [파일] → [최근에 사용한 프로젝트 및 솔루션 선택]

[방법 1]을 선택했다면 [그림 2-18] 이후에 [그림 2-20]의 [프로젝트/솔루션 열기]에서 프로젝트가 생성된 폴더를 찾아, 마우스를 이용하여 프로그램을 선택해 주어야 한다. [방법 2]에서는 [그림 2-19]의 [최근에 사용한 프로젝트 및 솔루션 선택]에 나타난 프로젝트 중에서 하나를 선택하는 것이고, 조금 전에 작성한 Project1을 클릭하면 [그림 2-21]과 같이 소스 프로그램(프로그램1.cpp)이 편집기 창에 나타난다.

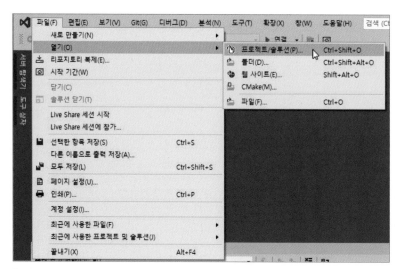

[그림 2-18] 프로젝트/솔루션 열기

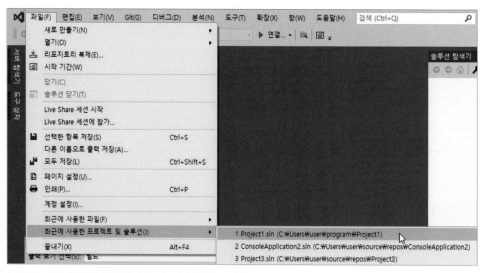

[그림 2-19] 최근에 사용한 프로젝트 및 솔루션 선택

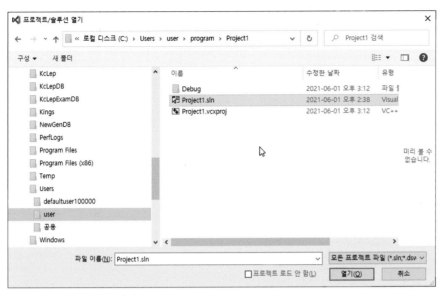

[그림 2-20] 프로그램 선택

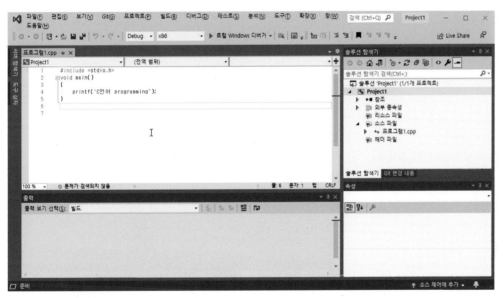

[그림 2-21] 편집기 창에 표시된 소스 프로그램

2.3.2 프로그램의 수정과 실행

〈예제 2-1〉의 프로그램을 〈예제 2-2〉와 같이 수정한다.

〈예제 2-1〉 화면에 문장 출력

```
01   #include <stdio.h>
02   void main()
03   {
04      printf("C언어 programming");
05   }
```

〈예제 2-2〉 화면에 문장 출력 후 줄 바꿈

```
01   #include <stdio.h>
02   void main()
03   {
04      printf("처음으로 작성한\n");
05      printf("C언어 programming\n");
06   }
```

〈예제 2-2〉는 출력할 문장이 두 부분이고, 각 문장의 마지막 부분에 \n(편집기 화면에서는 ₩n으로 표시됨)을 삽입하였다. \n은 다음 술로 바꾸라(new line)는 의미이다. \(back slash)의 표시는 키보드 상에서 화폐기호(₩)가 표시된 키이다. 모든 문장의 마지막에 ;(semicolon)을 사용함을 주의해야 한다.

수정한 프로그램을 실행해 보자. 메뉴 [빌드] → [솔루션 빌드]를 차례로 선택하여 [출력] 부분에 나타난 결과를 확인한다. 빌드 결과가 다음과 같이 나타나면 프로그램을 실행할 수 있다.

[빌드 결과]

```
빌드 시작...
1>------ 모두 다시 빌드 시작: 프로젝트: Project1, 구성: Debug Win32 ------
1>프로그램1.cpp
1>C:₩Users₩user₩program₩Project1₩프로그램1.cpp(3,1): warning C4326:
'main'의 반환 형식이 'int'이어야 하는데 'void'입니다.
1>Project1.vcxproj -> C:₩Users₩user₩program₩Project1₩Debug₩Project1.exe
1>"Project1.vcxproj" 프로젝트를 빌드했습니다.
========== 모두 다시 빌드: 성공 1, 실패 0, 생략 0 ==========
```

제일 아래 부분에 빌드 : 성공 1, 실패 0은 컴파일과 링크 과정이 정상적으로 처리되어 실행 프로그램인 Project1.exe가 생성되었음을 의미한다. 중간 부분에 warning C4326:은 경고를 나타내며, 경고는 오류가 발생한 것은 아니지만 잠재적인 문제있다는 의미이다. 이 예에서의 경고를 해결하는 방법은 지금 설명하기가 쉽지 않기 때문에 당분간 이 경고('main'의 반환 형식이 'int'이어야 하는데 'void'입니다.)는 무시하기로 하고, 자세한 것은 10장에서 다루기로 한다.

컴파일 과정에서 오류가 나타났다면 구문 오류가 표시되고, 실패 1로 표시된다. 오류가 표시되었다면 프로그램을 수정해야 하고, [빌드] → [솔루션 다시 빌드]를 선택한다.

빌드과정이 성공적으로 끝났다면 프로그램을 실행하여 결과를 확인한다. 프로그램 실행은 메뉴 [디버그] → [디버깅하지 않고 시작]을 선택한다. 실행 결과는 [그림 2-22]와 같다.

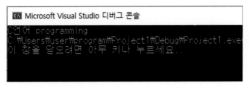

〈예제 2-1〉의 실행 결과

[그림 2-22] 〈예제 2-2〉의 실행 결과

차이점은 \n에 의해 출력한 내용에 대해 줄 바꿈이 일어난다는 것이다. 계속해서 〈예제 2-2〉를 〈예제 2-3〉과 같이 수정하여 결과를 확인한다.

〈예제 2-2〉 화면에 문장 출력 후 줄 바꿈

```
01  #include <stdio.h>
02  void main()
03  {
04      printf("처음으로 작성한\n");
05      printf("C언어 programming\n");
06  }
```

〈예제 2-3〉 화면에 두 줄의 문장을 출력

```
01  #include <stdio.h>
02  void main()
03  {
04      printf("처음으로 작성한\n");
05      printf("C언어 programming\n");
06      printf("작성자 : 홍길동\n");
07  }
```

메뉴 [빌드] → [솔루션 빌드]를 차례로 선택하여 [출력] 부분에 나타난 결과를 확인하고, 메뉴 [디버그] → [디버깅하지 않고 시작]을 선택한다. 실행 결과는 [그림 2-23]과 같이 printf로 작성한 문장을 줄 바꿈에 의해 세 줄로 출력한다.

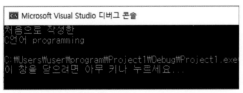

〈예제 2-2〉의 실행 결과

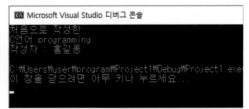

[그림 2-23] 〈예제 2-3〉의 실행 결과

프로그램의 실행 결과를 비교하였다면 프로그램을 모두 저장하고 솔루션 닫기를 해야 한다. 메뉴 [파일] → [모두 저장]을 선택하고 메뉴 [파일] → [솔루션 닫기]를 선택한다.

2.4 오류 메시지와 수정

2.3절에서 작성한 〈예제 2-3〉을 이용하여 오류 메시지의 처리와 수정 방법에 대해서 알아보자. Visual Studio가 실행되어 있는 상태라면 [그림 2-19]와 같이 메뉴 [파일] → [최근에 사용한 프로젝트 및 솔루션 선택]을 이용하여 전 절에서 작성한 마지막 프로젝트(Project1)를 불러 온다. 편집기 창에 표시된 프로그램은 [그림 2-24]와 같다.

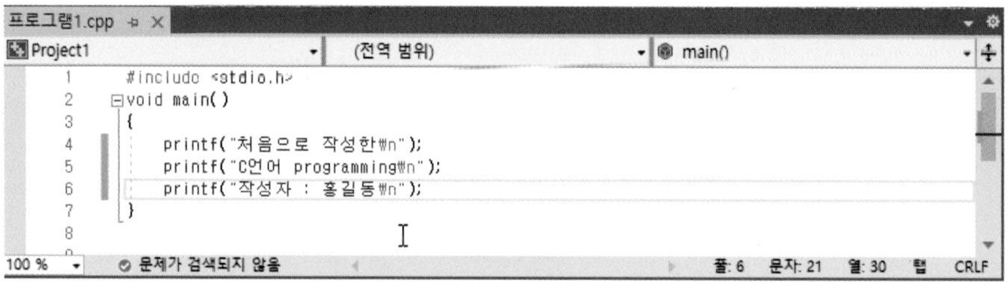

[그림 2-24] 〈예제 2-3〉의 프로그램(프로그램1.cpp)

2.4.1 키워드와 예약어

문법적으로 고유한 의미를 갖는 단어를 키워드(keyword)라 한다. 키워드는 일반적으로 예약어(reserved word)라고도 부르는데 예약어는 사용법이 미리 정의된 단어이다. 편집기 창에서 작성한 프로그램 내용 중에 키워드나 예약어는 화면에 파란색 글자로 표시되므로 확인하기가 쉽다. 자신의 컴퓨터 화면에서 편집기 창의 void의 색상을 확인한다. 이 책의 내용에서도 파란색의 글자는 모두 예약어나 키워드를 의미한다.

어떤 내용을 화면에 출력하기 위해 사용한 printf는 예약어라 하지 않고 식별자(identifier)라 부르며, 라이브러리 함수(library function)의 한 가지다. 함수란 특별한 기능을 처리하도록 만들어진 프로그램 단위로서 이에 대한 내용도 차후에 자세히 설명하기로 한다.

2.4.2 자주 틀리는 문법과 오류 메시지

2.2절에서 프로그램의 기본 구조는 다음과 같다고 하였다.

[프로그램의 기본 구조]

```
#include <stdio.h>
void main()
{
    계산과 내용 출력에 필요한
    프로그램 문장들
}
```

프로그램을 작성할 때 자주 발생하는 문법 오류는 다음과 같다.

[자주 발생하는 문법 오류]

- 키워드나 예약어를 잘못 사용하는 경우
- 프로그램 문장의 마지막에 ;(semicolon)를 생략하는 경우
- printf 문장에서 큰따옴표(", quotation mark)를 생략하는 경우
- 프로그램의 시작과 끝을 나타내는 {(왼쪽 중괄호)와 }(오른쪽 중괄호)를 생략하는 경우

이 중에서 프로그램 문장의 마지막에 ;(semicolon)를 생략하는 경우에 어떤 오류가 나타나는지에 대해서 살펴보자. 이를 확인하기 위해 [그림 2-25]와 같이 두 번째 printf의 마지막 문장에서 ;을 삭제한다. 이어서 메뉴 [빌드] → [솔루션 빌드]를 차례로 선택하여 [출력] 부분에 나타난 결과인 [그림 2-26]을 확인한다.

[그림 2-25] 오류가 포함된 프로그램

오류가 발생하면 [출력] 부분은 두 개의 창, 즉[오류 목록]과 [출력]으로 구분된다. [그림 2-26] 출력 창의 아래 부분을 보면 [오류 목록]과 [출력] 탭이 있고, 먼저 [출력] 부분을 클릭했을 때 나타난 설명이 컴파일러가 표시한 오류 메시지(error C2146: 구문 오류)다. C2146은 오류 번호이고, 구문 오류 즉 문법 오류가 발생했음을 나타낸다. 이어서 오류의 내용이 표시되는데 ;이 'printf' 식별자(프로그램 상에서 세 번째 printf) 앞에 없다는 것이며, 해당 오류 메시지를 마우스로 더블 클릭하면 오류가 발생한 프로그램 위치(line 6)로 커서가 이동한다. 실제 오류가 발생한 위치는 두 번째 printf의 마지막 부분이지만 오류는 그 다음 위치를 가리킨다. 그 이유는 두 번째 printf의 문장이 끝났음을 ;을 사용하여 표시해야 하는데, ;을 사용하지 않은 상태에서 바로 다음 식별자가 나타났기 때문에 세 번째 printf(line 6)를 가리키는 것이다. 실제로 다음의 〈예제 2-4〉와 같이 프로그램을 적성하지는 않지만, 문법적으로 전혀 문제가 없다.

〈예제 2-4〉

```
01  #include <stdio.h>
02  void main()
03  {
04      printf("처음으로 작성한\n");
05      printf("C언어 programming\n");printf("작성자: 홍길동\n");
06  }
```

[그림 2-27]은 [그림 2-26]에서 [오류 목록] 탭을 선택한 것이다. [오류 목록]에는 특정 오류 메시지에 대한 정보가 좀 더 구체적으로 표시된다.

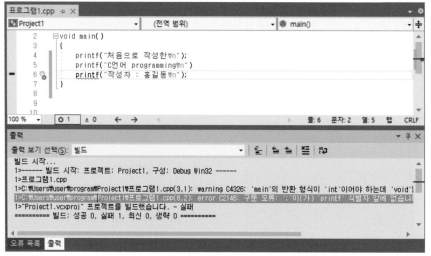

[그림 2-26] 오류 메시지의 출력([출력] 탭)

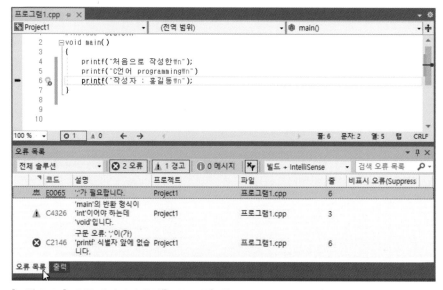

[그림 2-27] 오류 메시지의 출력([오류 목록] 탭)

편집기 창에서 두 번째 printf의 문장 마지막에 ;을 삽입하고 메뉴 [빌드] → [솔루션 빌드]를 차례로 선택하여 [출력] 부분에서 성공적으로 빌드과정이 처리되었는지 확인한다. 이어서 [자주 발생하는 문법 오류]에서 지적한 내용대로 오류가 있는 프로그램으로 수정하여 빌드 과정을 처리해 보고, 어떤 오류 메시지가 출력되는지 확인해 보자.

단원정리

프로그램의 작성과 실행

단계	내용	메뉴
단계 1	프로젝트 생성 프로젝트: 프로그램을 대표하는 이름	[파일] → [새로 만들기] → [프로젝트] → 프로젝트 이름 입력
단계 2	프로그램 작성 원시 프로그램(source program) 작성	솔루션 탐색기의 폴더 → [소스 파일] → [추가] → [새 항목] → 프로그램 이름 입력 → 프로그램 작성
단계 3	솔루션 빌드 컴파일(프로그램 번역)과 링크(실행 프로그램 생성) 컴파일과 링크 과정이 성공적으로 이루어져야만 실행 파일이 생성되고, 만약 이 과정에서 오류가 발생하면 단계 2로 가서 오류를 수정하고 다시 단계 3을 처리한다.	[빌드] → [솔루션 빌드] → 출력 내용 확인
단계 4	프로그램 실행	[디버그] → [디버깅하지 않고 시작]
단계 5	파일 저장과 솔루션 닫기	[파일] → [모두 저장] [파일] → [솔루션 닫기]

작성한 프로그램 불러오기와 수정

방법	내용	메뉴
방법 1	폴더에서 선택	[파일] → [열기] → [프로젝트/솔루션]
방법 2	최근 작성한 솔루션 선택	[파일] → [최근에 사용한 프로젝트 및 솔루션 선택]

방법 1 또는 방법 2를 선택하여 이전에 작성한 프로젝트(솔루션)를 불러올 수 있다. 프로젝트를 불러오면 그 안에 사용자가 작성한 프로그램이 들어 있다.

프로그램의 기본 구조

```
#include <stdio.h>
void main()
{
    계산과 내용 출력에 필요한
    프로그램 문장들
}
```

헤더 파일 <stdio.h>를 불러온다.
프로그램의 시작 부분에 항상 작성한다.

함수 main을 정의하는 부분
{과 } 사이에 사용자의 프로그램을 작성한다.

모든 문장들의 마지막에는 반드시 ';'(semicolon)을 사용하며 이는 하나의 문장이 끝났음을 나타낸다.

프로그램 결과 확인
프로그램에서 처리한 결과는 화면을 통해서 확인할 수 있고, C 언어에서 어떤 결과를 화면에 출력할 때 printf를 이용한다. printf에서 \n은 줄을 바꾸라는 의미다.

예제와 실행 결과

〈예제 2-1〉 화면에 문장 출력

```
01  #include <stdio.h>
02  void main()
03  {
04      printf("C언어 programming");
05  }
```

[실행 결과]

〈예제 2-2〉 화면에 문장 출력 후 줄 바꿈

```
01  #include <stdio.h>
02  void main()
03  {
04      printf("처음으로 작성한\n");
05      printf("C언어 programming\n");
06  }
```

[실행 결과]

〈예제 2-3〉 화면에 세 줄의 문장을 출력

```
01  #include <stdio.h>
02  void main()
03  {
04      printf("처음으로 작성한\n");
05      printf("C언어 programming\n");
06      printf("작성자: 홍길동\n");
07  }
```

[실행 결과]

자주 발생하는 문법 오류

작성한 프로그램에 오류가 있는지를 검토하는 부분은 [솔루션 빌드] 과정이다. 오류란 약속된 문법과 다르게 작성한 것을 의미하며, 오류가 나타나지 않아야만 실행 결과를 확인할 수 있다.

- 키워드나 예약어(#include, void, printf)의 철자가 틀린 경우
- 프로그램 문장의 마지막에 ;(semicolon)를 생략하는 경우
- printf 문장에서 큰따옴표(", quotation mark)를 생략하는 경우
- 프로그램의 시작과 끝을 나타내는 {(왼쪽 중괄호)와 }(오른쪽 중괄호)를 생략하는 경우

오류의 해결

오류가 발생하면 편집 창 아래 부분의 [출력]에 오류 메시지가 출력된다. 오류 메시지의 내용을 확인하고 프로그램을 수정하여 솔루션 빌드 과정을 거친 다음, 실행하여 결과를 확인한다.

연습문제 EXERCISE

2.1 프로그램의 작성과 실행에 대한 설명이 맞으면 ○, 틀리면 ×로 표시하시오.

(1) 프로젝트란 개발하려는 프로그램을 대표하는 이름을 말한다.

(2) 프로젝트에는 오직 한 개의 프로그램만 작성할 수 있다.

(3) 프로젝트 이름과 프로그램 이름은 같을 수 있다.

(4) 한 번 작성한 프로그램은 여러 번 수정이 가능하다.

(5) 컴파일러는 문법(문장 또는 구문) 오류를 자동으로 수정해 준다.

(6) 작성한 프로그램은 오류가 나타나기 이전까지는 실행 결과를 확인할 수 있다.

(7) 솔루션 빌드는 컴파일과 링크 과정을 처리한다.

(8) printf라는 문장은 처리된 결과를 화면을 통해서 출력한다.

(9) C 언어는 프로그램 기본 구조를 가지고 있고, 그 안에 프로그램을 작성한다.

(10) printf라는 문장에서 \n은 줄을 바꾸어 출력하라는 의미이다.

2.2 프로그램을 작성하여 실행하기까지의 과정을 다음에서 골라 순서대로 나열하시오.

> 프로그램 실행, 프로그램 작성, 프로젝트 생성, 솔루션 빌드

2.3 C 솔루션 빌드 과정에서 경고(warning)에 대한 설명 중 틀린 것은?

① 경고가 발생해도 프로그램은 실행할 수 있다.

② 경고는 오류가 발생한 것은 아니지만 잠재적인 문제가 있다는 의미이다.

③ 경고를 해결해야만 프로그램을 실행할 수 있다.

④ 경고가 발생하지 않도록 프로그램을 작성(수정)하는 것이 좋다.

2.4 프로젝트에 대한 설명 중 틀린 것은?

① 개발하려는 프로그램을 대표하는 이름이라고 할 수 있다.

② 이미 만든 프로젝트 안에 프로그램을 새로 추가할 수 없다.

③ 하나의 프로젝트는 다수의 프로그램을 포함할 수 있다.

④ 프로젝트 이름이 test이면 실행 프로그램의 이름은 test.exe가 된다.

2.5 솔루션 빌드 과정에서 처리하는 것을 모두 고르시오.

① 디버깅   ② 컴파일

③ 프로그램 실행   ④ 링크

2.6 솔루션 빌드 과정에서 오류가 없을 경우 디버그 메뉴에서 선택하는 메뉴는?

① 디버깅 시작   ② 디버깅하지 않고 시작

③ 프로세스에 연결   ④ 예외

2.7 다음 설명 중 맞는 것은?

① 문법 오류(syntax error)가 나타나기 이전까지의 실행 결과는 확인할 수 있다.

② 한 개의 문법 오류가 발생해도 프로그램은 실행할 수 없다.

③ 솔루션 빌드 과정에서 오류가 자동적으로 해결된다.

④ 디버깅 과정에서 오류가 자동적으로 해결된다.

2.8 솔루션 빌드 과정에서 오류(error)가 발생할 경우 사용자가 해야 할 것은?

① 솔루션 빌드를 다시 선택하여 처리

② 원시 프로그램의 저장

③ 오류의 내용을 확인하고 나서 바로 실행

④ 오류의 내용을 확인하여 편집 창에서 원시 프로그램을 수정

2.9 간단한 출력 프로그램을 작성할 때 printf라는 문장이 들어갈 위치는?

```
①
#include <stdio.h>
②
void main()
{
③
}
④
```

2.10 프로그램의 기본 구조에 대한 설명 중 틀린 것은?

① 프로그램의 첫 줄은 #include <stdio.h>로 시작한다.

② 함수 main 안에 작성한 문장의 마지막에는 항상 :(colon)을 넣어야 한다.

③ 함수 main 안에 작성하는 문장은 {(왼쪽 중괄호) 이후에 작성한다.

④ 함수 main의 }(오른쪽 중괄호)는 프로그램의 끝을 나타낸다.

2.11 다음 프로그램 중에서 잘못된 부분들을 바르게 고치시오.

(1)

```
#include <stdio.h>
void main
{
    printf("C 언어");
}
```

(2)

```
#include <stdio.h>
void main()
{
    printf("C 언어")
}
```

(3)

```
#include <stdio.h>
void main
    printf("C 언어");
```

(4)

```
#include <stdio.h>
viod main()
{
    printf(C 언어);
}
```

2.12 다음 중 printf의 사용 방법이 바른 것은?

① printf("작성자 : PSY")　　　　② print("작성자 : PSY");

③ printf(작성자 : PSY);　　　　④ printf("작성자 : PSY");

2.13 printf 사용 시 줄을 바꾸어 출력할 경우에 사용하는 제어 문자는?

① \t　　　　② \b

③ \n　　　　④ \a

2.14 "가나다라"와 "ABCD"를 두 줄로 화면에 출력할 때 결과가 다른 것은?

①

```
printf("가나다라ABCD\n");
```

②

```
printf("가나다라\nABCD");
```

③

```
printf("가나다라");
printf("\nABCD");
```

④

```
printf("가나다라\n");
printf("ABCD");
```

2.15 다음의 그림과 같이 출력하기 위한 한 개의 printf 문장을 완성하시오.

```
C 언어와 프로그래밍
```

2.16 다음의 그림과 같이 출력하기 위한 한 개의 printf 문장을 완성하시오.

> C 언어와
> 프로그래밍

2.17 다음 프로그램에 대한 오류 메시지를 아래 보기에서 고르시오.

> • 보기 •
>
> 왼쪽 중괄호 '{'이(가) 짝이 되기 전에 파일의 끝이 나타났습니다.
> 'includi' 전처리기 명령이 잘못되었습니다.
> 구문 오류 : ';'이(가) '}' 앞에 없습니다.
> 'print': 식별자를 찾을 수 없습니다.
> 상수에 줄 바꿈 문자가 있습니다.

(1)

```
#include <stdio.h>
void main()
{
    printf("C program")
}
```

(2)

```
#includi <stdio.h>
void main()
{
    printf("C program");
}
```

(3)

```
#include <stdio.h>
void main()
{
    print("C program");
}
```

2.18 자신의 이름을 줄을 바꾸어 세 줄로 출력하는 프로그램을 작성하시오.

2.19 자신의 이름을 한글, 한자, 영문의 세 줄로 출력하는 프로그램을 작성하시오.

2.20 다음과 같이 출력하는 프로그램을 각각 작성하시오.

(1)　　　　(2)　　　　(3)　　　　(4)　　　　(5)

2.21 1부터 10까지의 정수를 한 줄로 출력하는 프로그램을 작성하시오.

2.22 한 줄에 숫자 하나씩 1부터 10까지의 정수를 10줄로 출력하는 프로그램을 작성하시오.

2.23 연습문제 1.13과 1.14의 내용에 대해 제목과 작성자를 포함하여 단계별로 화면에 보기 좋게 출력하는 프로그램을 작성하시오.

2.24 자신이 즐겨 먹는 점심메뉴와 음식점(5개 이상)을 다음과 같은 형식으로 출력하는 프로그램을 작성하시오.

```
점심메뉴           음식점
=========================
짬뽕               진하춘
햄버거             롯데리아
...
```

2.25 고등학교와 대학 친구를 다음과 같은 형식으로 출력하는 프로그램을 작성하시오.

```
- - - - - - - - - - - - - - - - - -
고등학교           정진규
                  박동수
                  최태수
- - - - - - - - - - - - - - - - - -
대학교             김병희
                  강철진
                  이민정
```

2.26 이번 학기에 수강하는 과목과 담당 강사의 이름을 다음과 같은 형식으로 출력하는 프로그램을 작성하시오.

```
2013년 수강과목 (수강자 : 홍길동)

과목명                    강사
- - - - - - - - - - - - - - - - - - - - - - - - - -
1. 컴퓨터 프로그래밍 I     이명진
2. 이산수학               최철수
3. 자료구조               박진철
4. 컴퓨터 구조            김성수
```

2.27 보고서의 겉표지 내용을 보기 좋게 출력하는 프로그램을 작성하시오.

03 printf의 기본적인 사용법과 상수

2장에서 문장을 화면(monitor)에 출력하는데 printf를 사용하였다. C 언어에서 printf를 출력 함수(output function)라 부르며 [그림 3-1]과 같은 탁상용 계산기의 액정화면에 계산 결과를 표시하는 역할을 한다. 함수란 특별한 기능을 처리하도록 만들어진 프로그램의 단위를 말하는데 자세한 내용은 5부(함수)에서 설명한다. C 언어에는 printf 외에 여러 가지의 출력 함수가 있으나 우선 printf에 대해서만 알아보자.

[그림 3-1] 탁상용 계산기

printf는 다음과 같이 두 개의 부분, 즉 출력의 형식(format)을 제어하는 부분과 출력의 대상을 표시하는 부분으로 구분된다.

```
printf("출력 형식 제어", 출력 대상);
```

출력 형식을 제어하는 부분은 EXCEL에서 동일한 대상(2013년 4월 20일)에 대해 다음과 같이 셀 서식을 변경하여 다르게 표현하는 것과 같은 방법으로 사용된다.

	A	B	C
1	2013년 4월 20일	2013-04-20	2013/4/20

출력 형식을 제어하는 부분은 앞뒤에 "(큰따옴표, quotation mark)를 사용하고 출력할 내용(문장)과 형식을 조절한다. 출력 대상은 다음과 같이 하나 이상의 상수나 수식을 사용할

수 있으며, 출력 대상 없이 출력 형식만으로도 출력이 가능하다.

구분	printf의 사용 방법
문장 출력	printf("계산 program\n");
문장과 상수 출력	printf("나이는 %d살입니다.\n", 21);
	printf("연산 결과 : %f\n", 15.5+23.87);
	printf("문자는 %c다.\n", 'K');

3.1 printf에서 상수 출력

C 언어에서 데이터의 크기나 양을 나타내는데 사용된 대상을 상수(constant)라 한다. C 언어에서 사용할 수 있는 상수는 다음과 같다.

[상수의 종류]

	종류	예
상수 (constant)	정수형(integer) 상수	1234, -15, 034, 0x12
	실수형(floating point) 상수	12.986, 15.2e15
	문자형(character) 상수	'A', '=', '6'
	문자열형(string) 상수	"김준영", "Korea"

정수형 상수는 소수점을 포함하지 않는 10진 정수와 더불어 8진수나 16진수도 사용할 수 있는데, 10진수와 구별하기 위해서 8진수는 8진 상수 앞에 숫자 0을, 16진수는 16진 상수 앞에 0x를 사용한다. 소수점을 포함하는 숫자를 부동 소수점수(floating point number)라 하지만 이 단어는 익숙하지 않으므로 실수형 상수라고 하자. 실수형 상수는 12.986과 같이 소수점을 포함하며, 15.2e15는 숫자를 지수형으로 표현한 것으로 15.2×10^{15}을 의미한다.

문자형 상수는 문자의 앞뒤에 '(작은따옴표, single quotation mark)를 사용하고, 두 개 이상의 문자가 연속되는 문자열형 상수에는 문자열의 앞뒤에 "(큰따옴표, double quotation mark)를 사용한다.

3.1.1 정수형 상수의 출력

다음 〈예제 3-1〉과 〈예제 3-2〉의 실행 결과는 같다.

〈예제 3-1〉 문장으로 출력

```
#include <stdio.h>
void main()
{
    printf("나이는 21살입니다.\n");
}
```

〈예제 3-2〉 문장과 정수형 상수를 출력

```
#include <stdio.h>
void main()
{
    printf("나이는 %d살입니다.\n",21);
}
```

〈예제 3-2〉에서 %d를 형식 지정자(format specifire)라 부르며 이는 출력할 대상의 형식을 제어한다. 〈예제 3-2〉에서 사용된 데이터 21을 상수, 특히 정수형 상수라 하고 형식을 제어하는 따옴표 안의 %d는 decimal을 줄여서 표현한 것으로 해당 상수를 정수형 숫자로 출력하는 형식 지정자이다.

〈실습 3-1〉 정수형 상수의 출력

다음과 같이 숫자가 출력될 부분에 상수를 이용하여 출력하는 프로그램을 작성하라.

5와 8을 출력합니다.

새로운 프로젝트(프로젝트 이름: 실습3-1, 프로그램 이름: 실습3-1)를 생성하고, 먼저 다음과 같이 프로그램 실습3-1.cpp를 작성하여 실행 결과를 확인한다.

프로그램 실습3-1.cpp

```
#include <stdio.h>
void main()
{
    printf("5와 8을 출력합니다.\n");
}
```

[실행 결과]

5와 8을 출력합니다.

이어서 프로그램을 다음과 같이 수정한 후 솔루션 빌드 과정을 거쳐 실행 결과를 확인한다. 출력 대상에 나열된 상수 5와 8은 차례로 형식 지정자 %d에 대입된다.

수정된 프로그램

```
#include <stdio.h>
void main()
{
    printf("%d와 %d을 출력합니다.\n",5,8);
}
```

[실행 결과]

5와 8을 출력합니다.

. . . .

실 습 문 제

3.1 다음과 같이 숫자가 출력될 부분에 상수를 이용하여 출력하는 프로그램을 작성하시오.

정수형 상수 : 25
정수형 상수 : -17
정수형 상수 : 761

. . . .

3.1.2 실수형 상수의 출력

만약 소수점이 포함된 상수인 실수형 상수를 사용한다면 다음과 같이 작성할 수 있다.

〈예제 3-3〉 문장으로 출력

```
#include <stdio.h>
void main()
{
  printf("키는 175.3 cm\n");
}
```

[실행 결과]

Microsoft Visual Studio 디버그 콘솔
키는 175.3 cm

〈예제 3-4〉 문장과 실수형 상수를 출력

```
#include <stdio.h>
void main()
{
  printf("키는 %f cm\n, 175.3);
}
```

[실행 결과]

Microsoft Visual Studio 디버그 콘솔
키는 175.300000 cm

〈예제 3-3〉과 〈예제 3-4〉의 실행 결과는 차이가 있다. 이는 소수점이 포함된 실수형 상수를 출력하는 형식 지정자 %f에 대해 출력할 자릿수(소수 이상, 소수 이하)의 형식을 특별히

지정하지 않았기 때문에 발생한다. f는 floating point의 약자로서 소수점이 포함된 실수를 의미한다. 자세한 내용은 뒤에서 설명한다.

〈실습 3-2〉 실수형 상수의 출력

다음과 같이 숫자가 출력될 부분에 상수를 이용하여 출력하는 프로그램을 작성하라.

5.5와 0.8을 출력합니다.

새로운 프로젝트(프로젝트 이름: 실습3-2, 프로그램 이름: 실습3-2)를 생성하고, 먼저 다음과 같이 프로그램 실습3-2.cpp를 작성하여 실행 결과를 확인한다.

프로그램 실습3-2.cpp

```
#include <stdio.h>
void main()
{
    printf("5.5와 0.8을 출력합니다.\n");
}
```

[실행 결과]

5.5와 0.8을 출력합니다.

이어서 프로그램을 다음과 같이 수정한 다음 솔루션 빌드 과정을 거쳐 실행 결과를 확인한다. 출력 대상에 나열된 상수 5.5와 0.8은 차례로 형식 지정자 %f에 대입된다.

수정된 프로그램

```
#include <stdio.h>
void main()
{
    printf("%f와 %f을 출력합니다.\n",5.5,0.8);
}
```

[실행 결과]

5.500000와 0.800000을 출력합니다.

이번에는 소수 이하 자릿수를 지정해서 출력한다. 프로그램을 다음과 같이 수정한 후 솔루션 빌드 과정을 거쳐 실행 결과를 확인한다. 출력 대상에 나열된 상수 5.5와 0.8은 차례로 형식 지정자 %.1f에 대입된다.

수정된 프로그램

```
#include <stdio.h>
void main()
{
    printf("%.1f와 %.1f을 출력합니다.\n",5.5,0.8);
}
```

[실행 결과]

5.5와 0.8을 출력합니다.

%.1f는 출력할 대상에 대해 소수 이하 첫째자리(.1)까지만 출력하라는 의미다. 만약 소수 이하 둘째자리까지만 출력한다면 %.2f로 사용한다. %f는 실수형 상수에 대해 소수 이하 자릿수를 포함하여 전체 자릿수를 지정할 수 있지만 이에 대한 내용은 뒤에서 설명한다.

실 습 문 제

3.2 정수형 상수 2개와 실수형 상수를 다음의 형식으로 출력하는 프로그램을 작성하시오.

```
정수형 상수 : 15, 23
실수형 상수 : 0.125400
```

3.3 실수형 상수 0.64, 0.4223, 12.6732, -6.3634에 대해 다음과 같이 각각 1의 자리, 소수 이하 첫째자리, 둘째자리, 셋째자리까지 출력하는 프로그램을 작성하시오.

```
1
0.4
12.67
-6.363
```

3.2 printf에서 상수와 연산 결과의 출력

정수형 상수와 실수형 상수는 일정한 크기를 갖는 숫자이므로 이들 상수 간의 연산 결과도 상수로 취급한다. 다음 〈예제 3-5〉와 〈예제 3-6〉의 실행 결과는 같다.

〈예제 3-5〉 문장으로 덧셈결과 출력

〈예제 3-6〉 정수형 상수 간의 덧셈결과 출력

```
#include <stdio.h>
void main()
{
    printf("+연산결과는 15\n");
}
```

```
#include <stdio.h>
void main()
{
    printf("+연산결과는 %d\n",7+8);
}
```

printf의 형식을 지정하는 " " 안의 + 기호는 실제 덧셈연산을 하라는 것이 아니라 단순히 + 기호를 출력하기 위해 사용한 것이지만, 출력 대상의 상수에 사용된 + 기호는 실제 덧셈연산을 처리한다. 〈예제 3-6〉에서 정수형 상수 간의 덧셈연산 7+8의 결과인 15가 상수로 처리되어 %d에 대입되고 15를 출력한다.

〈실습 3-3〉 정수형 상수와 연산 결과의 출력

다음과 같이 숫자가 출력될 부분에 상수를 이용하여 출력하는 프로그램을 작성하라.

7과 8의 덧셈결과는 15

새로운 프로젝트(프로젝트 이름: 실습3-3, 프로그램 이름: 실습3-3)를 생성하고, 먼저 다음과 같이 프로그램 실습3-3.cpp를 작성하여 실행 결과를 확인한다.

프로그램 실습3-3.cpp

```
#include <stdio.h>
void main()
{
    printf("7과 8의 +연산결과는 %d\n", 7+8);
}
```

[실행 결과]

7과 8의 +연산결과는 15

이어서 프로그램을 다음과 같이 수정한 후 솔루션 빌드 과정을 거쳐 실행 결과를 확인한다.

수정된 프로그램

```
#include <stdio.h>
void main()
{
    printf("%d+%d=%d\n", 7, 8, 7+8);
}
```

[실행 결과]

7+8=15

실 습 문 제

3.4 〈실습 3-3〉의 수정된 프로그램을 응용하여 다음과 같이 정수형 상수 9와 5에 대해 상수와 사칙연산(+, −, *, /)의 결과를 동시에 출력하는 프로그램을 작성하시오. 프로그래밍 언어에서 나눗셈연산은 기호 /을 사용한다.

```
9+5=14
9-5=4
9*5=45
9/5=1
```

실습문제 3.4의 나눗셈 결과인 9/5가 1.8이 아니라 1로 출력된다. 정수형 상수 9와 5의 모든 연산 결과는 정수형 상수가 되므로 9/5의 결과는 1.8이 아니라 1이 된다. 따라서 정수형 상수 간의 나눗셈연산 결과는 몫의 정수 부분만 계산된다.

> 정수형 상수 간의 연산 결과는 정수형 상수가 된다.

그러므로 나눗셈연산의 경우에는 9/5가 아니라 9./5.의 실수형 상수로 바꾸어야 하며 형식지정자도 %d가 아닌 %f를 사용해야 한다. 완성된 프로그램은 다음과 같다.

〈예제 3-7〉 상수의 사칙연산

```
01  #include <stdio.h>
02  void main()
03  {
04      printf("%d+%d=%d\n",9,5,9+5);
05      printf("%d-%d=%d\n",9,5,9-5);
06      printf("%d*%d=%d\n",9,5,9*5);
07      printf("%d/%d=%f\n",9,5,9./5.);
08  }
```

[실행 결과]
```
9+5=14
9-5=4
9*5=45
9/5=1.800000
```

실 습 문 제

3.5 실수형 상수 12.6과 7.8에 대해 사칙연산 결과를 출력하는 프로그램을 작성하시오. 단, 연산 결과는 소수 이하 둘째자리까지만 출력한다.

```
12.6+7.8=20.40
12.6-7.8=4.80
12.6*7.8=98.28
12.6/7.8=1.62
```

3.3 printf에서 문자형과 문자열 상수의 출력

숫자 상수 외에 문자형 상수를 처리하는 방법은 다음과 같다. 〈예제 3-8〉과 〈예제 3-9〉의 실행 결과는 같다.

〈예제 3-8〉 문장으로 출력

```
#include <stdio.h>
void main()
{
    printf("학점은 A입니다.\n");
}
```

〈예제 3-9〉 문장과 문자형 상수를 출력

```
#include <stdio.h>
void main()
{
    printf("학점은 %c입니다.\n",'A');
}
```

〈예제 3-9〉에서 %c는 문자형 상수를 출력하는 형식 지정자이다. 출력 대상인 문자 'A'를 문자로서 출력하며 c는 character를 의미한다. 주의해야 할 점은 문자 상수의 앞뒤에 '(작은따옴표, single quotation mark)를 사용한다는 것이다. 작은따옴표에는 오직 한 개의 문자, 예를 들어 '3' 또는 'z'와 같이 사용할 수 있으며 'A12'와 같이 사용할 수 없다. '3'은 3과 차이가 있음에 주의하라. '3'은 문자형 상수이며, 3은 정수형 상수이다.

〈실습 3-4〉 문자형 상수의 출력

다음과 같이 영문자와 숫자가 출력될 부분에 상수를 이용하여 출력하는 프로그램을 작성하라.

B반의 평균은 85점입니다.

새로운 프로젝트(프로젝트 이름: 실습3-4, 프로그램 이름: 실습3-4)를 생성하고, 먼저 다음과 같이 프로그램을 작성하여 실행 결과를 확인한다.

프로그램 실습3-4.cpp

```
#include <stdio.h>
void main()
{
    printf("B반의 평균은 85점입니다.\n");
}
```

이어서 프로그램을 다음과 같이 수정한 후 솔루션 빌드 과정을 거쳐 실행 결과를 확인한다.
출력 대상에 나열된 상수 'B'와 85는 차례로 형식 지정자 %c와 %d에 대입된다.

수정된 프로그램

```
#include <stdio.h>
void main()
{
    printf("%c반의 평균은 %d점입니다.",'B',85);
}
```

[실행 결과]

B반의 평균은 85점입니다.

실습문제

3.6 다음과 같이 영문자와 숫자가 출력될 부분에 상수를 이용하여 출력하는 프로그램을 작성하시오.

A반의 평균은 85.7점입니다.

3.7 A반 평균은 85, B반의 평균은 90이라 할 때 다음과 같이 영문자와 평균이 출력될 부분에 상수를 이용하여 출력하는 프로그램을 작성하시오. 단, 평균값은 소수 이하 첫째자리까지만 출력하고 나눗셈연산에 주의한다.

A반과 B반의 평균은 □ 점입니다.

문자형 상수는 오직 한 개의 문자만을 상수로 처리하지만 문자열 상수는 두 개 이상의 연속된 문자들의 상수를 처리한다. 〈예제 3-10〉과 〈예제 3-11〉의 실행 결과는 같다.

〈예제 3-10〉 문장으로 출력

```
#include <stdio.h>
void main()
{
  printf("과목 : C program\n");
}
```

〈예제 3-11〉 문장과 문자열 상수를 출력

```
#include <stdio.h>
void main()
{
  printf("과목 : %s\n","C program");
}
```

〈예제 3-11〉에서 %s는 문자열 상수를 출력하는 형식 지정자이다. 출력 대상인 문자열 "C program"을 문자열로 출력하며 s는 string을 의미한다. 주의해야 할 점은 문자열 상수의 앞뒤에 "(큰따옴표, quotation mark)를 사용한다는 것이다.

다음과 같이 영문자로 처리된 부분에 대해 문자열 상수를 이용하여 출력하는 프로그램을 작성하라.

```
성 : Park
이름 : Jaesang
```

새로운 프로젝트(프로젝트 이름: 실습3-5, 프로그램 이름: 실습3-5)를 생성하고, 먼저 다음과 같이 프로그램을 작성하여 실행 결과를 확인한다.

프로그램 실습3-5.cpp

```c
#include <stdio.h>
void main()
{
    printf("성 : Park\n");
    printf("이름 : Jaesang\n");
}
```

이어서 프로그램을 다음과 같이 수정한 후 솔루션 빌드 과정을 거쳐 실행 결과를 확인한다. 출력 대상에 나열된 문자열 상수는 %s에 대입된다.

수정된 프로그램

```c
#include <stdio.h>
void main()
{
    printf("성 : %s\n", "Park");
    printf("이름 : %s\n", "Jaesang");
}
```

[실행 결과]

```
성 : Park
이름 : Jaesang
```

실 습 문 제

3.8 다음과 같이 영문자와 숫자가 출력될 부분에 적절한 상수와 형식 지정자를 이용하여 출력
하는 프로그램을 작성하시오.

> 한글이름 ： 김주한
> 영문이름 ： Kim Juhan
> 반 ： A
> 나이 ： 23
> 키 ： 176.3 cm
> 휴대전화 ： 010-0043-1004

단원정리

printf의 사용 방법

```
printf("출력 형식 제어", 출력 대상);
```

출력 형식을 제어하는 부분은 앞뒤에 "(큰따옴표, quotation mark)를 사용하고 출력할 내용(문장)과 형식을 조절한다. 출력 대상은 하나 이상의 상수나 연산을 사용할 수 있으며, 출력 대상 없이 출력 형식 만으로도 출력이 가능하다.

상수

C 언어에서 데이터의 크기나 양을 나타내는데 사용된 대상을 상수(constant)라 하고 사용할 수 있는 상수는 다음과 같다.

	종류	예
상수 (constant)	정수형(integer) 상수	1234, −15, 034, 0x12
	실수형(floating point) 상수	12.986, 15.2e15
	문자형(character) 상수	'A', '=', '6'
	문자열형(string) 상수	"김준영", "Korea"

상수와 형식 지정자

상수를 출력할 경우 적절한 형식 지정자를 선택해서 사용한다.

```
printf("형식 지정자", 상수);
```

상수	형식 지정자	의미
정수형	%d	decimal number(10진 정수)
실수형	%f	floating point number(실수형 상수)
문자형	%c	character(문자)
문자열형	%s	string(문자열)

printf에서 정수형 상수 출력

```
#include <stdio.h>
void main()
{
  printf("나이는 %d살입니다.\n",21);
}
```

정수형 상수 21을 출력 형식에서 지정할 경우 형식 지정자 %d를 사용한다. 출력 대상에 사용할 데이터 21, 5, 8을 상수, 특히 정수형 상수라 한다. 여러 개의 정수형 상수를 출력하려면 개수만큼의 형식 지정 자를 사용해야 하고, 순서에 따라 대입되어 출력된다.

printf에서 실수형 상수 출력

실수형 상수는 형식 지정자로 %f를 사용한다. %f는 출력 대상인 실수형 상수의 소수 이하 자릿수를 지정할 수 있다.

```
#include <stdio.h>
void main()
{
    printf("%.0f\n", 0.12345);
    printf("%.1f\n", 0.12345);
    printf("%.2f\n", 0.12345);
    printf("%.3f\n", 0.12345);
}
```

[실행 결과]
```
0
0.1
0.12
0.123
```

상수와 연산

상수 간의 연산 결과는 상수로 처리되므로 연산 결과를 출력할 경우에 적절한 형식 지정자를 선택하여 사용해야 한다. 기본적인 사칙연산에 대해 기호 +, −, *, /를 사용한다.

```
#include <stdio.h>
void main()
{
    printf("%d*%d=%d\n",5,8,5*8);
}
```

나눗셈연산

정수형 상수끼리의 연산 결과는 정수형 상수가 되므로 나눗셈연산의 경우에 바른 결과를 출력하려면 실수형 상수로 바꿔야 하며, 형식 지정자로 %f를 사용한다.

```
#include <stdio.h>
void main()
{
    printf("%d*%d=%d\n",5,8,5*8);
    printf("%d/%d=%f\n",8,5,8./5.);
}
```

printf에서 문자형 상수 출력

%c는 문자 상수를 출력하는 형식 지정자이다. 출력 대상인 문자 'A'를 문자로서 출력하며 c는 character를 의미한다.

※ 주의: 문자 상수의 앞뒤에 '(작은따옴표, single quotation mark)를 사용

```
#include <stdio.h>
void main()
{
    printf("학점은 %c입니다.\n",'A');
}
```

printf에서 문자열 상수 출력

문자형 상수는 오직 한 개의 문자만을 상수로 처리하지만 문자열 상수는 두 개 이상의 연속된 문자들의 상수를 처리한다. %s는 문자열 상수를 출력하는 형식 지정자이다. 출력 대상인 문자열 "C program"을 문자열로 출력하며 s는 string을 의미한다.

※ 주의: 문자열 상수의 앞뒤에 "(큰따옴표, quotation mark)를 사용

```c
#include <stdio.h>
void main()
{
    printf("과목 : %s\n","C program");
}
```

연습문제

3.1 printf에 대한 설명이 맞으면 ○, 틀리면 ×로 표시하시오.

(1) 출력 형식을 제어하는 부분과 출력 대상으로 나누어져 있다.

(2) 출력 대상(상수나 변수) 없이 printf("a+b=c"); 사용은 가능하다.

(3) \n은 화면 출력에 있어서 줄을 바꾸라는 확장 문자이다.

(4) %d는 double 형 데이터를 출력하는 형식 지정자이다.

(5) 실수형 상수의 값을 출력하려면 %f를 사용한다.

(6) 정수형 상수나 변수에 대해서는 자릿수를 맞추어 출력할 수 없다.

(7) 금액에 대해 1000 단위를 표시하는 형식 지정자가 있다.

(8) 한 개의 printf 문장으로 여러 개의 변수값을 출력할 수 없다.

(9) 한 개의 printf 문장에서는 한 개의 형식 지정자만 사용할 수 있다.

3.2 printf 사용 시 줄을 바꾸어 출력할 경우에 사용하는 형식 제어 문자는?

① \t   ② \b

③ \n   ④ \a

3.3 C 언어에서 사용하는 상수가 바르게 연결된 것은?

① 문자열형: program   ② 문자형: '$'

③ 정수형: 12345   ④ 실수형: 6723

3.4 C 언어에서 사용하는 정수형 상수로 바르지 않은 것은?

① -43   ② 12   ③ 0x11   ④ 031   ⑤ 30.7

3.5 다음 printf 문의 □에 들어갈 형식 지정자를 보기에서 고르시오.

┌─ 보기 ●────────────────────────────────────┐
│   │
│   %c   %d   %s   %f   %   │
│   │
└──┘

(1) printf("당신의 나이는 □입니다.\n", 22);

(2) printf("오늘 온도는 □입니다.\n", 14.5);

(3) printf("강아지의 이름은 □입니다.\n", "sandy");

(4) printf("나는 □반 입니다.\n",'a');

3.6 다음 프로그램 중에서 잘못된 부분들을 바르게 고치시오.

(1)
```
#include <stdio.h>
void main
{
    printf(C 언어);
}
```

(2)
```
#include <stdio.h>
void main()
{
    printf("%c", C 언어);
}
```

(3)
```
#include <stdio.h>
void main
    printf("%s", C 언어);
```

(4)
```
#include <stdio.h>
void main()
{
    printf("C 언어")
}
```

3.7 다음과 같은 형식으로 출력하는 printf 문의 □에 들어갈 상수를 완성하시오.

당신은 2학년 C반입니다.

(1) printf("당신은 %d학년 %c반입니다.\n", □, □);
(2) printf("당신은 %c학년 %c반입니다.\n", □, □);

3.8 다음과 같은 형식으로 출력하는 printf 문의 □에 들어갈 상수를 완성하시오.

내가 좋아하는 그룹은 Queen입니다.

(1) printf("내가 좋아하는 그룹은 %c%c%c%c%c입니다.\n", □, □, □, □, □);
(2) printf("내가 좋아하는 그룹은 %s입니다.\n", □);

3.9 다음과 같은 형식으로 출력하는 printf 문의 □에 들어갈 형식 지정자와 상수를 완성하시오.

당신의 학점은 B+입니다.

(1) printf("당신의 학점은 □□입니다.\n", □□);
(2) printf("당신의 학점은 □입니다.\n", □);

3.10 15+24의 결과를 출력하는 다음 printf의 □ 부분을 완성하시오.

printf("□ 더하기 □의 결과는 □입니다.\n", □, □, □);

3.11 5×7의 결과를 출력하는 다음 printf의 □ 부분을 완성하시오.

```
printf("□ 곱하기□의 결과는□입니다.\n", □, □, □);
```

3.12 7÷3의 결과를 출력하는 다음 printf의 □ 부분을 완성하시오.

```
printf("□ 나누기□의 결과는□입니다.\n", □, □, □);
```

3.13 다음의 연산 결과를 소수 이하 첫째자리에서 반올림한 결과를 출력하는 printf의 □ 부분을 완성하시오.

```
printf("덧셈결과=□\n", 5.6+4.9);
```

3.14 다음 연산의 결과를 소수 이하 첫째자리까지만 출력하는 printf의 □ 부분을 완성하시오.

```
printf("덧셈결과=□\n", 12.435+9.764);
```

3.15 다음 연산의 결과를 소수 이하 둘째자리까지만 출력하는 printf의 □ 부분을 완성하시오.

```
printf("곱셈결과=□\n", 12.435*9.764);
```

3.16 다음과 같이 출력하는 printf의 □ 부분을 완성하시오.

```
Movie : When Harry met Sally        printf("Movie : When %s met %s\n", □);
Director : Rob Reiner               printf("Director : %s %s\n", □);
Year : 1989                         printf("Year : %d\n", □);
Starring : Billy Crystal, Meg Ryan  printf("Starring :%s, %s\n", □);
```

3.17 다음과 같이 출력하는 printf의 □ 부분을 완성하시오.

```
소설  : 홍길동전                    printf("소설 : %s전\n", □);
작가  : 許筠                        printf("작가 : %s\n", □);
주인공  : 洪吉童                    printf("주인공 : %s%s%s\n", □);
```

3.18 다음과 같이 출력하는 printf 문의 □에 들어갈 형식 지정자를 완성하시오.

```
내가 좋아하는 시는 "이육사"의 "광야"입니다.
```

```
printf("내가 좋아하는 시는□의□입니다.\n", "이육사", "광야");
```

3.19 46.945와 5.251의 사칙연산 결과를 다음과 같이 출력하는 프로그램을 작성하시오.

```
덧셈  = 52.2
뺄셈  = 41.7
곱셈  =246.5
나눗셈=  8.9
```

3.20 다음 숫자의 평균을 출력하는 프로그램을 작성하시오.

```
87 90 75 92 80
```

3.21 연월일의 정수형 상수를 이용하여 다음과 같이 출력하는 프로그램을 작성하시오.

```
2013년 4월 20일
2013-04-20
2013/4/20
```

3.22 다음의 디지털 숫자를 아래와 같이 출력하는 프로그램을 작성하시오.

```
1     222222    333333    4     4
1          2         3    4     4
1     222222    333333    444444
1     2              3          4
1     222222    333333          4
```

3.23 친구 세 명의 이름, 출신고교, 나이, 혈액형, 전화번호에 대해 적절한 상수와 형식 지정자를 이용하여 다음과 같이 출력하는 프로그램을 작성하시오.

이름	출신고교	나이	혈액형	전화번호
김민철	서울고	20	A	010-1234-0000
박성진	대구고	20	O	011-123-0000
이성환	광주	21	B	010-0000-1234

3.24 학교 또는 집 주변의 맛집 열 군데를 조사하고 적절한 상수와 형식 지정자를 이용하여 다음과 같이 출력하는 프로그램을 작성하시오.

```
지역 : 장안구 천천동

상호명    구분    종류    대표 음식        가격          연락처
---------------------------------------------------------------
천리향    중식    요리    탕수육강정      15,000       031-999-9999
```

3.25 배낭여행을 하고 싶은 국외 도시 10개를 선정하고 적절한 상수와 형식 지정자를 이용하여 다음과 같이 출력하는 프로그램을 작성하시오.

```
학번 : 20155429        이름 : 홍길동

순위   국가      도시                      선정 이유
- - - - - - - - - - - - - - - - - - - - - - - - - - - - - - - - - - - -
 1    Italy    Vatican City         천주교 신자로서 꼭 가 봐야 할 성스러운 곳
```

3.26 긴급 전화번호, 생활 정보 전화번호, 민원 신고/상담 전화번호, 전문 상담 기관 전화번호 중 하나를 선택하고 적절한 상수와 형식 지정자를 이용하여 다음과 같이 출력하는 프로그램을 작성하시오.

```
구분 : 긴급 전화번호

접수 내용        전화번호              관련 기관
- - - - - - - - - - - - - - - - - - - - - - - - - -
범죄 신고         112                경찰청
사이버 테러       118                한국인터넷진흥원
해양 긴급 신고     122                국민안전처
          ：
```

3.27 국내 프로 스포츠 중 하나를 선택하여 작년도 기준 1위부터 10위까지의 우수 선수에 대한 경기 기록 결과에 대해 적절한 상수와 형식 지정자를 이용하여 출력하는 프로그램을 작성하시오. 아래의 예는 한국야구위원회의 타자 부문 결과이다.(AVG: 타율, G: 경기, PA: 타석, AB: 타수, R: 득점, H: 안타)

순위	선수명	팀명	AVG	G	PA	AB	R	H
1	최형우	KIA	0.354	140	600	522	93	185
2	손아섭	롯데	0.352	141	611	540	98	190
3	로하스	KT	0.394	142	628	550	116	192

3.28 복권위원회 홈페이지의 복권 관련 통계를 참고로 온라인 복권에 대한 역대 주요 기록의 결과를 적절한 상수와 형식 지정자를 이용하여 출력하는 프로그램을 작성하시오.

● 역대 주요 기록(1회~943회)

구분	내역	해당회차
1회 최대 판매액	260,856,392,000원	10회
1회 최저 판매액	3,681,782,000원	1회
1등 최고 당첨금	83,595,692,700원	10회
1등 최저 당첨금	2,000,000,000원	3회
1등 인당 최고 당첨금	40,722,959,400원	19회(18회 이월당첨금)
1등 인당 최저 당첨금	405,939,950원	546회차
1등 최다 당첨자 수	30명	546회차

3.29 [부록 3]의 [표 5]에 대해 행성 이름, 태양과의 거리, 궤도 속도, 위성 수에 대해 적절한 상수와 형식 지정자를 이용하여 자릿수를 맞추어 출력하는 프로그램을 작성하시오.

3.30 아래 그림과 같이 음식점 메뉴 사진을 찍은 뒤, 사진 내용을 토대로 적절한 상수와 형식 지정자를 이용하여 출력하는 프로그램을 작성하시오.

3.31 특정 날짜를 기준으로 미국, 일본, 유럽연합, 중국의 환율 내용을 적절한 기호, 상수, 형식 지정자를 이용하여 출력하는 프로그램을 작성하시오.(아래의 그림은 하나은행 외환센터 일별환율조회를 참고한 것임)

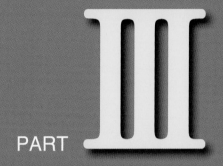

PART **III**

데이터와 연산

Contents

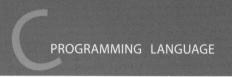
데이터를 보관하는 장소인 변수와 데이터 형

3장에서 상수와 연산을 이용하여 계산하고 결과를 printf로 확인하는 방법을 알아보았다. 단순한 계산이라면 상수만을 이용하여 계산할 수도 있지만, 계산해야할 부분이 복잡하여 몇 단계의 수식으로 표현해야 한다면 상수와 연산만으로는 프로그램의 작성이 어려워진다.

여러분도 복잡한 수학 공식 문제를 풀 때 중간 계산 결과값을 따로 적어 놓아 기억하듯이 프로그램의 수식 작성에서도 중간 계산 결과값을 따로 보관 또는 저장할 수 있다. 이때 값을 보관하는 장소를 변수(variable)라 한다.

4.1 변수와 상수

변수를 사용하기 위해서는 기호 =을 사용하는데 이를 대입 연산자(assignment operator)라 한다. 다음의 예는 상수를 이용하는 경우와 변수를 이용하는 경우이다.

〈예 1〉상수를 이용하는 경우

```
printf("%d"\n, 10*15);
```

〈예 2〉변수를 이용하는 경우

```
a=10;
b=15;
c=a*b;
printf("%d\n",c);
```

〈예 2〉에서 상수인 10과 15, 그리고 연산 결과를 저장하기 위해 사용된 문자 a, b, c를 변수라 한다. 수학에서의 =은 동등 연산자로 좌변과 우변이 같다는 의미지만 프로그램 언어에서 =은 다르게 사용된다.

즉, a=10의 의미는 a←10으로 a라는 이름의 기억 장소(변수)에 10을 저장하라는 뜻이다. 프로그램은 순서적으로 위에서부터 아래로 진행되므로 변수 a와 b에 각각 10과 15를 저장한다. 그림으로 표현하면 다음과 같다.

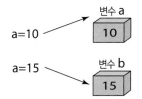

〈예 2〉에서 a*b의 의미는 문자로서의 'a'와 'b'를 곱하라는 뜻이 아니라 변수 a에 저장된 값(10)과 변수 b에 저장된 값(15)을 곱하라는 의미다. 문자로서의 a와 변수로서의 a를 구별하기 위해 문자로서의 문자 상수에는 문자의 앞뒤에 '(작은따옴표)를 사용한다. 그림으로 표현하면 다음과 같다.

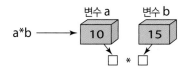

〈예 2〉에서 c=a*b의 의미는 a*b의 연산 결과값을 변수 c에 저장(c←a*b)하라는 것이다. 만약, 이 수식이 실행되면 변수 c에는 10*15의 결과인 150이라는 값이 저장되고 150이라는 정수형 상수의 값을 출력한다.

간단한 계산이라면 앞의 예와 같이 상수와 연산만을 이용하여 계산 프로그램을 작성할 수도 있지만, 대부분의 프로그램에서는 상수를 직접 연산에 사용하기 보다는 변수라는 기억 공간에 저장시킨 다음 변수 이름을 사용하여 계산한다. 변수에 저장된 값은 다른 값을 저장하기 이전에는 그 값을 그대로 유지하며 언제든지 재사용이 가능하다.

프로그램 언어들은 변수의 이름을 정하는데 있어서 나름대로의 규칙이 있다. C 언어에서 변수의 이름은 다음과 같은 규칙에 따라 프로그래머가 정한다.

[C 언어에서 변수 이름을 정할 때 사용되는 규칙]

- 영문자, 숫자, 밑줄(underline, _)을 조합하여 구성한다.
- 첫 글자는 반드시 영문자로 시작한다.
- 키워드(keyword)는 미리 약속된 단어이므로 사용할 수 없다.
- 대소문자를 구분한다(변수 aa와 변수 aA는 서로 다른 변수임).
- 공백과 특수문자는 포함할 수 없다.

따라서 _user, time_check, pass01 등의 변수 이름은 사용 가능하지만 01num 또는 $$-box 등은 변수 이름으로 사용할 수 없다. 키워드([부록 2] 참고) 란 특수한 기능을 하도록 미리 정해진 단어를 말한다.

대입 연산자의 사용에는 다음과 같은 규칙이 있다. 대입 연산자의 왼쪽에는 항상 변수가 있

어야 하며, 오른쪽에는 상수나 변수 또는 여러 연산자들이 포함된 수식을 사용할 수 있다. 만약 이러한 규칙을 지키지 않은 경우에는 컴파일 과정에서 문법 오류가 발생한다.

[대입 연산자의 사용 예]

대입 연산자의 잘못된 사용 예		대입 연산자의 바른 사용 예
프로그램	오류	프로그램
15=25 15=a	대입 연산자의 왼쪽에 상수가 올 수 없음	a=15*25 b=15 d=b*c+5
a*b=c	대입 연산자의 왼쪽에 연산식이 올 수 없음	

실 습 문 제

4.1 두 개의 변수 a와 b에 각각 5와 7을 저장하고 다음 수식의 결과를 변수 c에 저장하여 출력하는 프로그램을 메모장(notepad)에 작성하되 적절한 형식 지정자를 사용하시오.

수식1: $ab - 5$,   수식2: $\dfrac{a}{2} + b$,   수식3: $2a + 4b$

4.2 두 개의 변수 a와 b에 각각 5.3과 7.6을 저장하고 다음 수식의 결과를 변수 c에 저장하여 출력하는 프로그램을 메모장에 작성하되 적절한 형식 지정자를 사용하시오.

수식1: $\dfrac{a}{a + b}$,   수식2: $\dfrac{a - b}{a + b}$,   수식3: $2a^2 - 4ab$

4.2 인질을 담보로 하여 돈과 교환?

영화에서 인질 또는 중요한 물건을 담보로 하여 그에 상응하는 대가와 교환하는 장면을 흔히 보게 된다. 그러한 상황에서는 서로가 암묵적으로 교환의 '동시성'을 가정한다. 물론 영화에서는 스토리 전개의 흥미를 더하기 위해 의도적으로 돌발적인 상황을 만들어 동시성을 지키지 못하게 만들지만, 만약 여러분에게 그러한 교환의 상황이 벌어진다면 과연 동시성을 지킬 수 있을까?

이것은 영화의 예이고, 프로그램 상에서도 이러한 상황이 흔하지 않게 나타난다. 즉, 어떤 두 개의 변수에 기억된 값을 서로 바꾸는 상황을 의미한다. 우선 다음과 같은 프로그램을 생각해 보자.

〈예 3〉

```
a=3;
b=5;
```

〈예 3〉에서 변수 a에 저장된 값 3과 변수 b에 저장된 값 5를 서로 바꾸는 경우인데, 상수를 사용하지 않고 변수만을 이용하는 프로그램이다. 우선 다음과 같이 작성할 수 있다.

〈예 4〉

```
a=3;
b=5;
a=b;
b=a;
```

또는

```
b=5;
a=3;
b=a;
a=b;
```

〈예 4〉의 왼쪽 또는 오른쪽 부분의 결과 변수 a와 b의 값이 서로 바뀔까? 왼쪽 프로그램의 결과 a에는 5라는 값이 저장되지만 b는 여전히 값 5를 갖는다. 오른쪽 프로그램의 결과 a에는 3, b에도 3이라는 값을 갖게 되어 서로 바뀌지 않는다. 이렇게 되는 이유는 '동시성'이 유지되지 않고 '순차적'으로 이루어지기 때문이다. Lisp라는 프로그램 언어는 변수에 저장된 값을 동시에 바꿀 수 있지만, 대부분의 언어들은 프로그램이 작성된 순서대로 차례로 처리(순차적)하기 때문에 동시 교환이 이루어지지 않는다. 더욱이 변수의 특성상 한 개의 변수에는 오직 한 개의 값만을 저장할 수 있는 공간만 준비되어 있으므로 다른 값을 저장하면 이전에 가지고 있었던 값은 없어진다.

앞에서 예를 들었던 영화의 경우, 악당이 인질과 돈을 교환하기 전에 인질을 안전한 곳에 미리 옮겨 둔 상태에서 교환 장소에 나타나는 것도 흔하게 볼 수 있다. 프로그램에서도 이와 같은 방법을 이용하여 값을 교환한다. 교환 단계는 [그림 4-1]과 같이 3단계로 표현할 수 있다.

단계 ①

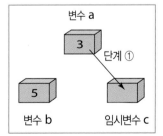

단계 ②

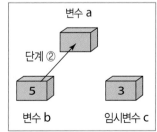

단계 ③

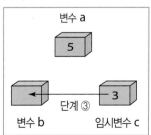

[그림 4-1] 변수에 저장된 값을 서로 바꾸는 과정

교환을 위해 추가적인 임시 변수 c를 사용하고 있음에 주목하라. 즉, 새로운 값을 받아들이기 이전(단계 ①)에 안전한 곳에 보관해 두고, 교환을 시작하는 것이다. 이러한 세 단계를 프로그램으로 나타내면 〈예 5〉와 같다. [그림 4-1]에서 화살표를 받는 쪽은 값을 저장하는 곳이므로 대입 연산자의 왼쪽에 위치한다.

〈예 5〉

```
a=3;
b=5;
c=a;    단계 ①
a=b;    단계 ②
b=c;    단계 ③
```

실 습 문 제

4.3 다음 프로그램의 실행 결과로 출력될 내용을 예측하시오.

[프로그램 1]

```
a=3;
b=5;
a=a+b;
b=b+a;
printf("%d\n", a);
printf("%d\n", b);
```

[프로그램 2]

```
a=3;
b=5;
a=a-b;
b=b-a;
printf("%d\n", a);
printf("%d\n", b);
```

4.4 a+b의 값과 a−b의 값을 각각 변수 c와 d에 저장하여 c와 d의 값을 서로 바꾸는 프로그램을 메모장에 작성하시오.

4.5 다음과 같이 연산을 이용하여 두 변수의 값을 바꾸는 프로그램의 □ 부분을 완성하시오.

```
a=3;
b=5;
a=a+b;
b=[        ]
a=[        ]
```

4.3 변수의 데이터 형

3장의 연습문제 3.29에서 수성에서 토성까지는 태양으로부터의 거리(km)가 정상적으로 출력되지만 천왕성 이후부터는 엉뚱한 값이 출력됨을 확인해 보자.

〈예제 4-1〉 정수형 상수가 정상적으로 출력되지 않는 경우

```
01  #include <stdio.h>
02  void main()
03  {
04    printf("%s %d\n", "토성", 1426980000);
05    printf("%s %d\n", "천왕성", 2870000000);    [실행 결과]
06    printf("%s %d\n", "해왕성", 4497070000);
07    printf("%s %d\n", "명왕성", 5913520000);
08  }
```

[실행 결과]
```
토성    1426980000
천왕성  -1424967296
해왕성   202102704
명왕성  1618552704
계속하려면 아무 키나 누르십시오 . . .
```

이러한 오류는 상수라 하더라도 사용할 수 있는 값에 제한이 있기 때문에 발생한다. Visual C++의 경우 정상적으로 사용할 수 있는 정수형 상수의 범위는 다음과 같다.

정수형 상수의 범위	-21억 4천만(-2^{31})~21억 4천만$(2^{31}-1)$

따라서 위의 범위를 초과하는 상수를 사용하려면 실수형 상수를 사용해야 한다. 실수형 상수는 정수형 상수에 비해 더 큰 값이나 아주 작은 값을 표현할 수 있다. 프로그램을 수정한 결과는 〈예제 4-2〉와 같다.

〈예제 4-2〉 정수형 상수를 실수형 상수로 변환

```
01  #include <stdio.h>
02  void main()
03  {
04    printf("%s %d\n", "토성", 1426980000);
05    printf("%s %f\n", "천왕성", 2870000000.);    [실행 결과]
06    printf("%s %f\n", "해왕성", 4497070000.);
07    printf("%s %f\n", "명왕성", 5913520000.);
08  }
```

[실행 결과]
```
토성    1426980000
천왕성  2870000000.000000
해왕성  4497070000.000000
명왕성  5913520000.000000
계속하려면 아무 키나 누르십시오 .
```

정수형 상수와 실수형 상수에 대해 이런 차이가 나타나는 이유는 컴퓨터 내부적으로 표현하거나 저장하는 방법이 다르기 때문이다.

정수형, 실수형, 문자형을 C 언어에서 데이터 형(data type)이라 한다. 상수에 대해서 여러 데이터 형이 있듯이 그 값을 저장할 공간인 변수도 데이터 형이 있다. 기본적으로 변수에는 상수를 저장하는 것이므로 상수의 데이터 형에 맞는 변수를 이용하여 상수를 저장해야 한다. C 언어에서 사용하는 데이터 형은 기본적으로 다음과 같이 크게 5가지 형식으로 구분한다.

[기본적인 데이터 형]

	char	문자형
데이터 형 (data type)	int	정수형
	float	실수형 (부동 소수점)
	double	
	void	형 없음

기본적인 데이터 형에서 void는 데이터 형이 없음을 의미하는데 이에 대해서는 뒤에서 설명하고 이 장에서는 char 형, int 형 그리고 double 형을 중심으로 알아보자.

4.3.1 데이터 형 int

4.1절의 〈예 2〉에서 변수를 사용하는 예를 들었지만, 이를 〈예제 4-3〉으로 수정하여 솔루션 빌드를 처리하면 오류가 발생한다.

〈예 2〉

```
a=10;
b=15;
c=a*b;
printf("%d\n",c);
```

〈예제 4-3〉 변수를 선언하지 않은 경우

```
01  #include <stdio.h>
02  void main()
03  {
04      a=10;
05      b=15;
06      c=a*b;
07      printf("%d\n", c);
08  }
```

[〈예제 4-1〉에 대한 오류 메시지]

```
error C2065: 'a' : 선언되지 않은 식별자입니다.
error C2065: 'b' : 선언되지 않은 식별자입니다.
error C2065: 'c' : 선언되지 않은 식별자입니다.
```

오류의 내용은 변수 a, b, c를 선언하지 않고 사용했다는 의미이며, 변수를 선언하는 것은 변수의 데이터 형과 변수의 이름을 정의하는 것이다. 데이터 형은 [기본적인 데이터 형]에서 하나를 선택하여 지정한다.

> 변수를 선언하는 것은 변수의 데이터 형과 변수 이름을 정의하는 것이다.

사용하기 이전에 미리 선언하고 동시에 변수의 데이터 형을 지정해 주어야 한다. 〈예제 4-3〉의 변수 a, b, c는 모두 정수형 상수를 저장하는 것이므로 〈예제 4-4〉와 같이 먼저 변수의 데이터 형을 정수형인 int로 선언해 주어야만 값을 저장할 수 있다.

〈예제 4-4〉 변수의 선언과 사용

```
01   #include <stdio.h>
02   void main()
03   {
04      int a, b, c;
05      a=10;
06      b=15;
07      c=a*b;
08      printf("%d\n",c);
09   }
```

정수형(int) 변수
a, b, c를 사용함

변수를 사용하는 프로그램은 프로그램 내에서 사용하고자 하는 모든 변수에 대해 데이터 형을 지정하여 사용하겠다는 것을 컴파일러에게 미리 알려줘야 한다.
〈예제 4-4〉에서 변수를 선언하고 최초로 저장한 상수 10과 15를 변수 a, b의 초기값이라 한다. 변수에 초기값을 저장하는 경우에는 변수의 선언 부분에서 상수를 저장할 수 있다.
〈예제 4-5〉와 〈예제 4-6〉의 실행 결과는 같다. 변수 c는 변수 a와 b의 곱셈 결과값으로 초기화된다.

〈예제 4-5〉 변수 선언 후 초기값 저장

```
01   #include <stdio.h>
02   void main()
03   {
04      int a, b, c;
05      a=10;
06      b=15;
07      c=a*b;
08      printf("%d\n",c);
09   }
```

〈예제 4-6〉 변수 선언과 동시에 초기값 저장

```
01   #include <stdio.h>
02   void main()
03   {
04      int a=10, b=15, c;
05      c=a*b;
06      printf("%d\n", c);
07   }
```

실 습 문 제

4.6 4.2절의 〈예 5〉를 프로그램으로 작성하여 실행하고 두 변수의 값이 바뀌는지 확인하시오.

4.7 4.2절의 실습문제 4.3, 4.4, 4.5에 대해 변수를 선언하는 부분에서 초기값을 저장하여 프로그램으로 작성한 다음 실행 결과를 확인하시오.

4.3.2 데이터 형 double

데이터 형 double은 실수형 상수의 값을 저장하기 위해 사용한다. 실수를 사용하는 데이터 형에는 float와 double 그리고 long double을 사용할 수 있지만, 우선 double 형만을 사용하자. 다음 〈예제 4-7〉은 두 개의 실수형 변수 x와 y를 선언하고 초기값으로 3.5와 7.9를 저장한 후 사칙연산의 결과를 출력한다. 연산 결과는 소수 이하 둘째자리까지만 출력한다.

〈예제 4-7〉 실수형 변수 선언과 사용법

```
01  #include <stdio.h>
02  void main()
03  {
04      double x=3.5, y=7.9;
05      printf("%.2f\n", x+y);
06      printf("%.2f\n", x-y);
07      printf("%.2f\n", x*y);
08      printf("%.2f\n", x/y);
09  }
```

[실행 결과]

```
11.40
-4.40
27.65
0.44
계속하려면 아무 키나 누르십시오 .
```

실행 결과를 보면 결과값은 알 수 있지만 어떤 상수에 대한 사칙연산인지 알 수 없으므로 〈예제 4-8〉 같이 수정하여 결과를 확인한다. 상수에 대해서는 소수 이하 첫째자리까지만 출력한다.

〈예제 4-8〉 상수와 연산 결과를 동시에 출력

```
01  #include <stdio.h>
02  void main()
03  {
04    double x=3.5, y=7.9;
05    printf("%.1f+%.1f=%.2f\n", x, y, x+y);
06    printf("%.1f-%.1f=%.2f\n", x, y, x-y);
07    printf("%.1f*%.1f=%.2f\n", x, y, x*y);
08    printf("%.1f/%.1f=%.2f\n", x, y, x/y);
09  }
```

[실행 결과]

```
3.5+7.9=11.40
3.5-7.9=-4.40
3.5*7.9=27.65
3.5/7.9=0.44
계속하려면 아무 키나 누르십시오
```

실수형 상수나 변수에 대한 자릿수 조절　　　　　　　　　　 참고　REFERENCE

지금까지 실수형에 대한 형식 지정자 %f에 대해 소수 이하 자릿수만 조절하는 방법만 설명했다. %f는 출력될 전체 자릿수를 포함하여 출력 형식을 조절할 수 있다. 〈예제 4-8〉에서 연산 결과를 출력하는 %.2f를 모두 %6.2f로 수정한 〈예제 4-9〉의 실행 결과를 확인해보자.

〈예제 4-9〉 %f를 조절하여 소수점의 위치 맞추기

```
01  #include <stdio.h>
02  void main()
03  {
04    double x=3.5, y=7.9;
05    printf("%.1f+%.1f=%6.2f\n", x, y, x+y);
06    printf("%.1f-%.1f=%6.2f\n", x, y, x-y);
07    printf("%.1f*%.1f=%6.2f\n", x, y, x*y);
08    printf("%.1f/%.1f=%6.2f\n", x, y, x/y);
09  }
```

[실행 결과]

```
3.5+7.9= 11.40
3.5-7.9= -4.40
3.5*7.9= 27.65
3.5/7.9=  0.44
```

실행 결과를 보면 연산 결과에 대해 소수점의 자리가 맞춰진 것을 알 수 있다. %6.2f의 6은 소수점을 포함한 전체 자릿수를 의미하고, 2는 소수 이하 자릿수이다. 따라서 %f의 형식은 다음과 같다.

%f의 형식	%Ⓝ.Ⓓf Ⓝ: 소수점을 포함하여 출력할 전체 자릿수 Ⓓ: 소수 이하 자릿수

%6.2f에서 2는 소수 이하 자릿수를 지정하므로 소수 이하 셋째자리에서 반올림한 결과를 출력한다.

실 습 문 제

4.8 실습문제 4.1의 변수 a와 b에 실수형 상수를 저장하고 수식1, 수식2, 수식3의 결과를 세 줄로 출력하되 소수점의 위치를 맞추어 출력하시오.

4.9 실습문제 4.2의 수식1, 수식2, 수식3에 대해 실수형 변수를 이용하여 세 줄로 출력하되 소수점의 위치를 맞추어 출력하시오.

4.3.3 데이터 형 char

데이터 형 char는 문자형 상수의 값을 저장하기 위해 사용한다.

〈예제 4-10〉 문자형 데이터의 사용 방법

```
01   #include <stdio.h>
02   void main()
03   {
04      char ch1='A';
05      printf("ch1의 문자값 %c\n", ch1);
06   }
```

[실행 결과]

ch1의 문자값 A

〈예제 4-10〉에서 문자형 변수 ch1에 저장된 문자를 출력할 때, 형식 지정자 중의 하나인 %c를 사용하며 c는 character(문자)의 첫 글자를 의미한다. 문자형 상수에 대해 형식 지정자 %c를 사용하지만 다음과 같이 정수형을 출력하는 형식 지정자 %d를 사용하면 다른 결과가 출력된다.

〈예제 4-11〉 문자형 데이터와 상수

```
01  #include <stdio.h>
02  void main()
03  {
04      char ch1='A', ch2=66;
05      printf("ch1의 값 %c\n", ch1);
06      printf("ch1의 정수값 %d\n", ch1);
07      printf("ch2의 값 %c\n", ch2);
08      printf("ch1의 정수값 %d\n", ch2);
09  }
```

[실행 결과]

```
ch1의 값 A
ch1의 정수값 65
ch2의 값 B
ch1의 정수값 66
```

변수 선언 부분에 ch2=66;은 char 형 변수 ch2에 정수형 상수 66을 저장하라는 의미이다. 이것이 가능한 이유는 변수에 저장되는 값은 문자 자체가 아니라 문자에 대한 코드 값이 저장되기 때문이다. 변수 ch1의 값을 %d로 출력하면 65가 되는 것도 같은 의미이다.

ASCII 코드 참고 REFERENCE

컴퓨터에서 사용되는 모든 데이터인 문자나 숫자들은 2진수, 즉 0과 1의 코드로 표현되고 저장된다. 그러므로 데이터가 숫자든 문자든 간에 2진수, 즉 숫자로 변환되어 처리된다. 따라서 문자형 변수 ch1에는 문자로서의 'A'가 저장되는 것이 아니라 문자 'A'를 나타내는 숫자, 즉 2진수 코드(code)로 표현되고 저장된다. 컴퓨터에서 표현해야 할 모든 문자 각각에 대한 고유의 코드는 ASCII(아스키로 읽음)로 약속되어 있으며 모든 문자별 코드는 [부록 1] ASCII 코드표를 참고하기 바란다.

> ASCII(American Standard Code for Information Interchange): 미국표준협회에서 정한 정보 교환 표준 코드로, 각 문자에 대한 고유 코드를 정의하고 있음.

예를 들어 문자 'A'와 문자로서의 '1'을 char 형의 1byte 크기로 표현한다면 다음과 같이 숫자(2진수)로 표현된 ASCII 코드로 변환되어 표현된다.

문자 'A'의 표현 :

0							7	
0	1	0	0	0	0	0	1	→ 10진수 65

문자 '1'의 표현 :

0							7	
0	0	1	1	0	0	0	1	→ 10진수 49

정수 1의 표현 :

0							7	
0	0	0	0	0	0	0	1	→ 10진수 1

문자 'A'에 대한 2진수의 ASCII 코드를 10진수로 변환하면 65가 되며, 문자 '1'은 49가 된다. 결국 변수에 저장되는 것은 숫자이며, 이에 대해 어떤 출력 형식을 사용하느냐에 따라 문자로 또는 숫자로 표현된다.

문자는 char 형 변수에 저장하며, 문자로서 출력할 때 형식 지정자 %c를 사용한다. char 형 변수 ch1과 ch2에는 각각 'A'와 49를 저장한다. char 형 변수는 1byte 크기의 메모리 공간을 차지하므로 범위 $-128(-2^7) \sim 127(2^7-1)$ 사이의 정수도 저장할 수 있다. 〈예제 4-12〉는 문자 'A'와 문자 '1'이 코드(code)로 저장되는지를 확인하는 프로그램이다.

〈예제 4-12〉 'A'와 '1'에 대한 코드 출력

```
01    #include <stdio.h>
02    void main()
03    {
04        char ch1='A', ch2='1';
05        printf("%c %c\n", ch1, ch2);
06        printf("%c %c\n", 65, 49);
07        printf("%d %d\n", ch1, ch2);
08        printf("%d %c\n", ch1+ch2, ch1+ch2);
09    }
```

[실행 결과]

```
A  1
A  1
65  49
114  r
```

실행 결과를 보면 문자형 변수 ch1과 ch2에 대해 line 05에서 형식 지정자 %c로 출력하면 각 변수에 저장된 값을 문자로 출력하므로 각각 A와 1이 출력된다. 그런데 line 06에서 정수 65와 49의 값을 %c로 출력하면 line 05와 마찬가지로 A와 1이 출력된다. line 07에서 문자 'A'의 ASCII 코드는 10진수로 65이고, 문자 '1'의 ASCII 코드는 49가 됨을 확인할 수 있다. 따라서 문자 'A'와 문자 '1'이 코드(code)로 저장되는 것을 확인할 수 있다.

> char ch1='A';과 char ch1=65;는 같은 의미이다.

08 line은 문자형 변수 ch1과 ch2의 덧셈연산 결과를 %d와 %c로 출력한 것으로서 각각 정수 114와 문자 'r'로 출력된다. 다시 말해서 문자 'r'에 대한 2진수 ASCII 코드를 10진수로 변환하면 114가 된다.

그런데 "school"과 같은 단어를 변수에 저장할 때는 문자형 변수를 사용할 수 없고, 다른 방법을 사용해야 한다. 두 개 이상의 문자가 연속되는 것을 문자열이라 하고, 이에 대한 처리 방법은 13.5절(배열과 문자열)과 14.5절(포인터와 문자열)에서 설명한다.

4.4 데이터 형의 사용 범위

앞에서 살펴본 데이터 형 int, double, char에 대해 상수로 표현하거나 변수에 저장할 수 있는 값의 범위는 [표 4-1]과 같다.

[표 4-1] 기본 데이터 형의 범위

데이터 구분	데이터 형	크기 (byte)	표현(또는 저장)할 수 있는 값의 범위
정수	int	4	-21억 4천만(-2^{31})~21억 4천만$(2^{31}-1)$
실수	double	8	$\pm 1.7 \times 10^{-308}$~$\pm 1.7 \times 10^{308}$
문자	char	1	$-128(-2^{7})$~$127(2^{7}-1)$

각각의 데이터 형은 컴퓨터 내부적으로 처리하거나 저장하는 방식이 다르다. int 형 상수나 변수는 4byte, double 형 상수와 변수는 8byte, char형은 1byte의 크기로 구성되어 표현한다. 결국 해당 데이터 형에 저장할 수 있는 값의 범위는 byte의 크기에 따라 달라진다고 할 수 있다.

Byte의 크기와 표현할 수 있는 숫자 데이터의 크기와 범위　　　　　　참고　REFERENCE

1byte는 8개의 bit로 구성되며 한 개의 bit는 0 또는 1을 표현 또는 구분할 수 있는 최소의 기억 단위다. 한 개의 bit로는 0 또는 1의 두 가지를 표현할 수 있으며, 두 개의 bit로는 4개(00, 01, 10, 11)를 표현하거나 구분할 수 있다. 1byte가 3개의 bit로 구성되었다고 가정한다면 [표 4-2]와 같이 표현할 수 있다. 3개의 bit에 대해서 2진수로 표현할 수 있는 모든 경우의 수는 $8(2^{3})$가지가 되며, 10진수로 표현하면 최소 0부터 최대 $7(2^{3}-1)$까지 8개의 값을 구분할 수 있다.

[표 4-2] 3bit에 대한 10진수 표현

3bit			10진수 표현
0	0	0	0
0	0	1	1
0	1	0	2
0	1	1	3
1	0	0	4
1	0	1	5
1	1	0	6
1	1	1	7

따라서 bit의 개수를 n이라 하면 표현할 수 있는 10진수의 최댓값은 다음과 같다.

> n개의 bit로 표현할 수 있는 10진수의 최댓값 = 2^n-1

만약 4개의 bit를 사용한다면 0~15(2^4-1)의 값을 표현할 수 있다.

 REFERENCE 참고 | **정수형과 실수형 데이터의 표현과 저장 방법**

정수형과 실수형 데이터를 구분하는 이유는 그 값을 컴퓨터 내부적으로 표현하고 저장하는 방법이 다르기 때문이다. 만약 정수형 데이터를 1byte 크기로 표현한다면 다음과 같이 양수냐 음수냐를 구분할 부호(sign) bit(ⓢ) 1개를 포함하여 8bit로 나타낸다. 양수일 경우에 부호 bit는 0, 음수는 1로 표현한다.

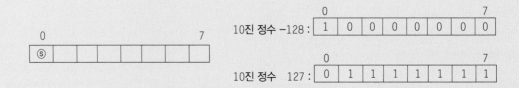

8개 bit로 표현하는 1byte 크기의 데이터 형에서 8개의 bit 중에서 1개의 bit는 부호를 표시하기 위해 사용하고, 이를 제외한 나머지 7개의 bit를 이용하여 숫자 데이터를 표현하므로 값의 범위는 $-128(-2^7)$~$127(2^7-1)$가 된다. 따라서 2byte(16bit)로 표현할 수 있는 정수의 범위는 $-32768(-2^{15})$~$32767(2^{15}-1)$가 된다.

실수형 데이터는 정수형 데이터와는 달리 지수형으로 표현하고 저장한다. 4byte(32bit)의 크기를 갖는 float 형의 표현은 다음과 같이 ⓢ로 표현한 부호(sign) bit 부분, 지수(exponent) 부분 그리고 가수(mantissa) 부분으로 나누어 표현한다.

0 1	8 9	31
ⓢ	지수 부분	가수(소수) 부분

양수일 경우에 부호 bit는 0, 음수는 1로 표현한다. 정수를 나타낼 지수 부분은 8bit로, 소수를 나타낼 가수 부분은 23bit로 표현한다. 컴퓨터는 데이터를 2진수로 표현하여 처리하지만, 쉽게 예를 들어 10진수 0.05와 0.0017을 지수 부분과 가수 부분으로 구분하여 표현하면 다음과 같다. 이때 소수점은 따로 표현하지 않고 지수 부분과 가수 부분 사이에 존재하는 것으로 간주한다. 이러한 방법을 이용하면 다음과 같이 아주 작은 실수나 아주 큰 실수를 표현하기 쉬워진다.

$0.05=5*10^{-2}$, $0.0017=17*10^{-4}$

4.5 모든 데이터 형

C 언어에서 사용하는 모든 데이터 형은 [표 4-3]과 같다. 데이터 형에서 unsigned는 음수나 양수의 부호를 구분하지 않고 0 이상의 양수로만 사용한다는 의미로서, 부호를 구분하는 1bit 부분을 데이터를 표현하거나 저장하는 공간으로 사용한다. 예를 들어 char 형은 8개의 bit 중에서 1개의 bit를 부호 bit로 사용하기 때문에 저장할 수 있는 수의 범위가 $-128(-2^7) \sim 127(2^7-1)$이지만, unsigned char 형은 8개의 bit 모두를 데이터의 표현 공간으로 사용하므로 값의 범위는 $0 \sim 255(2^8-1)$가 된다. int 형의 크기는 컴파일러와 컴퓨터의 환경에 따라 2byte(Turbo C/C++) 또는 4byte(Visual C++) 크기로 달라진다.

"test" 또는 "school"과 같이 두 개 이상의 문자가 연속된 것을 문자열(string)이라 한다. 문자열 상수는 문자 상수와는 달리 '(작은따옴표, apostrophe) 대신에 "(큰따옴표, quotation mark)를 사용한다. C 언어에서 문자열 상수의 표현은 문자 상수와는 다른 방법으로 처리하므로 13장(번호가 붙은 변수, 배열)에서 설명한다.

[표 4-3] 모든 데이터 형

데이터 구분	데이터 형	크기 (byte)	저장할 수 있는 값의 범위
정수	int	4(2)	2byte: $-32768(-2^{15}) \sim 32767(2^{15}-1)$ 4byte: -21억4천만$(-2^{31}) \sim 21$억4천만$(2^{31}-1)$
	short int	2	$-32,768(-2^{15}) \sim 32,767(2^{15}-1)$
	unsigned int	4(2)	2byte: $0 \sim 65,535(2^{16}-1)$ 4byte: $0 \sim 4,294,967,295(2^{32}-1)$
	unsigned short int	2	$0 \sim 65,535(2^{16}-1)$
	long	4	-21억 4천만$(-2^{31}) \sim 21$억 4천만$(2^{31}-1)$
	unsigned long int	4	$0 \sim 4,294,967,295(2^{32}-1)$
실수	float	4	$\pm 3.4 \times 10^{-38} \sim \pm 3.4 \times 10^{38}$
	double	8	$\pm 1.7 \times 10^{-308} \sim \pm 1.7 \times 10^{308}$
	long double	10	$\pm 3.4 \times 10^{-4932} \sim \pm 3.4 \times 10^{4932}$
문자	char	1	$-128(-2^7) \sim 127(2^7-1)$
	signed char	1	$-128(-2^7) \sim 127(2^7-1)$
	unsigned char	1	$0 \sim 255(2^8-1)$

단원정리

변수를 사용하는 이유

23+7−5 또는 15÷5와 같이 단순한 문제를 푼다면 암산만으로도 간단하게 계산할 수 있지만, 미분이나 적분 또는 삼각함수의 문제를 푸는 것이라면 암산만으로 풀기 어려울 것이다. 이러한 조금 복잡한 문제를 푼다면 여러분은 계산 중간에 만들어지는 중간 값들을 기억하기 위해 그 값들을 따로 적어 놓아야 한다. 프로그램에서도 같은 방법을 사용한다.

단순한 계산이라면 상수와 연산자만을 이용하여 간단하게 프로그램을 작성할 수 있지만, 최종적인 값을 계산하기 위해 많은 연산이 필요한 경우라면 계산 중간에 그 값들을 기억시켜서 사용하게 되는데, 이때 값을 기억시키는데 사용하는 것이 변수이다.

변수의 성질

변수에는 오로지 한 개의 값만을 저장할 수 있으므로 새로운 값을 기억시킬 경우, 이전에 기억된 값은 없어지고 새로운 값으로 대체된다. 그러나 새로운 값을 다시 저장하지 않는 이상 원래의 값은 계속 유지되므로 재사용이 가능하다.

대입 연산자의 사용 방법

대입 연산자는 어떤 값을 변수에 저장하기 위해 사용한다. 따라서 대입 연산자의 좌측에는 항상 변수가 있어야 하지만 대입 연산자의 우측에는 상수 또는 변수가 포함된 연산식 등을 사용할 수 있다.

```
a=3
b=5
a=a+b
b=a-b+5
```

C 언어에서 변수 이름을 정할 때 사용되는 규칙

- 영문자, 숫자, 밑줄(underline, _)을 조합하여 구성한다.
- 첫 글자는 반드시 영문자로 시작해야 한다.
- 키워드(keyword)는 미리 약속된 단어이므로 사용할 수 없다.
- 대소문자는 구분한다(변수 aa와 변수 aA는 서로 다른 변수임).
- 공백과 특수문자는 포함할 수 없다.

변수의 선언

변수를 선언하는 것은 변수의 데이터 형과 변수의 이름을 정의하는 것이다. 다음의 기본적인 데이터 형에서 하나를 선택하여 지정한다.

데이터 형 (data type)	char	문자형
	int	정수형
	float	실수형(부동 소수점)
	double	
	void	형 없음

실수형 데이터의 형식 지정자 %f

%f는 출력될 전체 자릿수를 포함하여 출력 형식을 조절할 수 있다.

%f의 형식	%ⓝ.ⓓf ⓝ: 소수점을 포함하여 출력할 전체 자릿수 ⓓ: 소수 이하 자릿수

데이터 형의 사용 범위

각각의 데이터 형은 컴퓨터 내부적으로 처리하거나 저장하는 방식이 다르다. int 형 상수나 변수는 4byte, double 형 상수와 변수는 8byte, char 형은 1byte의 크기로 구성되어 표현한다. 결국 해당 데이터 형에 저장할 수 있는 값의 범위는 byte의 크기에 따라 달라진다고 할 수 있다.

데이터 구분	데이터 형	크기 (byte)	저장할 수 있는 값의 범위
정수	int	4(2)	2byte: $-32768(-2^{15} \sim 32767(2^{15}-1)$ 4byte: -21억4천만$(-2^{31}) \sim 21$억4천만$(2^{31}-1)$
	short int	2	$-32,768(-2^{15}) \sim 32,767(2^{15}-1)$
	unsigned int	4(2)	2byte: $0 \sim 65,535(2^{16}-1)$ 4byte: $0 \sim 4,294,967,295(2^{32}-1)$
	unsigned short int	2	$0 \sim 65,535(2^{16}-1)$
	long	4	-21억 4천만$(-2^{31}) \sim 21$억 4천만$(2^{31}-1)$
	unsigned long int	4	$0 \sim 4,294,967,295(2^{32}-1)$
실수	float	4	$\pm 3.4 \times 10^{-38} \sim \pm 3.4 \times 10^{38}$
	double	8	$\pm 1.7 \times 10^{-308} \sim \pm 1.7 \times 10^{308}$
	long double	10	$\pm 3.4 \times 10^{-4932} \sim \pm 3.4 \times 10^{4932}$
문자	char	1	$-128(-2^{7}) \sim 127(2^{7}-1)$
	signed char	1	$-128(-2^{7}) \sim 127(2^{7}-1)$
	unsigned char	1	$0 \sim 255(2^{8}-1)$

연습문제

4.1 C 언어의 상수와 변수에 대한 설명이 맞으면 ○, 틀리면 ×로 표시하시오.

(1) 상수는 소수점의 포함 여부에 따라 정수 상수와 실수 상수로 구분한다.

(2) 정수 상수와 실수 상수는 컴퓨터 내부적으로 표현하고 저장하는 방법이 같다.

(3) 정수 상수를 정수 상수로 나누면 계산 결과는 실수 상수로 변환된다.

(4) 정수형 변수에 실수 상수를 저장하면 정수형 상수로 변환되어 저장된다.

(5) 실수형 변수에 정수형 상수를 저장할 수 있다.

(6) 문자형 상수는 해당 문지의 앞뒤에 '(직은따옴표)를 사용해야 한나.

(7) char 형으로 정의한 문자형 변수에는 2개 이상의 문자열도 저장이 가능하다.

(8) char 형으로 정의한 문자형 변수에는 정수 상수도 저장할 수 있다.

(9) int 형으로 정의한 변수에 저장할 수 있는 정수 상수는 크기에 제한이 없다.

(10) 변수에 다른 값을 저장하면 이전에 저장한 값은 지워진다.

(11) 데이터 형을 지정하지 않을 경우도 있고 이때 void 형을 사용한다.

(12) 소수점을 포함하는 실수 상수는 실수형 변수에 저장해야 바른 결과를 얻을 수 있다.

(13) 정수 상수나 int 형 변수에 저장된 값을 출력할 때 %d라는 형식 지정자를 사용한다.

4.2 다음의 적절한 데이터 형을 보기에서 모두 선택하시오.

> ● 보기 ●
>
> char, int, double, long, float

(1) 소수점을 포함하는 실수형 값을 저장하는데 사용하는 데이터 형은?

(2) 가장 큰 값을 저장할 수 있는 데이터 형은?

(3) 정수형 값을 저장하는데 사용하는 데이터 형은?

(4) 문자형 상수를 저장하는데 사용하는 데이터 형은?

4.3 변수에 대한 초기값을 다음과 같이 지정한다고 할 때 가장 적절할 데이터 형을 쓰시오.

(1) [　] age=19;　　　　　　　　(2) [　] grade='B';

(3) [　] km=2500;　　　　　　　(4) [　] pi=3.141592;

4.4 C 언어에서 정수형 상수로 사용할 수 없는 것은?

① 2진 정수　　　　　　　　　② 8진 정수

③ 10진 정수　　　　　　　　　④ 16진 정수

4.5 다음 중 정수형 상수가 아닌 것은?

① 123　　　　　　　　　　　② 021 (0은 zero)

③ 0x56 (0은 zero)　　　　　　④ 1.23

4.6 다음 중 문자형 상수가 아닌 것은?

① 'A'

② '1'

③ '&'

④ "ABC"

4.7 변수 a가 char 형으로 정의된 경우 변수 a에 값을 저장하는 방법으로 잘못된 것은?

① a='C';

② a=-15;

③ a=011;

④ a=250;

4.8 변수 a가 int 형으로 정의된 경우 변수 a에 값을 저장하는 방법으로 잘못된 것은?

① a='C';

② a=15;

③ a=011;

④ a=0x11;

4.9 다음 중 실수형 상수가 아닌 것은?

① 7.

② .002

③ -1.2e12

④ +6.92F13

4.10 변수와 상수에 대한 설명 중 틀린 것을 모두 고르시오

① 변수에는 오직 한 개의 상수 값만 저장할 수 있다.

② 변수의 이름은 사용자(프로그래머)가 정한다.

③ 정수형 상수가 저장된 정수형 변수에 다른 정수형 상수를 저장할 수 없다.

④ 변수의 이름을 정하는 규칙이 있다.

⑤ 오직 10진수만 상수로 사용할 수 있다.

4.11 변수 이름에 대한 규칙 중 잘못된 것을 모두 고르시오.

① 대소문자의 구별이 있다.

② 첫 문자로 숫자의 사용이 가능하다.

③ 변수 이름 중간에 공백을 사용할 수 있다.

④ 특수기호는 변수 이름으로 사용할 수 없다.

4.12 C 언어에서 char 형은 몇 byte인가?

① 1

② 2

③ 3

④ 4

4.13 다음과 같은 상수에 대해 범위(최솟값~최댓값)와 이를 저장하거나 처리하기 위한 적절한 데이터 형을 표시하시오.

(1) 사람의 나이

(2) 어느 과목에 대한 학점(A~F)

(3) 어느 과목에 대한 평균

(4) 야구(또는 축구)경기 스코어

(5) 스마트폰 사용 요금(단위: 원)

(6) 지역별 평균 온도

(7) YOUTUBE 조회 기록

(8) 태양으로부터 태양계 행성까지의 거리(km)

4.14 다음의 데이터 형에 대해 그 데이터 형에 저장된 값을 출력하기 위해 사용하는 형식 지정자를 보기에서 골라 쓰시오.

┌─ ● 보기 ● ─────────────────────────────────┐
│   │
│   %d, %c, %f, %s   │
│   │
└──┘

(1) 실수형(float 형, double 형) 변수 또는 실수형 상수

(2) char 형 변수 또는 문자형 상수

(3) 2개 이상의 문자열

(4) 정수형 변수 또는 정수형 상수

4.15 음수를 저장할 수 없는 데이터 형은?

① char   ② int

③ float   ④ unsigned int

4.16 3개의 bit로 양의 정수를 구분하여 표현한다면 최댓값은 얼마가 되는가? (단, 최솟값은 0으로 가정)

4.17 다음의 변수 선언 방법 중 맞는 것을 모두 고르시오.

① int a=1, b=5, c=3;

② float a=b=c=3.;

③ int total-sum;

④ unsigned int MAX;

⑤ unsigned long num_k;

⑥ unsigned float j1, j2;

4.18 다음 데이터 형에 대해서 저장할 수 있는 데이터의 크기를 바르게 표현한 것을 모두 고르시오.

① double 〉 float 〉 char

② unsigned long 〉 unsigned char 〉 unsigned int

③ long double 〉 double 〉 long

④ float 〉 char 〉 int

4.19 A에 표시된 데이터 형에 대해 byte의 크기와 해당 데이터 형에 저장할 수 있는 상수 값의 범위를 B와 C에서 찾아 연결하시오.

A(데이터 형)	B(byte 크기)	C(상수의 범위)
float char double int	1 2 3 4 8 16	$0{\sim}255\ (2^8-1)$ $-128(-2^7){\sim}+127(+2^7-1)$ -21억 4천만$(-2^7){\sim}+21$억 4천만$(+2^7-1)$ $\pm3.4\times10^{-38}{\sim}\ \pm3.4\times10^{38}$ $\pm1.7\times10^{-308}{\sim}\pm3.4\times10^{308}$

4.20 다음 프로그램에 대해 변수에 저장된 값을 바르게 출력하도록 잘못된 부분을 수정하시오.

(1)

```c
#include <stdio.h>
void main()
{
    int a=50;
    printf("%f\n", a);
}
```

(2)

```c
#include <stdio.h>
void main()
{
    char x='B';
    printf("%d\n", x);
}
```

(3)

```c
#include <stdio.h>
void main()
{
    float c=50.5;
    printf("%d\n", c);
}
```

(4)

```c
#include <stdio.h>
void main()
{
    char a='5';
    printf("%c\n", a);
}
```

4.21 다음 프로그램의 실행 결과를 예측하고 잘못된 부분을 수정하시오.

(1)

```c
#include <stdio.h>
{
    int a=50;
    printf("%d\n", a);
}
```

(2)

```c
#include <stdio.h>
void main()
{
    float x=30;
    x=50;
    printf("%f\n", x);
}
```

(3)

```c
#include <stdio.h>
void main()
{
    int b=50.5;
    printf("%d\n", b);
}
```

(4)

```c
#include <stdio.h>
void main()
{
    char a=50;
    printf("%d\n", a);
    printf("%c\n", a);
}
```

(5)

```c
#include <stdio.h>
void main()
{
    char A='A';
    printf("%d\n", A);
    printf("%c\n", A);
}
```

(6)

```c
#include <stdio.h>
void main()
{
    int a=5, b=2;
    printf("%d\n", a/b);
}
```

4.22 다음 프로그램에서 line 05와 line 07의 차이와 실행 결과에 대해 설명하시오.

```
01  #include <stdio.h>
02  void main()
03  {
04      char ch;
05      ch='1';
06      printf("ch=%d\n", ch);
07      ch=1;
08      printf("ch=%d\n", ch);
09  }
```

4.23 다음 프로그램을 설명하고, 실행 결과를 예측하시오. ([부록 1] ASCII 코드표 참고)

```
01  #include <stdio.h>
02  void main()
03  {
04      char ch1='A', ch2='1', ch3=1;
05      printf("%c\n", ch1+ch3);
06      printf("%c\n", ch2+ch3);
07      printf("%d  %d\n", ch1+ch3, ch2+ch3);
08  }
```

4.24 네 사람에 대해 이름과 주민등록번호 앞 6자리(생년월일)를 상수로 처리하여 다음의 형식으로 출력하는 프로그램을 작성하시오. 주민등록번호 앞 6자리는 정수형 상수로 처리한다.

```
이  름        생년생월생일
====================
최명준        850421
- - - - - - - - - - - - - - - - - - - -
...
```

4.25 프로야구선수 네 명에 대해 이름과 지난 시즌 타율(소수 이하 셋째자리까지)을 상수로 처리하여 출력하는 프로그램을 작성하시오.

4.26 지난 시즌 K-League 1위부터 4위까지 구단명과 승점, 득점, 실점을 다음의 형식으로 출력하는 프로그램을 작성하시오. 출력 내용은 모두 상수로 처리하고 득실차는 득점-실점으로 계산한다.

```
순위  구단명    승점   득점   실점   득실차
- - - - - - - - - - - - - - - - - - - - - - - - - - - - - -
1위    서울     93    74    41
...
```

4.27 어떤 컴퓨터가 950MHz의 CPU를 사용한다면 1초에 몇 개의 데이터를 처리하는지를 계산하는 프로그램을 작성하시오.

4.28 현재 휘발유의 가격은 1liter당 2,150원이라 할 때 이 값을 변수에 저장하고 다음의 내용을 두 줄로 출력하는 프로그램을 작성하시오.
(1) 15liter를 주유하려면 얼마의 요금이 필요한가?
(2) 7만원을 주유한다면 몇 liter를 넣어야 하는가?

4.29 오늘 날짜로 1$(USD)당 환율을 조사하여 변수에 저장하고 다음의 내용을 두 줄로 출력하는 프로그램을 작성하시오.
(1) 100$는 한화(KWR)로 얼마인가?
(2) 한화 100만원은 몇 $인가?

4.30 주사위를 120번 던져서 각각의 눈금이 나온 도수는 다음과 같다. 각 눈금에 대한 도수를 변수에 저장한 다음 상대도수를 계산하여 상수로 출력하는 프로그램을 작성하시오. 상대도수는 소수 이하 둘째자리까지만 출력하시오.

눈금	1	2	3	4	5	6
도수	22	19	26	25	17	11

4.31 네 사람의 키를 직접 조사하여 변수에 저장하고, 키와 평균값을 출력하되 소수 이하 둘째자리까지만 출력하시오.

4.32 네 개의 숫자 3, 6, 9, 10을 변수에 저장하여 조화평균(소수 이하 둘째자리까지)을 출력하는 프로그램을 작성하시오.

4.33 A지점에서 B지점까지의 거리는 500km이다. 주행 시간은 6시간이고 연료는 총 40 liter가 소요되었다고 가정하여 변수에 저장한 다음 A지점에서 B지점까지 평균속도(시속)와 연비(1liter 당 주행거리)를 출력하는 프로그램을 작성하시오.

4.34 자전거를 타고 정지 상태에서 출발하여 일정한 비율로 가속하여 5초 후에 속력이 4m/초가 된다고 한다. 필요한 값을 변수에 저장하여 평균가속도를 출력하는 프로그램을 작성하시오.

4.35 A지점에서 B지점까지는 시속 80km의 속도로 달리고, 다시 B지점에서 A지점까지 시속 60km의 속도로 돌아왔다면 속도를 변수에 저장하여 평균속력을 출력하는 프로그램을 작성하시오.

데이터 입력과 scanf

3장과 4장에서 상수와 변수를 이용하여 계산하고 결과를 printf로 확인하는 방법을 알아보았다. printf를 출력 함수(output function)라 하는데 출력 함수와는 반대의 기능을 하는 것으로 입력 함수(input function)가 있다. 앞에서 프로그램의 계산에 필요한 값은 상수나 변수에 저장하여 사용하였으나, 입력 함수를 사용하면 프로그램의 실행 중에 필요한 값들을 마치 탁상용 계산기의 숫자 버튼을 이용하여 데이터를 입력하듯이 키보드를 통해 직접 입력할 수 있다. 입력 함수에도 여러 가지가 있으나 우선 scanf에 대해서만 알아보자.

[그림 5-1] 탁상용 계산기에 입력된 데이터

5.1 scanf의 기본적인 사용법과 변수의 데이터 형

입력 함수와 출력 함수의 역할은 다르지만 scanf는 다음과 같이 printf와 비슷하게 입력 형식을 제어하는 부분과 입력 대상으로 구분된다.

scanf("입력 형식 제어", 입력 대상(변수));

printf("출력 형식 제어", 출력 대상(상수, 변수, 연산식);

그런데 scanf는 printf와는 달리 입력 대상 부분에 상수나 수식을 사용할 수 없으며 오직 변수만을 사용할 수 있다. 이는 키보드로 입력되는 값을 저장하기 위해서 변수를 사용하는 것이다. 따라서 scanf를 사용하기 이전에 입력받을 변수를 데이터 형과 함께 미리 선언해야 한다. 그리고 입력할 변수의 이름 앞에 주소 연산자인 &를 사용한다. 주소 연산자인 &은 14장(포인터)에서 자세히 설명한다.

scanf의 입력 형식과 함수 printf에서의 출력 형식은 형식 지정자를 거의 같은 방법으로 사용하지만 scanf는 다음과 같이 '\'(back slash)가 포함된 확장 문자나 문장을 사용할 수 없다. 문자열을 입력하는 방법은 13.5절에서 설명한다.

데이터 형	scanf의 사용 방법	변수
정수형 입력	scanf("%d", &a);	a는 int 형 변수
실수형 입력	scanf("%lf", &x);	x는 double 형 변수(l은 영문자)
문자형 입력	scanf("%c", &ch);	ch는 char 형 변수

5.1.1 정수형 데이터의 입력과 출력

정수형 데이터를 키보드를 통해 입력받을 때 scanf의 형식 지정자는 다음과 같다. 3장과 4장에서 정수형 상수나 변수에 대해서 %d만을 사용하였으나 다음과 같이 %o(8진수)나 %x(16진수)를 사용할 수 있다.

데이터 형	형식 지정자	의미
정수형	%d	10진(decimal) 정수형 데이터의 입력과 출력
	%o	8진(octal) 정수형 데이터의 입력과 출력
	%x	16진(hexadecimal) 정수형 데이터의 입력과 출력

데이터를 입력받을 때 10진수, 8진수, 16진수를 구별하여 입력받을 수 있으므로 출력에 있어서도 printf의 형식 지정자도 동일하게 사용한다.

■ 정수형 10진수의 입력과 출력

〈예제 5-1〉은 정수형 10진수 두 개를 입력받아 각각 변수 a와 b에 저장하고 a+b의 연산 결과를 출력하는 프로그램이다.

함수 scanf 사용 시 주의사항

Visual Studio를 제공하는 Microsoft사는 보안상의 이유로 함수 scanf 대신 scanf_s의 사용을 권장하기 때문에 함수 scanf를 그대로 사용할 경우 빌드 과정에서 경고 또는 오류가 발생할 수 있다. 이 문제를 해결하기 위한 한 가지 방법으로 프로그램의 시작 부분에 다음의 내용을 삽입한다.

```
#define _CRT_SECURE_NO_WARNINGS
```

〈예제 5-1〉 정수형 10진수의 입력과 출력

```
01  #define _CRT_SECURE_NO_WARNINGS
02  #include <stdio.h>
03  void main()
04  {
05    int a, b;
06    scanf("%d", &a);
07    scanf("%d", &b);
08    printf("a+b=%d \n", a+b);
09  }
```

[실행 결과]

12 Enter↵
5 Enter↵
a+b=17

〈예제 5-1〉을 실행하면 화면에는 아무것도 나타나지 않고 커서만 깜빡이는데, 이는 키보드로부터 값을 입력받기 위해서 대기 상태에 있는 것이다. 키보드에서 12를 입력한 후 Enter↵ 키를 누르고, 이어서 다음 줄에 5를 입력한 후 Enter↵ 키를 누르면 int 형 변수 a에 12가, 변수 b에 5가 저장되어 덧셈연산의 결과인 17을 출력한다.

> 함수 scanf는 입력된 값을 변수에 저장하기 위해 Enter↵ 키를 사용한다.

〈예제 5-1〉은 다음과 같은 문제가 있다.

함수 scanf가 사용될 경우 실행 화면에 아무것도 나타나지 않고 커서만 깜빡이게 되므로 무엇을 하라는 것인지 사용자로 하여금 혼돈을 줄 수 있다.

입력 함수 scanf가 사용된 경우에는 키보드로부터 값을 입력받기 위해 대기 상태로 있기 때문에 현 단계에서 무엇을 어떻게 해야 할지를 나타내는 지시문을 표시해 주는 것이 좋다. 그러나 함수 scanf는 printf와는 달리 형식을 지정하는 부분에서 문장을 포함할 수 없으므로 scanf가 사용되기 이전에 printf를 이용하여 지시 내용을 출력한다.

[지시문의 잘못된 사용법]

scanf("10진 정수를 입력하고 Enter)%d", &a);

[지시문의 바른 사용법]

printf("10진 정수를 입력하고 Enter)");
scanf("%d", &a);

 REFERENCE 참고 │ 함수 scanf를 사용한 모든 예제에 대해

다음의 내용이 프로그램 첫 줄에 표시되어 있는 것으로 가정한다.

#define _CRT_SECURE_NO_WARNINGS

〈예제 5-1〉에 대해 scanf의 사용 이전에 지시문을 출력하도록 다음과 같이 수정하여 결과를 확인한다.

함수 scanf를 사용할 경우 printf로 지시 내용을 미리 출력한다.

〈예제 5-2〉 지시문을 사용한 정수형 10진수의 입력과 출력

```
01  #include <stdio.h>
02  void main()
03  {
04   int a, b;
05   printf("10진 정수를 입력하고 Enter>");
06   scanf("%d", &a);
07   printf("10진 정수를 입력하고 Enter>");
08   scanf("%d", &b);
09   printf("a+b=%d \n", a+b);
10  }
```

[실행 결과]

10진 정수를 입력하고 Enter>12 [Enter↵]
10진 정수를 입력하고 Enter>5 [Enter↵]
a+b=17

실 습 문 제

5.1 〈예제 5-2〉를 응용하여 입력받은 두 개의 10진 정수에 대해 사칙연산의 결과를 출력하는 프로그램을 작성하고 실행하시오. 어떤 문제가 발생하는지 확인한다.

■ 정수형 8진수의 입력과 출력
8진수의 입력(scanf)과 출력(printf)에 있어서 형식 지정자로 %o를 사용한다. 8진수와 10진수 사이의 관계는 다음과 같다.

10진수	1	2	⋯	7	8	9	10	11	⋯	16	17	⋯	24
8진수	1	2	⋯	7	10	11	12	13	⋯	20	21	⋯	30

〈예제 5-3〉은 두 개의 8진수를 입력받아 각각 8진수와 10진수로 출력하고 두 변수에 대해 덧셈연산 결과를 출력한다.

〈예제 5-3〉 정수형 8진수의 입력과 출력

```
01  #include <stdio.h>
02  void main()
03  {
04    int a, b;
05    printf("8진 정수를 입력하고 Enter>");
06    scanf("%o", &a);
07    printf("8진 정수를 입력하고 Enter>");
08    scanf("%o", &b);
09    printf("변수 a값(8진수): %o\n", a);
10    printf("변수 a값(10진수): %d\n", a);
11    printf("변수 b값(8진수): %o\n", b);
12    printf("변수 b값(10진수): %d\n", b);
13    printf("a+b(8진수)=%o\n", a+b);
14    printf("a+b(10진수)=%d\n", a+b);
15  }
```

[실행 결과]

```
8진 정수를 입력하고 Enter>3 Enter↵
8진 정수를 입력하고 Enter>5 Enter↵
변수 a값(8진수): 3
변수 a값(10진수): 3
변수 b값(8진수): 5
변수 b값(10진수): 5
a+b(8진수)=10
a+b(10진수)=8
```

■ 정수형 16진수의 입력과 출력

16진수의 입력과 출력에 있어서 형식 지정자로 %x를 사용한다. 10진수, 8진수, 16진수 사이의 관계는 다음과 같다.

10진수	1	2	…	7	8	9	10	11	…	16	17	…	24	…	32
8진수	1	2	…	7	10	11	12	13	…	20	21	…	30	…	40
16진수	1	2	…	7	8	9	A	B	…	10	11	…	18	…	20

〈예제 5-4〉는 두 개의 16진수를 입력받아 각각 8진수, 10진수, 16진수로 출력하고 두 변수에 대해 덧셈연산 결과를 출력한다.

〈예제 5-4〉 정수형 16진수의 입력과 출력

```
01  #include <stdio.h>
02  void main()
03  {
04   int a, b;
05   printf("16진 정수를 입력하고 Enter>");
06   scanf("%x", &a);
07   printf("16진 정수를 입력하고 Enter>");
08   scanf("%x", &b);
09   printf("변수 a값(8진수): %o\n", a);
10   printf("변수 a값(10진수): %d\n", a);
11   printf("변수 a값(16진수): %x\n", a);
12   printf("변수 b값(8진수): %o\n", b);
13   printf("변수 b값(10진수): %d\n", b);
14   printf("변수 b값(16진수): %x\n", b);
15   printf("a+b(16진수)=%x\n", a+b);
16   printf("a+b(10진수)=%d\n", a+b);
17  }
```

[실행 결과]

```
16진 정수를 입력하고 Enter>a [Enter↵]
16진 정수를 입력하고 Enter>b [Enter↵]
변수 a값(8진수): 12
변수 a값(10진수): 10
변수 a값(16진수): a
변수 b값(8진수): 13
변수 b값(10진수): 11
변수 b값(10진수): b
a+b(16진수)=15
a+b(10진수)=21
```

실행 후 처리 단계에서 입력한 a와 b는 문자가 아니라 16진수의 a와 b로서 10진수로는 각각 10과 11을 의미한다.

실습문제

5.2 〈예제 5-3〉과 〈예제 5-4〉를 응용하여 입력받은 10진 정수에 대해 8진수와 16진수로 출력하는 프로그램을 작성하시오.

5.1.2 실수형 데이터의 입력과 출력

실수형의 데이터 형으로 float나 double을 사용할 수 있으나 double 형에 대해서만 알아보자. 정수형 데이터로 8진수, 16진수, 10진수를 사용할 수 있지만 실수형 8진수나 실수형 16진수는 처리할 수 없다.

데이터 형	형식 지정자	의미
실수형	%f	float 형 실수의 입력과 출력
	%lf	double 형 실수의 입력과 출력(%lf에 사용한 l은 영문자)
정수형	%d	10진(decimal) 정수형 데이터의 입력과 출력
	%o	8진(octal) 정수형 데이터의 입력과 출력
	%x	16진(hexadecimal) 정수형 데이터의 입력과 출력

〈예제 5-5〉는 두 개의 double 형 실수를 입력받아 두 변수에 대해 곱셈과 나눗셈연산 결과를 출력한다. double 형 실수를 입력받을 경우 형식 지정자 %lf를 사용함에 주의하라. (※ %lf의 l은 영문자 l임)

〈예제 5-5〉 double 형 실수의 입력과 출력

```
01  #include <stdio.h>
02  void main()
03  {
04    double x, y;
05    printf("실수를 입력하고 Enter>");
06    scanf("%lf", &x);
07    printf("실수를 입력하고 Enter>");
08    scanf("%lf", &y);
09    printf("x*y=%f\n", x*y);
10    printf("x/y=%f\n", x/y);
11    printf("x*y=%lf\n", x*y);
12    printf("x/y=%lf\n", x/y);
13  }
```

[실행 결과]

```
실수를 입력하고 Enter>3.63 Enter↵
실수를 입력하고 Enter>5.54 Enter↵
x*y=20.110200
x/y=0.655235
x*y=20.110200
x/y=0.655235
```

연산 결과의 출력(printf)에 있어서 %f와 %lf의 차이가 없음을 알 수 있지만 scanf에서 %f와 %lf의 사용은 반드시 구분해서 사용해야 한다. 만약 %lf를 사용하지 않고 %f를 사용하여 double 형 데이터를 입력할 경우 잘못된 연산 결과를 출력한다.

실 습 문 제

5.3 〈예제 5-5〉에 대해 두 개의 double 형 실수를 입력받아 사칙연산의 결과를 출력하되 소수 이하 둘째자리까지 출력하고 자릿수를 맞추어 출력하시오.

5.1.3 문자형 데이터의 입력과 출력

문자형 데이터의 입력과 출력에 있어서 다음과 같이 형식 지정자 %c를 사용한다.

데이터 형	형식 지정자	의미
문자형	%c	문자(character)형 데이터의 입력과 출력
정수형	%d	10진(decimal) 정수형 데이터의 입력과 출력
	%o	8진(octal) 정수형 데이터의 입력과 출력
	%x	16진(hexadecimal) 정수형 데이터의 입력과 출력
실수형	%lf	double 형 실수의 입력과 출력(%lf에 사용한 l은 영문자)

〈예제 5-6〉은 두 개의 char 형 문자 데이터를 입력받아 출력한다.

〈예제 5-6〉 char 형 문자 데이터의 입력과 출력

```
01  #include <stdio.h>
02  void main()
03  {
04    char ch1;
05    printf("문자를 입력하고 Enter>");
06    scanf("%c", &ch1);
07    printf("입력된 문자 %c\n", ch1);
08  }
```

[실행 결과]

문자를 입력하고 Enter>b Enter↵
입력된 문자 b

만약 두 개의 문자를 입력받기 위해 〈예제 5-6〉을 〈예제 5-7〉과 같이 수정하여 실행하고 첫 번째 입력할 문자 b를 입력하고 Enter↵ 키를 누르면 실행 결과와 같이 첫 번째 입력한 문자만 처리되고 프로그램이 종료된다. 이런 상황이 발생하는 이유는 데이터를 입력하기 위해 누른 Enter↵ 키를 변수 ch2의 데이터로 입력받기 때문이다.

〈예제 5-7〉 두 개의 char 형 문자 데이터의 입력과 출력

```
01  #include <stdio.h>
02  void main()
03  {
04    char ch1, ch2;
05    printf("문자를 입력하고 Enter>");
06    scanf("%c", &ch1);
07    printf("문자를 입력하고 Enter>");
08    scanf("%c", &ch2);
09    printf("입력된 문자 %c, %c\n",ch1, ch2);
10  }
```

[실행 결과]

문자를 입력하고 Enter>b
문자를 입력하고 Enter>입력된 문자 b,

계속하려면 아무 키나 누르십시오 . . .

117

scanf를 사용할 때 발생되는 예상외의 문제와 해결

프로그램에서 함수 scanf를 통해 여러 번 입력을 받을 경우, 데이터를 입력하지 않았는데도 입력 부분이 처리되지 않고 다음 단계가 실행되는 현상이 종종 발생한다. 또는 같은 프로그램을 계속해서 여러 번 실행하는 경우에도 이러한 현상이 나타날 수 있다. 함수 scanf는 라인-버퍼(line-buffer) 형식으로 데이터를 입력받기 때문에 데이터를 입력한 다음에는 반드시 Enter↵ 키를 눌러야 한다. 그러나 이때 Enter↵ 키 역시 하나의 문자 데이터로서 버퍼(buffer)에 남아 있게 되므로 〈예제 5-7〉과 같은 현상이 나타난다. 이를 해결하기 위해서 버퍼에 남아 있는 내용을 깨끗이 비워주는 함수 fflush를 사용할 수 있으나 테스트해본 결과 Visual Studio 19에서는 제 역할을 하지 못함을 확인하였다. 〈예제 5-7〉과 같이 함수 scanf를 두 번 이상 연속하여 사용할 경우 해결하는 방법으로는 〈예제 5-8〉과 같이 함수 scanf 사이에 하나의 문자를 입력받는 함수 getchar를 사용할 수 있다. 이때 첫 번째 scanf에서 사용한 Enter↵ 키가 함수 getchar의 데이터로 처리되기 때문에 두 번째 scanf는 Enter↵ 키의 영향을 받지 않게 된다.

〈예제 5-8〉 두 개의 char 형 문자 데이터의 입력과 출력

```
01  #include <stdio.h>
02  void main()
03  {
04   char ch1, ch2;
05   printf("문자를 입력하고 Enter>");
06   scanf("%c", &ch1);
07   getchar();
08   printf("문자를 입력하고 Enter>");
09   scanf("%c", &ch2);
10   printf("입력된 문자 %c, %c\n",ch1, ch2);
11  }
```

[실행 결과]
```
문자를 입력하고 Enter>b
문자를 입력하고 Enter>k
입력된 문자 b, k
계속하려면 아무 키나 누르십시오 .
```

실습문제

5.4 어떤 한 사람의 나이(정수형), 키(실수형), 혈액형(A, B, O만 사용)을 입력받아 출력하는 프로그램을 작성하시오. 단, 어떤 값을 입력받을지에 대해 지시문을 사용하여 나타낸다.

5.2 여러 데이터를 한 줄에 입력하는 방법

printf에서 여러 상수나 변수의 값을 출력하듯이 scanf를 이용하여 여러 개의 데이터를 한 줄에서 입력받을 수 있다. 〈예제 5-9〉는 정수형 데이터와 실수형 데이터를 한 줄에 입력하는 방법이다. (※ line07에서 %lf의 l은 영문자)

〈예제 5-9〉 두 개의 데이터를 한 줄에 입력

```
01  #include <stdio.h>
02  void main()
03  {
04    int a;
05    double x;
06    printf("정수와 실수를 입력하고 Enter>");
07    scanf("%d %lf", &a, &x);
08    printf("입력된 정수 :%d\n", a);
09    printf("입력된 실수 :%f\n", x);
10  }
```

프로그램이 실행되면 다음과 같이 처리한다.

[실행 후 처리 단계]

```
정수와 실수를 입력하고 Enter>5 4.75 Enter↵
입력된 정수 : 5
입력된 실수 : 4.750000
```

scanf의 형식 제어 부분에서 "%d %lf"나 공백 없이 "%d%lf"를 이용할 수도 있다. 이러한 방법을 이용하면 세 개 이상의 데이터도 한 줄로 입력받을 수 있지만 주의해야 할 점은 입력받을 데이터에 대해 정확한 형식 지정자를 사용해야 한다는 것이다.

실 습 문 제

5.5 세 개의 double 형 실수를 한 줄에 입력받아 다음의 수식을 출력하는 프로그램을 작성하시오.

수식1: $3a + 4b - 6c$,   수식2: $2a^2 + 4bc$,   수식3: $\dfrac{a+b}{c}$

REFERENCE 참고 │ 프로그램의 작성이 어렵다

본격적인 프로그램에 들어가면서 많은 학생들로부터 이러한 불평을 듣는다. 프로그램에 대한 문제가 주어지면 프로그램 작성부터 하는 것이 아니라, 문제 자체에 대한 분석이 필요하다. 프로그램 초보자들이 문제 해결에 대한 프로그램을 작성하기 어려운 것은 이러한 과정을 생략하고 바로 처음부터 C 언어를 사용한 원시 프로그램 작성에만 몰두하기 때문이다. 이제부터 프로그램 문제가 주어지면 다음과 같이 3개의 단계로 구분하여 프로그램을 작성하는 습관을 들이자.

> [단계 1] 문제 분석(입력, 처리, 출력을 구분)
> [단계 2] 프로그램의 기본 구조로 응용
> [단계 3] 원시 프로그램의 작성

[단계 1] 문제 분석

분석이라고 해서 거창한 것이 아니라 우선 문제 해결의 기본 처리 단계에 따라 문제를 풀어보는 것이다. 기본 처리 단계는 다음과 같다.

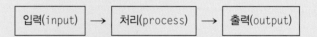

문제가 주어지면 문제의 목표(문제 해결로부터 얻어지는 것, 즉 출력)가 무엇이고, 목표를 달성하기 위해 어떤 사전 정보(입력)가 요구되며, 그것을 어떤 방법으로 계산(처리)할 것인가를 명확하게 나타내야 한다. 예를 들어 자동차의 연비를 계산하는 프로그램을 작성한다면 다음과 같이 구분하여 나타낼 수 있다.

- 목표(출력): 연비 계산값 출력
- 정보(입력): 어떤 자동차의 실제 연료소모량과 주행거리, 연비 계산 공식
- 계산(처리): 사전 정보로부터 얻은 실제 값을 연비 공식에 대입하여 계산

이러한 과정을 좀 더 구체적으로 기술하면 다음과 같다.

- 목표(출력): 출력 함수 printf를 이용하여 계산된 결과 출력
- 정보(입력): 자동차의 실제 연료소모량과 주행거리를 입력받기 위해 입력 함수 scanf 사용
- 계산(처리): 연비 공식 $\dfrac{\text{실제 주행거리(km)}}{\text{실제 연료소모량(liter)}}$ 을 연산식으로 표현하여 계산

[단계 2] 프로그램의 기본 구조로 응용

앞의 [단계 1]로 구분된 입력, 처리 그리고 출력 부분을 프로그램의 기본 구조에 응용해 보자. 앞에서 구체적으로 기술한 단계를 다음과 같은 프로그램 기본 구조에 넣어 프로그램한다.

프로그램 기본 구조에 기술할 내용들을 정리하면 다음과 같다.

기본 구조	프로그램 문장
사용할 변수와 데이터 형을 선언	2개의 값(거리와 소모량)을 입력으로 하고, 공식에 의해 계산될 결과를 저장해야 하므로 변수는 모두 3개가 필요하다. 공식에 나눗셈이 들어가므로 소수점을 포함하는 실수로 나타내기 위해 유형은 double로 선언한다. 변수 이름은 가급적 실제 값의 의미(km, liter)가 표현되도록 정한다. 예) double km, liter, result;

입력 부분	입력 함수는 scanf를 사용하는데 입력할 내용은 두 가지이므로 scanf는 두 번 사용된다. 단, scanf를 사용할 경우는 앞에 지시어를 적당히 서술한다.
	scanf("%lf", &km);
	scanf("%lf", &liter);

계산(처리) 부분	연비 계산 공식을 사용한다. result=km/liter;
출력 부분	printf("계산된 연비는 %f", result);

[단계 3] 프로그램의 작성

이 내용들을 구조 안에 넣으면 프로그램을 다음과 같이 완성할 수 있다.

```
#include <stdio.h>
void main()
    double km, liter, result;  사용할 변수와 데이터 형을 선언

    printf("차의 주행거리를 입력하고 Enter하세요.");
    scanf("%lf", &km);
    printf("차의 연료소모량을 입력하고 Enter하세요.");   입력 부분
    scanf("%lf", &liter);

    result=km/liter;  처리 부분

    printf("계산된 연비는 %f", result);  출력 부분
}
```

이와 같이 세 단계로 완성된 프로그램은 솔루션 빌드 단계를 거쳐 실행 결과를 확인한다.

5.3 형식 지정자의 종류

입력 함수 scanf와 출력 함수 printf에서 데이터의 입출력 형식을 제어하는 공통적인 형식 지정자는 [표 5-1]과 같다. 함수 scanf와 printf에서 사용하는 형식 지정자는 약간의 차이가 있으므로 [표 5-2]와 [표 5-3]을 확인하라.

[표 5-1] 공통 형식 지정자

공통 형식 지정자	인수형	의미
%d	정수형	정수형 인수를 10진(Decimal) 정수로 입출력
%o	정수형	정수형 인수를 8진(Octal) 정수로 입출력
%x	정수형	정수형 인수를 16진(heXadecimal) 정수로 입출력
%u	정수형	정수형 인수를 부호 없는(Unsigned) 10진수로 입출력
%c	정수형	문자형(정수형) 인수를 단일 문자(Character)로 입출력
%s	문자열	문자열(String)로 입출력(문자열 포인터)
%f	실수형	소수점을 포함하는 실수형(Floating point)으로 입출력
%e	실수형	실수형 인수를 지수형(Exponent)으로 입출력
%g	실수형	%e와 %f 중에서 더 짧은 표현을 사용

[표 5-2] 출력 형식 지정자(printf)

형식 지정자	인수형	의미
%X	정수형	정수형 인수를 16진(heXadecimal) 정수(대문자)로 출력 예) 3A6F
%E	실수형	실수형 인수를 지수형(Exponent)으로 출력(대문자) 예) 1.34567E+05
%G	실수형	%E와 %f 중에서 더 짧은 표현으로 출력

[표 5-3] 입력 형식 지정자(scanf)

형식 지정자	인수형	의미
%ld	정수형	long 형 정수를 입력
%lf	실수형	double 형 실수를 입력(l은 영문자)
%le	실수형	

단원정리

출력과 입력

프로그램의 계산 결과나 문장을 화면(monitor)으로 출력하는데 있어서 printf를 사용하며 C 언어에서는 printf를 출력 함수(output function)라 한다.

출력 함수와는 반대의 기능을 하는 것으로 입력 함수(input function)가 있으며 대표적인 함수로는 scanf가 있다. 앞에서 프로그램의 계산에 필요한 값은 상수나 변수에 저장하여 사용하였으나, 입력 함수를 사용하면 프로그램의 실행 중에 필요한 값들을 계산기를 사용하듯 키보드를 통해 직접 입력할 수 있다.

데이터를 키보드를 통해 입력받을 때 scanf를 사용한다

입력 함수와 출력 함수의 역할은 다르지만 scanf는 다음과 같이 printf와 비슷하게 입력 형식을 제어하는 부분과 입력 대상으로 구분된다.

```
scanf("입력 형식 제어", 입력 대상(변수));
```

```
printf("출력 형식 제어", 출력 대상(상수, 변수, 연산식);
```

printf와 scanf의 공통점

- 공통된 형식 지정자를 사용
- 하나의 함수만으로 여러 개의 변수에 대해 입출력 가능

printf와 scanf의 차이점

- scanf의 대상은 오직 변수만 사용이 가능하나 printf는 상수, 수식 그리고 변수에 대해서 사용이 가능하다.
- scanf에서는 형식 지정자 외에 문장을 사용할 수 없다.
- scanf에서 입력에 사용할 변수 앞에 주소 연산자인 &을 사용한다.
- scanf에서 데이터를 입력할 경우 Enter↵ 키를 사용한다.

입력 받을 데이터 형과 scanf의 사용법

데이터 형	scanf의 사용 방법	변수
정수형 입력	scanf("%d", &a);	a는 int 형 변수
실수형 입력	scanf("%lf", &x);	x는 double 형 변수(l은 영문자)
문자형 입력	scanf("%c", &ch);	ch는 char 형 변수

형식 지정자

형식 지정자는 데이터의 입력과 출력의 형식을 제어하며 정수형, 실수형 그리고 문자형을 구분하여 사용한다. 형식 지정자는 데이터의 전체 자릿수 또는 소수 이하의 자릿수를 지정하여 입출력 할 수 있다.

데이터 형	형식 지정자	의미
문자형	%c	문자(character)형 데이터의 입력과 출력
정수형	%d	10진(decimal) 정수형 데이터의 입력과 출력
	%o	8진(octal) 정수형 데이터의 입력과 출력
	%x	16진(hexadecimal) 정수형 데이터의 입력과 출력
실수형	%lf	double 형 실수의 입력과 출력(%lf에 사용한 l은 영문자)

연습문제

5.1 printf와 scanf에 대한 설명이 맞으면 ○, 틀리면 ×로 표시하시오.

(1) 출력 대상(상수나 변수) 없이 printf("a+b=c"); 사용은 가능하다.

(2) \n은 화면 출력에 있어서 줄을 바꾸라는 확장 문자이다.

(3) %d는 double 형 데이터를 출력하는 형식 지정자이다.

(4) 실수형 상수나 변수의 값을 출력하려면 %f를 사용한다.

(5) 정수형 상수나 변수에 대해서는 자릿수를 맞추어 출력할 수 없다.

(6) 금액에 대해 1000 단위를 표시하는 형식 지정자가 있다.

(7) 한 개의 printf 문장으로 여러 개의 변수 값을 출력할 수 없다.

(8) 한 개의 scanf 문장으로 여러 개의 변수 값을 입력받을 수 없다.

(9) 정수형 변수의 값을 입력받으려면 변수 이름 앞에 &를 사용한다.

(10) 한 개의 printf 문장에서는 한 개의 형식 지정자만 사용할 수 있다.

(11) scanf를 사용할 때 입력할 변수의 형식 지정자는 생략할 수 있다.

(12) scanf("입력 %d", &d);와 같이 지시문을 사용할 수 있다.

5.2 다음 중 확장 문자(escape sequence)의 설명으로 잘못된 것은?

① \n : 줄 바꾸기(New line) 　　② \t : tab 길이만큼 띄움

③ \" : "를 표시 　　④ \% : %를 표시

5.3 다음 문항의 적절한 답을 보기에서 선택하시오.

> **보기**
>
> %b %c %d %s %f %x %o

(1) 정수 데이터를 출력할 때 사용하는 형식 지정자는?

(2) 실수형 데이터를 출력할 때 사용하는 형식 지정자는?

(3) 문자를 출력할 때 사용하는 형식 지정자는?

(4) 정수형 데이터를 8진수로 출력할 때 사용하는 형식 지정자는?

5.4 데이터 형과 형식 제어 문자열이 잘못 표시된 것은?

① 실수형 %f　　② 문자열 %c　　③ 정수형 %d　　④ 16진수 %o　　⑤ 지수형 %e

5.5 부호가 없는 unsigned int 형을 출력할 때 사용하는 형식 지정자는?

① %f　　　　② %c　　　　③ %d　　　　④ %u　　　　⑤ %e

5.6 다음의 형식 지정자 중 정수형으로 출력하는 것을 모두 고르시오.

① %f　　　　② %e　　　　③ %d　　　　④ %o　　　　⑤ %x

5.7 다음의 형식 지정자 중 실수형으로 출력하는 것을 모두 고르시오.

① %d   ② %c   ③ %f   ④ %e   ⑤ %g

5.8 다음 프로그램의 실행 결과로 출력되는 값은?

```
printf("%d %o %x", 17, 17, 17);
```

5.9 화면에 123을 출력하는 문장이 아닌 것은?

① printf("123");   ② printf("%d", 123);

③ printf("%.f", 123.);   ④ printf("%c%c%c", '1', '2', '3');

⑤ printf("%o", 0123);   ⑥ printf("%d", 0123);

5.10 scanf 함수에 대해 잘못 설명한 것을 모두 고르시오.

① 형식 지정자는 printf 함수와 거의 동일하다.

② 입력할 변수의 개수는 오직 한 개만 사용할 수 있다.

③ printf와 같이 문장(지시문)을 삽입할 수 있다.

④ 입력할 변수 이름 앞에는 &를 붙인다.

5.11 두 개의 정수값(x, y)을 입력받아 곱셈 결과를 출력하는 프로그램의 □ 부분을 완성하시오.

```
#include <stdio.h>
void main()
{
    int x, y;
    scanf(          );
    scanf(          );
    printf("곱셈 결과는 %d\n", x*y);
}
```

5.12 사용할 변수가 다음과 같이 정의되었다고 할 때 세 개의 변수값을 입력받을 scanf의 □ 부분을 작성하시오.

```
char ban;
int age;
float height;
scanf(                    );
```

5.13 다음과 같은 프로그램을 실행하여 정수 1234를 입력하고 Enter⏎키를 눌렀다면 변수 d에 저장된 값은?

```
#include <stdio.h>
void main()
{
    int d;
    scanf("%3d", &d);
    printf("%d\n", d);
}
```

5.14 다음 프로그램의 결과를 예측하시오.

(1)
```
#include <stdio.h>
void main()
{
 int x=12345, y=123;
 printf("x=%7d\n",x);
 printf("y=%7d\n",y);
 printf("x=%3d\n", x);
 printf("y=%3d\n", y);
}
```

(2)
```
#include <stdio.h>
void main()
{
 double a=1234.567;
 printf("a =%f\n", a);
 printf("a =%13.0f\n", a);
 printf("a =%13.1f\n", a);
 printf("a =%13.2f\n", a);
}
```

(3)
```
#include <stdio.h>
void main()
{
 int x=19;
 printf("%o\t",x);
 printf("%d\t",x);
 printf("%x\t",x);
}
```

5.15 소수점이 포함된 임의의 실수값을 scanf를 사용하여 입력받고 소수 이하 둘째자리까지만 출력하는 다음 프로그램의 □ 부분을 완성하시오.

```
#include <stdio.h>
void main()
{
        ①    ;
    printf("실수 값을 입력하고 Enter>");
    scanf(    ②    );
    printf(    ③    );
}
```

5.16 키보드를 통해 입력한 문자에 대한 ASCII 코드를 출력하는 다음 프로그램을 완성하시오.

```
#include <stdio.h>
void main()
{
        ①
printf("문자를 입력하고 Enter>");
scanf(    ②    );
printf("입력한 문자 :   ③    \n", ch);
printf("ASCII 코드 :   ③    \n", ch);
}
```

5.17 실수값(x, y)을 scanf로 입력받아 두 수의 나눗셈 결과(x/y)를 출력하되 소수 이하 셋째자리까지만 출력하는 다음 프로그램의 □ 부분을 완성하시오. 출력 형식을 참고하여 작성한다.

```
#include <stdio.h>
void main()
{
    float x, y;
    printf(    ①    );
    scanf(    ②    );
    printf(    ③    );
    scanf(    ④    );
    printf(    ⑤    );
}
```

[출력 형식]
첫 번째 실수 값 입력 후 Enter>56
두 번째 실수 값 입력 후 Enter>128

나눗셈 결과 : 0.438

5.18 섭씨온도(℃)와 화씨온도(℉)를 입력받아 섭씨온도는 화씨온도로, 화씨온도는 섭씨온도로 변환하여 출력하는 프로그램을 작성하시오. 단, 결과는 소수 이하 첫째자리까지 출력한다.

$$섭씨온도 = \frac{5}{9}(화씨온도 - 32)$$

5.19 두 정수형 변수의 값을 입력받아 더한 값에 대해 8, 10 그리고 16진수로 출력하는 프로그램을 작성하시오.

5.20 시간과 분을 동시에 입력받아 입력된 시간은 분으로, 입력된 분은 시간으로 변환하는 프로그램을 작성하시오. 시간과 분은 실수형 변수를 사용한다.

5.21 각 동전의 개수를 입력받아 금액의 합을 출력하는 프로그램을 작성하시오. 단, 동전은 500원, 100원, 50원 그리고 10원만 있다고 가정한다.

5.22 세 개의 double 형 변수 a, b, c의 값을 한 줄로 입력받아 ab−bc+ac의 결과를 출력하는 프로그램을 작성하시오.

5.23 승수와 패전수를 입력받아 경기의 승률을 계산하는 프로그램을 작성하시오. 단, 승률은 승수/(승수+패전수)로 계산하고 소수 이하 셋째자리까지만 출력한다.

5.24 C 언어 과목에 대한 평점을 계산하는 프로그램을 작성하시오. 학생 성적은 중간시험, 기말시험, 보고서 그리고 출석의 정수형 점수를 100점 만점으로 입력한다. 각 점수의 비율은 중간 30%, 기말 40%, 보고서 20% 그리고 출석 10%로 가정하여 각 점수의 원점수와 비율을 곱한 점수를 출력하고, 100점 만점의 평점을 출력한다. 평점은 소수 이하 둘째자리까지만 출력한다. 실행된 예는 그림과 같다.

```
중간 점수 입력 : 85
기말 점수 입력 : 90
보고서점수 입력: 80
출석점수 입력  : 75

입력점수        점수
중간: 85(30%) 25.50
기말: 90(40%) 36.00
보고: 80(20%) 16.00
출석: 75(10%)  7.50
평점:         85.00
◀ |  |
```

5.25 어느 공장에서 하루 500개의 제품을 생산한다. 이 중 불량품의 개수 n을 입력받아 정상제품의 생산율과, 불량제품의 생산율을 %단위(소수 이하 둘째자리)로 출력하는 프로그램을 작성하시오. % 기호를 출력하려면 printf의 형식 제어 부분에 %%를 사용한다.

5.26 한 면에 t개의 track과 track당 s개의 sector가 있는 양면의 disk 매체가 있고, sector당 4000bit를 저장한다면 양면 사용이 가능한 이 매체의 총용량을 byte 단위로 출력하는 프로그램을 작성하시오. t와 s는 입력받아 처리한다.

5.27 변동계수(CV: coefficient of variance)란 측정 단위가 다르거나 평균값에서 큰 차이가 나는 두 데이터 간의 산포도를 비교하는 데 사용하고 다음의 공식을 이용한다. 두 집단에 대한 표준편차와 평균을 입력받아 각각의 변동계수(단위 % 표시)를 계산하는 프로그램을 작성하시오.

$$CV(\%) = \frac{표준편차}{평균} \times 100$$

5.28 자신의 학번 끝 번호 n을 입력받아 구구단 n단을 출력하는 프로그램을 작성하시오. 만약 끝 번호가 5라면 다음과 같이 출력하고 끝번호가 0이면 10단을 출력한다.

구구단 5단 결과

5*1=5

5*2=10

...

5*9=45

5.29 학생 네 명의 키와 혈액형을 입력받아 키와 혈액형을 출력하고, 평균 키를 출력하는 프로그램을 작성하시오. 단, 혈액형은 A, B, O만 사용한다.

5.30 [부록 3]의 도량형 환산표를 이용하여 다음을 계산하는 프로그램을 작성하시오.
   ① 자신의 키(cm)를 입력받아 feet와 inch 단위로 출력
   ② 자신의 몸무게(kg)를 입력받아 파운드(lb) 단위로 출력
   ③ 평수를 입력받아 미터제곱 단위로 출력

계산에 필요한 연산자와 연산식

프로그램을 통해 계산 결과를 얻으려면 계산에 필요한 값과 식(expression)이 있어야 한다. 예를 들어 [그림 6-1]의 수식을 프로그램 문장으로 표현한 것을 연산식이라 하며, 일반적으로 사용하는 수학식과는 차이가 있다.

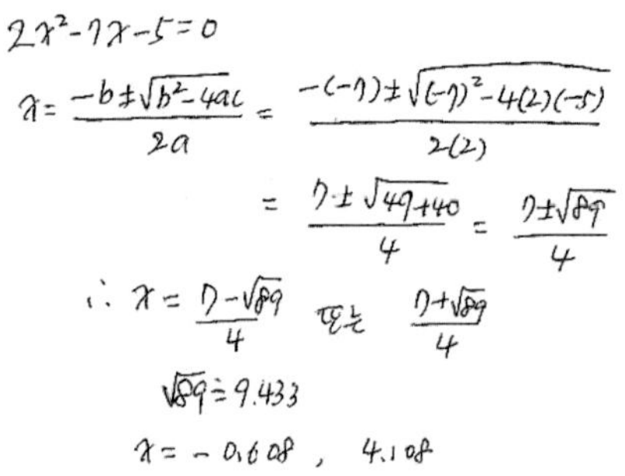

$2x^2 - 7x - 5 = 0$

$x = \dfrac{-b \pm \sqrt{b^2 - 4ac}}{2a} = \dfrac{-(-7) \pm \sqrt{(-7)^2 - 4(2)(-5)}}{2(2)}$

$= \dfrac{7 \pm \sqrt{49 + 40}}{4} = \dfrac{7 \pm \sqrt{89}}{4}$

$\therefore x = \dfrac{7 - \sqrt{89}}{4}$ 또는 $\dfrac{7 + \sqrt{89}}{4}$

$\sqrt{89} \fallingdotseq 9.433$

$x = -0.608 , \quad 4.108$

[그림 6-1] 2차방정식 문제 풀이

수식을 프로그램 연산식으로 표현하는데 있어서 기본적으로 사용하는 것이 연산자(operator)이다. C 언어에는 덧셈, 곱셈과 같은 사칙연산을 포함한 산술 연산자(arithmetic operator) 외에 관계 · 논리 연산자, 비트 연산자 등 여러 연산자들이 있다.

6.1 산술 연산자(+, −, ＊, /, %)

연산자의 사용에 있어서 기억해야 할 점은 정수형 데이터 간의 연산 결과는 정수가 되며, 실수형 데이터 간의 연산 결과는 실수가 된다는 것이다. C 언어에서 사용하는 산술 연산자는 [표 6-1]과 같다.

[표 6-1] 산술 연산자의 종류

연산자	사용법	의미
+	a+b	a에 저장된 값과 b에 저장된 값을 더함
−	a−b	a에 저장된 값에서 b에 저장된 값을 뺌
	−a	a에 저장된 값의 부호를 바꿈
*	a*b	a에 저장된 값과 b에 저장된 값을 곱함
/	a/b	a에 저장된 값을 b에 저장된 값으로 나눔
%	a%b	a에 저장된 값을 b에 저장된 값으로 나눈 나머지

〈예제 6-1〉은 두 개의 실수형 변수에 대한 사칙연산의 결과를 출력하는 프로그램이다. 두 개의 변수 모두 실수이므로 사칙연산의 결과는 모두 실수형이 되며 연산 결과를 실수형으로 출력하기 위해 형식 지정자인 %f를 사용하였다.

〈예제 6-1〉 두 개의 실수형 변수에 대한 사칙 연산

```
01  #include <stdio.h>
02  void main()
03  {
04   double x=2.5, y=5.0;
05   printf("\n x+y= %7.2f", x+y);
06   printf("\n x-y= %7.2f", x-y);
07   printf("\n x*y= %7.2f", x*y);
08   printf("\n x/y= %7.2f", x/y);
09  }
```

[실행 결과]

```
x+y=      7.50
x-y=     -2.50
x*y=     12.50
x/y=      0.50
```

[표 6-2]에서 % 연산자는 나머지(modular) 연산자라 부르며 나눗셈 연산자인 /과 구별해야 한다. 나머지 연산자인 %와 나눗셈 연산자인 /의 차이점을 비교해 보면 다음과 같다. a/b의 연산은 a를 b로 나눈 몫을 계산하고 a%b의 연산은 a를 b로 나눈 나머지를 계산한다.

[표 6-2] / 연산자와 % 연산자의 비교

/ 연산자		% 연산자	
연산식	결과	연산식	결과
12/4	3	12%4	0
16/3	5	16%3	1
5/2.	2.5	5%2.	피연산자로 실수형은 사용할 수 없음

연산자를 사용에서 주의할 점은 정수 데이터 간의 연산은 그 결과가 정수형이 되지만, 연산식에 실수형 데이터가 한 개라도 포함될 경우에는 연산의 결과가 실수형이 되어 형 변환(type conversion)이 일어난다는 것이다. 따라서 16/3의 경우 16과 3이 모두 소수점을 포함하지 않는 정수 상수이므로 5.33333이 아니라 5가 되지만, 5/2.의 경우는 2.이 실수 상수이므로 연산의 결과가 2.5가 된다. 이를 형 변환이라 하는데 정수형 데이터와 실수형 데이터의 연산은 실수형으로 변환되며 이에 대한 자세한 내용은 6.6.6절(형 변환과 캐스트 연산자)에서 설명한다.

a%b 연산은 a를 b로 나눈 나머지를 계산하므로 결과값은 b를 초과할 수 없으며, 결과값이 가질 수 있는 값의 범위는 0에서 (b-1) 사이가 된다. / 연산과 % 연산은 다음과 같은 관계로 표현할 수 있다. 그리고 % 연산자는 피연산자가 모두 정수형 데이터인 경우에만 사용할 수 있다.

$$
\begin{array}{r}
5\ (몫) \\
3\overline{\smash{\big)}\,16} \\
15 \\
\hline
1\ (나머지)
\end{array}
\qquad
\begin{aligned}
16 &= (16/3){\star}3 + (16\%3) \\
&= (5){\star}3\ +\ 1 \\
&= (몫){\star}제수 + 나머지
\end{aligned}
$$

〈예제 6-2〉를 통하여 연산자 /와 %의 차이를 확인해 보자.

〈예제 6-2〉 / 연산자와 % 연산자의 차이

```
01  #include <stdio.h>
02  void main()
03  {
04      int a=5, b=3;
05      double x=2.5;
06      printf("a/b=%d \n",a/b);
07      printf("a%%b=%d \n",a%b);
08      printf("x/b=%f \n",x/b);
09  }
```

[실행 결과]
```
a/b=1
a%b=2
x/b=0.833333
```

〈예제 6-2〉의 line 4에서 int a=5, b=3;에 사용된 기호 ,은 콤마(comma) 연산자로 다수의 동일한 데이터 형 변수를 만들 때 사용한다. 연산식 a/b는 모두 정수형이므로 5/3의 결과 역시 정수 1이 된다. 연산식 a%b는 5%3을 연산하므로 5를 3으로 나눈 나머지인 정수 2의 결과를 얻는다. 세 번째 x/b는 2.5/3을 연산하는데 연산식에 실수형이 포함되어 있으므로 형 변환에 의해 결과는 실수가 된다.

정수형 상수 567에 대해 100의 자리, 10의 자리, 1의 자릿수를 각각 출력한다면 〈예제

6-3〉과 같이 프로그램 할 수 있다. 여러 방법이 있을 수 있으나 % 연산자를 이용해 보자.

〈예제 6-3〉 정수형 데이터에 대한 자릿수별 숫자 출력

```
01  #include <stdio.h>
02  void main()
03  {
04    int k;
05    printf("세 자리 10진 정수 입력 후 Enter>");
06    scanf("%d", &k);
07    printf("   1의 자리수 %d \n", k%10);
08    k=k/10;
09    printf(" 10의 자리수 %d \n", k%10);
10    k=k/10;
11    printf("100의 자리수 %d \n", k%10);
12  }
```

[실행 결과]

```
세 자리 10진 정수 입력 후 Enter>567
   1의 자리수 7
 10의 자리수 6
100의 자리수 5
```

변수 k에 입력된 정수 567을 10으로 나눈 나머지는 7이며, 567을 10으로 나누어 56을 만들고 이 값을 10으로 나눈 나머지는 6이 된다. 같은 방법으로 100의 자리를 계산한다.

실 습 문 제

6.1 다음의 연산 결과는?

① 7/4   ② 7%4   ③ 9/2   ④ 9%2

6.2 임의의 두 정수 a, b를 입력받아 a/b의 몫과 나머지를 출력하는 프로그램을 작성하시오.

6.2 증가, 감소 연산자(++, --)

++와 -- 연산자는 각각 증가, 감소 연산자라 부른다. 대부분의 연산자들은 a+b 또는 a%b와 같이 두 개의 피연산자를 필요로 하는 2항(binary) 연산자이지만, 특이하게 이 연산자들은 [표 6-3]과 같이 피연산자가 하나만 있는 경우에 사용할 수 있는 단항(unary) 연산자이다. 증가나 감소 연산자는 오직 변수의 앞 또는 뒤에 사용되어 저장된 값을 1 증가시키거나 1 감소시키므로 상수나 식, 예를 들어 3++ 또는 (a+b)++와 같이 사용할 수 없다.

[표 6-3] ++ 연산자와 -- 연산자의 비교

++ 연산자		-- 연산자	
연산식	의미	연산식	의미
a++;	a=a+1;	a--;	a=a-1;
++a;		--a;	

[표 6-3]에서 증가 연산자 ++와 감소 연산자 --가 변수 앞에 위치하는 경우를 선행 (prefix) 연산이라 하며 변수 뒤에 사용되는 경우를 후행(postfix) 연산이라 한다. [표 6-3]에서 후행 연산인 a++와 선행 연산인 +1a의 의미를 동일하게 a=a+1로 표현하였지만, 실제 연산에 있어서는 차이가 있다. 만약 〈예제 6-4〉와 같은 프로그램이 실행되었을 때 변수에 저장된 값들이 어떻게 출력될 것인지 예측해 보자.

〈예제 6-4〉 증가, 감소 연산자의 사용 방법

```
01  #include <stdio.h>
02  void main()
03  {
04    int a=10, b=20;
05    printf("a=%d\n", a++);
06    printf("a=%d\n", ++a);
07    printf("b=%d\n", b--);
08    printf("b=%d\n", --b);
09  }
```

[실행 결과]

```
a=10
a=12
b=20
a=18
```

선행 연산에서는 변수의 값을 먼저 증가시키거나 감소시킨 다음에 변수를 평가하며, 후행 연산에서는 변수에 대한 평가를 먼저 처리한 후 변수의 값을 증가시키거나 감소시킨다. line 05에서 a++는 후행 연산이고 변수에 대한 평가(10)가 먼저 이루어지므로 10이 출력되고 나서 a를 증가시킨다. 따라서 line 05가 처리된 후 변수 a는 11로 변화되는데 line 06에서 ++a는 선행 연산이므로 먼저 1을 증가(11+1)하여 평가하므로 12를 출력한다. line 07의 b--는 후행 연산이므로 먼저 변수에 대한 평가(20)를 하므로 20을 출력하고 나서 1을 감소한다. line 08은 선행 연산이므로 먼저 1을 감소하고 평가하므로 18을 출력한다.

실습문제

6.3 다음은 프로그램의 일부이다. 정상적으로 실행했다면 실행 결과는?

```
int a=5, b=10;
a++; --b;
a=b%a;
b=--a+ ++b;
printf("%d  %d", a, b);
```

6.3 대입 연산자(=, +=, *=, …)

변수에 어떤 값을 저장할 때는 대입(assignment) 연산자 =을 사용한다. 대입 연산자의 사용에는 [표 6-4]와 같은 규칙이 있다. 대입 연산자의 왼쪽에는 항상 변수가 있어야 하며 오른쪽에는 상수나 변수 또는 여러 연산자들이 포함된 연산식을 사용할 수 있다. 만약 이러한 규칙을 지키지 않으면 컴파일 과정에서 문법 오류, 즉 L-value 오류가 발생하는데 L은 left를 의미한다.

[표 6-4] 대입 연산자의 사용 방법

잘못된 예		바른 예
프로그램	오류	프로그램

15=25;
15=a;
	대입 연산자의 왼쪽에 상수가 올 수 없음.
	L-value 오류
		a=15*25;
		b=15;
		d=b*c+5;

a*b=c;	대입 연산자의 왼쪽에 연산식이 올 수 없음. L-value 오류	

그리고 C 언어에는 [표 6-5]와 같이 산술 연산자와 대입 연산자를 함께 사용하는 복합 대입 연산자(compound assignment operator)도 가능하다. 이러한 방법은 연산식을 줄여서 표현하는 방법이며, 이 또한 대입 연산자의 하나다.

[표 6-5] 산술 연산자와 대입 연산자의 혼합 사용(복합 대입 연산자)

대입 연산자	사용 예	연산과 의미
=	a=b=0;	b=0; a=b;
+=	a+=b;	a=a+b;
-=	a-=b;	a=a-b;
*=	a*=b;	a=a*b;
/=	a/=b;	a=a/b;
%=	a%=b;	a=a%b;

C 언어로 작성된 프로그램에는 〈예제 6-5〉와 같이 연산자와 대입 연산자를 줄여서 표현하는 방법을 자주 사용한다.

〈예제 6-5〉 복합 대입 연산자의 사용 방법

```
01  #include <stdio.h>
02  void main()
03  {
04    int a, b;
05    a=b=2;
06    a+=b;
07    b*=a;
08    printf(" a= %d, b = %d \n", a, b);
09  }
```

[실행 결과]

```
a=4,   b=8
```

line 05의 결과 변수 b와 a에 2를 저장하는데 우선 b=2;를 하고 이어서 a=b;를 처리한다. line 06에서 a+=b;는 a=a+b;와 같으므로 변수 a에 4가 저장된다. line 07에서 b*=a;는 b=b*a;와 같으므로 2*4의 결과인 8을 변수 b에 저장한다.

실 습 문 제

6.4 다음은 프로그램의 일부이다. 정상적으로 실행했다면 실행 결과는?

```
int a=5, b=10;
--a; ++b;
b%=a;
a/=b;
printf("%d  %d\n", a, b);
```

6.4 수식을 연산식으로 표현하는 방법

프로그램은 문제를 해결하기 위한 순서이며, 결국 어떤 값을 계산해내는 것이라고 할 수 있다. 그렇다면 좀 더 복잡한 수식을 계산할 때 어떻게 프로그램 해야 하는지 생각해 보자. 다음과 같은 두 개의 수식이 있다고 가정하자.

$$y = 2\pi r, \quad C = \frac{5}{9}(F - 32)$$

첫 번째 식은 원의 둘레를 계산하는 공식이고, 두 번째 식은 화씨온도(F)를 섭씨온도(C)로 변환하는 공식이다. 원의 둘레를 계산하는 것부터 생각해 보자.

원의 둘레를 계산하는 공식에서 사용된 기호 π(phi)는 수학에서 원주율로서 3.141592…의 값을 대신한다. 그러나 프로그램의 연산식에서는 기호 π를 나타낼 수 없으며 미리 약속되어 있지도 않기 때문에 실수형 변수에 저장하여 처리하던지 아니면 실수형 상수로 처리해야 한다. 다음의 프로그램에서 변수 p와 y는 실수형 변수라 하고, 변수 r(반지름)은 정수형 변수라고 가정하자.

$y = 2\pi r$에 대한 연산식 ➡
```
p=3.141592;
r=25;              연산 순서
y=2*p*r;
```

두 번째 공식인 화씨온도를 섭씨온도로 바꾸는 공식을 생각해 보자. 수학식에서는 분수식을 자유롭게 사용할 수 있으나 프로그램에서는 나눗셈 연산자인 /을 사용해야 한다. 또한 공식에 사용된 괄호 부분은 묶어서 처리함을 나타내는데 프로그램에서도 같은 방법으로 사용할 수 있다. 공식을 프로그램 해 보면 다음과 같이 세 가지 방법으로 나타낼 수 있다.

$C = \frac{5}{9}(F - 32)$에 대한 연산식 ➡
```
c = 5/9(f-32);     방법 ①
c = 5(f-32)/9;     방법 ②
c = 5*(f-32)/9;    방법 ③
```

방법 ①의 경우 9와 (사이에 곱셈 기호가 생략되어 있으며, 방법 ②에서도 5와 (사이에 곱셈 기호가 생략되어 있다. 따라서 다시 표현하면 다음과 같다.

```
c = (5/9)*(f-32); 또는 c = 5*(f-32)/9; 또는 c = (f-32)*(5/9);
```

앞에서 정수와 정수 데이터 간의 연산 결과는 정수가 됨을 보았다. 따라서 (5/9)의 연산 결과는 항상 0이 되므로 가운데 연산식을 제외한 나머지 식은 변수 f 값에 상관없이 변수 c에는 0이 저장됨에 주의해야 한다.

다음은 몇 가지 수학식을 프로그램 연산식으로 표현한 것이다. 수학식에는 곱셈을 생략할 수 있지만 연산식에서는 생략할 수 없으며 괄호가 필요한 경우에는 적절하게 사용한다.

수식	프로그램 연산식
$a + 3b$	a+3*b
$a(b-3)$	a*(b-3)
$c - ab$	c-a*b
$b^2 - 4ac$	b*b-4*a*c
$a + \dfrac{3}{b}$	a + 3/b 또는 a+(3/b)
$\dfrac{a}{b + c}$	a/(b+c)
$\dfrac{a + b}{x - y}$	(a+b)/(x-y)

실 습 문 제

6.5 반지름의 값(실수형)을 입력받아 원의 둘레와 면적을 계산하는 프로그램을 작성하시오.

6.6 화씨온도와 섭씨온도를 입력받아 화씨온도는 섭씨온도로, 섭씨온도는 화씨온도로 변환하는 프로그램을 작성하시오. 모두 double 형을 이용한다.

6.5 연산 순서

연산은 기본적으로 식의 왼쪽에서 오른쪽 방향으로 이동하면서 이루어지는데 식에 사용된 연산자에 따라 연산의 순서가 달라진다. 예를 들어 사칙연산이 사용된 식에서 *, / 연산은 +, − 보다 우선순위(precedence)가 높기 때문에 먼저 처리된다. 단, 식에 괄호가 있을 경우에는 괄호 부분을 우선적으로 처리한다. 연산식의 처리 순서에 대한 기본 규칙은 다음과 같다.

[연산식의 처리 순서에 대한 기본 규칙]

- 연산식의 왼쪽에서 오른쪽 방향으로 이동하며 연산함.
  단, 괄호가 사용된 경우에는 괄호 부분을 먼저 연산함.
- 곱셈이나 나눗셈 연산자는 덧셈이나 뺄셈 연산자보다 우선적으로 연산함.

중요한 점은 사용된 연산자에 따라 연산의 순서가 달라진다는 것이다. C 언어를 포함한 대부분의 프로그램 언어들은 연산자에 대해 우선순위를 정하여 놓았다. 이에 대한 자세한 내용은 6.6.8절에서 설명한다. 산술 연산자의 우선순위는 [표 6-6]과 같다.

[표 6-6] 산술 연산자의 우선순위

순위	연산자	연산자
높음 ↓ 낮음	괄호	( )
	증가/감소	++ ─
	사칙	* / %
		+ ─

몇 가지 연산식에 대해 실제 연산되는 순서는 다음과 같다.

수학식	연산식	연산 순서
$d=a+b-c$	d=a+b-c;	① a+b ② ①-c ③ d=②
$c=b-4ac$	c=b-4*a*c;	① 4*a*c ② b-① ③ c=②
$a=3+\dfrac{b}{c}-4d$	a=3+b/c-4*d;	① b/c ② 4*d ③ 3+① ④ ③-② ⑤ a=④
$b=c(a+4)$	b=c*(a+4);	① a+4 ② c*① ③ b=②

〈예제 6-6〉 프로그램을 실행했을 때 연산 결과 변수 a와 b에는 각각 어떤 값이 저장될지 예상해 보자.

〈예제 6-6〉 연산자의 연산순위

```c
01  #include <stdio.h>
02  void main()
03  {
04    int a=10, b=5;
05    a=a+b*a-b/a;
06    b=(-a+b)%a+b-a;
07    printf(" a= %d, b = %d \n", a, b);
08  }
```

line 05에서 곱셈과 나눗셈은 연산 순서가 같기 때문에 같이 사용되었을 경우에는 왼쪽에
서 오른쪽 방향으로 연산한다. 따라서 연산 순서는 다음과 같다.

```
a= a+ b*a − b/a;
       ①     ②        ①의 결과: 50, ②의 결과: 0
    ③                  ③의 결과: 10+50
          ④            ④의 결과: 60−0
                       연산 결과: 60
```

line 06에서 괄호 연산이 우선하므로 연산 순서는 다음과 같다.

```
b=(-a+b)%a+b-a;
  ①  ②          ①의 결과: −55, ②의 결과: −55
      ③          ③의 결과: −55+5
        ④        ④의 결과: −50−60
                 연산 결과: −110
```

REFERENCE 참고   정수와 실수 데이터를 구분하여 얻는 장점은?

앞에서 C 언어에서는 여러 가지의 데이터 형을 구분하여 사용한다고 설명했다. 그런데 왜
한 가지 데이터 형만 사용하지 않고 여러 가지 데이터 형을 사용할까?
결론부터 말하자면 주기억 장치인 저장 공간, 즉 메모리를 효율적으로 사용하기 위해서다.
프로그램에서는 비교적 작은 숫자만을 필요로 하는 경우도 있고, 천문학이나 우주 과학에서
와 같이 상대적으로 큰 수를 다루는, 또한 정밀성을 요구하는 프로그램도 있다. 따라서 작은

숫자들과 비교적 큰 숫자들을 저장할 공간을 구분해서 사용해야만 공간의 낭비를 줄일 수 있다. 예를 들어 호텔의 객실을 1인실, 2인실 또는 4인실과 같이 구분해 놓은 것도 같은 이유다. 그렇다면 실제 프로그램 상에서는 이와 같은 구분을 통해 얻을 수 있는 부수적인 기능을 알아보자.

프로그램을 할 때 주의해야 할 점은 계산된 결과값을 어떤 변수, 즉 정수형 변수 또는 실수형 변수에 저장하느냐에 따라 값이 달라지며, 정수와 정수 간의 연산 결과는 정수로, 정수와 실수 또는 실수와 실수 간의 연산 결과는 실수가 된다는 것이다. 따라서 정수 527이라는 값을 정수 100으로 나누면 5.27이 아니라 5가 됨을 기억해야 한다.

예를 들어 36.87이라는 숫자에 대해 정수 부분만 필요하거나 소수 이하 부분만 필요한 경우 정수 변수의 특징을 이용한다. 36.87이라는 숫자를 정수 변수에 기억시키면 36이라는 정수 부분만 기억되고, 이 값을 원래 값에서 빼주면 소수 이하 부분만 얻을 수 있다.

다음 프로그램을 솔루션 빌드 하면 line 06에 대해 다음과 같은 경고(warning)가 발생하지만 실행 결과는 확인할 수 있다.

'double'에서 'int'(으)로 변환하면서 데이터가 손실될 수 있다.

이는 double 형을 int 형에 대입함으로써 발생하는 경고이다.

```
01  #include <stdio.h>
02  void main()
03  {
04    double k=36.87;
05    int j;
06    j=k;
07    k=k-j;
08    printf("정수부분은 %d \n",j);
09    printf("소수부분은 %f \n",k);
10  }
```

[실행 결과]
정수부분은 36
소수부분은 0.870000

컴퓨터는 모든 연산을 덧셈으로 처리한다?

참고 REFERENCE

컴퓨터에서 모든 계산은 가산기(adder)라는 회로 장치를 사용한다. 가산기는 덧셈을 하는 장치로서, 다시 말하면 컴퓨터는 모든 계산을 덧셈으로 처리한다는 것을 의미한다. 그렇다면 뺄셈, 곱셈 그리고 나눗셈도 덧셈으로 처리한다는 것인데 컴퓨터에서 이와 같은 처리가 가능한 이유는 보수(complement)를 사용하기 때문이다.

보수(complement)란 반대로 세어 가는 수를 말한다. 예를 들어 한 자리만 가질 수 있는 10진수의 최댓값은 9이다. 이 상황에서 6이라는 값은 숫자 0의 방향에서는 6번째의 숫자가 되지만 거꾸로 숫자 9의 방향에서 세면 3번째(10-6+1)의 수가 된다. 이때 숫자 3은 6의 보수가 된다. 이를 계산으로 구하면 숫자 6은 한 자리 숫자이므로 진법을 나타내는 값 10에서 6을 빼고 1을 더하면 3이라는 보수를 얻게 된다.

[10진법에서 6의 위치]

0	1	2	3	4	5	6	7	8	9

n진법의 보수를 나타내는데 있어서 n-1의 보수와 n의 보수가 있으나 10진법과 2진법의 예에서는 n의 보수만을 다루도록 하다. 이제 10진수의 예를 들어 뺄셈과 나눗셈이 보수를 이용하여 어떻게 덧셈으로 처리되는지 알아보자.

■ 뺄셈과 보수 연산

예를 들어 14-5의 계산은 14+(-5)와 같이 계산한다. 이때 5의 보수를 구해서 덧셈으로 처리하는 것이다. 즉, 뺄셈은 보수에 의한 덧셈으로 계산한다. 과정은 다음과 같다.

[단계 1] 피감수(14)의 자릿수(2)에 기준하여 감수의 보수를 구함.
[단계 2] 피감수와 보수를 더하여 만약 자리 올림수가 있으면 버림.

[일반적인 계산 결과]

$$\begin{array}{r} 14 \\ -5 \\ \hline 9 \end{array}$$

[보수에 의한 덧셈]

[단계 1] 피감수의 자릿수에 기준하여 감수의 보수를 구함	[단계 2] 피감수 14와 보수 95를 더하여 자리 올림수 ①은 버림	결과
5의 보수는 (99-5)+1=95	$\begin{array}{r} 14 \\ +95 \\ \hline ①09 \end{array}$	9

■ 나눗셈과 보수 연산

나눗셈의 경우는 피제수와 보수를 계속 더하여 최댓값(100)이 될 때까지 더해진 횟수가 몫이 된다. 15÷5의 값인 3은 15(피제수)에서 5(제수)를 세 번(몫) 뺀 것과 같은 이치다. 앞에서 뺄셈은 보수에 의한 덧셈으로 처리하는 방법을 사용하였으므로 나눗셈도 보수를 이용한 덧셈연산이 가능하다. 과정은 다음과 같다.

[단계 1] 피제수의 자리에 기준하여 제수의 보수를 구함.

[단계 2] 피제수와 보수를 더하여 자리 올림수가 있으면 버림.

[단계 3] 더해진 결과값에 보수를 계속 더해 나가되 그 결과값이 자릿수의 최댓값이 되면 계산을 멈춤. 이때 보수가 더해진 횟수가 몫이 됨.

[단계 1] 피제수의 자리에 기준하여 제수의 보수를 구함	[단계 2] 피제수와 보수를 더하여 자리 올림수가 있으면 버림	[단계 3] 피제수와 보수를 더하여 자리 올림수가 있으면 버림
5의 보수는 (99−5)+1=95	15 +95 더한 횟수 1 ①10	15 +95 더한 횟수 2 ①10

[단계 3] 피제수와 보수를 더하여 자리 올림수가 생기면 버림	[단계 3] 자릿수의 최대값(100)이 되었으므로 계산을 멈춤	결과(더한 횟수)
5 +95 더한 횟수 3 ①00		3

계산된 결과가 100(최댓값)이 되었으므로 계산을 멈추고 이때까지 더해진 횟수 3이 15÷5의 결과, 즉 몫(3)이 된다.

이제 실제로 컴퓨터에서 처리하는 보수 연산의 예를 알아보자. 컴퓨터에서 모든 자료는 0과 1로 표현된다. 즉, 2진수로 처리한다. 보수를 구하는 방법에는 1의 보수(1's complement)와 2의 보수(2's complement)의 두 가지가 있다. 2진수의 경우 보수를 구하는 방법은 간단하게 처리된다. 2진수에 대한 1의 보수는 [표 6-7]과 같이 모든 자릿수의 비트를 반대로(0은 1로, 1은 0으로) 바꾸면 되고, 2의 보수에서는 1의 보수에 1을 더하면 된다.

[표 6-7] 2진법에서의 1의 보수와 2의 보수

2진수(4bit의 예)	10진수로의 변환	1의 보수	2의 보수
0001	$0\times2^3+0\times2^2+0\times2^1+1\times2^0 = 1$	1110	1111
0010	$0\times2^3+0\times2^2+1\times2^1+0\times2^0 = 2$	1101	1110
0011	$0\times2^3+0\times2^2+1\times2^1+1\times2^0 = 3$	1100	1101
0111	$0\times2^3+1\times2^2+1\times2^1+1\times2^0 = 7$	1000	1001
1000	$1\times2^3+0\times2^2+0\times2^1+0\times2^0 = 8$	0111	1111

■ 이진수 뺄셈과 보수 연산

앞의 예와 같이 14-5의 경우를 2진수로 처리한다. 간단하게 표현하기 위해 4개의 비트만 이용한다. 2의 보수 연산은 다음과 같다.

10진수 14에 대한 2진수 표현 : 1110
10진수 5에 대한 2진수로 표현: 0101
0101에 대한 2의 보수 표현   : 1011 (1010+1)

[단계 1] 피감수의 자릿수에 기준하여 감수의 보수를 구함.
[단계 2] 피감수와 보수를 더하여 만약 자리 올림수가 있으면 버림.

2진수 0101에 대한 1의 보수는 모든 비트를 바꾸고(1010) 1을 더하므로 1011이 된다.

[단계 1] 피감수의 자릿수에 기준하여 감수의 보수를 구함	[단계 2] 피감수와 보수를 더하여 자리 올림수가 생기면 버림	결과(10진수로는 9)
0101에 대한 보수는 1011	1110 +1011 ①1001	1001

연산 결과 1001은 10진수로 표현하면 9가 된다.

■ 이진수 나눗셈과 보수 연산

나눗셈의 경우는 피제수와 보수를 계속 더하되 자릿수의 최댓값(modulus)이 될 때까지 더해진 횟수가 몫이 된다.

15÷5의 값인 3은 15(피제수)에서 5(제수)를 세 번(몫) 뺀 것과 같은 이치다. 앞에서 뺄셈은 보수에 의한 덧셈으로 처리하는 방법을 사용하였으므로 보수를 이용한 덧셈 연산이 가능하다.

10진수 15에 대한 2진수 표현: 1111
10진수 5에 대한 2진수 표현 : 101
2진수 101에 대한 보수 표현 : 1011 (1010+1)

[단계 1] 피제수의 자리에 기준하여 제수의 보수를 구함.
[단계 2] 피제수와 보수를 더하여 자리 올림수가 있으면 버림.
[단계 3] 더해진 결과값에 보수를 계속 더해 나가되 그 결과값이 자릿수의 최댓값이 되면

계산을 멈추고 이때 보수가 더해진 횟수가 몫이 됨.

[단계 1] 피제수의 자릿수에 기준하여 제수 의 보수를 구함	[단계 2] 피제수와 보수를 더하여 자리 올림 수가 생기면 버림	[단계 3] 피제수와 보수를 더하여 자리 올림 수가 생기면 버림
101의 보수는 1011	1111 +1011 더한 횟수 1 ①1010	1010 +1011 더한 횟수 2 ①0101

[단계 3] 피제수와 보수를 더하여 자리 올림 수가 생기면 버림	[단계 3] 자릿수의 최댓값(1111)이 되었으므 로 계산을 멈춤	결과: 나눗셈의 몫 (보수를 더한 횟수)
0101 +1010 더한 횟수 3 1111	1111	3

계산된 결과가 1111(최댓값)이 되었으므로 계산을 멈추고 이때까지 더해진 횟수 3이 15÷5
의 결과, 즉 몫(3)이 된다.

6.6 그 밖의 연산자

6.6.1 관계 연산자(〈, 〉, ==, !=, …)

관계 연산자(relational operator)는 데이터 간의 대소 관계를 비교하는데 사용하며 [표
6-8]과 같다.

[표 6-8] 관계 연산자의 종류

연산자	사용법	의미	결과값
〈	a〈b	a에 저장된 값이 b에 저장된 값보다 작은가?	참이면 1, 거짓이면 0
〈=	a〈=b	a에 저장된 값이 b에 저장된 값보다 작거나 같은가?	
〉	a〉b	a에 저장된 값이 b에 저장된 값보다 큰다?	
〉=	a〉=b	a에 저장된 값이 b에 저장된 값보다 작거나 큰가?	
==	a==b	a에 저장된 값과 b에 저장된 값이 같은가?	
!=	a!=b	a에 저장된 값과 b에 저장된 값이 다른가?	

산술 연산과 마찬가지로 관계 연산의 경우에도 판단 결과에 따라 [표 6-8]과 같은 결과값을 가진다. 예를 들어 a=3, b=7인 경우 다음 관계 연산 ①의 결과는 참(true)이 되므로 변수 c에는 1이 저장된다.

① c=(a<b);
② c=(a==b);

그러나 관계 연산 ②는 거짓(false)이므로 변수 c에는 0이 저장된다. 관계 연산자 중에서 동등 관계를 비교하는 연산자는 ==이므로 대입 연산자 =와 구별해야 한다. 관계 연산자는 조건문(if)에 사용하는데 이에 대해서는 7장(조건에 대한 판단과 선택)에서 설명한다.

실 습 문 제

6.7 다음은 프로그램의 일부이다. 정상적으로 실행했다면 실행 결과는?

```
int a=5, b=10;
printf("%d\n", a>b);
printf("%d\n", a<b);
printf("%d\n", a==b);
printf("%d\n", a!=b);
```

6.6.2 조건 연산자(?:)

조건 연산자(conditional operator)는 3개의 피연산자를 사용하는 3항 연산자로서 ?과 :의 조합으로 표현한다. 사용 방법은 다음과 같다.

연산자	사용법	의미
?:	수식1 ? 수식2 : 수식3	수식1의 연산 결과가 참(1)이면 수식2를 처리, 수식1의 연산 결과가 거짓(1)이면 수식3을 처리
	k = (a>b) ? a : b ;	a가 b보다 크면 k에 a값을 저장, 그렇지 않으면 k에 b값을 저장

〈예제 6-7〉 조건 연산자의 사용 방법

```
01  #include <stdio.h>
02  void main()
03  {
04    int a=4, b=8, c;
05    c=(a>b) ? a-b : b-a;
06    printf("c=%d\n", c);
07  }
```

[실행 결과]

c=4

〈예제 6-7〉의 line 05에서 조건식 (a>b)의 연산 결과가 거짓이므로 b-a의 연산 결과값 4
를 변수 c에 저장한다. 조건 연산자는 다음과 같이 출력 문장에도 응용할 수 있다.

〈예제 6-8〉 조건 연산자의 사용 방법

```
01  #include <stdio.h>
02  void main()
03  {
04    int a=4, b=8;
05    (a>b) ? printf("a>b") : printf("a<=b");
06  }
```

[실행 결과]

a<=b

실습문제

6.8 두 개의 서로 다른 정수형 상수를 한 줄에 입력받아 조건 연산자를 이용하여 두 수 중 큰
수만을 출력하는 프로그램을 작성하시오.

6.6.3 논리 연산자(&&, ||, !)

논리 연산자(logical operator)는 두 가지 이상의 조건에 대한 논리적인 판단에 사용하
며 [표 6-9]와 같은 연산자가 있다. [표 6-10]은 변수 a와 b의 값에 대한 논리 연산의 결과
를 나타낸다.

[표 6-9] 변수 a, b에 대한 논리 연산자

연산자	사용법	의미
&&	a&&b	a에 저장된 값과 b에 저장된 값의 논리곱(AND)
||	a||b	a에 저장된 값과 b에 저장된 값의 논리합(OR)
!	!a	a에 저장된 값에 대한 부정(NOT)

[표 6-10] 논리 연산에 대한 진리표

a	b	a&&b	a||b	!a
0	0	0	0	1
0	1	0	1	1
1	0	0	1	0
1	1	1	1	0

관계 연산과 마찬가지로 논리 연산의 경우에도 판단 결과에 따라 참이면 1을, 거짓이면 0의 결과값을 가진다. 예를 들어 a=3, b=7인 경우 다음 논리 연산 ①의 결과는 참(true)이 되므로 변수 c에는 1이 저장된다.

① c=(a<b) && (a!=b);
② c=(a>b) || (a==b);

그러나 논리 연산 ②는 각각의 조건이 모두 거짓이므로 논리합의 결과 변수 c에 0이 저장된다. 논리 연산자는 관계 연산자를 포함하여 조건문(if)에 사용되는데 이에 대해서는 7장에서 다시 설명한다.

실습문제

6.9 다음은 프로그램의 일부이다. 정상적으로 실행했다면 실행 결과는?

```
int a=5, b=10;
printf("%d\n", (a<b) && (a==b));
printf("%d\n", (a>b) || (a!=b));
```

6.6.4 비트 연산자(<<, >>, ^, …)

모든 데이터들은 컴퓨터 안에서 bit로 표현되고 저장된다. 따라서 비트 연산자(bit operator)는 bit로 표현되거나 저장된 데이터들에 대해서 bit 단위의 연산을 처리한다. 비트 연산자는 [표 6-11]과 같이 비트 논리 연산자와 비트 시프트 연산자로 구분하는데, 비트 시프트 연산자에 대해서만 설명한다.

[표 6-11] 비트 연산자의 종류

구분	연산자	사용법	의미
논리 연산자	~	~a	a에 저장된 값에 대한 1의 보수
	&	a&b	a에 저장된 값과 b에 저장된 값의 비트 단위의 논리곱
	|	a|b	a에 저장된 값과 b에 저장된 값의 비트 단위의 논리합
시프트 (shift) 연산자	^	a^b	a에 저장된 값과 b에 저장된 값의 비트 단위의 배타적 논리합
	<<	a<<n	a에 저장된 값에 대해 n비트만큼 왼쪽으로 시프트
	>>	a>>n	a에 저장된 값에 대해 n비트만큼 오른쪽으로 시프트

시프트(shift)는 '자리를 옮기다, 이동하다'라는 뜻으로 비트 시프트 연산은 피연산자의 비트열에 대해 왼쪽 또는 오른쪽으로 자리 이동 연산을 처리한다. 비트 시프트 연산자는 2항 연산자로서 이동 위치를 나타내는 연산자 >>(오른쪽 시프트) 또는 <<(왼쪽 시프트)와 이동시킬 자릿수를 나타내는 상수(또는 변수)를 필요로 한다. 시프트 연산자는 정수형 데이터에만 사용할 수 있으며, 비트열의 자리 이동에 의해 원래 데이터의 부호가 바뀔 수 있으므로 부호 없는(unsigned) 정수형 데이터를 사용한다. 비트 시프트 연산자의 사용 예는 다음과 같다.

구분	연산	설명
>>(오른쪽 시프트)	00010000 >> 2 16 >> 2	`0 0 0 1 0 0 0 0` 원래 데이터 `0 0 0 0 0 1 0 0` 결과 (4)
<<(왼쪽 시프트)	00010000 << 2 16 << 2	`0 0 0 1 0 0 0 0` 원래 데이터 `0 1 0 0 0 0 0 0` 결과 (64)

>>(오른쪽 시프트) 연산자는 비트열을 오른쪽으로 시프트(이동)하면서 좌측 비트의 빈자리는 모두 0으로 채운다. <<(왼쪽 시프트) 연산자는 비트열을 왼쪽으로 시프트(이동)하면서 오른쪽의 빈자리는 모두 0으로 채운다. >>(오른쪽 시프트) 연산은 2로 나눈 효과를, <<(왼쪽 시프트)는 2를 곱한 효과를 가져다준다. 〈예제 6-9〉 프로그램의 결과를 확인해 보자.

〈예제 6-9〉 비트 시프트 연산자의 사용 방법

```
01  #include <stdio.h>
02  void main()
03  {
04    unsigned char a=16, b=32;
05    printf("a<<1 = %d\n", a<<1);
06    printf("b>>1 = %d\n", b>>1);
07  }
```

[실행 결과]

```
a<<1 = 32
b>>1 = 16
```

실 습 문 제

6.10 다음은 프로그램의 일부이다. 정상적으로 실행했다면 실행 결과는?

```
unsigned char a=4, b=8;
printf("a<<2 = %d\n", a<<2);
printf("b>>2 = %d\n", b>>2);
```

6.11 임의의 정수 $n(n≥1)$을 입력받아 2^n을 출력하는 프로그램을 작성하시오.

6.6.5 콤마 연산자(,)

콤마 연산자(comma operator)는 ,(콤마)로 분리된 수식들에 대해 왼쪽에서 오른쪽 방향으로 평가하고, 제일 마지막 수식의 결과를 취한다. 사용 방법은 다음과 같다.

콤마 연산자 사용법	처리 순서
int i=10, b=5;	int i=10; int b=5;
x = (y+=3, y+15);	y=y+3; x=y+15;

6.6.6 형 변환과 캐스트 연산자

사용할 변수는 변수 선언 부분에서 데이터 형을 결정한다. 정수형 변수에 실수 상수를 저장할 때 소수 이하 부분을 제외한 정수 부분만 저장된다. 그러나 반대로 정수형 데이터를 실수형 변수에 저장할 때는 데이터의 손실 없이 저장할 수 있지만 마찬가지로 형 변환(type conversion)이 일어난다. 이러한 이유는 큰 서랍에 작은 물건을 넣을 수는 있어도 작은 서랍에 큰 물건을 억지로 넣으려면 물건의 부피를 줄여야 하므로 손실을 가져오는 것과 같다. 형 변환은 연산에서도 나타난다. 예를 들어 정수 상수와 실수 상수의 덧셈연산인 2+4.5의 결과가 6.5가 되듯이 연산식에 적어도 한 개의 실수형 데이터가 포함될 경우에 연산식의 결과는 실수형이 된다. 이와 같은 형 변환은 컴파일러에 의해 자동적으로 처리되는데 이를 암시적(또는 묵시적, implicit) 형 변환이라 한다.

형 변환은 컴파일러에 의해 자동으로 이루어지지만 데이터의 형을 강제로 변환할 수도 있다. 이러한 변환을 명시적(explicit) 형 변환이라 하며, 이때 캐스트(cast) 연산자를 사용한다. 캐스트 연산자는 다음과 같이 형 변환이 필요한 변수나 연산식 앞부분에 괄호를 사용하여 변환할 데이터 형을 표시한다.

캐스트 연산자 사용법	의미
(float) a / 3.14;	변수 a를 float형으로 변환하여 나눗셈 처리
(int) (a/b);	a/b의 연산 결과를 int형으로 변환

〈예제 6-10〉 캐스트 연산자의 사용 방법

```
01   #include <stdio.h>
02   void main()
03   {
04     double x=3.14159;
05     int i=10;
06     i=(int) (i+x);
07     printf("i=%d\n", i);
08     printf("int x=%d\n", (int) x);
09     printf("double x=%f\n", x);
10   }
```

[실행 결과]

```
i=13
int x=3
double x=3.141590
```

〈예제 6-10〉의 line 06에서 연산식 i+x는 실수형 변수인 x를 포함하고 있으므로 결과는 실수형 13.14159가 되지만 (int)의 캐스트 연산자가 사용되었으므로 정수 13이 정수형 변수 i에 저장된다. line 08에서 double 형 변수 x에 저장된 값의 출력에 있어서 강제로 정수형으로 형 변환을 했기 때문에 3이 출력되지만 저장된 값 자체는 영향을 받지 않기 때문에 line 09에서는 원래의 값을 출력한다.

실습문제

6.12 다음은 프로그램의 일부이다. 정상적으로 실행했다면 실행 결과는?

```
double x=3.5;
int i=3;
x=i+x;
printf("%d\n", (int) x);
printf("%f\n", x);
printf("%f\n", (double) i);
```

. . . .

6.6.7 sizeof 연산자

sizeof 연산자는 상수, 변수 그리고 연산식 결과의 크기를 byte로 표시해 주는 연산자로 대부분의 연산자가 기호로 사용되는 것에 비해 연산자의 이름을 그대로 사용한다. 사용 방법은 〈예제 6-11〉과 같다.

〈예제 6-11〉 sizeof 연산자의 사용 방법

```
01   #include <stdio.h>
02   void main()
03   {
04    printf("int size : %d\n", sizeof(int));
05    printf("double size : %d\n", sizeof(double));
06    printf("(3+5.2) size :%d\n", sizeof(3+5.2));
07   }
```

int 형의 크기는 컴파일러와 컴퓨터의 환경에 따라 2byte(Turbo C/C++) 또는 4byte(Visual C++) 크기로 달라진다. 따라서 어떤 컴파일러를 사용하느냐 따라 다음과 같은 차이가 있다. 그리고 정수와 실수의 연산 결과는 double 형(8byte)이 됨을 알 수 있다.

[실행 결과: Visual C++]

```
int size : 4
double size : 8
(3+5.2) size :8
```

[실행 결과: Turbo C/C++]

```
int size : 2
double size : 8
(3+5.2) size :8
◀| |
```

6.6.8 연산자 우선순위

C 언어에서 사용하는 모든 연산자에 대한 우선순위와 식의 결합 방향은 [표 6-12]와 같다. [표 6-12]에서 결합 방향이란 연산의 진행 방향을 의미한다. 2항 연산자들은 왼쪽에서 오른

쪽 방향으로, 대입 연산자는 오른쪽의 연산 결과를 왼쪽의 변수에 저장하므로 결합 방향은
반대이다.

[표 6-12] 모든 연산자의 우선순위

순위	연산자 구분		연산자	결합 방향
높음 ↓ 낮음	일차식		() [] -> .(dot)	→
	단항		++ -- sizeof ~ !	←
			+ - & * cast연산자	
	2항	승제	* / %	→
		가감	+ -	→
		시프트	⟨⟨ ⟩⟩	→
		비교	⟨ ⟨= ⟩ ⟩=	→
		등가	== !=	→
		비트	&, ^,		→
		논리	&&, ||	→
	조건(3항)		? :	←
	대입		= += -= *= /= %= ⟨⟨= ⟩⟩= &- ^= |=	←
	콤마		,	→

단원정리

연산자

C 언어에서 사용하는 모든 연산자를 나타내면 다음과 같다.

[C 언어에서 사용하는 연산자]

연산자의 구분	연산자의 종류	역할과 기능
산술 연산자	+ − * /	산술 연산
중가, 감소 연산자	++ ——	저장된 값을 1 증가 또는 감소
대입 연산자	= += *=, …	우측의 연산 결과를 좌측의 변수에 저장
관계 연산자	〈 〉 == != …	데이터 간의 대소 관계를 비교
조건 연산자	? :	조건에 의해 식을 선택
논리 연산지	&& || !	두 가지 이상의 조건에 대한 논리적인 판단
비트 연산자	《 》 ^	bit 단위의 제어와 이동
콤마 연산자	,	순서 연산, 식의 선택
cast 연산자	(int) (double)	형의 변환
sizeof 연산자	sizeof( )	데이터의 크기를 byte 단위로 계산

대입 연산자

C 언어는 연산자와 대입 연산자를 혼합하여 사용하는 복합 대입 연산자(compound assignment operator)는 다음과 같으며 비트 연산자에 대해서도 같은 방법으로 사용할 수 있다.

[대입 연산자의 혼합 사용 예]

할당 연산자	사용 예	연산과 의미
=	a=b=0;	b=0; a=b;
+=	a+=b;	a=a+b;
−=	a−=b;	a=a−b;
*=	a*=b;	a=a*b;
/=	a/=b;	a=a/b;
%=	a%=b;	a=a%b;

연산식의 표현

프로그램에서의 연산식은 수학에서 사용하는 식과는 달리 연산자를 생략할 수 없으며, 나눗셈이 있는 식의 경우는 괄호를 적절하게 이용한다. 연산식의 처리 순서에는 다음과 같은 기본 규칙이 있다.

• 연산식의 왼쪽에서 오른쪽 방향으로 이동하며 연산함.
   단, 괄호가 사용된 경우에는 괄호 부분을 먼저 연산함.
• 곱셈이나 나눗셈 연산자는 덧셈이나 뺄셈 연산자보다 우선적으로 연산함.

중요한 점은 사용된 연산자에 따라 연산의 순서가 달라진다는 것이다. C 언어를 포함한 대부분의 프로그램 언어들은 연산자에 대해 우선순위를 정하여 놓았다.

형 변환

다음의 경우에 형 변환이 이루어진다.

구분	상황	결과
암시적 변환	정수형 변수에 실수 상수를 저장할 때	정수형으로 변환되어 소수 이하 부분을 제외한 정수 부분만 저장
	정수형 데이터를 실수형 변수에 저장할 때	실수형으로 변환되므로 데이터의 손실 없이 저장됨
	연산식에 실수형 데이터가 사용된 경우	연산의 결과가 실수형으로 변환
명시적 변환	캐스트 연산자를 사용하여 형 변환	상수, 변수 또는 수식에 대해 강제로 형 변환

연습문제

6.1 연산과 연산자에 대한 설명이 맞으면 ○, 틀리면 ×로 표시하시오.

(1) 연산자는 변수에 대해서 사용할 수 없다.

(2) % 연산자는 나눗셈 연산을 처리한다.

(3) 정수형 상수(또는 변수) 간의 연산 결과는 항상 정수가 된다.

(4) 연산식의 결과는 출력하지 않아도 자동으로 화면에 출력된다.

(5) 변수와 상수 간에 연산은 불가능하다.

(6) 4칙 연산자가 혼용된 연산식의 계산 순서는 항상 좌측에서 우측으로 이루어진다.

(7) 연산자에 따라 우선적으로 처리하는 연산자가 있다.

(8) 대입 연산자는 3=a;와 같이 사용할 수도 있다.

(9) 나눗셈의 결과를 정확하게 계산하려면 실수형 싱수나 실수형 번수를 사용해야 한다.

(10) 상수 값을 변수에 저장하는 연산자를 대입 연산자라 한다.

6.2 상수 간의 연산 중 틀린 곳이 있다면 바르게 수정하시오.

(1) 3+   (2) 5/3   (3) 15−6   (4) 15*15

6.3 상수에 대해 다음 연산의 결과는?

(1) 3/4   (2) −5/2   (3) 4.2/3   (4) 10%3   (5) −3*−8

6.4 정수형 변수 a와 b에 대한 연산 중 틀린 곳이 있다면 바르게 수정하시오.

(1) a/b   (2) ab   (3) a%b   (4) a*a   (5) 3a

6.5 정수형 변수 a와 b에 각각 7과 4가 저장되어 있다고 할 때 다음 연산의 결과는?

(1) a/a   (2) a*b   (3) a%b

(4) a*a   (5) a−a   (6) a/b

6.6 정수형 변수 a와 b에 각각 7과 4가 저장되어 있다고 할 때 다음 연산의 결과는?

(1) a+b*a   (2) a−b+a   (3) b/a+a   (4) a+b−a*b   (5) b−a/b

6.7 정수형 변수 a, b에 대한 대입 연산자가 잘못 사용된 것은?

① a=3;   ② a=b/a;   ③ b=b*a;   ④ a+b=a*b   ⑤ 3=a;

6.8 정수형 상수 5와 3에 대한 덧셈연산 결과를 ①, ②, ③과 같이 각각 출력하기 위한 프로그램의 □ 부분을 완성하시오.

[실행 결과]
① 8
② =8
③ 결과는 8
④ 3과 5의 덧셈결과는 8이다.

```
#include <stdio.h>
void main()
{
    printf(                , 3+5);
}
```

6.9 정수형 변수에 대해 다음에서 요구하는 연산 결과를 출력하기 위한 프로그램의 □ 부분을 완성하시오.

① 변수 간의 덧셈결과 출력
　 출력형식 : a+b=10
② 변수 간의 곱셈결과 출력
　 출력형식 : a*b=24
③ 변수 간의 나눗셈결과 출력
④ a를 b로 나눈 나머지 출력

```
#include <stdio.h>
void main()
{
    int a=6, b=4, result;
    result=           ;
    printf(           , result);
}
```

6.10 다음의 복합 대입 연산자의 계산 과정을 설명하시오.

(1) a+=b;　　　　(2) a-=b;　　　　(3) a*=b;

(4) a/=b;　　　　(5) a%=b;　　　　(6) a=b=0;

6.11 연산자와 연산에 대한 설명 중 잘못된 것은?

① 덧셈연산은 곱셈연산보다 우선적으로 연산한다.

② a+=b와 같이 연산자와 대입 연산자를 혼합한 연산자를 사용할 수 있다.

③ 괄호가 있으면 괄호 부분을 먼저 연산한다.

④ 연산은 좌측 방향에서 우측 방향으로 이동하며 연산한다.

6.12 연산자에 대한 설명 중 맞는 것을 모두 고르시오.

① +, -보다는 *, /를 먼저 연산한다.

② 연산의 우선순위가 동등한 경우에는 오른쪽에서 왼쪽 방향으로 연산한다.

③ 논리 연산의 결과가 0이면 거짓(false)을 의미한다.

④ a=b에서 연산자 '='은 변수 a와 b가 동등함을 나타낸다.

⑤ a=b=0;과 같이 대입 연산자를 연속해서 사용할 수 있다.

6.13 변수에 저장된 값을 1 증가 또는 1 감소시키는 연산자는?

① 산술 연산자　　　　　　　　② 논리 연산자

③ 증감 연산자　　　　　　　　④ 비트 연산자

6.14 다음 프로그램의 실행 결과를 예측하시오.

(1)

```c
#include <stdio.h>
void main()
{
 int a=7, b=3;
 a+=b;
 printf("a에 저장된 값 : %d\n", a);
}
```

(2)

```c
#include <stdio.h>
void main()
{
 int a=7, b=3;
 a*=(b+a);
 printf("a에 저장된 값 : %d\n", a);
}
```

(3)

```c
#include <stdio.h>
void main()
{
 int a=7, b=3;
 a++;
 --b;
 printf("a에 저장된 값 : %d\n", a);
 printf("b에 저장된 값 : %d\n", b);
}
```

(4)

```c
#include <stdio.h>
void main()
{
 int a=7, b=3;
 ++a;
 b--;
 printf("a에 저장된 값 : %d\n", a);
 printf("b에 저장된 값 : %d\n", b);
}
```

6.15 다음 프로그램의 실행 결과로 출력되는 값은?

```c
  #include <stdio.h>
  void main()
  {
   int a=4, b=7;
① printf("%d\n", a + a++);
② printf("%d\n", ++a + a);
③ printf("%d\n", b + b--);
④ printf("%d\n", b + --b);
  }
```

6.16 다음 혼합 연산식을 바르게 설명한 것은?

```c
a*=b+10;
```

① a=a*b+10;   ② a=a*(b+10);   ③ a=(a*b)+10;   ④ 수식 오류

6.17 다음 수식을 프로그램 연산식으로 표현하시오. 단, 모든 영문자는 변수로 가정한다.

(1) $k=\dfrac{a+b}{c*d}$ (2) $x=b^2-4ac$ (3) $sum=\dfrac{N(N+1)}{2}$ (4) $c=-b*(3-a)^3$

6.18 정수형 변수 x에 5, y에 4 그리고 z에 3을 저장하여 xy+yz+zx를 계산하여 출력하는 프로그램을 작성하시오.

6.19 연습문제 6.18의 변수에 대해 $\dfrac{x-yz}{xy+z}$ 를 계산하여 출력하는 프로그램을 작성하시오.

6.20 다음 프로그램의 실행 결과를 예측하시오.

(1)
```c
#include <stdio.h>
void main()
{
    int a=8, b=2, c;
    c=(a>b) ? a%b : b/a;
    printf("""""c=%d\n", c);
}
```

(2)
```c
#include <stdio.h>
void main()
{
    unsigned char a=4, b=8;
    printf("a<<1 = %d\n", a<<1);
    printf("b>>1 = %d\n", b>>1);
}
```

(3)
```c
#include <stdio.h>
void main()
{
    double x=3.14159;
    int i=1;
    i=(int) x+i;
    printf("i=%d\n", i);
    printf("x+i=%f\n", x+i);
}
```

(4)
```c
#include <stdio.h>
void main()
{
    int a=3, b=4;
    a+=a++;
    printf("a=%d\n", a);
    b*=++b+a;
    printf("b=%d\n", b);
}
```

6.21 데이터의 크기를 byte 단위로 계산하는 연산자는?
① 논리 연산자 ② sizeof 연산자 ③ cast 연산자 ④ 비트 연산자

6.22 a=2.5, b=3.2, c=4.5이고 x가 10.5라는 값을 가질 때 다음 식 y의 결과를 출력하는 프로그램을 작성하시오.

$$y=(a-b)x^2+(b-c)x-20ac$$

6.23 지구에서 화성까지의 거리는 평균적으로 약 75,000,000km이다. 다음의 교통수단을 이용한다고 할 때 걸리는 시간을 계산하는 프로그램을 작성하시오. 시간으로도 출력하고 몇 년이 걸리는지도 출력한다.

- KTX 열차 속도: 300km/h
- 역추진 로켓 속도: 11.9km/sec
- 민항 항공기: 850km/h
- 경주용 자동차(F1) 속도: 350km/h

6.24 좌표평면 위의 두 점(x1, y1), (x2, y2)를 지나는 직선의 방정식을 계산하는 프로그램을 작성하시오. 예를 들어 두 점 (3,2), (4,3)을 지나는 직선의 방정식은 y=x−1로써 y=ax+b의 형식으로 출력한다. 단, x1≠x2이고 좌표상의 위치는 모두 정수를 사용한다.

6.25 오른쪽 그림과 같이 병렬접속으로 연결되어 있다고 할 때 저항 값 R1, R2, R3을 입력받아 합성저항(RC)을 계산하는 프로그램을 작성하시오.

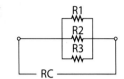

6.26 좌표평면상의 두 점 (x1, y1), (x2, y2)을 연결하는 직선 A와 두 점 (x3, y3), (x4, y4)을 연결하는 직선 B가 있다고 할 때 두 직선이 평행하지 않는다는 가정 하에 두 직선의 교차점을 계산하는 프로그램을 작성하시오.

6.27 단면적이 Acm²인 수평관이 v1m/s의 속도로 물을 보낸다고 할 때 단면적이 Bcm²인 관을 통해 물을 보낸다면 물의 속도(v2)는 얼마인지를 계산하는 프로그램을 작성하시오. 단, A⟩B이고 3⟨v1⟨10이라 가정하며 세 개의 값을 입력받아 처리한다.

6.28 여객기가 정지 상태에서 출발하여 35초 동안 2.5m/s²의 일정한 가속도로 가속하여 이륙한다고 한다. 출발에서 이륙하기까지 움직인 거리를 변수 x에 저장하여 출력하는 프로그램을 작성하시오.

6.29 120V에서 작동하는 헤어드라이어의 소모 전력은 1300W라 한다. 헤어드라이어의 저항을 계산하여 출력하는 프로그램을 작성하시오.

6.30 저항이 30Ω인 철사에 0.7A의 전류가 흐른다면 이 철사 안에서 얼마만큼의 전력이 손실되는가를 계산하여 출력하는 프로그램을 작성하시오.

PART **IV**

제어문

Contents

07 조건에 대한 판단과 선택

하루하루의 일과는 기상에서부터 취침까지 거의 반복되고 있지만 매 순간마다 새로운 상황 또는 조건과 마주치게 된다.

- 알람이 울렸는데 지금 일어날 것인가?
- 점심에 무엇을 먹을까?
- 미팅에서 소개받은 사람을 계속 만날 것인가?

여러분은 위와 같은 상황에서 판단 또는 선택을 해야 한다. 프로그램을 통해 해결해야할 문제에도 단순한 수식 외에 이와 같은 조건과 판단 또는 반복이 필요한 경우가 있다. 이러한 것을 처리할 때 사용하는 문장을 제어문(control statement)이라 한다.

제어문에서 학습할 내용은 크게 세 가지로 주어진 조건에 대한 판단과 선택, 반복(순환) 그리고 처리의 흐름을 조절하는 제어문 등이다. 제어문을 요약하면 다음과 같다.

[제어문의 구성]

구분		내용과 예	제어문
제어문	7장 조건에 대한 판단과 선택	조건에 대해 참 또는 거짓을 판단. 점수가 90점 이상인가?	if 문
		여러 개 중에서 하나를 선택. 과자 중에서 어떤 것을 선택할 것인가?	switch case 문
	8장 반복문	반복할 횟수를 지정. 팔굽혀펴기 10회 반복	for 문
		반복할 조건을 지정. 자정이 될 때까지 게임을 계속	while 문 do while 문
	9장 처리의 흐름 조절	처리의 흐름을 중단.	break 문
		처리의 흐름을 계속 이어줌.	continue 문
		처리의 흐름을 이동.	goto 문

도로에 차량이 많지 않다면 자동으로 제어되는 교통 신호등만으로도 차량의 흐름을 원활하게 제어할 수 있지만 [그림 7-1]과 같이 출퇴근 시간에 차량이 너무 혼잡하다면 그때그때

상황과 조건에 맞도록 흐름을 제어해야 하므로 교통 경찰관이 필요하다.

프로그램에 대해 특별한 제어가 없다면 프로그램이 작성된 순서대로 처리되지만 조건에 따라 다르게 처리해야할 내용이 있다면 교통 경찰관을 이용하듯 제어문을 통해 처리의 흐름을 조절한다.

[그림 7-1] 교통 혼잡

7.1 조건에 대해 참인 경우만 처리, if 문

예를 들어 어느 과목의 점수가 90점 이상이라면 A학점을, 80~89점이라면 B학점을 출력해야하는 상황, 또는 현금 인출기에서 신용 카드에 잔액이 남아 있다면 요구한 금액을 지불하는 상황 등은 조건에 따른 판단이 필요한 경우다. 그리고 자동판매기에서는 버튼에 대해서 선택이 필요하다.

[표 7-1] 조건에 대한 판단과 선택 제어문

구분	문장	종류	조건 판단과 선택
조건에 대한 판단과 선택	if 문	if	조건에 대해 참(true)인 경우만 처리. 탑승자가 초등학생이면 50% 할인
		if else	조건에 대해 참(true) 또는 거짓(false)을 구분하여 처리. 19세 이상이면 성년, 그렇지 않으면 미성년
		if ~ else if	2개 이상의 조건에 대해 참 또는 거짓을 구분하여 처리. 어떤 수가 양수인가? 음수인가? 0인가?
	switch case 문	switch case	특정한 사례를 선택. 자동판매기에서의 버튼 선택

165

조건에 대한 판단과 선택에 대한 제어문은 [표 7-1]과 같이 if 문과 switch case 문으로 구분하는데 if 문은 세 가지 형식으로 구분하여 사용할 수 있다.

프로그램은 결국 어떤 계산된 결과를 출력하는 것으로 표현하였다. 여기서 말하는 계산에는 사칙연산 외에, 조건 판단에 대한 관계 연산과 논리 연산이 포함된다. 관계 연산과 논리 연산의 결과에 따라 처리하는 제어문을 if 문이라 한다. if 문의 사용 방법은 영어 문장의 그것과 흡사한 구조로 되어 있으며 제어문인 if 문으로 표현하면 다음과 같다.

영어 문장	If grade is greater than 60, print "Pass an examination!".
번역	만약 점수가 60보다 크다면, "시험 합격!"을 프린트하시오.
if 문	if (grade > 60) printf("시험 합격!");

이러한 문장은 주어진 조건(점수>60)이 참(true)인 경우에 대해서만 "시험 합격!"을 출력한다. 위의 if 문은 한 줄로 표현해도 되지만 조건과 판단의 구분을 명확하게 나타내기 위해 두 줄로 구분하여 표현한다. 위의 if 문에서 사용된 기호 '>'을 관계 연산자(relational operator)라 부르며, 조건식(또는 관계식)은 반드시 괄호를 사용해야 한다. 앞의 if 문의 형식과 처리 순서는 다음과 같다.

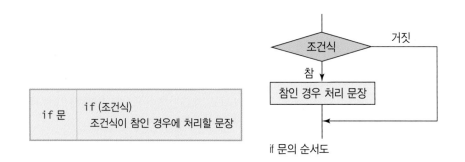

if 문	if (조건식) 조건식이 참인 경우에 처리할 문장

if 문의 순서도

〈예제 7-1〉은 성적 점수를 키보드로 입력받아 60점보다 큰 경우에만 "시험에 합격했음!"을 출력하는 프로그램이다. 성적 점수는 편의상 정수형 변수를 사용한다.

〈예제 7-1〉 if 문의 사용 방법

```
01  #include <stdio.h>
02  void main()
03  {
04    int grade;
05    printf("성적 점수를 입력하고 Enter>");
06    scanf("%d", &grade);
07    if (grade>60)
08      printf("시험 합격!\n");
09  }
```

[실행 결과]

```
성적 점수를 입력하고 Enter>70
시험 합격!
계속하려면 아무 키나 누르십시오 .
```

```
성적 점수를 입력하고 Enter>60
계속하려면 아무 키나 누르십시오 .
```

〈예제 7-1〉의 실행 결과에서 입력된 점수가 60보다 크다(grade>60)면 조건식의 결과가 참 (true)이므로 "시험 합격!"을 출력하지만, 입력된 점수가 60보다 크지 않다면, 즉 grade가 60 이하(grade<=60)이면 조건식의 결과가 거짓(false)이므로 printf를 처리하지 않고 프로그램을 종료한다. 만약 〈예제 7-1〉의 조건을 60점 이상으로 바꾼다면 관계 연산자 '>' 대신에 '>='을 사용한다. if 문의 조건식에 사용할 수 있는 관계 연산자는 [표 7-2]와 같다.

[표 7-2] 관계 연산자의 종류

연산자	사용법	의미	결과값
<	a<b	a에 저장된 값이 b에 저장된 값보다 작은가?	참이면 1, 거짓이면 0
<=	a<=b	a에 저장된 값이 b에 저장된 값보다 작거나 같은가?	
>	a>b	a에 저장된 값이 b에 저장된 값보다 큰가?	
>=	a>=b	a에 저장된 값이 b에 저장된 값보다 크거나 같은가?	
==	a==b	a에 저장된 값과 b에 저장된 값이 같은가?	
!=	a!=b	a에 저장된 값과 b에 저장된 값이 다른가?	

〈예제 7-1〉에서 if 문은 하나의 조건식만을 사용하여 참인 경우만을 처리하였다. 그러나 && 또는 ||와 같은 논리 연산자를 사용하면 두 개 이상의 조건식에 대해서도 참인 경우를 처리할 수 있으며 이에 대해서는 7.5절에서 설명한다.

실습문제

7.1 나이를 입력받아 19세 이상인 경우 "성인입니다."를 출력하는 프로그램을 작성하시오.

7.2 학점 등급(A~F)을 대문자로 문자로 입력받아 D 이상이면 "시험합격"을 출력하는 프로그램을 작성하시오.

7.2 조건에 대해 참 또는 거짓을 구분하여 선택, if else 문

단순 if 문은 주어진 하나의 조건식에 대해 참인 경우만 처리하지만 if else 문은 조건에 대해 참 또는 거짓을 구분하여 처리할 수 있는 제어문이다. 앞에서 사용한 〈예제 7-1〉에 대해 다음과 같이 참과 거짓을 구분하여 처리한다고 가정하자.

조건식이 참이 되는 경우는 (grade>60)을 만족하는 것이고, 조건식이 거짓이 되는 경우는 (grade<=60)을 만족하는 경우에 해당하는데 이 부분은 else에 의해 처리한다. "else"는 "그렇지 않으면"에 해당한다. 이와 같은 처리를 if else 문으로 표현하면 다음과 같다.

일반 문장	if else 문

점수가 60점 보다 크면, "시험 합격!"을 출력하고
그렇지 않으면 "시험 불합격!"을 출력
	`if (grade>60)`
	`  printf("시험 합격!");`
	`else`
	`  printf("시험 불합격!");`

else 부분은 주어진 조건 (grade>60)이 거짓이 되는 경우로 grade가 60점 이하의 경우, 즉 (grade<=60)을 처리한다. if else 문의 형식과 처리 순서는 다음과 같다.

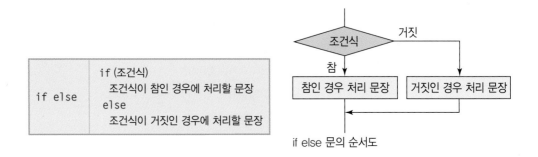

if else	`if (조건식)`
	　　조건식이 참인 경우에 처리할 문장
	`else`
	　　조건식이 거짓인 경우에 처리할 문장

if else 문의 순서도

앞의 〈예제 7-1〉을 〈예제 7-2〉와 같이 수정하여 결과를 확인한다.

〈예제 7-2〉 if else 문의 사용 방법

```
01  #include <stdio.h>
02  void main()
03  {
04   int grade;
05   printf("성적 점수를 입력하고 Enter>");
06   scanf("%d", &grade);
07   if (grade>60)
08     printf("시험 합격!\n");
09   else
10     printf("시험 불합격!\n");
11  }
```

[실행 결과]

```
성적 점수를 입력하고 Enter>70
시험 합격!
계속하려면 아무 키나 누르십시오 .
```

```
성적 점수를 입력하고 Enter>50
시험 불합격!
계속하려면 아무 키나 누르십시오 .
```

〈예제 7-2〉의 실행 결과 조건식이 참(grade>60)인 경우에는 "시험 합격!"을, 조건식이 거
짓(grade가 60 이하, 즉 grade<=60)인 경우에는 else 부분을 처리하여 "시험 불합격!"
을 출력한다.

---

if else와 조건 연산자 ? :

if else 문과 동일한 기능을 처리하는 연산자로 조건 연산자가 있다. 조건 연산자는 3항
연산자로서 if else 문과 비교하면 다음과 같다. 조건 연산자를 사용하면 간단하게 표현
할 수 있다.

if else 문	조건 연산자를 이용한 문장

if (grade>60)
 printf("합격!");
 else
 printf("불합격!");
	(grade>60) ? printf("합격!"):printf("불합격!");

실 습 문 제

7.3 나이를 입력받아 19세 이상인 경우 "성인입니다."를, 그렇지 않으면 "미성년입니다."를 출
력하는 프로그램을 작성하시오.

7.4 학점 등급(A~F)을 대문자로 문자로 입력받아 D 이상이면 "시험합격"을, 그렇지 않으면
"시험불합격" 출력하는 프로그램을 작성하시오.

조건식이 참이 되거나 거짓이 되는 경우에 처리해야할 문장들이 2개 이상이라면 다음과 같이 복합문(compound statement)을 사용하여 묶어줄 수 있다. 복합문으로 문장들을 묶어줄 때는 중괄호 { }을 사용하며 중괄호로 묶여진 부분을 block이라 한다. 〈예제 7-2〉를 〈예제 7-3〉과 같이 수정하여 결과를 확인한다. 〈예제 7-3〉의 실행 결과에서 나타난 것과 같이 복합문으로 묶여진 문장들은 마치 하나의 문장처럼 처리된다.

〈예제 7-3〉 if else와 복합문의 사용 방법

```
01  #include <stdio.h>
02  void main()
03  {
04    int grade;
05    printf("성적 점수를 입력하고 Enter>");
06    scanf("%d", &grade);
07    if (grade>60)
08     {
09        printf("점수: %d\n", grade);
10        printf("합격! 축하합니다.\n");
11     }
12    else
13     {
14        printf("시험 불합격!\n");
15        printf("다시 시도해 보세요.\n");
16     }
17  }
```

[실행 결과]

```
성적 점수를 입력하고 Enter>70
점수: 70
합격! 축하합니다.
계속하려면 아무 키나 누르십시오.
```

```
성적 점수를 입력하고 Enter>50
시험 불합격!
다시 시도해 보세요.
계속하려면 아무 키나 누르십시오.
```

7.3 2개 이상의 조건에 대해 참 또는 거짓을 구분하여 선택, if ~ else if 문

2개 이상의 조건에 대해 참 또는 거짓을 구분하여 선택할 수 있는 조건문으로 if 문과 if else 문을 혼합하여 사용하는 if ~ else if 문이 있다.

예를 들어 정수형 변수 a에 저장된 값의 조건과 선택에 대해 다음과 같이 if 문을 사용한다고 가정하자. "값이 같은가?"를 판단하는 비교 연산자는 =(대입 연산자)이 아니라 ==(동등 또는 상등 연산자)이 사용됨에 유의하라.

if 문을 여러 번 사용한 프로그램 A	if ~ else if를 사용한 프로그램 B

if (a>0)
　printf("양수입니다.");
if (a<0)
　printf("음수입니다.");
if (a==0)
　printf("0입니다.");
	if (a>0)
	　printf("양수입니다.");
	else if (a<0)
	　printf("음수입니다.");
	else
	　printf("0입니다.");

위의 프로그램 A는 논리적으로 문제될 것은 없지만 효율적이지 못하다. 그 이유는 프로그램 A는 a에 저장된 값이 어떤 값이 되더라도 항상 3개의 if 문을 처리해야 하기 때문이다. 만약 a에 저장된 값이 양수라 하더라도 이어지는 두 개의 if 문에 대해서 (a<0)와 (a==0)의 조건을 판단해야한다. 이것은 마치 상대방의 성별을 묻는 질문에서 남자인가를 물어본 다음 다시 여자인가를 물어보는 것과 같다.

따라서 여러 개의 조건에 대한 판단과 선택을 구분해야 하는 경우에는 if 문을 연속적으로 나열하여 프로그램을 작성하는 것이 아니라, 프로그램 B와 같이 if ~ else if를 사용한다. if ~ else if는 해당된 조건이 만족될 경우에 나머지 조건에 대한 판단은 생략한다. if ~ else if의 형식과 처리 순서는 다음과 같다.

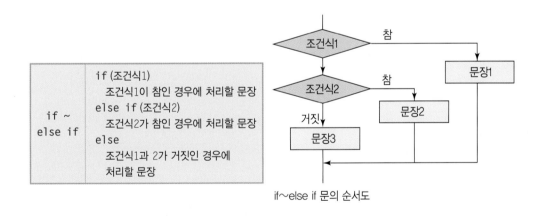

if ~
else if
	if (조건식1)
	　　조건식1이 참인 경우에 처리할 문장
	else if (조건식2)
	　　조건식2가 참인 경우에 처리할 문장
	else
	　　조건식1과 2가 거짓인 경우에
	　　처리할 문장

if~else if 문의 순서도

입력된 값이 양수, 음수 그리고 0인지를 판단하는 프로그램을 if ~ else if를 사용하여 작성하면 〈예제 7-4〉와 같다.

〈예제 7-4〉 if ~ else if의 사용 방법

```
01  #include <stdio.h>
02  void main()
03
04   int value;
05   printf("정수를 입력하고 Enter>");
06   scanf("%d", &value);
07   if (value>0)
08      printf("양수입니다.\n");
09   else if (value<0)
10      printf("음수입니다.\n");
11   else
12      printf("0입니다.\n");
13  }
```

[실행 결과]

```
정수를 입력하고 Enter>10
양수입니다.
계속하려면 아무 키나 누르십시오 .
```

```
정수를 입력하고 Enter>-4
음수입니다.
계속하려면 아무 키나 누르십시오 .
```

```
정수를 입력하고 Enter>0
0입니다.
계속하려면 아무 키나 누르십시오 .
```

〈예제 7-4〉의 처리 과정을 순서도로 나타내면 다음과 같다. 만약 value의 값이 양수라고 한다면 위의 프로그램은 첫 번째 조건에 대해서만 판단하고, 나머지 조건은 처리하지 않는다. 그리고 (a>0)의 결과가 거짓이고, (a<0)의 결과가 거짓이라면 a가 0이 될 수밖에 없기 때문에 조건을 추가로 주지 않고, else에 의해 처리한다.

따라서 비교해야할 조건이 n개라 한다면 조건식은 n-1개만 사용하고 나머지는 else에 의해 처리한다.

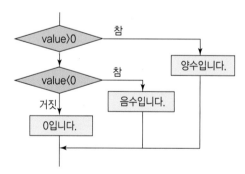

〈예제 7-4〉의 순서도

실 습 문 제

7.5 임의의 두 정수(a, b)를 입력받아 a>b이면 a를 b로 나눈 나머지를, a<b이면 b를 a로 나눈 나머지를, a와 b가 같으면 "같은 값을 입력했습니다."를 출력하는 프로그램을 작성하시오.

7.6 두 개의 정수(a, b)를 입력받아 a-b의 값이 0보다 크면 "변수 a가 큽니다."를, a-b의 값이 0보다 작으면 "변수 b가 큽니다."를, 그렇지 않으면 "같은 값을 입력했습니다."를 출력하는 프로그램을 작성하시오.

7.7 임의의 숫자를 입력받아 실수형 숫자이면 소수 이하 숫자만 출력하고 정수형 숫자이면 짝
수, 홀수를 구분하여 출력하는 프로그램을 작성하시오.

7.4 특정한 사례를 선택, switch case 문

switch case 문은 몇 개의 선택요소 가운데서 한 개를 선택하는 상황에 사용한다. if나
if else는 조건식을 판단하는데 사용되지만 switch case 문은 조건식보다는 값(상수)을
기준으로 하는 판단에 사용한다. switch case 문의 형식과 처리 과정은 다음과 같다.

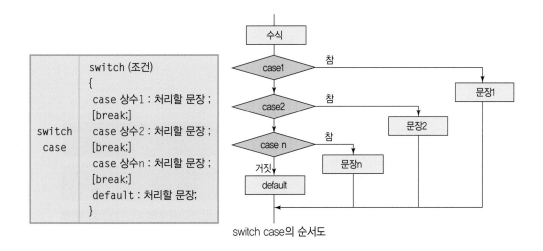

switch case의 순서도

switch 다음의 (조건) 부분은 결과값이 정수가 되는 경우에만 사용할 수 있으며 중괄호 { }
을 사용한 복합문으로 사용한다. case 다음에 사용하는 상수는 (조건)의 값과 일치하는 경
우를 구별하기 위해서 사용한다. 따라서 (조건)의 값이 case 상수n과 일치할 경우에 해당
문장을 처리하고 break에 의해 switch case 문을 벗어난다.

break는 경우에 따라 사용할 수도 있고 생략할 수도 있는데, 만약 해당 case에 대해
break가 생략되면 다음번 break를 만나기 이전까지의 모든 case가 선택되어 처리된다.
경우에 따라 break를 생략할 수 있다. default는 case의 상수들과 일치하지 않는 모든 경
우를 말한다. default 또한 경우에 따라 생략할 수 있다.

자동판매기의 예를 들어 switch case를 설명하자. 자동판매기에는 선택 가능한 여러 개의
버튼들이 있는데 사용자는 그 중의 한 개 버튼을 눌러 상품을 구매한다. 커피 자동판매기에
서 각 버튼에 다음과 같이 숫자로 표시된 세 개의 버튼이 있고 상품의 내용이 표시된 것과
같다고 가정하자.

1	2	3
밀크커피	프림커피	블랙커피

이제 각 숫자의 버튼을 눌렀을 경우 해당 커피를 출력하는 프로그램을 switch case 문으로 작성하면 〈예제 7-5〉와 같다.

〈예제 7-5〉 switch case 문의 사용 방법

```
01  #include <stdio.h>
02  void main()
03  {
04   int button;
05   printf("숫자(1-3)를 입력하고 Enter>");
06   scanf("%d", &button);
07   switch(button)
08   {
09      case 1 : printf("밀크커피\n");
10              break;
11      case 2 : printf("프림커피\n");
12              break;
13      case 3 : printf("블랙커피\n");
14              break;
15   }
16  }
```

[실행 결과]

숫자<1-3>를 입력하고 Enter>3
블랙커피
계속하려면 아무 키나 누르십시오 .

숫자<1-3>를 입력하고 Enter>2
프림커피
계속하려면 아무 키나 누르십시오 .

숫자<1-3>를 입력하고 Enter>5
계속하려면 아무 키나 누르십시오 .

〈예제 7-5〉에서 switch case 문은 button에 입력된 값이 1이라면 case 1로, 2라면 case 2로 그리고 값이 3이라면 case 3으로 각각 분류되어 처리된다. switch case 문에 사용된 break;는 해당 문장을 처리하고 switch case 문을 벗어나게 한다. 만약 case의 상수와 일치하는 경우가 없다(5)면 실행 결과의 세 번째와 같이 switch case 문을 벗어난다. 처리 단계는 다음과 같다.

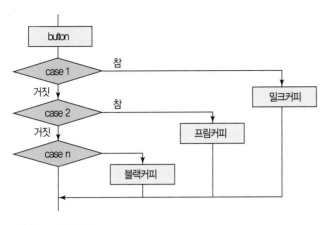

〈예제 7-5〉의 순서도

default는 다음과 같은 경우에 사용한다. 예를 들어 변수 button에 입력된 숫자가 1에서 3 사이는 각각의 커피를 출력하고, 그 외의 숫자들에 대해서는 "코코아"를 출력한다고 하면 다음과 같이 default를 추가하여 사용한다. 〈예제 7-5〉를 〈예제 7-6〉과 같이 수정하여 결과를 확인한다.

〈예제 7-6〉 switch case 문에서 default를 사용하는 방법

```
01  #include <stdio.h>
02  void main()
03  {
04    int button;
05    printf("숫자(1-5)을 입력하고 Enter>");
06    scanf("%d", &button);
07    switch(button)
08    {
09       case 1 : printf("밀크커피\n");
10              break;
11       case 2 : printf("프림커피\n");
12              break;
13       case 3 : printf("블랙커피\n");
14              break;
15       default : printf("코코아\n");
16    }
17  }
```

[실행 결과]

```
숫자<1-5>을 입력하고 Enter>3
블랙커피
계속하려면 아무 키나 누르십시오 .
```

```
숫자<1-5>을 입력하고 Enter>5
코코아
계속하려면 아무 키나 누르십시오 .
```

```
숫자<1-5>을 입력하고 Enter>7
코코아
계속하려면 아무 키나 누르십시오 .
```

default는 case에 의해 분류되지 않는 나머지의 모든 값을 처리하는데 사용한다. 따라서 〈예제 7-6〉에서 1에서 5 사이의 값을 선택하라고 지시문이 출력되지만 1부터 3 사이의 정수를 제외한 모든 정수에 대해서 default로 분류하여 "코코아"를 출력한다.

case에 사용할 상수는 〈예제 7-6〉과 같이 정수형 상수를 이용할 수도 있으며 다음과 같이
문자형 상수도 사용할 수 있다. 다음의 예는 문자형 변수 otp에 저장된 문자가 '+'라면 덧
셈연산을, '*'라면 곱셈연산을 처리하고 그 외의 기호는 default로 처리하는 프로그램이
다. 자세한 것은 7.7절에서 설명한다.

```c
switch(otp)
{
    case '+' : printf("%d", a+b);
               break;
    case '*' : printf("%d", a*b);
               break;
    default  : printf("잘못된 기호가 입력되었습니다.");
}
```

실 습 문 제

7.8 다음은 프로그램의 일부이다. 정상적으로 실행되었다고 가정할 때 변수 a에 2가 저장되었
다면 출력 결과는?

```c
switch(a)
{
    case 1 : printf("밀크커피");
    case 2 : printf("프림커피");
    case 3 : printf("블랙커피");
    default : printf("코코아");
}
```

7.9 달(month)을 입력받아 그 달의 날짜수를 출력하는 프로그램을 switch case 문으로 작성하
시오. 단, 2월 달은 28일로 가정한다.

7.5 논리 연산자를 이용하여 여러 개의 조건을 판단

if 문에서 판단해야할 조건이 1개 이상인 경우에는 논리 연산자(logical operator)를 이
용하여 여러 개의 조건식을 사용할 수 있다. 예를 들어 점수1과 점수2가 모두 60 이상일 경
우에만 "시험 합격!"을 출력한다면 〈예제 7-7〉과 같이 AND 연산을 처리하는 논리 연산자
&&를 사용할 수 있다.

〈예제 7-7〉 조건식이 두 개인 경우의 if 문 사용 방법

```
01  #include <stdio.h>
02  void main()
03  {
04    int grade1, grade2;
05    printf("두개의 성적점수를 입력하고 Enter>");
06    scanf("%d %d", &grade1, &grade2);
07    if (grade1>=60 && grade2>=60)
08      printf("시험 합격!\n");
09    else
10      printf("시험 불합격!\n");
11  }
```

[실행 결과]

〈예제 7-7〉의 line 07에서 논리 연산자 &&가 사용되었기 때문에 두 개의 조건 모두가 참이 되어야만 "시험에 합격!"을 출력한다. 논리 연산자는 if, if else 그리고 if ~ else if의 조건식에 사용할 수 있으며 요약하면 다음과 같다.

[논리 연산자]

연산자	사용법	의미
&&	a&&b	a에 저장된 값과 b에 저장된 값의 논리곱(AND)
	(a)4) && (b<10)	a가 4보다 크고, 그리고 b가 10보다 작다
||	a||b	a에 저장된 값과 b에 저장된 값의 논리합(OR)
	(a)4) || (b<10)	a가 4보다 크거나 b가 10보다 작다
!	!a	a에 저장된 값에 대한 부정(NOT)

다음은 어떤 년도(y)가 윤년(leap year)인가 평년인가를 판단하는 부분을 if else로 표현한 것이다. 윤년을 찾는 방법은 해당되는 연도(y)를 4로 나누어 나머지가 0이고, 100으로 나누었을 때 나머지가 0이 아니면 윤년이다. 단 예외가 있는데, 100으로 나누었을 때 나머지가 0이어도 400으로 나누어 나머지가 0이면 윤년이 된다.

```
if ((y % 4 ==0 && y %100 !=0) || y % 400 == 0)
  printf("%d 는 윤년입니다.", y);
else
  printf("%d 는 평년입니다.", y);
```

조건식에 사용된 논리 연산자는 OR를 나타내는 || 연산자이며 키보드에서 기호 |의 위치는 [그림 7-2]와 같고 shift 키를 누른 상태에서 해당 키를 이용한다.

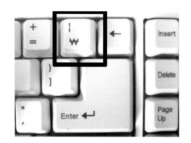

[그림 7-2] '|'의 위치

7.10 년도를 입력받아 그 해가 윤년인지, 평년인지를 출력하는 프로그램을 작성하시오.

7.11 실습문제 7.9와 7.10을 이용하여 년도와 달을 입력받아 윤년일 경우 2월을 29일로, 평년이면 28일로 출력하는 프로그램을 작성하시오.

7.6 범위(구간)로 표시되는 조건의 판단

if 문에 사용되는 관계 연산의 결과는 참(true)인 경우에 1, 거짓인 경우에는 0이 된다. 그리고 관계 연산자가 여러 번 사용된 경우에는 좌측에서부터 우측으로 연산이 이루어진다. 예를 들어 변수 age의 값이 12 이상 18 이하의 범위에 해당하는가를 판단한다고 할 때 다음의 if 문을 생각해 보자.

범위로 표시된 관계식	if 문의 조건식에 대한 처리 순서
if (12 <= age <= 18) 　printf("청소년 입니다.");	연산 ①: 12 <= age 연산 ②: 연산 ①의 결과 <= 18

기본적으로 연산은 좌측에 우측 방향으로 진행하며 이루어지므로 먼저 (12 <= age)를 처리하고 나서 이 연산의 결과를 이용하여 나머지 연산을 처리한다. 따라서 만약 age에 저장된 값이 19라고 가정한다면 조건식의 첫 번째 관계 연산 (12 <= age)의 결과는 참이므로 (12 <= age)의 결과는 1이 된다. 이어서 두 번째 관계 연산에서는 (1 <= 18)을 처리하는데 이

연산 역시 참이 되어 (12 <= age <= 18)의 결과는 참(1)이 되고 "청소년 입니다."를 출력하는 어이없는 판단이 일어난다. 따라서 범위에 대한 관계 조건식을 바르게 작성하면 다음과 같다.

잘못 표현된 if 문	바르게 표현된 if 문	

if (12 <= age <= 18)
  printf("청소년 입니다.");
	if (12<=age)
	  if (age<=18)
	    printf("청소년 입니다.");
		if (12<=age && age<=18)
		  printf("청소년 입니다.");

앞에서는 하나의 범위에 대해서만 생각해 보았는데 이제는 조건 판단의 범위가 여러 개로 구분되는 경우를 생각해 보자. 예를 들어 다음과 같이 나이에 따라 영화 티켓의 가격을 구분하여 판매하는 경우를 가정하자. 앞에서 다음과 같은 3개의 조건에 대해 각각 if 문을 사용하면 어떠한 경우라도 매번 3번의 조건 판단이 이루어지므로 효율적이지 못하다고 지적하였다. 범위로 표시되는 구간에 대해 관계 연산자를 사용할 때는 범위가 중복되지 않도록 표현하는 것이 중요하다. 따라서 다음과 같이 if else를 이용하여 프로그램 할 수 있다.

나이 구분	티켓 가격
19세 이상	7,000원
12~18세	5,000원
12세 미만	무료

```
if (19 <= age)
    printf("티켓 가격 : 7,000원");
else if (12 <= age && age <=18)
    printf("티켓 가격 : 5,000원");
else
    printf("티켓 가격 : 무료");
```

나이 구분의 마지막 범위(12세 미만)는 관계 연산으로 표시하지 않고 else로 처리하고 있다. 이유는 앞의 두 개의 관계 연산이 모두 거짓(false)으로 판단된 경우는 age의 값이 12세 미만인 경우밖에 없기 때문이다. 따라서 범위 혹은 구간에 해당하는 조건 판단이 n개로 구분된다면 n−1개의 관계 연산만 사용하고 나머지 구간은 else로 처리한다. 드문 경우이나 범위의 구분이 0~5, 7~10, 12~18과 같이 연속되지 않는 경우라면 모든 구간에 대해 관계 연산식을 표현해야 한다. 프로그램의 두 번째 관계 연산은 논리 연산자를 사용하여 표현하였으나 다음과 같이 관계 연산자만을 이용하여 두 가지 방법으로 표현할 수도 있다.

[방법 1]	[방법 2]

if (19 <= age)
    printf("티켓 가격 : 7,000원");
else if (12 <= age)
    printf("티켓 가격 : 5,000원");
else
    printf("티켓 가격 : 무료");
	if (age < 12)
	    printf("티켓 가격 : 무료");
	else if (age <19)
	    printf("티켓 가격 : 5,000원");
	else
	    printf("티켓 가격 : 7,000원");

앞의 두 프로그램은 논리 연산자 &&를 생략하였고 문제에서 주어진 범위를 뒤바꾸어 표현하였다. [방법 1]에서 만약 age의 값이 15라고 가정하면 첫 번째 관계 연산 (19<=age)는 거짓이되며 이것은 age의 범위가 19세 미만이라는 것을 암시적으로 나타낸다. 따라서 두 번째 연산에서 (12 <= age)만으로도 이것은 (12<=age && age <=18)과 동일한 조건을 판단하게 된다.

실 습 문 제

7.12 나이를 입력받아 나이에 따라 티켓의 가격을 출력하는 프로그램을 작성하시오.

7.7 switch case 문의 응용

앞의 〈예제 7-6〉에서는 변수 button에 저장된 정수값을 분류하여 처리하는 방법에 대해알아보았다. switch case 문의 case는 숫자 외에 문자에 대해서도 사용할 수 있다.
문자를 case로 사용하는 예로 연산 기호(+, −, *, /, %)를 입력하면 해당된 연산의 결과를출력하는 프로그램을 작성하면 〈예제 7-8〉과 같다. 만약 약속된 연산 기호가 아닌 경우에는 "계산할 수 없습니다"를 출력한다.
문자형 변수는 데이터 형 char를 이용한다. 그리고 한 개의 문자를 키보드로부터 입력받는경우에는 입력 함수 scanf의 형식 부분에 문자형 변수임을 나타내는 %c를 사용한다. 나머지 연산자 %를 화면으로 출력할 때는 %를 두 번 연속해서 %%로 나타낸다. case로 구분할값은 정수 또는 문자만 사용할 수 있으며 실수형은 사용할 수 없다.

〈예제 7-8〉 문자를 case로 구분하는 switch case 문

```
01  #include <stdio.h>
02  void main()
03  {
04   char operand;
05   int a=8, b=5;
06   printf("연산자(+-*/%)를 입력하고 Enter>");
07   scanf("%c", &operand);
08   switch(operand)
09    {
10      case '+' : printf("a+b=%d", a+b);
11          break;
12      case '-' : printf("a-b=%d", a-b);
13          break;
14      case '/' : printf("a/b=%d", a/b);
15          break;
16      case '*' : printf("a*b=%d", a*b);
17          break;
18      case '%' : printf("a%%b=%d", a%b);
19          break;
20      default : printf("계산할 수 없습니다.");
21    }
22  }
```

[실행 결과]

```
연산자(+-*/)를 입력하고 Enter>*
a*b=40
계속하려면 아무 키나 누르십시오 .
```

```
연산자(+-*/)를 입력하고 Enter>+
a+b=13
계속하려면 아무 키나 누르십시오 .
```

```
연산자(+-*/)를 입력하고 Enter>?
계산할 수 없습니다.
계속하려면 아무 키나 누르십시오 .
```

실습문제

7.13 〈예제 7-8〉에서 정수형 변수를 이용하기 때문에 나눗셈 계산에 문제가 있다. 정상적인 나눗셈 결과가 출력되도록 cast 연산자를 이용하여 프로그램을 수정하시오.

7.14 1~3 사이의 숫자를 입력받아 1이면 삼각형의 넓이를, 2면 사각형의 넓이를, 3이면 사다리꼴의 넓이를 계산하는 프로그램을 switch case로 작성하고, 각 넓이를 계산하는데 필요한 값을 실수형으로 입력받아 처리하시오.

단원정리

조건에 대한 판단과 선택에 대한 제어문은 if 문과 switch case 문으로 구분하는데 if 문은 다음과 같이 세 가지 형식으로 사용할 수 있다.

구분	종류	조건 판단과 선택
if 문	if	조건에 대해 참인 경우만 선택. 지원자가 여자인가?
	if else	조건에 대해 참 또는 거짓을 구분하여 선택. 19세 이상이면 성년, 그렇지 않으면 미성년
	if ~ else if	2개 이상의 조건에 대해 참 또는 거짓을 구분하여 선택. 초등학생인가? 아니면 중학생인가? 아니면 고등학생인가?
switch case 문	switch case	상수에 의한 선택. 자동판매기에서 여러 버튼 중에서 하나를 선택

조건에 대한 판단과 선택의 제어문 형식은 다음과 같다.

제어문	문법	사용 방법
if	if (조건식) 　조건식이 참인 경우에 처리할 문장;	if (grade>60) 　printf("시험 합격!");

if else	if (조건식)
	　조건식이 참인 경우에 처리할 문장;
	else
	　조건식이 거짓인 경우에 처리할 문장;
		if (grade>60)
		　printf("합격!");
		else
		　printf("불합격!");

if ~ else if	if (조건식1)
	　조건식1이 참인 경우에 처리할 문장;
	else if (조건식2)
	　조건식2가 참인 경우에 처리할 문장;
	else
	　조건식2가 거짓인 경우에 처리할 문장;
		if (value>0)
		　printf("양수입니다.");
		else if (value<0)
		　printf("음수입니다.");
		else
		　printf("0입니다.");

switch case	switch (조건)
	{
	　case 상수1 : 처리할 문장 ;
	　[break;]
	　case 상수2 : 처리할 문장 ;
	　[break;]
	　case 상수n : 처리할 문장 ;
	　[break;]
	　default : 처리할 문장;
	}
		switch(button)
		{
		　case 1 : printf("커피");
		　　　　break;
		　case 2 : printf("콜라");
		　　　　break;
		　case 3 : printf("우유");
		　　　　break;
		　default : printf("생수");
		}

연습문제

7.1 제어문에 대한 설명이 맞으면 ○, 틀리면 ×로 표시하시오.

(1) if else 문은 하나의 조건식에 대해 참인 경우만 처리할 때 사용한다.

(2) 관계 연산의 결과는 참이면 1, 거짓이면 0의 값을 갖는다.

(3) 변수 a에 저장된 값이 변수 b에 저장된 값보다 큰가는 a<b로 나타낸다.

(4) 변수 a에 저장된 값이 변수 b에 저장된 값과 같은가는 a=b로 나타낸다.

(5) 조건식이 참인 경우에 처리해야 할 문장은 한 개만 사용할 수 있다.

(6) switch case 문은 조건식보다는 값을 기준으로 판단하는 경우에 사용한다.

(7) 여러 개의 조건식을 동시에 판단할 때 논리 연산자를 사용한다.

(8) switch case 문에서 default는 case에 의해 분류되지 않은 경우를 처리한다.

7.2 정수형 변수 x에 대해 다음의 처리가 이루어지도록 빈칸을 작성하시오.

(1)
```
if (               )
    printf("10보다 큽니다.");
```

(2)
```
if (               )
    printf("10보다 작습니다.");
```

(3)
```
if (               )
    printf("10 이상입니다.");
```

(4)
```
if (               )
    printf("10 이하입니다.");
```

7.3 정수형 변수 a와 b에 대해 다음의 처리가 이루어지도록 빈칸을 작성하시오.

(1)
```
if (               )
    printf("a가 b보다 크다.");
```

(2)
```
if (               )
    printf("a가 b보다 작다.");
```

(3)
```
if (               )
    printf("a가 b이하이다.");
```

(4)
```
if (               )
    printf("a가 b이상이다.");
```

(5)
```
if (               )
    printf("a와 b와 같다.");
```

(6)
```
if (               )
    printf("a와 b가 다르다.");
```

7.4 변수 a와 b에 각각 8과 5가 저장되었다면 다음 프로그램의 결과는?

(1)

```
if (a>b)
    printf("a가 b보다 크다.");
else
    printf("a가 b이하이다.");
```

(2)

```
if (a<b)
    printf("b가 a보다 크다.");
else
    printf("a가 b이상이다.");
```

7.5 정수형 변수 age의 값이 18보다 크면 "성인입니다."를, 18 이하이면 "미성년입니다."를 출력하도록 프로그램의 □ 부분을 완성하시오.

(1)

```
if (              )
    printf("성인입니다.");
else
    printf("미성년입니다.");
```

(2)

```
if (              )
    printf("미성년입니다.");
else
    printf("성년입니다.");
```

7.6 문자형 변수 ch에 저장된 값이 m이라면 "남자입니다."를, 그 외의 값이면 "남자가 아닙니다."를 출력하도록 if 문의 □ 부분을 완성하시오.

```
if (              )
    printf("남자입니다.");
else
    printf("남자가 아닙니다.");
```

7.7 변수 a에 저장된 값이 0인 경우 또는 1일 경우 다음 프로그램의 결과는?

```
if (a)
    printf("Seoul Style!");
else
    printf("Suwon Style!");
```

7.8 정수형 변수 a에 저장된 값이 양수이면 "양수입니다."를, 음수이면 "음수입니다."를 그렇지 않은 나머지 경우는 "0입니다."를 출력하는 if else 문의 □ 부분을 완성하시오.

```
if (       ①       )
    printf("음수입니다.\n");
else if (       ②       )
    printf("양수입니다.\n");
else
    printf("0입니다.\n");
```

7.9 정수형 변수 x에 대해 다음의 처리가 이루어지도록 빈칸을 작성하시오.

(1)

```
if (              )
    printf("음수입니다.\n");
else
    printf("0이상입니다.\n");
```

(2)

```
if (              )
    printf("짝수입니다.\n");
else
    printf("홀수입니다.\n");
```

7.10 다음의 프로그램에서 정수형 변수 x에 5가 저장되어 있다면 각각의 조건문을 실행했을 때 변수 x에 저장된 값은?

(1)

```
if (x>5)
    x=10;
else
    x=20;
```

(2)

```
if (x==5)
    x*=2;
else
    x/=2;
```

(3)

```
if (x>=5)
    --x;
else
    ++x;
```

(4)

```
if (x!=5)
    x%=2;
else
    x%=4;
```

7.11 정수형 변수 c에 2가 저장되어 있다면 다음의 프로그램을 각각 실행했을 때 출력될 결과는?

(1)

```
switch(c)
{
    case 1 : printf("A");
    case 2 : printf("B");
    case 3 : printf("C");
    default : printf("F");
}
```

(2)

```
switch(c)
{
    case 1 : printf("가");
             break;
    case 2 : printf("나");
             break;
    case 3 : printf("다");
             break;
    default : printf("라");
}
```

7.12 99점 만점의 점수(jumsu)에 대해 다음과 같이 학점을 출력하는 프로그램의 ☐ 부분을 완성하시오.

점수 범위	학점
90~99점	A
80~89점	B
70~79점	C
69점 이하	D

```
result= [        ]
switch(result)
{
    case 9:
        printf("A\n");
        break;
    case 8:
        printf("B\n");
        break;
    case 7:
        printf("C\n");
        break;
    default:
        printf("D\n");
}
```

7.13 변수 s(성별)와 age(나이)의 값을 입력받아 다음의 조건에 맞게 두 개의 출력문을 순서대로 이용하여 출력하는 프로그램을 작성하시오.

조건		출력문 1	출력문 2
s	age		
m	19 이상	printf("성인입니다.\n");	printf("남자입니다.\n");
m	18 이하	printf("미성년입니다.\n");	printf("남자입니다.\n");
f	19 이상	printf("성인입니다.\n");	printf("여자입니다.\n");
f	18 이하	printf("미성년입니다.\n");	printf("여자입니다.\n");

7.14 불쾌지수는 날씨에 따라서 사람이 불쾌감을 느끼는 정도를 기온과 습도를 이용하여 나타내는 수치로서 불쾌지수=0.72(기온+습구온도)+40.6로 계산한다. 기온과 습구온도를 입력받아 불쾌지수와 느낌을 출력하는 프로그램을 작성하시오.

불쾌지수 범위	느낌
69 이하	쾌적
70~74	약 10%의 사람들이 불쾌감을 느낌
75~80	약 50%의 사람들이 불쾌감을 느낌
81 이상	대부분의 사람이 불쾌감을 느낌

7.15 비만도를 측정하는 하나의 기준으로 신체비만지수를 사용하며 신체비만지수=몸무게(kg 단위)/키²(miter 단위)로 계산한다. 키와 몸무게를 입력받아 신체비만지수를 출력하고 다음과 같은 판정 결과를 출력하는 프로그램을 작성하시오. ([과제 8] 참고)

신체비만지수	판정
18.5 미만	저체중
1.85~22.9	정상체중
23.0~24.9	비만 전 단계
25.0~29.9	비만 1단계
30.0~39.9	비만 2단계
40 이상	비만 3단계

7.16 어느 도시에서 음주 운전자에 대해 혈중 알코올 농도에 따라 다음과 같은 처벌기준을 정했다고 한다. 혈중 알코올 농도를 입력하면 처벌 내용을 출력하는 프로그램을 작성하시오.

혈중 알코올 농도	처벌 내용
0~0.049%	훈방조치
0.05~0.099%	면허 정지, 벌금 100만 원
0.1~0.19%	면허 취소, 벌금 300만 원
0.2% 이상	면허 취소, 구속

7.17 세 개의 정수형 상수를 입력받아 제일 큰 수를 출력하는 순서도와 프로그램을 작성하시오.

7.18 태어난 생년을 입력하면 띠를 출력하는 프로그램을 switch case 문으로 작성하시오. 예를 들어 1900년은 쥐띠해이다.

7.19 입력한 연도가 윤년인지 또는 평년인지를 구분하여 출력하는 프로그램을 작성하시오. 해당되는 연도를 4로 나누어 나머지가 0이고, 100으로 나누었을 때 나머지가 0이 아니면 윤년이다. 단, 예외가 있는데 100으로 나누었을 때 나머지가 0이어도 400으로 나누어 나머지가 0이면 윤년이다. 예를 들어 2000년은 4로 나누어 나머지가 0이고 100으로 또는 400으로 나누어 나머지가 0이므로 윤년이다.

7.20 하나의 영문자(alphabet)를 입력받아 대문자는 소문자로, 소문자는 대문자로 변환하는 프로그램을 작성하시오. 기타 문자들은 그대로 출력한다. 예를 들어 영문 소문자 a는 ASCII 코드로 97이고, 대문자 A는 65이다. 따라서 입력된 문자가 대문자의 범위, 즉 65≤코드≤90이면 32를 더하여 소문자 코드로 변환한다.

7.21 서울에서 부산 간 고속버스와 시외버스 요금을 계산하는 프로그램을 작성하시오. 구분할 내용은 다음과 같다.

구분	처리 내용
이용 방법	편도, 왕복
버스	고속버스, 시외버스(특정지역)
고속버스	일반, 우등, 심야우등
요금체계	성인, 학생(청소년), 소아 운임기준
인원	성인 ?명, 학생 ?명, 소아 ?명

7.22 우리나라에서 통상우편물은 규격우편물과 규격 외 우편물로 구분하고 중량에 따라 우편요금을 계산한다. 우정사업본부 홈페이지를 참고하여 통상우편물요금의 중량을 입력하면 기준에 따라 보통우편요금을 계산하는 프로그램을 작성하시오.

7.23 컴퓨터의 기억용량 단위와 범위는 다음과 같다. 임의의 n(byte 단위)을 입력하면 해당 단위의 용량으로 소수 둘째 자리까지 출력하는 프로그램을 작성하시오. 예를 들어 2147483648을 입력하면 2.00GB를 출력한다.

출력 단위	Byte
B	1Byte~(1024-1)Bytes
KB	1024Byte~(1024*1024-1)Bytes
MB	1024*1024Byte~(1024*1024*1024-1)Bytes
GB	1024*1024*1024Byte~(1024*1024*1024*1024-1)Bytes

7.24 주차시간(분)을 입력하면 주차요금을 출력하는 프로그램을 작성하시오. 주차요금은 10분당 1000원을 받으며, 예를 들어 10을 입력하면 1000원을, 11을 입력하면 2000원을 출력한다.

7.25 한우 등심의 등급별 가격이 100g당 다음과 같다고 할 때, 등급(영문 대문자)과 gram 수를 입력하면 가격을 출력하는 프로그램을 작성하시오. 단, 가격은 1원 단위까지만 출력한다.

구분	A등급	B등급	C등급	D등급
100g당 가격	12,000원	10,000원	7,000원	5,000원

7.26 컴퓨터 부품을 판매하는 회사의 품명과 가격이 다음과 같다고 할 때 품명 번호와 수량을 입력하면 품명, 수량, 가격을 출력하는 프로그램을 작성하시오. 그 밖의 번호를 입력하면 수량과 가격을 0으로 출력한다.

품명 번호	품 명	가격(원)
1	Monitor	192,000
2	Hard Disk	85,000
3	CPU	156,000
4	Mother Board	206,000
5	Keyboard	28,500
6	mouse	14,000

7.27 세 자리 정수를 입력하면 한글로 출력하는 프로그램을 작성하시오. 예로 593을 입력하면 오구삼을 출력한다.

7.28 24시간 단위로 표현된 5자리(HMMSS) 또는 6자리(HHMMSS) 시간을 입력받아 오전, 오후와 12시간 단위의 시간으로 출력하는 프로그램을 작성하시오. 예로 234312를 입력하면 오후 11시 43분 12초로 출력한다.

7.29 우리나라의 시간(24시 형식)과 분을 입력받아 런던, 파리, 뉴욕의 현재 시간을 출력하는 프로그램을 작성하시오.

7.30 임의의 양의 실수를 입력받아 가장 가까운 홀수와 가장 가까운 짝수를 출력하는 프로그램을 작성하시오. 예를 들어, 11.6에 대해 가장 가까운 홀수는 11이고, 11.6에 대해 가장 가까운 짝수는 12이다.

7.31 임의의 양의 실수를 입력받아 가장 가까운 홀수로 올림한 수와 가장 가까운 짝수로 올림한 수를 출력하는 프로그램을 작성하시오. 예를 들어, 11.6에 대해 가장 가까운 홀수로 올림한 수는 13이고, 11.6에 대해 가장 가까운 짝수로 올림한 수는 12이다.

08 반복문

반복(repetition)은 같은 일을 되풀이하는 것이다. 반복은 축구경기에서 공을 차는 것과 같이 하나의 일이나 동작을 여러 번하는 것을 의미하기도 하지만, 시내버스가 정해진 노선을 따라 운행을 계속하는 경우에는 반복보다는 순환(circulation, loop)이라고 표현한다.

예를 들어 [그림 8-1]에서 로또복권의 당첨 번호를 생성하는 프로그램을 작성한다고 한다면 하나의 당첨 번호를 생성하기 위한 처리 과정을 6번 반복해야 할 것이며, [그림 8-2]와 같이 자동차 경주용 게임을 만든다고 한다면 동일한 트랙을 여러 번 돌아야 하므로 순환하도록 제어해야 할 것이다.

[그림 8-1] 로또 번호 생성

[그림 8-2] 자동차 경주 게임

프로그램에서의 반복은 다음과 같이 횟수가 정해진 반복과 횟수가 정해지지 않은 반복의 두 가지로 나눌 수 있다.

[반복문의 구분]

반복의 구분	반복의 예	제어문
횟수가 정해진 반복 (횟수 중요)	• 윗몸 일으키기 20회 하기 • 이름과 학번을 10번 출력	for 문
횟수가 정해지지 않은 반복 (횟수보다 조건이 중요)	• 1분 동안 윗몸 일으키기 하기 • 어떤 연산의 합이 1,000이 될 때까지 계속 더하기	while 문 do while 문

횟수가 정해진 반복에서는 반복을 시작하여 현재 몇 회가 진행 중인지를 확인해야 하므로 셈(count)이 필요하지만, 횟수가 정해지지 않은 반복의 경우는 셈(count)보다는 조건(1분 동안, 합이 1,000이 될 때까지)의 판단이 필요하다. 전자의 경우에는 제어문으로 for 문을 사용하며 조건이 필요한 후자의 경우에는 while 문 또는 do while 문을 사용한다.

대한치과협회에서는 333운동을 전개하고 있는데 그 내용은 다음과 같고 횟수와 조건이 중복되어 있다.

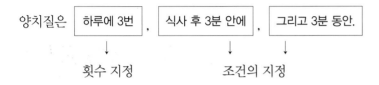

횟수와 조건이 혼합된 경우에는 for 문과 while 문들을 중복하여 사용할 수 있다. 앞에서 for 문을 사용하는 경우와 while 문을 사용하는 경우를 구분하였으나, 이는 반복에 대한 이해를 돕기 위해서 구분한 것으로서 어떤 반복에 대해서는 for 문 또는 while 문으로도 반복 프로그램을 작성할 수 있다.

8.1 횟수가 정해지는 반복, for 문

예를 들어 자신의 name tag를 만들기 위해 학번과 이름을 5번 출력한다고 하자. 반복문을 사용하지 않는다면 〈예제 8-1〉과 같이 여러 번의 printf를 사용하여 프로그램을 작성해야 한다.

〈예제 8-1〉 printf를 여러 번 사용한 반복 처리

```
01  #include <stdio.h>
02  void main()
03  {
04    printf("학번: 200623054   이름: 이지연\n");
05    printf("학번: 200623054   이름: 이지연\n");
06    printf("학번: 200623054   이름: 이지연\n");
07    printf("학번: 200623054   이름: 이지연\n");
08    printf("학번: 200623054   이름: 이지연\n");
09  }
```

[실행 결과]

```
학번: 200623054   이름: 이지연
학번: 200623054   이름: 이지연
학번: 200623054   이름: 이지연
학번: 200623054   이름: 이지연
학번: 200623054   이름: 이지연
```

〈예제 8-1〉에서는 5회만을 반복 출력하므로 함수 printf를 5번 사용하였지만 10번 혹은

그 이상을 반복 출력해야 한다면 〈예제 8-2〉와 같이 for 문을 이용하여 간단하게 처리할 수 있다. 〈예제 8-2〉의 line 04와 05를 합해 for(int i=1;i<=10;i+=1)로 사용할 수 있다. 〈예제 8-1〉과 〈예제 8-2〉의 실행 결과는 같다.

〈예제 8-2〉 for 문을 이용한 반복 처리

```
01    #include <stdio.h>
02    void main()
03    {
04      int i;
05      for(i=1;i<=5;i+=1)
06        printf("학번: 200623054   이름: 이지연\n");
07    }
```

[실행 결과]
```
학번: 200623054   이름: 이지연
학번: 200623054   이름: 이지연
학번: 200623054   이름: 이지연
학번: 200623054   이름: 이지연
학번: 200623054   이름: 이지연
```

for 문의 형식과 반복 과정은 다음과 같다.

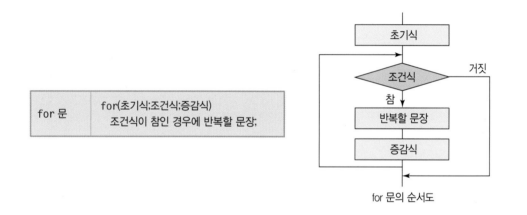

for 문	for(초기식;조건식;증감식) 조건식이 참인 경우에 반복할 문장;

for 문의 순서도

for 문은 위와 같이 초기식, 조건식 그리고 증가 또는 감소식을 ( ) 안에 기호 ;로 분리하여 사용한다. 3개의 식은 반복을 시작하여 반복을 중단할 때까지의 상황을 판단하기 위해 사용한다. 따라서 〈예제 8-2〉에서 사용한 for 문을 해석하면 다음과 같다. 증감식의 i+=1은 복합 대입 연산자를 사용한 것으로 i=i+1과 동일하다.

for 문		설명
for(i=1;i<=5;i+=1) 반복할 문장	초기식: i=1	변수 i에 초기값으로 1을 저장
	조건식: i<=5	조건 (i<=5)이 참이 되는 경우만 문장 반복
	증감식: i+=1	매 반복마다 i의 값을 1 증가시킴(i=i+1)

for 문을 이용한 반복에는 〈예제 8-2〉와 같이 반복의 횟수를 셈(count)할 변수가 필

요하며 이를 제어변수(또는 카운터, counter)라 부르는데 [그림 8-3]과 같이 인원을 체크하거나 지폐를 세는데 사용한다. 〈예제 8-2〉의 for 문은 결과적으로 제어변수 i가 1부터 반복을 시작하여 변수 i의 값이 5가 될 때까지 5번의 반복으로 문장을 처리한다. 처리 순서를 단계별로 나타내면 다음과 같이 처리 순

[그림 8-3] 생활 속의 카운터(계수기)

서 ②부터 ④까지가 계속 반복된다. 처리 순서 ①인 초기식은 최초에 한 번만 처리되고 반복에서는 제외된다. 인원을 체크하거나 지폐를 세는 계수기의 경우는 일반적으로 0으로 초기화된다.

처리 순서	for 문	처리 내용
①	초기식 i=1	제어변수 i에 1을 저장
②	조건식 i<=5	i값이 5 이하이면(참이면) ③으로 이동, 거짓이면 반복 중단
③	printf("…");	반복할 문장을 처리
④	증감식 i+=1	i에 저장된 값을 1증가(i=i+1)시키고, ②로 이동

중요한 점은 마지막 단계에서 i=5가 된 다음 반복이 중단되는 것이 아니라 i=6이 되고나서 조건식 (i<=5)가 거짓이므로 반복이 중단된다는 것이다.

8.1.1 for 문에서 반복 제어변수(카운터)의 출력

〈예제 8-2〉에서 반복된 횟수, 즉 제어변수의 값을 출력한다면 〈예제 8-3〉과 같이 printf를 수정하여 제어변수를 포함시켜야 한다. 〈예제 8-2〉를 〈예제 8-3〉과 같이 수정하여 결과를 확인한다.

〈예제 8-3〉 for 문에서 제어변수의 출력

```
01  #include <stdio.h>
02  void main()
03  {
04    int i;
05    for(i=1;i<=5;i+=1)
06      printf("%d) 이름:이지연\n", i);
07  }
```

[실행 결과]

for 문에 사용되는 초기식, 조건식 그리고 증감식은 어떻게 반복할 것인가, 즉 반복할 내용과 횟수에 따라 달라진다.

실습문제

8.1 〈예제 8-3〉의 line 05와 06 사이에 printf("%d\n", i);를 추가하여 반복이 끝난 후에 제어변수 i의 값이 어떻게 변해 있는지 확인하시오. 〈예제 8-3〉의 조건식을 i<=10으로 변경하여 출력 결과를 확인한다.

8.1.2 for 문에서 조건식과 증감식의 제어

〈예제 8-3〉은 반복이 진행되는 동안 복합 대입 연산자 i+=1에 의해 제어변수 i에 1이 계속 누적된다. 〈예제 8-3〉에 대해 조건식과 증감식을 〈예제 8-4〉와 같이 변경하여 결과를 확인한다. 〈예제 8-4〉의 증감식을 i+=2로 변환하면 제어변수는 i는 1부터 10까지 2씩 증가한다.

〈예제 8-4〉 for 문에서 제어변수의 증감식을 변경

```
01   #include <stdio.h>
02   void main()
03   {
04     for(int i=1;i<=10;i+=2)
05       printf("%d) 이름:이지연\n", i);
06   }
```

[실행 결과]
```
1) 이름:이지연
3) 이름:이지연
5) 이름:이지연
7) 이름:이지연
9) 이름:이지연
```

실습문제

8.2 〈예제 8-4〉의 증감식 부분을 i+=3 또는 i+=4로 수정하여 결과를 확인하시오.

8.3 〈예제 8-4〉에서 초기식을 조절하여 2부터 10까지 짝수 번호로 5회 실행되도록 프로그램을 수정하시오.

〈예제 8-4〉와 〈예제 8-5〉의 반복문 안에 포함된 printf는 5번 실행하지만 출력되는 제어변수는 달라진다. 〈예제 8-5〉에서 제어변수 i는 1부터 5까지 1씩 증가하며 반복한다.

〈예제 8-4〉 제어변수의 증감식을 변경

```
01    #include <stdio.h>
02    void main()
03    {
04      for(int i=1;i<=10;i+=2)
05        printf("%d) 이름:이지연\n", i);
06    }
```

〈예제 8-5〉 조건식과 증감식의 제어

```
01    #include <stdio.h>
02    void main()
03    {
04      for(int i=1;i<=15;i+=3)
05        printf("%d) 이름:이지연\n", i);
06    }
```

〈예제 8-5〉의 실행 결과는 다음과 같다.

8.1.3 for 문에서 초기식과 조건식의 제어

초기식을 변경하면 반복을 시작하는 제어변수의 값이 달라진다. 〈예제 8-3〉과 〈예제 8-6〉의 반복문 안에 포함된 printf는 5번 실행하지만 출력되는 제어변수는 달라진다. 〈예제 8-6〉에서 제어변수 i는 6부터 10까지 1씩 증가하며 반복한다.

〈예제 8-3〉 for 문에서 제어변수의 출력

```
01    #include <stdio.h>
02    void main()
03    {
04      for(int i=1;i<=5;i+=1)
05        printf("%d) 이름:이지연\n", i);
06    }
```

〈예제 8-6〉 초기식과 조건식의 제어

```
01    #include <stdio.h>
02    void main()
03    {
04      for(int i=6;i<=10;i+=1)
05        printf("%d) 이름:이지연\n", i);
06    }
```

〈예제 8-6〉의 실행 결과는 다음과 같다.

실 습 문 제

8.4 〈예제 8-4〉와 〈예제 8-6〉을 응용하여 1부터 10까지 홀수 번호만 또는 짝수 번호만 출력하는 반복문 프로그램을 작성하시오.

8.1.4 for 문에서 제어변수의 증가와 감소

for 문에서 사용하는 증감식은 경우에 따라서 증가 또는 감소를 사용한다. 예를 들어 〈예제 8-7〉과 같이 1부터 10까지를 출력하거나 반대로 10부터 1까지 출력할 경우에 초기식, 조건식 그리고 증감식이 다르게 사용된다.

〈예제 8-7〉 증가 또는 감소에 의한 for 문의 사용 방법

1부터 10까지의 숫자 출력(증가)

```
01   #include <stdio.h>
02   void main()
03   {
04     for(int i=1;i<=10;i+=1)
05       printf("%d ", i);
06   }
```

[실행 결과]

```
1 2 3 4 5 6 7 8 9 10
```

10부터 1까지의 숫자 출력(감소)

```
01   #include <stdio.h>
02   void main()
03   {
04     for(int i=10;i>=1;i-=1)
05       printf("%d ", i);
06   }
```

[실행 결과]

```
10 9 8 7 6 5 4 3 2 1
```

앞의 두 가지 경우를 비교하면 다음과 같다. 초기식은 반복의 시작을, 조건식은 반복의 마지막을 의미한다.

구분	1부터 10까지 1씩 증가하는 반복	10부터 1까지 1씩 감소하는 반복
초기식	i=1	i=10
조건식	i<=10	i>=1
증감식	i+=1 (i=i+1)	i-=1 (i=i-1)

실 습 문 제

8.5   6장의 실습문제 6.6에서 화씨온도가 0도에서 100도까지 10도씩 증가할 때마다 섭씨온도를 출력하는 프로그램과 화씨온도가 100도에서 0도까지 10도씩 감소할 때마다 섭씨온도를 출력하는 프로그램을 작성하시오. 모든 연산과 변수는 정수형을 가정한다.

8.1.5 for 문에서 제어변수가 실수인 경우

지금까지 제어변수가 정수형인 경우를 살펴보았으나 실수형이 사용될 수도 있다. 〈예제 8-8〉은 제어변수가 0.1씩 증가하거나 감소하는 경우이다.

〈예제 8-8〉 제어변수가 실수인 경우

0부터 0.5까지의 0.1씩 증가

```
01  #include <stdio.h>
02  void main()
03  {
04   for(double i=0;i<=0.5;i+=0.1)
05     printf("%.1f\n", i);
06  }
```

[실행 결과]
```
0.0
0.1
0.2
0.3
0.4
0.5
```

1부터 0.5까지의 0.1씩 감소

```
01  #include <stdio.h>
02  void main()
03  {
04   for(double i=0;i>=0.5;i-=0.1)
05     printf("%.1f\n", i);
06  }
```

[실행 결과]
```
1.0
0.9
0.8
0.7
0.6
0.5
```

실습문제

8.6 실습문제 8.5에 대해 화씨온도가 100도에서 80도까지 2.5씩 감소할 때마다 섭씨온도를 출력하고, 섭씨온도가 15도에서 35도까지 2.5도씩 증가할 때마다 화씨온도를 출력하는 프로그램을 작성하되 소수 이하 둘째자리까지 출력하시오.

8.1.6 for 문에서 반복해야 할 문장이 2개 이상인 경우

반복해야 할 문장이 2개 이상이라면 if 문에서와 마찬가지로 다음과 같이 중괄호 { }를 사용한 복합문(compound statement)으로 표현할 수 있으며, 반복할 문장이 1개일 경우에는 중괄호 { }을 생략할 수 있다.

〈예제 8-9〉 반복해야 할 문장이 2개인 경우

```
01  #include <stdio.h>
02  void main()
03  {
04      for(int i=1;i<=5;i+=1)
05      {
06          printf("%d) 이름 : 홍길동\n", i);
07          printf("----------------\n");
08      }
09  }
```

[실행 결과]

```
1> 이름 : 홍길동
----------------
2> 이름 : 홍길동
----------------
3> 이름 : 홍길동
----------------
4> 이름 : 홍길동
----------------
5> 이름 : 홍길동
```

실 습 문 제

8.7 높이는 10으로 고정한 상태에서 밑변의 길이가 10에서 20까지 2씩 증가할 때마다 삼각형과 사각형의 각 변의 길이와 면적을 반복문으로 출력하되 복합문을 사용하시오.

8.2 횟수가 정해지지 않은 반복, while 문

횟수가 정해지지 않는 반복문에는 while 문과 do while 문이 있다. while 문과 do while 문은 거의 비슷하지만 다음과 같이 조건을 언제 판단하느냐에 차이가 있다. 횟수가 정해지지 않는 반복에서는 조건식만을 기준으로 반복 여부를 판단한다.

횟수가 정해지지 않는 반복	차이점
while 문	먼저 조건식을 판단하여 반복 여부를 결정
do while 문	먼저 한 번 반복한 후에 조건식을 판단하여 반복 여부를 결정

예를 들어 미팅에서 어떤 사람을 만났고, 이후에 이 사람을 다시 만날 것인지를 판단해야 한다고 가정하자. 이때 while 문은 상황을 판단하여 이후에 만날 것인지를 결정하는 것이고, do while 문은 한 번은 다시 만나고 나서 이후에 만날 것이지를 결정하는 것이다. 따라서 do while 문은 최소한 1번은 반복이 이루어지지만, while 문은 조건에 따라 반복이 이루어지지 않을 수도 있다.

8.2.1 먼저 조건식을 판단하여 반복 여부를 결정, while 문

while 문의 형식과 반복 과정은 다음과 같다.

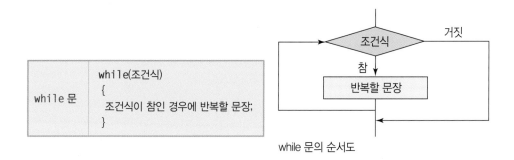

while 문의 순서도

while 문은 for 문과 달리 초기식과 증감식을 사용하지 않고 조건식에 대해서만 참인 경우에 반복을 계속한다. 예를 들어 0을 입력하기 전까지 입력을 계속 반복하는 프로그램을 while 문으로 작성한다면 〈예제 8-10〉과 같다.

〈예제 8-10〉 0을 입력하기 전까지 반복하는 while 문

```
01   #include <stdio.h>
02   void main()
03   {
04    int i=1;
05    while(i!=0)
06    {
07      printf("0을 입력하면 반복이 중단됨\n");
08      printf("숫자 입력 후 Enter>");
09      scanf("%d", &i);
10    }
11   }
```

[실행 결과]
```
0을 입력하면 반복이 중단됨
숫자 입력 후 Enter>1
0을 입력하면 반복이 중단됨
숫자 입력 후 Enter>5
0을 입력하면 반복이 중단됨
숫자 입력 후 Enter>0
계속하려면 아무 키나 누르십시오 . .
```

〈예제 8-10〉에서 while 문의 조건식으로 사용한 (i!=0)은 i가 0과 같지 않음을 나타내는 관계 연산자 !=(not equal)를 사용하였다. 따라서 변수 i의 값이 0이 아니라면 조건식의 결과가 참이 되어 반복을 계속한다.

변수 i의 초기값을 1로 하였기 때문에 while 문의 조건식이 참(0이 아니므로)이 되고 숫자를 입력받는다. 실행 결과와 같이 0을 입력하면 조건식 (i!=0)이 거짓이므로 반복을 중단한다. 관계 연산의 결과는 참이면 1, 거짓이면 0이 되지만 조건식에서 0은 거짓을, 0 이외의 값은 모두 참으로 판단하므로 while(i!=0) 부분을 while(i)로 고쳐도 동일한 처리가 이루어진다.

앞에서 for 문은 반복할 횟수를 기준으로, while 문은 횟수보다는 조건을 기준으로 반복을 처리한다고 하였지만, 경우에 따라서는 반복으로 처리할 내용을 for 문으로 또는 while 문

으로도 작성할 수 있다. 예를 들어 앞의 for 문에서 1부터 10까지의 정수 중에서 홀수를 출력하는 프로그램을 비교해보면 〈예제 8-11〉과 같다.

〈예제 8-11〉 홀수를 출력하는 while 문과 for 문의 비교

1부터 10까지의 홀수 출력, while 문

```
01  #include <stdio.h>
02  void main()
03  {
04    int i=1;
05    while(i<=10)
06    {
07      printf("%d ", i);
08      i+=2;
09    }
10  }
```

1부터 10까지의 홀수 출력, for 문

```
01  #include <stdio.h>
02  void main()
03  {
04    int i=1;
05    for(i=1; i<=10; i+=2)
06      printf("%d ", i);
07  }
```

[실행 결과]

```
1 3 5 7 9
```

[실행 결과]

```
1 3 5 7 9
```

while 문은 조건식만 사용할 수 있기 때문에 조건식 이전에 초기화를 사용하고, 반복 처리할 문장에 증감식을 사용한다면 for 문으로 작성한 반복을 while 문으로 바꿀 수 있고, 반대로 while 문을 for 문으로 바꾸어 표현할 수도 있다. 그러나 혼돈을 피하기 위해 횟수나 범위가 요구되는 반복은 for 문을 사용할 것을 권장한다.

실 습 문 제

8.8 〈예제 8-11〉을 이용하여 11부터 30까지 홀수를 출력하는 프로그램을 while 문으로 작성하시오.

8.9 〈예제 8-11〉을 이용하여 30부터 10까지 짝수를 출력하는 프로그램을 while 문으로 작성하시오.

8.2.2 먼저 반복한 후에 조건식을 판단하여 반복, do while 문

while 문과 do while 문은 비슷한 방법으로 반복을 처리하지만 while 문은 먼저 조건을 판단하여 반복을 결정하고, do while 문은 일단 한 번은 반복하고 나서 조건을 판단하여 반복을 결정한다. 따라서 while 문은 조건이 거짓이라면 반복이 이루어지지 않지만 do while 문은 조건이 거짓이라도 한 번은 반복을 처리한다. do while 문의 형식과 반복 과정은 다음과 같다.

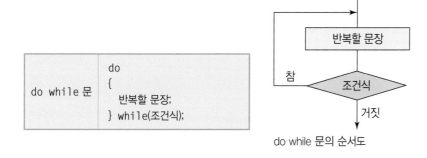

do while 문의 순서도

앞에서 사용한 〈예제 8-10〉의 경우 0을 입력하기 전까지 반복하는 while 문과 do while 문을 비교해 보면 다음과 같다.

〈예제 8-12〉 0을 입력하기 전까지 반복하는 do while 문과 while 문의 비교

do while 문에 의한 반복

```
01   #include <stdio.h>
02   void main()
03   {
04    int i;
05    do
06    {
07      printf("0을 입력하면 종료함\n");
08      printf("숫자 입력 후 Enter>");
09      scanf("%d", &i);
10    } while(i!=0);
11   }
```

while 문에 의한 반복

```
01   #include <stdio.h>
02   void main()
03   {
04    int i;
05    while(i!=0)
06    {
07      printf("0을 입력하면 종료함\n");
08      printf("숫자 입력 후 Enter>");
09      scanf("%d", &i);
10    }
11   }
```

[실행 결과]

```
0을 입력하면 종료함
숫자 입력 후 Enter>1
0을 입력하면 종료함
숫자 입력 후 Enter>2
0을 입력하면 종료함
숫자 입력 후 Enter>0
계속하려면 아무 키나 누르십시오 .
```

[실행 결과]

```
0을 입력하면 종료함
숫자 입력 후 Enter>1
0을 입력하면 종료함
숫자 입력 후 Enter>2
0을 입력하면 종료함
숫자 입력 후 Enter>0
계속하려면 아무 키나 누르십시오 .
```

실행 결과에서 보듯이 do while 문과 while 문의 결과는 같지만 프로그램에는 차이가 있다. do while 문에서는 while의 조건식 다음에 ;이 반드시 사용되어야 하지만 while 문에서는 사용하지 않는다. 만약 while 문의 조건식 다음(line 05)에 ;이 사용되면 이후의 복합문과는 별개의 문장으로 간주되며, 만약 조건식이 참이라면 무한 반복이 일어나므로 주의해야 한다. 만약 do while 문의 조건식 다음(line 10)에 ;이 사용되지 않으면 문법에 맞지 않으므로 컴파일 오류가 발생한다.

그리고 앞과 같은 내용, 즉 0을 입력하기 전까지 반복하는 문제에 대해서는 먼저 조건을 판단하기보다는 입력을 일단 받고나서 조건을 판단하는 것이 논리에 타당하므로 while 문 보다는 do while 문이 적절하다.

실 습 문 제

8.10 실습문제 8.8과 8.9를 do while 문으로 작성하시오.

8.3 for 문의 응용

반복문은 프로그램에서 자주 사용되므로 사용 방법에 대해 정확하게 이해해야 한다. 다음과 같이 몇 가지 예제를 통해 for 문을 응용하는 방법에 대해 살펴보자. 다음의 예제에서 구구단의 출력은 for 문 안에 다시 for 문을 사용하는 중첩된 for 문에 대한 것이다.

예제	내용
〈예제 8-13〉~〈예제 8-15〉	1부터 n까지의 정수 합을 계산
〈예제 8-16〉	n!(factorial)의 계산
〈예제 8-21〉~〈예제 8-27〉	구구단 출력(중첩된 반복문)

8.3.1 1부터 n까지의 정수 합을 계산

1부터 n까지의 정수 합을 계산하는 프로그램을 for 문으로 작성하기 위해 프로그램의 기본 구조 안에 다음과 같은 단계로 작성해 나간다. 이 예제에서 필요한 변수는 다음과 같이 모두 3개이며 정수형 변수이고 계산 방법은 다음과 같다.

프로그램에서 필요한 변수들	계산 방법
입력된 n의 값을 저장할 변수(변수 n) 반복문을 제어할 제어변수(변수 i) 반복에 의해 변수 i의 값을 누적할 변수(변수 sum)	sum=1+2+3+ … +i+ … +(n-1)+n

1부터 n까지의 합을 계산하기 이전에 문제에 쉽게 접근하기 위해 1부터 n까지의 숫자만을 출력하는 것으로 시작한다. 프로그램의 기본 구조와 〈예제 8-7〉을 응용하여 작성하면 다음과 같다.

〈예제 8-13〉 1부터 n까지의 정수 출력

프로그램 기본 구조	
#include <stdio.h> void main() {	
변수	사용할 변수 선언
입력	정수 n에 대한 입력
처리	for 문을 사용한 반복 제어변수 출력
}	

```
01  #include <stdio.h>
02  void main()
03  {
04    int i, n;
05    printf("1부터 n까지의 정수출력\n");
06    printf("정수 n 입력 후 Enter>");
07    scanf("%d", &n);
08    for(i=1;i<=n;i+=1)
09      printf("i=%d\n", i);
10  }
```

[실행 결과]

```
1부터 n까지의 정수출력
정수 n 입력 후 Enter>5
i=1
i=2
i=3
i=4
i=5
```

〈예제 8-13〉의 line 08에서 for 문의 조건식은 i<=n으로서 scanf에 의해 입력받은 n까지 1씩 증가하며 제어변수 i의 값을 출력한다. 실행 결과는 변수 n에 대해 5를 입력한 결과이다.

이렇게 만들어진 제어변수 i의 값을 변수 sum에 누적하여 덧셈을 처리한다. 값을 누적하는 방법은 for 문에서 증감식을 표현하는 방법을 이용한다. 즉, 제어변수 i에 대해 1씩 더해나가면서 증가시키는 것을 i+=1로 표현하듯이 변수 i의 값만큼 더해나가면서 증가시키려면 변수 sum의 증가식은 다음과 같이 표현할 수 있다.

변수 i에 대해 1씩 더하면서 증가	변수 sum에 대해 i만큼 더하면서 증가
i+=1; (i=i+1;)	sum+=i; (sum=sum+i;)

따라서 변수 sum에 변수 i의 값을 더하면서 증가시키는 부분을 반복문 안에 포함시키면 프로그램은 다음과 같다. 〈예제 8-13〉의 line 09에서 printf 부분을 변수 sum의 증가식으로 대체하여 수정하면 다음과 같다.

〈예제 8-14〉 1부터 n까지의 정수 합을 계산(초기화하지 않음)

```
01   #include <stdio.h>
02   void main()
03   {
04     int i, n, sum;
05     printf("1부터 n까지의 합 계산\n");
06     printf("정수 n 입력 :");
07     scanf("%d", &n);
08     for(i=1;i<=n;i+=1)
09       sum+=i;
10     printf("1부터 %d까지의 합:%d\n", n, sum);
11   }
```

[실행 결과: Turbo C++]

```
1부터 n까지의 합 계산
정수 n 입력 :10
1부터 10까지의 합:3695
```

[실행 결과: Visual C++]

```
1부터 n까지의 합 계산
정수 n 입력 :10
1부터 10까지의 합:-858993405
```

〈예제 8-14〉의 실행 결과는 변수 n에 대해 10을 입력한 결과이지만 1부터 10까지의 정수 합이 55임에도 불구하고 엉뚱한 값이 출력된다. 변수 sum의 값이 이렇게 출력되는 이유는 변수 sum에 대해 초기화를 하지 않았기 때문이다. (참고 : Visual C++ 2019에서는 초기화하지 않은 변수의 사용으로 컴파일 오류가 발생한다.)

line 04 부분은 변수 선언과 동시에 초기화를 할 수 있는 부분이다. 변수 i는 for 문의 초기식(i=1)을 통해 1로 초기화되고, 변수 n의 입력값에 의해 초기화되지만 변수 sum에 대해 초기화를 하지 않으면 최초 반복에서 sum=<u>sum</u>+i;의 <u>sum</u>에 엉뚱한 값이 저장되어 덧셈이 이루어진다. 이 값을 쓰레기(garbage)라고 부른다.

REFERENCE 참고 　　**연산의 결과값을 누적할 변수에 대한 초기화가 필요한 이유는?**

프로그램이 실행되면 〈예제 8-14〉의 line 04 부분에서 선언된 변수 i, n 그리고 sum은 변수의 값을 보관하기 위해 메모리의 어떤 부분을 사용한다. 그런데 메모리는 여러 다른 프로그램들이 사용했던 공간들을 다시 사용하게 되므로 초기화를 하지 않으면 이전 프로그램에서 사용했던 쓰레기들이 남아 있게 된다. 메모리를 사물함에 비유하여 설명하자.

예를 들어 여러분이 1학년 신입생으로 입학하여 각자가 사용할 개인 사물함을 배정받았다고 가정한다. 이때 여러분이 배정받은 개인 사물함은 자유롭게 사용할 수 있는 권한만을 받았을 뿐이다. 그 사물함들은 과거 누군가가 계속 사용하였기 때문에 새로운 사용자가 사용하기 이전에 깨끗하게 비워져 있을 것이라는 것에 대해서는 보장받을 수 없는 것과 같다.

따라서 연산의 결과값을 누적할 변수(sum)에 대해서는 다음과 같이 0으로 초기화하여 사용해야만 한다. 〈예제 8-12〉를 다음과 같이 수정하여 결과를 확인한다.

〈예제 8-15〉 1부터 n까지의 정수합을 계산(변수 초기화)

```
01  #include <stdio.h>
02  void main()
03  {
04    int i, n, sum=0;
05    printf("1부터 n까지의 합 계산\n");
06    printf("정수 n 입력 :");
07    scanf("%d", &n);
08    for(i=1;i<=n;i+=1)
09      sum+=i;
10    printf("1부터 %d까지의 합:%d\n", n, sum);
11  }
```

[실행 결과: Turbo C++]
```
1부터 n까지의 합 계산
정수 n 입력 :10
1부터 10까지의 합:55
```

[실행 결과: Visual C++]
```
1부터 n까지의 합 계산
정수 n 입력 :10
1부터 10까지의 합:55
```

실습문제

8.11 〈예제 8-15〉를 이용하여 반복 과정 중에 변수 sum과 i의 값이 어떻게 변하고 있는지를 출력하는 프로그램으로 수정하고 결과를 확인하시오.

8.12 임의의 두 정수(a, b)를 입력받아 a에서 b까지의 합을 출력하는 프로그램을 작성하시오. 단, a<b인 경우로 가정한다.

8.13 임의의 두 정수(a, b)를 입력받아 두 숫자 사이의 합을 출력하는 프로그램을 작성하시오. a<b인 경우는 a에서 b까지의 합을, a>b인 경우는 b에서 a까지의 합을 계산한다. a와 b가 같은 경우는 계산하지 않는다.

8.3.2 n!의 계산

n!(factorial)은 다음과 같이 1부터 n까지의 곱을 계산한다.

n!(1부터 n까지의 곱)	1부터 n까지의 합
n!=1×2×3×···×(n-2)×(n-1)×n	sum=1+2+3+···+i+···+(n-1)+n

5!은 5!=1×2×3×4×5=120으로 계산한다. n!은 결국 1부터 n까지의 곱셈 결과이므로 〈예제 8-15〉의 덧셈연산을 곱셈연산으로 바꾸어서 생각할 수 있다.

〈예제 8-16〉 n!의 계산

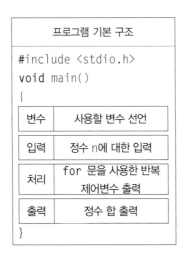

프로그램 기본 구조	
#include 〈stdio.h〉	
void main()	
{	
변수	사용할 변수 선언
입력	정수 n에 대한 입력
처리	for 문을 사용한 반복 제어변수 출력
출력	정수 합 출력
}	

```c
01  #include <stdio.h>
02  void main()
03  {
04    int i, n, sum=1;
05    printf("1부터 n까지의 곱 계산\n");
06    printf("정수 n 입력 :");
07    scanf("%d", &n);
08    for(i=1;i<=n;i+=1)
09      sum*=i;
10    printf("1부터 %d까지의 곱:%d\n", n, sum);
11  }
```

〈예제 8-15〉와 또 다른 차이점은 line 04의 변수 sum에 대한 초기화 부분이다. 덧셈의 초기화는 0을 사용하고, 곱셈의 초기화는 1을 사용해야 한다. 그러나 정수형 변수의 크기는 4byte(Visual C++)로 저장할 수 있는 값에 제한이 있기 때문에 다음에서와 같이 n이 커짐에 따라 바른 계산을 위해서는 double 또는 long double 형으로 바꾸어 주어야 한다.

[실행 결과]

```
1부터 n까지의 곱 계산
정수 n 입력 :5
1부터 5까지의 곱:120
```

[1부터 15까지의 각 정수에 대한 n!]

1!=	1	6!=	720	11!=	39916800
2!=	2	7!=	5040	12!=	479001600
3!=	6	8!=	40320	13!=	6227020800
4!=	24	9!=	362880	14!=	87178291200
5!=	120	10!=	3628800	15!=	1307674368000

실 습 문 제

8.14 〈예제 8-16〉에 대해 [1부터 15까지의 각 정수에 대한 n!]을 참고로 하여 n이 몇을 초과할 때부터 계산에 오류가 생기는지를 확인하시오.

8.15 〈예제 8-16〉의 모든 변수를 실수형(double 형)으로 바꾸어 프로그램을 작성하고 결과를 확인하시오.

8.4 중첩된 반복문

중첩된 반복문이란 반복문 안에 또 다른 반복문이 포함되는 경우를 말한다. 중첩된 방복문의 예로는 시계를 들 수 있다. 초침, 분침 그리고 시침이 있는 시계에서 3개의 바늘은 동시에 움직이면서 회전을 반복하지만 규칙이 있다. 즉, 초침이 1회전 하면 분침은 분 단위의 1칸을 이동하고, 분침이 1회전하면 시침이 시간 단위의 1칸을 이동한다.

따라서 시침이라는 반복 안에 분침 반복이 있고, 다시 분침 반복 안에는 초침 반복이 있는 것이다.

8.4.1 중첩된 반복문 이해하기

중첩된 반복문은 이해하기가 쉽지 않으므로 쉬운 예제를 통해 학습해 나가도록 하자. 우선 다음 그림을 생각해 보자.

AAA
AAA
AAA

왼쪽 그림은 AAA를 세 번 반복하여 출력한 것이다. 따라서 〈예제 8-17〉과 같이 작성할 수 있다. 그런데 각 line에서 A를 세 번 반복하여 출력한다. 만약 왼쪽 그림의 첫 번째 줄만 반복문으로 처리한다면 〈예제 8-18〉과 같다. 각 예제의 제어변수는 다르게 하였다.

〈예제 8-17〉 AAA를 세 번 출력

```
01   #include <stdio.h>
02   void main()
03   {
04     for(int i=1;i<=3;i+=1)
05         printf("AAA\n");
     }
```

〈예제 8-18〉 A를 세 번 출력

```
01   #include <stdio.h>
02   void main()
03   {
04     for(int j=1;j<=3;j+=1)
05         printf("A");
     }
```

중첩된 반복문에서 제어변수는 서로 다른 변수를 사용하는 것이 일반적이다. 만약 같은 제어변수를 사용하면 각각의 반복에서 카운트가 중복 처리되어 혼돈을 일으키게 된다. 이제 두 예제를 합쳐서 중첩된 반복문으로 만들어 보자. 기본적인 개념은 〈예제 8-17〉의 반복문 자체를 다음의 예제에 사각형으로 표시한 부분을 세 번 반복하는 것이다.

〈예제 8-17〉 AAA를 세 번 출력

```
01   #include <stdio.h>
02   void main()
03   {
04      for(int i=1;i<=3;i+=1)
05
06   }
```

〈예제 8-18〉 A를 세 번 출력

```
01   #include <stdio.h>
02   void main()
03   {
04      for(int j=1;j<=3;j+=1)
05         printf("A");
06   }
```

이제 두 예제를 합쳐 중첩된 반복문으로 만들어 보자.

〈예제 8-19〉 〈예제 8-17〉과 〈예제 8-18〉을 중첩된 반복문으로 처리

```
01   #include <stdio.h>
02   void main()
03   {
04      for(int i=1;i<=3;i+=1)
05         for(int j=1;j<=3;j+=1)
06            printf("A");
07   }
```

아래의 for 문을 3번 반복

AAA

AAA줄 바꿈
AAA줄 바꿈
AAA줄 바꿈

〈예제 8-19〉를 실행하면 원하는 형태로 출력되지 않고 문자 A가 연속적으로 9번 출력된다. 앞에서 A를 출력하는 그림은 개념적으로는 왼쪽 그림과 같이 AAA를 출력하고 line을 바꾼 것으로 볼 수 있다. 따라서 제어변수 j에 의해 세 번 반복으로 A를 출력한 다음, 줄을 바꾸는 부분인 printf("\n");이 같이 포함되어야 한다.

따라서 제어변수 i에 의해 반복할 문장은 두 개(A를 세 번 출력, 줄 바꿈)가 되므로 복합문으로써 중괄호를 사용한다. 완성하면 〈예제 8-20〉과 같다.

〈예제 8-20〉 〈예제 8-19〉를 수정한 중첩된 반복문

```
01   #include <stdio.h>
02   void main()
03   {
04      for(int i=1;i<=3;i+=1)
05      {
06         for(int j=1;j<=3;j+=1)
07            printf("A");
08
09         printf("\n");
10      }
11   }
```

AAA

줄 바꿈

[실행 결과]

AAA
AAA
AAA

실습문제

8.16 〈예제 8-20〉의 line 07을 printf("%d", j);로 수정하여 제어변수 j가 어떻게 변하는지 확인하시오.

8.17 〈예제 8-20〉의 line 07을 printf("%d", i);로 수정하여 제어변수 i가 어떻게 변하는지 확인하시오.

8.18 〈예제 8-20〉의 line 07을 printf("%d %d", i, j);로 수정하여 제어변수 i와 j가 어떻게 변하는지 확인하시오.

8.19 〈예제 8-20〉의 line 07을 다음과 같이 printf("%d %d", j, i);로 수정하여 제어변수 j와 i가 어떻게 변하는지 확인하시오.

8.4.2 구구단 출력

중첩된 반복의 프로그램에 있어서 가장 좋은 예로는 구구단을 들 수 있다. 구구단은 다음 그림에서와 같이 1단부터 9단까지 변화하는 동안 공통적으로 반복되는 부분이 있다. 즉, 1단에서 곱해지는 숫자들과 2단에서 곱해지는 숫자들은 공통적으로 반복된다.

```
1단          3단
┌────────┐      ┌────────┐
│1*1= 1│ 2*1= 2 │3*1= 3│ 4*1= 4 5*1= 5 6*1= 6 7*1= 7 8*1= 8 9*1= 9
│1*2= 2│ 2*2= 4 │3*2= 6│ 4*2= 8 5*2=10 6*2=12 7*2=14 8*2=16 9*2=18
│1*3= 3│ 2*3= 6 │3*3= 9│ 4*3=12 5*3=15 6*3=18 7*3=21 8*3=24 9*3=27
│1*4= 4│ 2*4= 8 │3*4=12│ 4*4=16 5*4=20 6*4=24 7*4=28 8*4=32 9*4=36
│1*5= 5│ 2*5=10 │3*5=15│ 4*5=20 5*5=25 6*5=30 7*5=35 8*5=40 9*5=45
│1*6= 6│ 2*6=12 │3*6=18│ 4*6=24 5*6=30 6*6=36 7*6=42 8*6=48 9*6=54
│1*7= 7│ 2*7=14 │3*7=21│ 4*7=28 5*7=35 6*7=42 7*7=49 8*7=56 9*7=63
│1*8= 8│ 2*8=16 │3*8=24│ 4*8=32 5*8=40 6*8=48 7*8=56 8*8=64 9*8=72
│1*9= 9│ 2*9=18 │3*9=27│ 4*9=36 5*9=45 6*9=54 7*9=63 8*9=72 9*9=81
└────────┘      └────────┘
```

각각의 단을 출력하는데 있어서 for 문이 사용되는데 최종적으로 1단부터 9단까지의 구구단 전체를 한 번에 출력하기 위해서는 for 문 안에 다시 for 문을 사용하는 중첩된 방법을 사용할 것이다. 이를 쉽게 설명하기 위해 다음과 같이 3단계로 나누어 진행한다.

[단계 1] 1단만 출력

1단부터 9단까지 한 번에 출력하기에 앞서 먼저 1단만 출력해 보기로 하자. 1단을 화면에 출력한다면 [1단 출력 예]와 같이 5개의 열(column)과 9개의 줄(row)로 표현될 것이다.

〈예제 8-21〉 구구단에서 1단만 출력

```
01    #include <stdio.h>
02    void main()
03    {
04     int i;
05     for(i=1;i<=9;i=i+1)
06       printf("%d * %d  = %d\n", 1, i, 1*i);
07    }
```

[실행 결과]

```
1 * 1  = 1
1 * 2  = 2
1 * 3  = 3
1 * 4  = 4
1 * 5  = 5
1 * 6  = 6
1 * 7  = 7
1 * 8  = 8
1 * 9  = 9
```

[1단 출력 예]

①	②	③	④	⑤
1	*	1	=	1
1	*	2	=	2
1	*	3	=	3
1	*	4	=	4
1	*	5	=	5
1	*	6	=	6
1	*	7	=	7
1	*	8	=	8
1	*	9	=	9

위에서 ①열과 ②열 그리고 ④열은 줄이 바뀌어도 변하지 않지만, ③열과 ⑤열은 줄이 바뀔 때마다 숫자가 1씩 증가한다. 따라서 1단을 출력하는 것은 1부터 9까지의 숫자(제어변수 i)를 순서대로 출력하되 나머지 내용(①열, ②열, ④열)은 그대로 출력하면 1단이 완성되는 것이다. 완성된 프로그램에서 원 숫자는 [1단 출력 예]의 각 열을 나타낸 것이다.

〈예제 8-21〉은 1단만을 출력하였으나 2단 또는 3단을 출력하려면 〈예제 8-21〉의 line 06에서 밑줄 친 부분을 2 또는 3으로 바꾸어서 실행한다. 즉, 1단, 2단 그리고 3단의 구분은 ①열과 ⑤열에서만 차이가 나며 나머지 ②, ③, ④열은 동일하게 사용된다.

1단의 반복문	2단의 반복문

for(i=1;i<=9;i=i+1)
  printf("%d*%d=%d\n", 1, i, 1*i);
	for(i=1;i<=9;i=i+1)
	  printf("%d*%d=%d\n", 2, i, 2*i);

[단계 2] 추가적인 반복문의 사용

구구단 중에 1단을 출력하기 위해 하나의 for 문이 사용되었으므로 for 문을 하나 더 추가하여 2단을 작성할 수 있다. 1단과 2단을 연속적으로 출력하는 프로그램은 다음과 같다.

〈예제 8-22〉 1단과 2단의 연속 출력

```
01   #include <stdio.h>
02   void main()
03   {
04     int i;
05       for(i=1;i<=9;i+=1)
06         printf("%d*%d=%d\n", 1, i, 1*i);
07       for(i=1;i<=9;i+=1)
08         printf("%d*%d=%d\n", 2, i, 2*i);
09   }
```

[실행 결과]

1단 출력 →
```
1*1=1
1*2=2
1*3=3
1*4=4
1*5=5
1*6=6
1*7=7
1*8=8
1*9=9
```

2단 출력 →
```
2*1=2
2*2=4
2*3=6
2*4=8
2*5=10
2*6=12
2*7=14
2*8=16
2*9=18
```

이제 하나의 프로그램 안에서 1단부터 9단까지 연속적으로 출력하려면 [단계 2]의 〈예제 8-22〉를 이용하여 확장할 수 있다. 그러나 이렇게 표시된 구구단은 81줄(1×1에서 9×9)이나 출력되므로 보기에 힘이 든다. 따라서 보기 좋게 하나의 화면에 표현하는 방법을 생각해 보자.

[단계 2]의 프로그램은 출력 함수 printf 안에 줄을 바꾸어 출력하라는 \n이 들어 있기 때문에 출력할 때마다 줄을 바꾸게 된다. 따라서 2단까지 출력한다면 18줄이 세로 방향(↓)으로 출력된다.

한 화면에 보기 좋게 출력하기 위해서 가로(→) 방향으로 출력해 보자. 즉, printf에서 을 제거하고 그 자리에 공백(white space)을 넣어 〈예제 8-23〉과 같이 프로그램 하여 결과를 확인한다. 1단과 2단의 구구단 결과를 구분하기 위해 1단을 출력한 후 〈예제 8-23〉의 실행 결과와 같이 줄을 바꾸게 한다.

〈예제 8-23〉 1단과 2단 출력에서 줄 바꿈

```
01   #include <stdio.h>
02   void main()
03   {
04     int i;
05       for(i=1;i<=9;i+=1)                       1단 출력
06         printf("%d*%d=%d", 1, i, 1*i);
07       printf("\n");                            줄바꿈
08       for(i=1;i<=9;i+=1)                       2단 출력
09         printf("%d*%d=%d ", 2, i, 2*i);
10   }
```

[실행 결과]
```
1*1=1  1*2=2  1*3=3  1*4=4  1*5=5  1*6=6  1*7=7  1*8=8  1*9=9
2*1=2  2*2=4  2*3=6  2*4=8  2*5=10  2*6=12  2*7=14  2*8=16  2*9=18
```

〈예제 8-23〉의 프로그램에서 중요한 것은 1단을 모두 출력하고 줄을 바꾸고 나서 2단을
출력하기 위해 1단 출력과 2단 출력 사이에 printf("\n");을 사용한다는 것이다. 그리
고 출력된 곱셈 결과의 자릿수가 맞지 않으므로 %d 대신에 %2d를 사용하여 바꾼다. 〈예제
8-23〉을 〈예제 8-24〉와 같이 수정하여 결과를 확인한다.

〈예제 8-24〉 1단과 2단 출력에서 정수 자릿수 조절

```
01  #include <stdio.h>
02  void main()
03  {
04    int i;
05    for(i=1;i<=9;i+=1)                  1단 출력
06      printf("%d*%d=%2d", 1, i, 1*i);
07    printf("\n");                       줄바꿈
08    for(i=1;i<=9;i+=1)                  2단 출력
09      printf("%d*%d=%2d ", 2, i, 2*i);
10  }
```

[실행 결과]
```
1*1= 1  1*2= 2  1*3= 3  1*4= 4  1*5= 5  1*6= 6  1*7= 7  1*8= 8  1*9= 9
2*1= 2  2*2= 4  2*3= 6  2*4= 8  2*5=10  2*6=12  2*7=14  2*8=16  2*9=18
```

앞의 프로그램을 응용하면 for 문을 9번 사용하여 1단~9단까지 출력할 수는 있지만 이러
한 경우에 반복문 안에 다시 반복문을 사용하는 중첩된 반복을 사용하면 간단하게 작성할
수 있다.

[단계 3] 반복문 안의 반복문(중첩된 반복문)

중첩된 반복이란 하나의 반복문 안에 다시 반복문을 사용하는 것이다. 중첩된 반복의 예로
시계 바늘을 들 수 있다. 시침도 회전하고 분침도 회전을 하지만 시침은 하루 24시간 동안 2
번 회전을 하지만 분침은 24번 회전한다. 즉, 분침이 12회전을 하는 동안 시침이 1회전 하
는 것이다. [단계 2]의 마지막 프로그램에서 반복문 부분만을 살펴보면 두 개의 반복문이 거
의 비슷하다는 것을 알 수 있다. 단지 printf 부분에서 1로 표시되는 부분이 2로 표시된 것
(밑줄 부분) 외에는 동일하다.

```
for(i=1;i<=9;i+=1)
    printf("%d*%d=%2d\n", 1, i, 1*i);
```

```
for(i=1;i<=9;i+=1)
    printf("%d*%d=%2d\n", 2, i, 2*i);
```

결국 두 반복문의 내용은 비슷하므로, 한 개의 반복문을 이용하되 그 자체를 반복하게 만들자는 것이다. 반복문 자체를 반복시키기 위해 제어변수 j를 추가하고 반복할 부분을 묶어주기 위해 중괄호 { }를 사용하여 복합문으로 표현하였다.

⟨예제 8-25⟩ 1단을 9번 반복하는 중첩된 반복문

```
01   #include <stdio.h>
02   void main()
03   {
04    int i, j;
05    for(j=1;j<=9;j+=1)
06    {
07        for(i=1;i<=9;i+=1)
08          printf("%d*%d=%2d", 1, i, 1*i);
09        printf("\n");
10    }
11   }
```

실행 결과는 다음과 같이 1단만 9번 반복한다.

[실행 결과]

```
1*1= 1 1*2= 2 1*3= 3 1*4= 4 1*5= 5 1*6= 6 1*7= 7 1*8= 8 1*9= 9
1*1= 1 1*2= 2 1*3= 3 1*4= 4 1*5= 5 1*6= 6 1*7= 7 1*8= 8 1*9= 9
1*1= 1 1*2= 2 1*3= 3 1*4= 4 1*5= 5 1*6= 6 1*7= 7 1*8= 8 1*9= 9
1*1= 1 1*2= 2 1*3= 3 1*4= 4 1*5= 5 1*6= 6 1*7= 7 1*8= 8 1*9= 9
1*1= 1 1*2= 2 1*3= 3 1*4= 4 1*5= 5 1*6= 6 1*7= 7 1*8= 8 1*9= 9
1*1= 1 1*2= 2 1*3= 3 1*4= 4 1*5= 5 1*6= 6 1*7= 7 1*8= 8 1*9= 9
1*1= 1 1*2= 2 1*3= 3 1*4= 4 1*5= 5 1*6= 6 1*7= 7 1*8= 8 1*9= 9
1*1= 1 1*2= 2 1*3= 3 1*4= 4 1*5= 5 1*6= 6 1*7= 7 1*8= 8 1*9= 9
1*1= 1 1*2= 2 1*3= 3 1*4= 4 1*5= 5 1*6= 6 1*7= 7 1*8= 8 1*9= 9
```

⟨예제 8-25⟩의 처리 과정에서 제어변수 j가 1에서 9까지 두 개의 내용을 반복한다. 우선은 1단을 출력하고 이어서 줄을 바꾸는 것이다.

따라서 1단을 9번 반복하는 ⟨예제 8-25⟩를 ⟨예제 8-26⟩과 같이 제어변수 j를 단으로 사용하는 프로그램으로 바꾸는 것이다. 완성된 프로그램과 이전의 프로그램을 비교하면 다음과 같다.

〈예제 8-25〉 1단을 9번 반복

```
01    #include <stdio.h>
02    void main()
03    {
04      int i, j;
05      for(j=1;j<=9;j+=1)
06      {
07        for(i=1;i<=9;i+=1)
08          printf("%d*%d=%2d",1,i,1*i);
09        printf("\n");
10      }
11    }
```

〈예제 8-26〉 가로 방향의 구구단 출력

```
01    #include <stdio.h>
02    void main()
03    {
04      int i, j;
05      for(j=1;j<=9;j+=1)
06      {
07        for(i=1;i<=9;i+=1)
08          printf("%d*%d=%2d",j,i,j*i);
09        printf("\n");
10      }
11    }
```

[〈예제 8-26〉의 실행 결과(제어변수 j를 단으로 사용하는 반복)]

```
1*1= 1  1*2= 2  1*3= 3  1*4= 4  1*5= 5  1*6= 6  1*7= 7  1*8= 8  1*9= 9
2*1= 2  2*2= 4  2*3= 6  2*4= 8  2*5=10  2*6=12  2*7=14  2*8=16  2*9=18
3*1= 3  3*2= 6  3*3= 9  3*4=12  3*5=15  3*6=18  3*7=21  3*8=24  3*9=27
4*1= 4  4*2= 8  4*3=12  4*4=16  4*5=20  4*6=24  4*7=28  4*8=32  4*9=36
5*1= 5  5*2=10  5*3=15  5*4=20  5*5=25  5*6=30  5*7=35  5*8=40  5*9=45
6*1= 6  6*2=12  6*3=18  6*4=24  6*5=30  6*6=36  6*7=42  6*8=48  6*9=54
7*1= 7  7*2=14  7*3=21  7*4=28  7*5=35  7*6=42  7*7=49  7*8=56  7*9=63
8*1= 8  8*2=16  8*3=24  8*4=32  8*5=40  8*6=48  8*7=56  8*8=64  8*9=72
9*1= 9  9*2=18  9*3=27  9*4=36  9*5=45  9*6=54  9*7=63  9*8=72  9*9=81
```

〈예제 8-26〉에서는 제어변수 j가 구구단의 첫 번째 숫자로 출력되므로 단을 나타낸다. 가로 방향을 세로 방향으로 바꾸려면 〈예제 8-26〉에서 line 08의 변수 i와 j의 위치를 바꾸어준다.

〈예제 8-27〉 세로 방향의 구구단 출력

```
01    #include <stdio.h>
02    void main()
03    {
04      int i, j;
05      for(j=1;j<=9;j+=1)
06      {
07        for(i=1;i<=9;i+=1)
08          printf("%d*%d=%2d", i, j, j*i);
09        printf("\n");
10      }
11    }
```

[실행 결과]

```
1*1= 1 2*1= 2 3*1= 3 4*1= 4 5*1= 5 6*1= 6 7*1= 7 8*1= 8 9*1= 9
1*2= 2 2*2= 4 3*2= 6 4*2= 8 5*2=10 6*2=12 7*2=14 8*2=16 9*2=18
1*3= 3 2*3= 6 3*3= 9 4*3=12 5*3=15 6*3=18 7*3=21 8*3=24 9*3=27
1*4= 4 2*4= 8 3*4=12 4*4=16 5*4=20 6*4=24 7*4=28 8*4=32 9*4=36
1*5= 5 2*5=10 3*5=15 4*5=20 5*5=25 6*5=30 7*5=35 8*5=40 9*5=45
1*6= 6 2*6=12 3*6=18 4*6=24 5*6=30 6*6=36 7*6=42 8*6=48 9*6=54
1*7= 7 2*7=14 3*7=21 4*7=28 5*7=35 6*7=42 7*7=49 8*7=56 9*7=63
1*8= 8 2*8=16 3*8=24 4*8=32 5*8=40 6*8=48 7*8=56 8*8=64 9*8=72
1*9= 9 2*9=18 3*9=27 4*9=36 5*9=45 6*9=54 7*9=63 8*9=72 9*9=81
```

실습문제

8.20 임의의 정수 n을 입력하면 다음과 같이 1부터 n까지의 합을 차례로 계산하여 출력하는 프로그램을 작성하시오.

8.21 임의의 숫자 n을 입력하면 실습문제 8.20과 같은 형식으로 1부터 n까지의 n!을 모두 출력하는 프로그램을 작성하시오.

8.5 for 문의 축소와 확장

for 문은 기본적으로 다음과 같이 초기식, 조건식, 증감식의 세 부분으로 이루어져 있으나 경우에 따라 식을 생략할 수도 있으며, 여러 식이 포함될 수도 있다. 그러나 조건식을 생략할 경우에는 무한 반복이 이루어지므로 반복문 내에서 조건식을 처리해 주어야 한다.

for 문	for(초기식;조건식;증감식) 　　조건식이 참인 경우에 반복할 문장;

8.5.1 for 문의 축소

예를 들어 for 문에서 초기식을 생략하는 경우는 다음과 같다. 초기식이 생략되었더라도 초기식이 포함될 위치에 공백으로 표현해야 한다. 〈예제 8-28〉은 초기식이 line 04에서 정의되었으므로 for(int i=4;i<=10;i+=2)와 같이 처리된다.

〈예제 8-28〉 for 문에서 초기식을 생략하는 경우

```
01  #include <stdio.h>
02  void main()
03  {
04    int i=4;
05    for( ;i<=10;i+=2 )
06      printf("i=%d\n", i);
07  }
```

[실행 결과]
```
i=4
i=6
i=8
i=10
```

만약 〈예제 8-28〉에 대해 for 문에서 증감식을 생략한다면 앞의 예제와 마찬가지로 증감식이 들어갈 부분을 〈예제 8-29〉의 line 04와 같이 공백으로 두어야 하며 line 07에서와 같이 반복문 내에서 처리해 주어야 한다. 〈예제 8-28〉의 line 07을 생략한다면 제어변수 i의 값은 4로 고정되어 조건식이 항상 참이 되므로 무한 반복이 이루어진다.

〈예제 8-29〉 for 문에서 증감식을 생략하는 경우

```
01  #include <stdio.h>
02  void main()
03  {
04    for(int i=4;i<=10; )
05    {
06        printf("i=%d\n", i);
07        i+=2;
08    }
09  }
```

[실행 결과]
```
i=4
i=6
i=8
i=10
```

8.5.2 하나의 반복문에서 두 개의 제어변수 사용

하나의 반복문에서 두 개의 제어변수를 사용한다면 다음과 같이 ,(콤마 연산자)이용하여 작성할 수 있다. 주의해야 할 것은 초기식에서 콤마 연산자로 두 개의 제어변수를 초기화할 경우 두 변수의 데이터 형은 같아야 한다는 것이다. 만약 다른 데이터 형을 사용한다면 for 문을 사용하기 이전에 두 변수 중 하나를 미리 선언해 주어야 한다.

〈예제 8-30〉 하나의 for 문에서 제어변수가 두 개인 경우

```
01  #include <stdio.h>
02  void main()
03  {
04   for(int i=0,j=2;i<=10,j<=10;i+=2,j+=1)
05     printf("i=%2d j=%2d\n", i, j);
06  }
```

[실행 결과]

```
i= 0 j= 2
i= 2 j= 3
i= 4 j= 4
i= 6 j= 5
i= 8 j= 6
i=10 j= 7
i=12 j= 8
i=14 j= 9
i=16 j=10
```

실행 결과를 보면 i에 대한 조건식 i<=10이 거짓이 된 상태에서도 제어변수 i가 계속 누적되어 처리되는 것을 알 수 있다. 조건식이 콤마 연산자로 구분된 경우 두 조건 중의 하나만 만족되어도 반복이 이루어진다.

만약 두 개 이상의 제어변수에 대한 조건식을 동시에 제어한다면 다음과 같이 작성할 수도 있다. 조건식을 사용하는 부분에 && 또는 ||와 같은 논리 연산자를 사용할 수도 있다. 〈예제 8-31〉은 두 개의 조건식을 &&(AND 연산)에 의해 묶어서 처리한 것이다.

〈예제 8-31〉 두 제어변수에 대해 논리 연산의 조건으로 제어

```
01  #include <stdio.h>
02  void main()
03  {
04   for(int i=0,j=2;i<=10 && j<=10;i+=2,j+=1)
05     printf("i=%2d j=%2d\n", i, j);
06  }
```

[실행 결과]

```
i= 0 j= 2
i= 2 j= 3
i= 4 j= 4
i= 6 j= 5
i= 8 j= 6
i=10 j= 7
```

실 습 문 제

8.22 〈예제 8-31〉에 대해 두 제어변수의 합을 출력하는 프로그램을 작성하시오.

8.23 변수 i는 10에서 1까지 감소하고 변수 j는 10에서 20으로 2씩 증가하는 경우 두 조건이 모두 참이 되는 경우에만 변수 i와 j의 값을 출력하는 프로그램을 작성하시오.

8.5.3 제어변수 외의 변수로 조건식을 제어

지금까지는 제어변수에 대해서만 조건식으로 제어했지만 for 문의 조건식 부분에는 다른 변수의 조건을 표현할 수도 있다. 이러한 경우에는 while 문이나 do while 문을 사용하는 것이 더 일반적이다.

예를 들어 두 개의 제어변수(x1, x2)에 의해 $y=2x_1+4x_2+10$을 계산하되 이 식의 결과가 최초

로 0을 초과할 때 x1과 x2를 알고 싶다고 가정하자. 변수 x1은 50부터 4씩 증가하고, x2는 100부터 −6씩 감소한다면 다음과 같이 작성할 수 있다. 〈예제 8-32〉에서 for 문의 조건식은 변수 sum에 의해 제어된다.

〈예제 8-32〉 제어변수 외의 변수로 조건식을 제어

```
01  #include <stdio.h>
02  void main()
03  {
04    int sum=-1;
05    for(int x1=50, x2=100; sum<0 ;x1+=4,x2-=6)
06    {
07      sum=2*x1-4*x2+10;
08      printf("x1=%d, x2=%d, sum=%d\n",x1,x2,sum);
09    }
10  }
```

[실행 결과]
```
x1=50, x2=100, sum=-290
x1=54, x2=94, sum=-258
x1=58, x2=88, sum=-226
x1=62, x2=82, sum=-194
x1=66, x2=76, sum=-162
x1=70, x2=70, sum=-130
x1=74, x2=64, sum=-98
x1=78, x2=58, sum=-66
x1=82, x2=52, sum=-34
x1=86, x2=46, sum=-2
x1=90, x2=40, sum=30
```

실행 결과에 의해 식의 결과가 최초로 0을 넘을 때의 x1과 x2는 각각 90과 40임을 알 수 있다.

실습문제

8.24 변수 i는 0부터 100까지 4씩 증가하고 변수 j는 100부터 1까지 6씩 감소하는 경우에 두 변수의 차인 i−j가 0이 될 때 i와 j를 출력하는 프로그램을 작성하시오.

단원정리

반복의 구분

프로그램에서의 반복은 다음과 같이 횟수가 정해진 반복과 횟수가 정해지지 않은 반복의 두 가지로 나눌 수 있다.

반복의 구분	반복의 예	제어문
횟수가 정해진 반복 (횟수 중요)	• 윗몸 일으키기 20회 하기 • 5에 35를 10번 곱하기	for 문
횟수가 정해지지 않은 반복 (횟수보다 조건이 중요)	• 1분 동안 윗몸 일으키기 하기 • 어떤 연산의 합이 1,000이 될 때까지 계속 반복하기	while 문 do while 문

for 문의 형식과 반복 과정

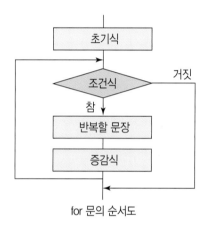

for 문	for(초기식;조건식;증감식) 　조건식이 참인 경우에 반복할 문장;

for 문의 순서도

for 문	설명	
for(i=1;i<=5;i+=1) 　문장	초기식: i=1	변수 i에 초기값으로 1을 저장
	조건식: i<=5	조건 (i<=5)이 참이 되는 경우만 문장 반복
	증감식: i+=1	매 반복마다 i의 값을 1 증가시킴(i=i+1)

증감식에서 증가와 감소의 제어

구분	1부터 10까지 1씩 증가하는 반복	10부터 1까지 1씩 감소하는 반복
초기식	i=1	i=10
조건식	i<=10	i>=1
증감식	i+=1 (i=i+1)	i-=1 (i=i-1)

for 문에서 반복해야 할 문장이 2개 이상인 경우

중괄호 { }를 사용한 복합문(compound statement)으로 표현할 수 있으며, 반복할 문장이 1개일 경우에는 중괄호 { }을 생략할 수 있다.

횟수가 정해지지 않는 반복문에는 while 문과 do while 문이 있다. while 문과 do while 문은 거의 비슷하지만 다음과 같이 조건을 언제 판단하느냐에 차이가 있다. 횟수가 정해지지 않는 반복에서는 조건식만을 기준으로 반복 여부를 판단한다.

횟수가 정해지지 않는 반복	차이점
while 문	먼저 조건식을 판단하여 반복 여부를 결정
do while 문	먼저 1 반복한 후에 조건식을 판단하여 반복 여부를 결정

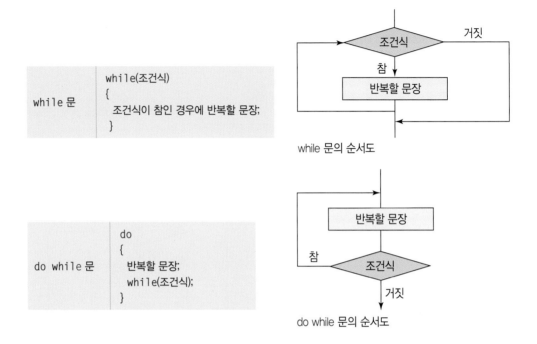

| while 문 | ```while(조건식)
{
   조건식이 참인 경우에 반복할 문장;
}``` |
|---|---|

while 문의 순서도

| do while 문 | ```do
{
   반복할 문장;
   while(조건식);
}``` |
|---|---|

do while 문의 순서도

반복문에 의해 연산 값을 누적하는 경우에 누적할 변수의 초기화가 필요하다.

중첩된 반복

반복문 안에 반복문이 사용되는 경우를 말한다. 따라서 for 문 안에 for 문이 사용될 수 있으며, while 문 안에 while 문이 사용될 수 있다. 중첩된 반복을 사용할 경우에는 제어변수나 복합문의 범위를 잘 구별하여 사용해야 한다. 그리고 다음과 같이 여러 반복문이 중첩되어 사용될 수도 있다.

중첩된 for 문	중첩된 while 문	for 문과 while 문의 중첩
``for(초기식; 조건식; 증감식)
{
for(초기식; 조건식; 증감식)
반복할 문장
}```	```while(조건식)
{
while(조건식)
{
반복할 문장
}
}```	```for(초기식; 조건식; 증감식)
{
while(조건식)
{
반복할 문장
}
}```

연습문제

EXERCISE

8.1 반복문에 대한 설명이 맞으면 ○, 틀리면 ×로 표시하시오.

(1) for 문은 기본적으로 초기식, 조건식, 증감식을 사용한다.

(2) for 문에서 사용하는 식은 :로 구분한다.

(3) do while 문의 조건식이 거짓이라도 최소한 한 번은 반복한다.

(4) while의 조건식이 거짓일 경우는 반복하지 않는다.

(5) for 문은 반복할 문장이 한 개인 경우만 처리할 수 있다.

(6) for 문으로 작성한 반복문은 while 문으로 변환할 수 없다.

(7) while 문은 조건식의 결과를 따진 후에 반복 여부를 결정한다.

(8) do while 문은 일단 한 번 반복하고 나서 조건식의 결과에 따라 반복한다.

8.2 일단 반복을 한 번 처리한 후에 조건에 의해 반복 여부를 결정하는 반복문은?

① for　　　　② while　　　　③ do while　　　　④ continue

8.3 다음 설명 중 맞는 것을 모두 고르시오.

① 반복문은 조건식이 참인 경우에 반복을 중단한다.

② for 문에서 초기값은 생략할 수 있다.

③ do while 문은 적어도 한 번은 반복한다.

④ for 문과 while 문은 조건식에 따라 반복하지 않을 수도 있다.

⑤ while 문과 do while 문은 반복할 횟수는 알 수 없지만 조건으로 반복을 제어하는 경우에 사용한다.

8.4 오른쪽과 같이 출력할 때 다음 for 문의 ☐ 부분을 완성하시오.

```
ABCD
ABCD
ABCD
```

(1)

```
for(i=1; [          ]; i=i+1)
    printf("ABCD\n");
```

(2)

```
for(i=1; i<=5; [          ])
    printf("ABCD\n");
```

(3)

```
for([          ]; i<=2; ; i=i+1)
    printf("ABCD\n");
```

8.5 오른쪽과 같이 출력하는 방법으로 잘못된 것은?   123

①
```
printf("123\n");
```

②
```
printf("%d\n", 123);
```

③
```
printf("1");
printf("2");
printf("3\n");
```

④
```
for(i=1 ; i<=3 ; i=i+1)
    printf("123\n");
```

8.6 다음에서 "ABCD"는 몇 번 출력되는가?

(1)
```
for(i=1 ; i<=5 ; i=i+1)
    printf("ABCD\n");
```

(2)
```
for(i=1 ; i<=9 ; i=i+2)
    printf("ABCD\n");
```

(3)
```
for(i=-1 ; i<=4 ; i=i+1)
    printf("ABCD\n");
```

(4)
```
for(i=10 ; i<=50 ; i=i+10)
    printf("ABCD\n");
```

8.7 왼쪽과 같이 출력할 때 for 문과 printf의 □ 부분을 완성하시오.

```
1: ABCD
2: ABCD
3: ABCD
4: ABCD
```

```
for(i=1 ; [        ] ; [          ] )
    printf([        ]);
```

8.8 아래와 같이 출력할 때 다음 for 문의 □ 부분을 각각 완성하시오.

(1)
```
1: ABCD
3: ABCD
5: ABCD
7: ABCD
```

(2)
```
2: ABCD
4: ABCD
6: ABCD
8: ABCD
```

(3)
```
4: ABCD
3: ABCD
2: ABCD
1: ABCD
```

(4)
```
6: ABCD
4: ABCD
2: ABCD
0: ABCD
```

```
for( [        ] ; [        ] ; [        ] )
    printf("%d: ABCD\n", i);
```

8.9 다음에서 요구하는 대로 프로그램의 ☐ 부분을 완성하시오.

(1) 1부터 10까지의 합을
변수 sum에 누적하여 출력

(2) 2부터 10까지 짝수의 합을
변수 sum에 누적하여 출력

(3) 1부터 10까지 홀수의 합을
변수 sum에 누적하여 출력

```
#include <stdio.h>
void main ()
{
    int i, sum=0
    for(☐      ;i<=10; ☐      )
        sum= ☐      ;
    printf(☐      );
}
```

8.10 왼쪽과 같이 출력할 때 while 문의 ☐ 부분을 각각 완성하시오.

(1)

```
i=1;
while(☐      )
{
    printf("ABCD\n");
    i=i+1;
}
```

ABCD
ABCD
ABCD

(2)

```
i=0;
while(☐      )
{
    printf("ABCD\n");
    i=i+1;
}
```

8.11 왼쪽과 같이 출력할 때 while 문의 ☐ 부분을 완성하시오.

1: ABCD
2: ABCD
3: ABCD
4: ABCD

```
i=0;
while(☐      )
{
    printf(☐          );
    i=i+1;
}
```

8.12 왼쪽 프로그램과 동일하게 출력하도록 오른쪽 프로그램의 ☐ 부분을 완성하시오.

(1)

```
#include <stdio.h>
void main()
{
    int i;
    for(i=1; i<=10; i=i+1)
        printf("%d\n", i);
}
```

```
#include <stdio.h>
void main()
{
    int i;
    while(☐      )
    {
        printf("%d\n", i);
        ☐      
    }
}
```

(2)

```
#include <stdio.h>
void main()
{
    int i, sum=0;
    for(i=1; i<=10; i=i+1)
        sum=sum+i;
    printf("합계 : %d\n", sum);
}
```

```
#include <stdio.h>
void main()
{
    int i=1, sum=0;
    while(          )
    {
        sum=sum+1;
        
    }
    printf("합계 : %d\n", sum);
}
```

8.13 왼쪽과 같이 출력할 때 do-while 문의 ☐ 부분을 완성하시오.

(1)

```
i=1;
do
{
    printf("ABCD\n");
    i=i+1;
}while(          );
```

ABCD
ABCD
ABCD

(2)

```
i=0;
do
{
    printf("ABCD\n");
    i=i+1;
}while(          );
```

8.14 왼쪽과 같이 출력할 때 do-while 문의 ☐ 부분을 완성하시오.

```
i=0;
do
{
        
    printf(                    );
}while(          );
```

1: ABCD
2: ABCD
3: ABCD
4: ABCD

8.15 왼쪽 프로그램과 동일하게 출력하도록 오른쪽 프로그램의 □ 부분을 완성하시오.

(1)

```
#include <stdio.h>
void main()
{
    int i;
    for(i=1; i<=10; i=i+1)
    printf("%d\n", i);
}
```

```
#include <stdio.h>
void main()
{
    int i=1;
    do
    {
        printf("%d\n", i);
        ☐
    }while(☐);
}
```

(2)

```
#include <stdio.h>
void main()
{
    int i, sum=0;
    for(i=1; i<=10; i=i+1)
        sum=sum+i;
    printf("합계 : %d\n", sum);
}
```

```
#include <stdio.h>
void main()
{
    int i=1, sum=0;
    do
    {
        ☐
        ☐
    }while(☐);
    printf("합계 : %d\n", sum);
}
```

8.16 다음 두 프로그램의 실행 결과를 바르게 나타낸 것은?

```
#include <stdio.h>
void main()
{
    int i, sum=0;
    for(i=1; i<=4; i=i+1)
        sum=sum*i;
    printf("합계 : %d\n", sum);
}
```

```
#include <stdio.h>
void main()
{
    int i, sum=1;
    for(i=1; i<=4; i=i+1)
        sum=sum*i;
    printf("합계 : %d\n", sum);
}
```

① 합계 : 10, 합계 : 24
② 합계 : 0, 합계 : 24
③ 합계 : 10, 합계 : 10
④ 합계 : 24, 합계 : 24

8.17 다음 반복문의 실행 결과를 나타내시오.

(1)

```
for(i=1; i<=2; i=i+1)
  for(j=1; j<=3; j=j+1)
    printf("%d %d\n", i, j);
```

(2)

```
for(i=1; i<=2; i=i+1)
  for(j=1; j<=3; j=j+1)
    printf("%d %d\n", j, i);
```

8.18 구구단 중에서 1단과 2단을 연속해서 출력하는 프로그램의 □ 부분을 완성하시오.

```
#include <stdio.h>
void main()
{
    int i, j;
    for(i=1;          ; i=i+1)
        for(j=1;          ; j=j+1)
            printf("%d*%d\%d\n", i, j, i*j);
}
```

8.19 다음 프로그램의 실행 결과는?

```
int i, sum=0;
for(i=0;i<=6;i+=2)
  sum+=i;
printf("i=%d sum=%d\n", i, sum);
```

① i=6 sum=10

② i=8 sum=10

③ i=6 sum=12

④ i=8 sum=12

8.20 정수형 상수를 계속 입력하여 합계를 출력하는 프로그램을 작성하시오. 단, 0을 입력하면 종료한다.

```
숫자 입력 후 Enter>12
합계 : 12
숫자 입력 후 Enter>25
합계 : 37
숫자 입력 후 Enter>11
합계 : 48
숫자 입력 후 Enter>0
합계 : 48
Press any key to continue_
```

8.21 다음과 같은 형식으로 1단~3단, 4단~6단 그리고 7단~9단까지 구구단을 순서대로 출력하는 프로그램을 중첩된 반복문을 이용하여 작성하시오.

1단	2단	3단
4단	5단	6단
7단	8단	9단

8.22 중첩된 반복문을 이용하여 아래와 같이 출력되도록 각각 프로그램 하시오.

(1)　　　　　(2)　　　　　(3)　　　　　(4)

```
****        *           ****        *
****        **          ***         **
****        ***         **          ***
****        ****        *           ****
```

8.23 중첩된 반복문을 이용하여 아래와 같이 출력되도록 각각 프로그램 하시오.

(1)　　　　(2)　　　　(3)　　　　(4)　　　　(5)　　　　(6)

```
012345     00000     0          012345     012345     543210
012345     11111     01         01234      12345      43210
012345     22222     012        0123       2345       3210
012345     33333     0123       012        345        210
012345     44444     01234      01         45         10
012345     55555     012345     0          5          0
```

8.24 다음 실행 결과를 참고로 입력된 숫자를 거꾸로 출력하는 프로그램을 작성하시오. 입력할 숫자는 long 형 정수로 가정한다.

[실행 예]

```
입력된 숫자를 거꾸로 출력

숫자를 입력 :92763512
결과 : 21536729
```

8.25 정수 10000 미만의 숫자를 입력받아 1000 단위, 100 단위, 10 단위 그리고 1 단위의 숫자를 구분하여 출력하는 프로그램을 작성하시오. 예를 들어 정수 6759를 입력하면 다음과 같이 출력한다.

[실행 예]

```
숫자를 입력하고 Enter>6759

단위
1000 단위 : 6
 100 단위 : 7
  10 단위 : 5
   1 단위 : 9
```

8.26 다음의 합을 계산하는 프로그램을 반복문을 이용하여 작성하시오.

(1) 1+(1+2)+(1+2+3)+(1+2+3+4)+ ⋯ +(1+2+3+4+ ⋯ +99+100)

(2) 1+(1+3+5)+(1+3+5+7+9)+(1+3+5+7+9+11+13)+ ⋯ +(1+3+5+7+ ⋯ +97)

(3) (2+4)+(2+4+6+8)+(2+4+6+8+10+12)+ ⋯ +(2+4+6+8+10+12+14+ ⋯ + 100)

8.27 다음의 수열을 실행 결과와 같이 처리하는 프로그램을 반복문을 사용하여 작성하시오.

수열①: 1 2 5 10 17 26 37 50 65 82

[실행 결과]

```
1항:   1,  합:    1
2항:   2,  합:    3
3항:   5,  합:    8
4항:  10,  합:   18
5항:  17,  합:   35
6항:  26,  합:   61
7항:  37,  합:   98
8항:  50,  합:  148
9항:  65,  합:  213
10항:  82,  합:  295

10항까지 합=295
```

수열②: 1 3 7 13 21 31 43 57 73 91

[실행 결과]

```
1항:   1,  합:    1
2항:   3,  합:    4
3항:   7,  합:   11
4항:  13,  합:   24
5항:  21,  합:   45
6항:  31,  합:   76
7항:  43,  합:  119
8항:  57,  합:  176
9항:  73,  합:  249
10항:  91,  합:  340

10항까지 합=340
```

수열③: 1 7 19 37 61 91 127 169 217 271

[실행 결과]

```
1항:    1,  합:     1
2항:    7,  합:     8
3항:   19,  합:    27
4항:   37,  합:    64
5항:   61,  합:   125
6항:   91,  합:   216
7항:  127,  합:   343
8항:  169,  합:   512
9항:  217,  합:   729
10항:  271,  합:  1000

10항까지 합=1000
```

수열④: 1 −2 3 −4 5 −6 7 −8 9 −10

[실행 결과]

```
1항:    1,  합:   1
2항:   -2,  합:  -1
3항:    3,  합:   2
4항:   -4,  합:  -2
5항:    5,  합:   3
6항:   -6,  합:  -3
7항:    7,  합:   4
8항:   -8,  합:  -4
9항:    9,  합:   5
10항:  -10,  합:  -5

10항까지 합=-5
```

8.28 어느 분식점의 음식 가격이 다음과 같다고 할 때, 음식 번호와 수량을 입력하면 식대와 현재 매출액을 출력하는 프로그램을 작성하시오. 단, 음식 번호로 0과 수량에 0을 입력하기 전까지는 한 사람이 두 개 이상의 음식을 계산하는 경우로 처리하여 식대의 누적 값을 출력하고, 음식 번호로 5와 수량에 0을 입력하면 프로그램을 종료한다. 현재 매출액은 한 사람의 계산이 모두 끝난 후에 출력한다.

음식 번호	음식	가격(원)
1	김밥	1,500
2	라면	3,500
3	떡볶이	2,500
4	만두	3,000

8.29 임의의 양의 정수와 자릿수 정수(n)를 입력받아 n의 자리에서 반올림하는 프로그램을 작성하시오. 예로 12365와 1을 입력하면 12370을, 12365와 2를 입력하면 12400을 출력한다.

8.30 임의의 양의 실수와 정수 n을 입력받아 소수 이하 n의 자리에서 반올림하는 프로그램을 작성하시오. 예로 12.5678과 1을 입력하면 13을, 12.5678과 2를 입력하면 12.6을 출력한다.

8.31 하드 디스크를 생산하는 C 기업은 총 3개의 생산 Line을 운영하고 있다.

구분	Line A	Line B	Line C
제품	1TB	500GB	100GB
생산량(개수/시간)	5	17	25

오전 9시부터 하루 8시간을 생산할 때 시간당 Line별 누적 생산량과 생산한 제품의 누적 용량합을 출력하고 하루 동안의 총 생산량(TB)을 다음의 형식으로 출력하는 프로그램을 작성하시오.

```
              Line A                Line B                Line C
  시간    생산량    용량합(TB)    생산량    용량합(GB)    생산량    용량합(GB)
 --------------------------------------------------------------------------
   9       5          5            17        8500         25        2500
   ⋮
 총 생산량 : ??? TB
```

8.32 친구 A와 B는 500개의 계단을 오르려 한다. 친구 A는 1분에 36개의 계단을 오르고, 친구 B는 32개의 계단을 오른다. 단, A는 100개의 계단을 초과할 때마다, B는 70개의 계단을 초과할 때마다 계단 오르는 능력이 절반씩 줄어든다고 한다. 분 단위로 A와 B가 오른 계단 수를 출력하고 마지막 계단에 오른 시간을 출력하는 프로그램을 작성하시오.

09 처리의 흐름 조절

7장과 8장에서 조건에 대한 판단과 선택 그리고 반복문에 대해서 살펴보았다. 처리의 순서 또는 흐름을 조절하는 제어문으로 break 문, continue 문 그리고 goto 문이 있다. 이 문장들은 주로 if 문과 같이 사용되어 프로그램 처리의 흐름을 제어한다.

프로그램에서 처리의 흐름을 조절한다는 것은 도로에서 차량의 흐름을 원활하게 제어하기 위해 교통신호등이나 도로표지판을 사용하는 것과 같다. 즉, 처리의 흐름이 조건에 의해서 계속 진행하는 방향으로 나가게 하거나 경우에 따라서 흐름을 중단시키고 우회도로를 이용하게 하는 것이다.

교통신호등

교통표지판

기타 제어문에서 학습할 내용을 요약하면 다음과 같다.

[기타 제어문 구성]

기타 제어문	처리 내용
break 문	처리 순서(흐름)를 중단
continue 문	처리 순서(흐름)를 계속 이어줌
goto 문	처리 순서(흐름)를 이동

9.1 처리 순서의 흐름을 중단하는 break 문

7.4절과 7.7절에서 switch case 문을 사용할 때 해당 case를 처리하고 바로 switch 문을 벗어나기 위해 break 문을 사용하였다. break 문은 어떤 처리의 순서나 흐름을 중단시키는데 사용하며, 〈예제 9-1〉과 같이 반복문에 사용되어 조건을 만족할 경우에 반복을 중단시키는 곳에서도 사용할 수 있다. 〈예제 9-1〉은 1부터 n까지의 합을 계산하는 〈예제 8-15〉를 수정하여 합이 100을 넘을 경우에 반복을 중단시키도록 break 문을 사용한 프로그램이다.

〈예제 9-1〉 break 문의 사용 방법

```
01  #include <stdio.h>
02  void main()
03  {
04   int i, n, sum=0;
05   printf("1부터n까지 정수 합\n");
06   printf("정수 n 입력 :");
07   scanf("%d", &n);
08   for(i=1;i<=n;i+=1)
09   {
10       sum+=i;
11       if (sum>100)
12           break;
13   }
14   printf("합 : %d, i=%d\n", sum, i);
15  }
```

[실행 결과]
```
1부터n까지 정수 합
정수 n 입력 :100
합 : 105, i=14
```

만약 변수 n에 대해 100을 입력하였다면 1부터 n까지의 합을 변수 sum에 누적하다가 sum에 저장된 값이 100을 넘는 조건을 만족할 때 break 문에 의해 반복문을 중단하고 벗어나게 된다. 따라서 실행 결과와 같이 i가 14일 때 최초로 합이 100을 넘게 되어 105가 출력되며 1부터 14까지의 합은 105가 되는 것으로 풀이할 수 있다. 이와 같은 반복과 중단 과정을 순서도로 나타내면 오른쪽과 같다.

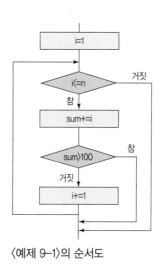

〈예제 9-1〉의 순서도

231

실 습 문 제

9.1 〈예제 9-1〉의 line 11을 if (sum<100)로 수정하여 변수 sum에 대해 같은 결과(합)를 얻으려면 프로그램을 어떻게 수정해야 하는가?

9.2 〈예제 9-1〉에서 if 문을 없애고 for 문의 조건식으로 처리하여 같은 결과를 출력하는 프로그램으로 수정하시오.

9.2 처리 순서의 흐름을 계속 이어주는 continue 문

continue 문은 break 문과 같이 주로 반복문 안에서 사용된다. break 문은 반복을 중단시키기 위해 사용하지만 continue 문은 반복을 중단시키지 않고 다음 반복이 이루어지도록 한다. 예를 들어 1부터 10 사이의 홀수를 출력하는 〈예제 8-11〉에 대해 continue 문을 사용한 프로그램과 비교해 보면 다음과 같다.

〈예제 9-2〉 continue 문의 사용

```
01   #include <stdio.h>
02   void main()
03   {
04     int i;
05     for(i=1;i<=10;i+=1)
06     {
07       if (i%2==0)
08         continue;
09       printf("%d", i);
10     }
11   }
```

[실행 결과]

```
1  3  5  7  9
```

〈예제 8-11〉 홀수 출력 프로그램

```
01   #include <stdio.h>
02   void main()
03   {
04     int i;
05     for(i=1;i<=10;i+=2)
06       printf("%d", i);
07   }
```

[실행 결과]

```
1  3  5  7  9
```

〈예제 9-2〉에서 반복문 안의 조건은 (i%2==0)의 참과 거짓을 판단하는데 i%2의 연산 결과가 0이 된다는 것은 i가 짝수인 경우이므로 i가 짝수일 때는 continue 문에 의해 다음 문장인 printf가 반복되지 않고, 변수 i가 1 증가하여 다음 반복으로 이어진다. 만약 i가 홀수일 경우에는 조건식이 거짓(1)이므로 출력 함수 printf가 처리되어 홀수를 출력한다. 〈예제 9-2〉의 반복 과정을 순서도로 나타내면 오른쪽과 같다.

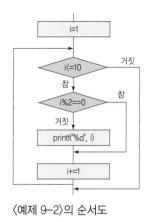

〈예제 9-2〉의 순서도

9.3 〈예제 9-2〉에 대해 짝수만 출력되도록 line 07을 수정하시오.

9.4 〈예제 9-2〉와 실습문제 9.3을 응용하여 임의의 정수 n을 입력받아 1부터 n까지의 홀수 합 또는 짝수 합을 출력하는 프로그램을 작성하시오.

9.3 처리 순서를 이동시키는 goto 문

goto 문은 break 문과 continue 문과는 달리 프로그램의 실행 순서를 특정한 곳으로 이동(jump)한다. 이때 이동할 곳을 지정하기 위해 label을 사용한다. 즉, goto 문은 실행의 순서를 바꾸는데 사용하므로 goto 문을 너무 자주 사용하면 프로그램을 해석하거나 이해하기가 어려워지는 단점이 있으므로 가능하다면 다른 방법을 이용하는 것이 좋다.

홀수를 출력하는데 있어서 continue 문을 사용한 앞의 〈예제 9-2〉와 비교하면 다음과 같다.

〈예제 9-3〉 goto 문의 사용

```c
01  #include <stdio.h>
02  void main()
03  {
04    int i;
05    for(i=1;i<=10;i+=2)
06    {
07      if (i%2==0)
08        goto next;
09      printf("%d ", i);
10      next:;
11    }
12  }
```

[실행 결과]

1 3 5 7 9

〈예제 9-4〉 continue 문의 사용

```c
01  #include <stdio.h>
02  void main()
03  {
04    int i;
05    for(i=1;i<=10;i+=2)
06    {
07      if (i%2==0)
08        continue;
09      printf("%d ", i);
10    }
11  }
```

[실행 결과]

1 3 5 7 9

goto 문이 사용된 〈예제 9-3〉의 경우 line 08에서 짝수의 조건이 참인 경우에 goto 문에 의해 next로 이동하는데 이동될 위치는 label로 표시하기 위해 이름 다음에 :(colon)을 사용한다. 주의할 점은 :(colon)의 사용 방법으로 line 08의 next에는 사용하지 않고 line 10의 label 위치에만 :(colon)을 사용한다는 것이다. label이 사용된 〈예제 9-3〉의 순서도는 오른쪽과 같다.

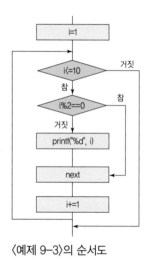

〈예제 9-3〉의 순서도

단원정리

처리의 순서 또는 흐름을 조절하는 제어문으로 break 문, continue 문 그리고 goto 문이 있다. 이 문장들은 주로 if 문과 같이 사용되어 프로그램 처리의 흐름을 제어한다.

기타 제어문	처리 내용
break 문	처리 순서(흐름)를 중단
continue 문	처리 순서(흐름)를 계속 이어줌
goto 문	처리 순서(흐름)를 이동

goto 문은 실행의 순서를 바꾸는데 label을 사용하며, goto 문을 너무 자주 사용하면 프로그램을 해석하거나 이해하기가 어려워지는 단점이 있기 때문에 가능하다면 다른 방법을 이용하는 것이 좋다.

break 문: 반복문 내의 어디서나 반복을 벗어나게 한다.

```
#include <stdio.h>
void main()
{
  int i;
  for(i=1; i<100; i++)
  {
    printf("%d ", i);
    if(i==10) break;    /* 조건식이 참이면 반복을 벗어남*/
  }
}
```

※ break 문을 너무 많이 사용하면 프로그램이 구조적이지 못함.

continue 문: 현재 위치에서 바로 조건 검사 위치로 진행한다.

```
#include <stdio.h>
void main()
{
  int x;
  for(x=0; x<100; x++)
  {
    continue;
    printf("%d ", x);   /* 이 문장은 결코 실행되지 않는다. */
  }
}
```

※ for 문의 경우 반복의 증가 연산 부분이 먼저 수행되고 조건 검사가 수행됨.

연 습 문 제

9.1 제어문에 대한 설명이 맞으면 ○, 틀리면 ×로 표시하시오.

(1) break 문은 프로그램의 실행 순서를 특정한 곳으로 이동할 때 사용한다.

(2) continue 문은 break 문과 달리 반복을 중단시키지 않고 다음 반복으로 이어준다.

(3) goto 문은 반복 문장을 벗어나기 위해 사용할 수 있다.

(4) goto 문은 이동할 문장의 line 번호와 함께 사용한다.

(5) goto 문은 여러 번 사용할 수 있지만 프로그램의 흐름이 복잡해진다.

(6) break 문은 switch case 문에만 사용한다.

(7) continue는 반복문 안이나 바깥에서 사용이 가능하다.

9.2 다음 반복문의 실행 결과는?

(1)
```
for(i=1;i<=5;i++)
  if (i==2)
      continue;
  else
    printf("%d", i);
```

(2)
```
for(i=1;i<=5;i++)
{
   if (i%2==0)
      printf("%d", i);
   else
      continue;
}
```

(3)
```
for(i=1;i<=5;i++)
{
  if (i>=1)
     continue;
  else
     printf("%d", i);
}
```

9.3 다음 반복문의 실행 결과는?

(1)
```
i=1;
while(i<=10)
{
  if (i<5)
     printf("%d", i);
  else
    break;
  i=i+1;
}
```

(2)
```
i=0;
do
{
  i=i+1;
  if (i>3)
     break;
  printf("%d", i);
}while(i<10);
```

9.4 다음 반복문의 실행 결과는?

(1)

```
i=1;
while(1)
{
  if (i>5)
      break;
  else
  {
    i=i+1;
    printf("%d", i);
  }
}
```

(2)

```
i=0;
do
{
  i=i+1;
  if (i<5)
  {
      i=i+1;
      printf("%d", i);
      continue;
  }
  else
      break;
}while(1);
```

9.5 다음 프로그램은 1+2+ … +n의 합을 계산하되 n까지의 합이 최초로 100을 넘으면 중단하고 그때의 n값과 합계를 출력하는 프로그램이다. 프로그램의 □ 부분을 완성하시오.

```
#include <stdio.h>
void main()
{
    int n=1, sum=0;
    do
    {
        sum=sum+n;
        if(          )
                break;
        
    }while(1);
    printf("sum=%d  n=%d\n", sum, n);
}
```

9.6 다음은 입력된 한 자리 정수가 홀수이면 더하여 합계를 계산하고 짝수이면 다시 정수를 입력받는 반복 프로그램이다. 합계가 20 이상이면 프로그램을 종료하도록 프로그램의 □ 부분을 완성하시오.

```c
#include <stdio.h>
void main()
{
    int n, sum=0;
    do
    {
        printf("숫자를 입력하고 Enter>");
        scanf(        );
        if(        )
            continue;
        else
        {
            sum=sum+n;
            printf("합계 : %d\n", sum);
        }
    }while(        );
}
```

9.7 다음은 1~10까지의 정수 중에서 3의 배수만 출력하고, 나머지 숫자는 0으로 출력하는 프로그램이다. 이 프로그램을 goto 문이 없는 프로그램으로 수정하시오.

```c
#include <stdio.h>
void main()
{
    int n=0;
    do
    {
        n=n+1;
        if (n%3!=0)
                goto skip;
        else
        {
                printf("%d", n);
                continue;
        }
        skip:;
        printf("0");
    }while(n<10);
}
```

9.8 다음은 입력된 숫자가 0이 아닐 경우 계속 더하고, 0이 입력되면 프로그램을 종료한다. 다음의 프로그램을 goto 문이 없는 프로그램으로 수정하시오.

```c
#include <stdio.h>
void main()
{
    int n, sum=0;
    start:;
    printf("숫자를 입력하고 Enter>");
    scanf("%d", &n);
    sum=sum+n;
    printf("합계 : %d/n", sum);
    if (n!=0)
        goto start;
}
```

9.9 지면에서 하늘로 쏘아올린 물 로켓의 x초 후의 높이 y(미터)는 $y=36x-2x^2$로 계산된다. 이 물 로켓을 발사했을 때 올라가는 최고 높이와 이에 도달하는 시간은 발사 후 몇 초이며, 물 로켓이 지면에 떨어지기까지 몇 초가 소요되는지를 반복문으로 처리하는 프로그램을 작성하시오. 초 단위 처리는 반복문에서 1씩 증가한 값을 사용한다.

9.10 두 개의 정수를 입력받아 두 수의 최대공약수를 출력하는 프로그램을 작성하시오.

9.11 두 개의 정수를 입력받아 두 수의 최소공배수를 출력하는 프로그램을 작성하시오.

9.12 아빠와 딸이 공원에서 경주를 시작한다. 아빠는 달리기를 하는데 1초에 3.6m을 뛰고, 딸은 세발자전거를 이용하는데 1초에 2.5m를 간다고 한다. 아빠는 10초마다 5초를 쉬고, 딸은 쉬지 않고 경주를 한다면 경주를 시작한 후 60초 동안 딸이 아빠를 추월하는 경우가 몇 번이 있는지를 반복문으로 계산하는 프로그램을 작성하시오. 초 단위 처리는 반복문에서 1씩 증가한 값을 사용한다.

9.13 두 사람(A와 B)이 서로 순서를 바꿔가면서 1~9 사이의 정수를 입력하여 입력한 두개의 값을 더해 나가되 먼저 100을 초과하는 사람을 출력하는 프로그램을 작성하시오. 입력한 숫자가 1~9 사이의 정수가 아니면 다시 입력받고, 먼저 입력한 숫자와 다음 사람이 입력한 값이 같으면 다음 사람은 다른 숫자를 입력하도록 한다.

9.14 n명(단, n)1)이 참가하는 369 게임을 처리하는 프로그램을 작성하시오. 다음의 실행 결과는 3명이 참가하는 369 게임의 화면이다.

```
369 369 369 369 시작
참가할 인원을 입력하고 Enter>3
3의 배수를 입력할때는 0을 입력해야 합니다.

순서1 : 입력 >1
순서2 : 입력 >2
순서3 : 입력 >0
순서1 : 입력 >4
순서2 : 입력 >5
순서3 : 입력 >0
순서1 : 입력 >7
순서2 : 입력 >8
순서3 : 입력 >0
순서1 : 입력 >11
틀렸습니다.!
Press any key to continue
```

9.15 다음의 전철역 운행 프로그램을 작성하시오. 단, 전철역은 순환하고, 전체 역수는 20개로 역명은 영문 A~T로 구분한다.

① 출발역(영문 대문자)과 정거장 수(정수)를 입력하면 다음과 같이 정차역을 출력하는 프로그램을 작성하시오.

```
출발역<영문 대문자>과 정거장 수<정수>를 입력하고 Enter>N 10
출발역: N
 1번째 정차역 : O
 2번째 정차역 : P
 3번째 정차역 : Q
 4번째 정차역 : R
 5번째 정차역 : S
 6번째 정차역 : T
 7번째 정차역 : A
 8번째 정차역 : B
 9번째 정차역 : C
10번째 정차역 : D
계속하려면 아무 키나 누르십시오 . . . _
```

② 출발역과 도착역을 입력하면 다음과 같이 정차역을 출력하는 프로그램을 작성하시오.

```
출발역과 도착역<영문 대문자>을 입력하고 Enter>P D
출발역: P
 1번째 정차역 : Q
 2번째 정차역 : R
 3번째 정차역 : S
 4번째 정차역 : T
 5번째 정차역 : A
 6번째 정차역 : B
 7번째 정차역 : C
 8번째 정차역 : D
계속하려면 아무 키나 누르십시오 . . . _
```

PART **V**

함수

Contents

10

특별한 기능을 처리하도록 만들어진 프로그램 단위, 함수

함수란 특별한 기능을 처리하도록 만들어진 프로그램의 단위를 말한다. 이 말의 의미를 이해하기 쉽지 않으므로 자동판매기를 프로그램에 비유해서 설명하면 다음과 같다.

자동판매기 전체를 프로그램으로 비유한다면 상품 버튼은 함수(function)로 생각할 수 있다.

함수(function)라는 단어는 기능으로 해석할 수 있다. 자동판매기에서 동전을 넣고 버튼을 누르면 해당 상품이 완성되는데, 이때 버튼들은 해당 상품을 만드는 기능과 연결되어 처리된다. 자동판매기의 처리 과정은 다음과 같다.

함수 →
프로그램 →

[그림 10-1] 자동판매기와 함수

함수 호출 (버튼 선택)	함수 처리 (상품 생성)	함수 결과 반환 (상품 완성)

커 피

→

• 빈 컵이 준비됨
• 뜨거운 물이 컵에 쏟아지면서 커피와 설탕 등의 재료를 섞음
• 물의 양을 조절함

→

커피 완성

코코아

→

• 빈 컵이 준비됨
• 뜨거운 물이 컵에 쏟아지면서 코코아와 설탕 등의 재료를 섞음
• 물의 양을 조절함

→

코코아 완성

자동판매기에서 상품을 완성하기 위한 몇 가지 과정들이 단지 버튼을 누르는 단순한 동작에 의해 처리된다. 이때 커피 버튼은 위와 같은 몇 가지의 절차들을 하나로 묶어서 처리하도록

만들어져 있으며 이와 같은 묶음 단위를 함수(또는 기능)라고 할 수 있다.

결국 자동판매기의 버튼들은 각기 고유의 기능을 담당하도록 함수로 만들어져 있으며, 단지 여러분은 버튼을 선택하는 것으로서 함수의 기능을 사용하는 것이다. 이때 버튼을 누르는 동작을 함수 호출(function call)이라 부르며, 버튼을 누른 후에 만들어진 커피를 함수의 반환값(또는 리턴 값, return value)이라 한다.

앞 장에서 화면 출력을 위해 사용한 printf나 입력을 처리하기 위해 사용한 scanf와 같이 이미 정의되어 있는 함수를 라이브러리 함수(library function)라 부르며, 필요에 의해 프로그래머(사용자)가 새로 만드는 함수를 사용자가 정의하는 함수(user defined function)라 부른다.

10.1 함수를 사용하는 이유

지금까지 작성한 프로그램들은 문법의 이해와 간단한 응용문제를 해결하는 프로그램이지만, 예를 들어 Windows와 같은 운영체제 소프트웨어나 온라인 게임과 같이 규모가 큰 프로그램의 개발에는 실제로 많은 프로그래머가 참여한다.

이와 같은 프로그램들을 개발할 때는 참여할 프로그래머들이 모두 한 곳에 모여서 의논하며 프로그램을 개발하는 것이 아니라 프로그램 관리자가 프로그래머들에게 팀별로 완성할 프로그램의 부분들을 할당하여 각각 개발하도록 한다. 이것은 마치 자동차 회사가 자동차를 생산할 때 회사 혼자서 모든 부품을 만들지 않고, 다른 여러 회사에 부품 개발을 의뢰(할당)하는 것과 같다. 자동차 회사는 여러 회사에서 생산한 부품(함수)들을 한 곳에 모은 뒤에 조립하여 제품(프로그램)으로 완성하게 된다. 이런 방법을 택하는 이유는 효율성을 높이기 위해서이다.

자동차 회사가 완성된 부품들을 조립하여 자동차를 만들듯이 프로그램 팀별로 완성한 함수들을 이용하여 프로그램을 개발한다. 다시 말해서 프로그램을 개발할 때 역할을 분담하여 프로그램을 개발할 수 있는 이유는, 함수라는 단위 프로그램으로 프로그램을 구성할 수 있으며 함수 자체를 실행하여 결과를 확인하고 수정이나 편집이 가능하기 때문이다.

지금까지 별다른 설명 없이 사용한 void main은 아주 특별한 함수인데 이 함수는 [그림 10-2]와 같은 부품 조립도의 역할을 한다. 따라서 void main의 역할은 [그림 10-3]과 같이 조립도에 표시된 부품(함수)을 이용하여 자동차를 완성하는 것이다. void main에 대해서는 뒤에서 자세하게 설명한다.

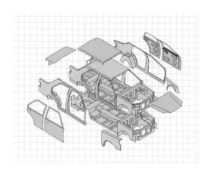
[그림 10-2] 자동차 부품 조립도

[그림 10-3] 자동차 부품의 조립

10.2 함수의 호출과 결과의 반환

함수의 사용 방법을 좀 더 구체적으로 살펴보자. 예를 들어 탁상용 계산기를 이용하여 sin(90°)를 계산한다고 할 때, 다음과 같은 과정으로 처리한다.

먼저 계산기의 버튼 중에서 sin 버튼을 누르고 90을 입력하고 나서 = 버튼을 누르면 결과가 출력될 것이다. 이때 = 버튼을 누름과 동시에 sine 함수를 호출하고 90°를 함수에 전달하여 sin(90°)를 계산한 다음 결과값을 출력(반환)한다. 함수 호출에 사용된 값을 인수(또는 인자, parameter)라 부른다. 계산기에서는 단지 버튼을 누르는 동작으로 함수를 사용하지만 계산기 내부적으로는 값을 계산하기 위해 해당 함수 프로그램을 실행하여 결과를 화면에 출력하는 것이다.

MS Office Excel에서도 여러 가지 계산을 위해 사용할 수 있는 다양한 함수가 있다. 다음의 예는 Excel에서 2^3을 계산하기 위해 POWER라는 함수를 사용한 것이다. 이때 함수 POWER는 두 개의 인수(2, 3)를 취하는 함수다. [그림 10-4]에 함수 POWER에 대한 도움말이 있다. 셀 A1에 =POWER(2, 3)을 입력했으나 화면상으로는 셀 A1에 8이 나타난다. 이때 입력한 POWER(2, 3) 부분은 함수 호출이라 하고 결과인 8을 반환값이라 한다.

POWER 함수

거듭제곱한 결과를 반환합니다.

구문

POWER(number,power)

number 밑수이며 임의의 실수를 지정할 수 있습니다.

power 지수이며 밑수가 거듭제곱되는 수입니다.

[그림 10-4] 엑셀에서 2^3 계산과 함수 POWER의 도움말

이 예에서 함수 POWER를 사용할 수 있는 것은 EXCEL 내부적으로 거듭제곱을 계산하는 POWER에 대한 함수 프로그램이 내장되어 있기 때문이다. 아직 함수의 개념을 이해하는 것이 쉽지 않으므로 기본적인 라이브러리 함수의 사용법부터 설명한다.

10.3 라이브러리 함수 맛보기

C 언어에는 프로그래머가 쉽게 이용할 수 있는 다양한 기능의 라이브러리 함수들이 있다. 앞 절에서 설명한 EXCEL의 경우 함수 POWER를 라이브러리 함수라 할 수 있다.

라이브러리 함수를 이용하려면 헤더 파일(header file)을 #include 문을 사용하여 불러와야 한다. 출력 함수 printf나 입력 함수 scanf를 사용하기 위해 무작정 프로그램의 시작 부분에 #include <stdio.h>를 사용했던 이유가 여기에 있다. 헤더 파일은 파일 확장자로 h를 사용하며 해당 함수의 원형과 함수 정의가 포함되어 있는데 구체적인 설명은 추후에 하겠다. 일단 여러분은 특정한 라이브러리 함수를 사용하려면 해당된 헤더 파일을 #include 문으로 불러와야 한다고 생각하기 바란다.

라이브러리 함수와 그 함수가 정의된 헤더 파일을 요약하면 [표 10-1]과 같다. C 언어에는 많은 헤더 파일과 라이브러리 함수가 있지만 우선 기본적으로 사용하는 함수들과 헤더 파일에 대해서 설명하고 더 자세한 내용은 12장에서 설명한다. 대부분의 헤더 파일들은 [그림 10-5]와 같이 컴파일러가 설치된 폴더의 include라는 폴더에 저장되어 있으며 [그림 10-5]의 오른쪽 아랫부분에 stdio.h가 저장되어 있음을 알 수 있다.

[표 10-1] 헤더 파일의 종류와 라이브러리 함수

헤더 파일	함수들의 기능	정의가 포함된 함수들
stdio.h	표준 입출력	printf, scanf …
ctype.h	문자 처리(판단, 변환)	isalpha, tolower …
math.h	수학, 수치 계산	sin, log, sqrt …
string.h	문자열 처리	strcpy, strlen …
stdlib.h	메모리 관리와 유용한 함수	rand, malloc …
time.h	날짜와 시간	time, asctime …

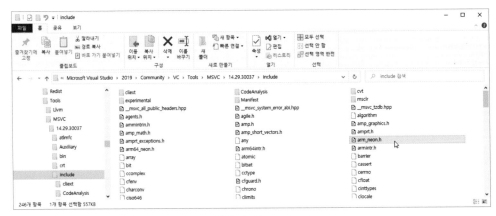

[그림 10-5] include 폴더에 저장되어 있는 헤더 파일들

10.3.1 수학 계산 함수

[표 10-2]는 수학 계산과 관련된 라이브러리 함수 중 일부분를 표시한 것이다. 이들 함수들을 사용하려면 헤더 파일 〈math.h〉를 필요로 한다.

[표 10-2] 수학 계산 라이브러리 함수 중 일부분

구분	함수 원형과 인자	함수 설명
절댓값	int abs(int n)	int 형의 절댓값을 계산
	double fabs(double x)	double 형 실수의 절댓값을 계산
지수, 로그함수	double exp(double x)	x의 exponential을 계산
	double log(double x)	log(x)를 계산
	double log10(double x)	base 10인 x의 log를 구하는 함수
	double pow(double x, double y)	x의 y승을 구하는 함수
	double sqrt(double x)	x의 양의 제곱근을 계산
삼각함수	double sin(double x)	sine x를 계산(x는 radian)
	double cos(double x)	cosine x를 계산(x는 radian)
	double tan(double x)	tangent x를 계산(x는 radian)

앞으로 함수의 원형을 주의 깊게 보아야 한다. 함수 원형(prototype)이란 함수의 데이터 형, 함수이름, 함수에서 사용할 인자들을 정의한 부분이다. 프로그램에서 변수를 사용하고자 할 때 변수의 데이터 형과 변수 이름을 선언하듯이 함수 역시 데이터 형을 필요로 한다. 예를 들어 절댓값을 계산하는 함수 abs의 경우 함수 원형은 다음과 같다.

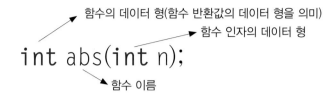

함수 abs는 인자가 한 개(n)인 함수이고, 함수의 반환값은 정수형이라는 의미다.
또한 x^y를 계산하는 함수 pow의 경우 함수 원형은 다음과 같다.

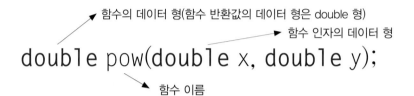

함수 pow는 함수 abs와는 달리 double 형의 두 개의 인자(x, y)를 취하고 함수의 반환값은
double 형이다.
〈예제 10-1〉은 함수 abs의 사용 방법을 나타낸다. 〈예제 10-2〉의 line 02에서 함수 abs
를 사용하기 위해 #include 〈math.h〉를 추가한다.

〈예제 10-1〉 절댓값을 계산하는 함수 abs

```
01  #include <stdio.h>
02  #include <math.h>
03  void main()
04  {
05    int i;
06    printf("숫자 입력 후 Enter>");
07    scanf("%d", &i);
08    printf("%d의 절댓값=%d\n", i, abs(i));
09  }
```

[실행 결과]

```
숫자 입력 후 Enter>-5
-5의 절댓값=5
```

```
숫자 입력 후 Enter>10
10의 절댓값=10
```

함수 abs의 원형이 int abs(int n);이므로 〈예제 10-1〉의 인자로 변수 n을 써야 한다고
생각할 수 있으나 변수의 데이터 형만 맞으면 어떤 이름의 인자를 사용해도 상관없다. 또한
printf("%d\n", abs(-17));과 같이 정수형 상수를 이용할 수도 있다.

실 습 문 제

10.1 〈예제 10-1〉을 이용하여 0이 입력될 때까지 입력된 정수의 절댓값을 반복적으로 출력하도
록 프로그램을 수정하시오.

〈예제 10-2〉는 함수 pow의 사용 방법을 나타낸다. 〈예제 10-2〉의 line 02에서 함수 pow를 사용하기 위해 #include 〈math.h〉를 추가한다. 〈예제 10-2〉는 10^3과 2^4를 계산하여 출력하기 위해 실수형 상수를 인자로 사용하였다. Visual C++의 이전 version에서는 pow의 인자로 정수형 상수를 사용해도 문제가 없었으나, Visual C++ 2010 Express의 경우는 오류가 발생하므로 반드시 실수형 상수나 변수를 사용해야 한다.

〈예제 10-2〉 거듭제곱을 계산하는 함수 pow

```
01  #include <stdio.h>
02  #include <math.h>
03  void main()
04  {
05    printf("pow(10,3)=%.3f\n",pow(10., 3.));
06    printf("pow(2, 4)=%.3f\n", pow(2.,4.));
07  }
```

[실행 결과]
```
pow(10,3)=1000.000
pow(2, 4)=16.000
```

실습문제

10.2 임의의 두 실수 x와 y를 입력받아 x^y와 y^x를 출력하는 프로그램을 작성하시오.

10.3 함수 pow를 이용하여 임의의 n에 대해 $\sqrt{n}$ 을 계산하는 프로그램을 작성하시오.

〈예제 10-3〉은 양의 제곱근을 계산하는 함수 sqrt의 사용 방법을 나타낸다. 〈예제 10-3〉의 line 02에서 함수 sqrt를 사용하기 위해 #include 〈math.h〉를 추가한다. 〈예제 10-3〉은 $\sqrt{2}$ 와 $\sqrt{9}$ 을 계산하여 출력하기 위해 정수형 상수 2와 9를 사용하되 실수형으로 변환하기 위해 cast 연산자로 double을 사용하였다.

〈예제 10-3〉 양의 제곱근을 계산하는 함수 sqrt

```
01  #include <stdio.h>
02  #include <math.h>
03  void main()
04  {
05    printf("%f\n",sqrt((double) 2));
06    printf("%f\n",sqrt((double) 9));
07  }
```

[실행 결과]
```
1.414214
3.000000
```

10.4 임의의 두 실수(x, y)를 입력받아 다음을 계산하는 프로그램을 작성하시오.

식1: x^2+y^2, 식2: $(x+y)^2$, 식3: $(|x+y|)^2$, 식4: $\sqrt{x^2+y^2}$

10.3.2 임의의 숫자 난수를 생성하는 함수 rand(헤더 파일 〈stdlib.h〉)

게임 프로그램에서는 임의의 경우나 상황을 만들기 위해 난수(random number)를 이용한다. 난수란 특정한 배열 순서나 규칙을 가지지 않는, 연속적인 임의의 수를 말한다. 난수는 주로 컴퓨터를 이용한 모의실험(simulation)에 사용되는데 컴퓨터가 생성한 난수는 엄밀한 의미에서 예측이 가능하고, 복사할 수 있기 때문에 모조(pseudo) 난수라 한다.

난수를 생성하는 라이브러리 함수인 rand는 다음과 같이 함수의 반환값이 int 형이고, 인자 부분에 void가 사용된 것은 이 함수의 인자가 없다는 것을 의미한다. 함수 rand는 0부터 32767 사이의 임의의 정수 숫자를 생성하고 헤더 파일 〈stdlib.h〉를 필요로 한다.

rand	함수 원형	int rand(void);
	반환값	반환값의 범위는 다음과 같다. 0 ≤ rand() ≤ 32767

〈예제 10-4〉 임의의 정수를 출력하는 함수 rand

```
01  #include <stdio.h>
02  #include <stdlib.h>
03  void main()
04  {
05      for(int i=1;i<=5;i+=1)
06          printf("%d\n", rand());
07  }
```

[실행 결과]
```
41
18467
6334
26500
19169
```

〈예제 10-4〉의 line 06에서 함수의 인자가 없다 하더라도 ( )를 사용함에 유의해야 한다. line 03에서 함수 main의 데이터 형이 void라는 것은 함수의 결과값(리턴 값)이 없다는 의미이며 main()과 같이 main 함수도 인자가 없다는 것을 의미한다. 이에 대해서는 10.5절에서 다시 설명한다.

실행 결과를 보면 0부터 32767 사이의 임의의 숫자가 출력된 것을 알 수 있다. 〈예제 10-4〉에 대해 솔루션 다시 빌드를 하여 실행하면 똑 같은 결과가 출력된다. 만약 line 05의 조건식 i<=5를 i<=10으로 변경하여 출력해도 앞의 다섯 개의 난수는 동일하다. 이와 같은 이유로 컴퓨터가 생성한 난수는 엄밀한 의미에서 예측이 가능하고, 복사할 수 있는 것이다.

어떤 실험에서는 동일한 난수를 이용하는 경우도 있지만 대부분의 경우 다른 난수를 이용하는데, 이때 난수의 초기값(seed value)을 변경하여 사용한다. 함수 rand에 대해 초기값을 설정하는 함수는 srand이며 원형은 다음과 같다.

srand	함수 원형	void srand(unsigned int seed);
	반환값	없음

함수 srand는 void 형 함수로서 반환값이 없으며, srand의 인자로 unsigned int 형의 상수를 사용할 수 있는데 대개의 경우 함수 time(NULL)을 사용한다. 함수 time은 컴퓨터의 현재의 시간을 반환하는 함수로 프로그램을 실행할 때마다 현재 시간이 변하기 때문에 이를 초기값으로 사용하면 매번 다른 난수가 생성된다.

함수 time은 헤더 파일 〈time.h〉를 필요로 한다. 〈예제 10-5〉의 line 06에서 함수 srand는 시간 값을 이용하므로 실제 출력 결과는 〈예제 10-5〉의 실행 결과와 다르게 나타난다. 〈예제 10-4〉를 다음과 같이 수정하여 결과를 확인한다. 헤더 파일의 순서는 어느 것을 먼저 작성하던 상관없다.

〈예제 10-5〉 초기값을 다르게 한 함수 rand

```
01  #include <stdio.h>
02  #include <stdlib.h>
03  #include <time.h>
04  void main()
05  {
06      srand(time(NULL));
07      for(int i=1;i<=5;i+=1)
            printf("%d\n", rand());
    }
```

[실행 결과]
```
28885
4546
23567
9182
3707
```

〈예제 10-5〉는 솔루션 빌드 또는 솔루션 다시 빌드를 하지 않고 반복해서 실행해도 출력된 난수는 달라진다.

〈예제 10-6〉은 일정한 범위 내의 난수를 발생하는 것이다. 함수 rand는 0부터 32767 사이의 난수를 생성하므로 % 연산자를 함께 사용하면 주어진 범위 내의 난수를 발생한다. rand( )%100은 0부터 99 사이의 난수를 발생하므로 rand( )%100+1은 1부터 100 사이의 난수를 발생한다.

〈예제 10-6〉 1부터 100 사이의 난수를 발생

```
01  #include <stdio.h>
02  #include <stdlib.h>
03  #include <time.h>
04  void main()
05  {
06      srand(time(NULL));
07      for(int i=1;i<=10;i+=1)
08          printf("%d\n", rand()%100+1);
09  }
```

[실행 결과]
```
10
70
84
50
81
95
48
31
19
74
```

실 습 문 제

10.5 〈예제 10-6〉을 응용하여 로또번호 6개를 생성하는 프로그램을 작성하시오.

10.6 함수 rand를 이용하여 0부터 1 미만의 실수 난수 10개를 생성하는 프로그램을 작성하시오.

10.4 사용자가 정의하는 함수

앞 절에서 라이브러리 함수의 예를 살펴보았고 함수의 특징을 요약하면 다음과 같다.

라이브러리 함수의 특징	예와 내용
함수의 원형이 있다.	int abs(int n) double pow(double x, double y) void srand(unsigned int seed);
함수의 원형을 알면 함수의 사용 방법을 알 수 있다.	함수의 원형은 반환값(결과)의 데이터 형과 인자의 개수, 인자의 데이터 형을 알 수 있다.
함수는 헤더 파일에 정의되어 있다.	특정한 라이브러리 함수를 사용하려면 그 함수가 정의된 헤더 파일을 불러와야 한다.

특정한 기능을 처리하는 라이브러리 함수가 이미 각각의 헤더 파일에 정의되어 있기에 헤더 파일만 불러오면 언제든지 사용할 수 있다. 그러나 사용하고자 하는 라이브러리 함수가 존재하지 않는다면 사용자가 함수를 만들어서 사용해야 하며, 이를 사용자가 정의하는 함수(user defined function)라 한다. 사용자가 직접 함수를 만들어 사용하는 것은 라이브러리 함수를 사용하는 것과 유사한 방법을 이용한다.

10.4.1 함수를 사용하는 프로그램의 구성과 형식

사용자 정의 함수를 만들어 프로그램에서 사용할 경우 프로그램의 전체적인 구성과 형식은 다음과 같다. 함수 정의 부분은 함수 호출에 의해서만 실행되며 함수 정의 안에서 필요한 변수들을 선언하여 사용할 수 있다.

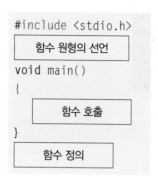

함수 원형의 선언	데이터 형 함수이름(함수인자들)

함수 정의	데이터 형 함수이름(함수인자들)
	{
	  변수 선언;
	  문장;
	  [return 변수 또는 수식;]
	}

■ 함수 원형(prototype)의 선언

함수 원형의 선언이란 프로그램 내에서 사용자 정의 함수를 사용하겠다는 것을 컴파일러에 미리 일려주는 역할을 한다. 이때 함수의 데이터 형, 함수이름 그리고 함수에서 사용할 인자들을 표시해 준다.

[함수 원형의 구성 내용]

함수 원형의 구성 내용	형식과 내용
데이터 형	함수가 반환할 계산 결과값의 데이터 형을 의미하므로 int 또는 double 형의 데이터 형을 사용할 수 있다.
함수이름	함수이름은 변수이름을 만드는 규칙을 그대로 사용한다.
함수인자들	인자가 한 개 이상일 경우는 ,(comma)로 구분하되 인자의 데이터 형을 함께 표시한다.

■ 함수 정의(definition)

함수가 처리해야할 기능들을 구체적으로 작성하는 부분이다. 데이터 형, 함수이름 그리고 인자의 사용 형식은 함수 원형의 방법과 동일하다. 단, 함수의 결과값(반환값)이 있는 경우에는 return 문과 함께 변수 또는 연산식을 사용하며, 결과값이 없는 void 형 함수는 return 문을 생략한다. 함수의 데이터 형은 return 문 다음에 나타난 결과값(반환값)의 데이터 형을 의미한다.

다음은 두 정수의 합을 계산하여 출력하는 일반적인 프로그램과 이를 함수로 정의하여 사용하는 경우를 비교한 것이다. 〈예제 10-7〉에서 함수의 원형을 선언했고, 정의한 함수 sum은 main 프로그램의 바깥에 위치한다.

[일반적인 프로그램]

```
01  #include <stdio.h>
02  void main()
03  {
04   int a1=5, a2=8, sum;
05   sum=a1+a2;
06   printf("a+b=%d\n", sum);
07  }
```

〈예제 10-7〉 두 정수의 합을 계산하는 함수

```
01  #include  <stdio.h>
02  int sum(int a, int b);
03  void main()                    함수 sum의 원형 선언
04  {
05    int a1=5,  a2=8;
06    printf("a+b=%d\n", sum(a1, a2) );
07  }                              함수 호출
08  int sum(int a, int b)
09  {
10      return a+b;
11  }
```

함수 sum의 정의 선언

왼쪽 프로그램과 〈예제 10-7〉의 결과는 같다. 〈예제 10-7〉은 함수의 결과값이 있는 경우이므로 함수의 데이터 형으로 int를 사용하였고, 함수 정의 마지막 부분에 return 문이 사용되었다. 함수의 호출과 인수의 전달 과정을 나타내면 다음과 같이 호출, 처리, 반환의 3단계로 나타낼 수 있다. 〈예제 10-7〉의 함수 sum의 정의 부분은 워낙 간단한 처리이므로 return 문과 반환값만 사용되었지만 좀 더 복잡한 계산을 하는 함수라면 필요에 따라 변수를 선언하여 중간 계산값을 처리할 수 있다.

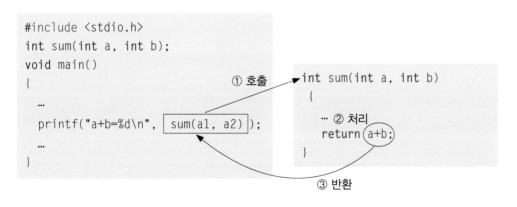

단계	처리 내용
[단계 1] 호출	sum(a1, a2)에 의해 함수 sum을 호출하되 변수 a1과 a2의 값을 변수 a와 b에 전달
[단계 2] 처리	함수 정의 부분에 작성된 프로그램을 처리
[단계 3] 반환	함수의 결과값 a+b를 함수 sum(a1, a2)의 결과로 반환

[단계 1]에서 변수 a1과 a2를 함수 정의 부분의 변수 a와 b에 전달하는데 이를 호출이라 한다. 사용된 변수들을 구분하기 위해 함수 호출에 사용된 변수를 인수(argument), 함수 원형이나 정의에 사용된 변수를 인자(매개변수, parameter)라 부른다. 변수 a1과 a2(인수)가 변수 a와 b(인자)에 전달될 때 변수 자체가 전달되는 것이 아니라 변수 a1과 a2에 저장된 값만 전달되므로, 함수 정의 부분에서 변수 a와 b(인자)의 값을 변경하더라도 변수 a1과 a2(인수)는 영향을 받지 않는다. 함수에서 이와 같은 전달 방법을 값에 의한 호출(call by value)이라 한다.

C 언어에서 함수 호출 방법은 두 가지 방법, 즉 값에 의한 호출과 참조(또는 주소)에 의한 호출(call by reference 또는 address)을 사용하는데 이에 대한 자세한 내용은 14.6.1절 (함수의 인자로 포인터를 사용하는 방법)에서 설명하며, 이 장에서는 값에 의한 호출(call by value)의 예만 사용하기로 한다.

[단계 3]의 반환 단계에서는 함수의 계산 결과인 a+b의 값이 return 문에 의해 sum(a1, a2)의 결과값으로 반환하여 출력하고, 프로그램을 종료한다. 함수 정의 부분은 함수가 호출될 경우에만 처리되기 때문에 프로그램이 종료된 다음 다시 함수 정의 부분이 실행되는 것은 아니다.

실 습 문 제

10.7 두 개의 정수를 입력받아 두 정수의 곱셈 결과를 출력하는 프로그램을 작성하시오. 곱셈 결과를 처리하는 부분은 함수로 만들어 사용한다.

10.8 두 개의 실수를 입력받아 두 실수의 나눗셈 결과를 출력하는 프로그램을 작성하시오. 나눗셈 결과를 처리하는 부분은 함수로 만들어 사용한다.

10.5 메인 함수, void main

함수라는 것을 배우기 전까지 여러분들은 void main의 중괄호 { } 안에 모든 프로그램을 작성하였다. void main 부분 역시 함수이며 이를 main 함수(또는 main 프로그램)라 부른다. main 함수는 프로그램이 실행될 때 운영체제로부터 제일 먼저 호출되어 처리되는 함수로서, C 프로그램에서 반드시 존재해야 하며 두 개 이상 사용할 수 없다. 따라서 사용자 정의 함수를 사용한다면 프로그램은 하나의 main 함수와 여러 개의 사용자 정의 함수로 구성할 수 있다.

```
#include <stdio.h>
int sum(int a, int b);
int multiply(int a, int b);
    void main()
    {
        int a1, a2;
        프로그램
    }

    int sum(int a, int b)
    {
        return a+b;
    }
    int multiply(int a, int b)
    {
        return a*b;
    }
```

◄──── main 함수

◄──── 사용자 정의 함수

main 함수는 프로그램이 실행될 때 제일 먼저 호출되어 처리되는 함수이고, 프로그램의 종료는 곧 main 함수의 종료를 의미한다. 결국 모든 C 프로그램은 main 함수에서 시작하여 main 함수에서 끝난다. 다만 main 함수에서 다른 함수의 호출이 있는 경우는 해당 함수를 처리하고, 다시 main 함수로 되돌아(return)와서 main 함수의 나머지 부분을 처리하고 종료한다.

모든 C 프로그램은 main 함수에서 시작하여 main 함수에서 끝난다.

void는 비어 있는, 즉 아무것도 없다는 의미다. 함수 이름 앞에 void가 사용된 함수를 void 형 함수라고 부른다. 이는 함수의 결과값이 없는 함수로서 반환값을 되돌려줄 필요가 없는 함수를 말한다. 예를 들어 sin(90°)는 결과값이 1이고 이를 반환값으로 되돌려 주어야 하지만 그렇지 않은 함수들도 있다. void 형으로 정의된 함수들은 반환값이 없기 때문에 return 문을 생략할 수 있다. 그런데 C 언어를 설명하는 교재나 인터넷상의 프로그램을 보면 main 함수를 다음과 같이 여러 가지 형식으로 사용하고 있다.

[형식 1]	[형식 2]	[형식 3]
```void main() { ... } ```	```main() { ... [return 0;] } ```	```int main() { ... return 0; } ```

[형식 4]	[형식 5]
```int main(void) { ... return 0; } ```	```int main(int argc, char *argv[]) { ... return 0; } ```

ANSI(미국표준협회, American National Standards Institute)나 ISO(국제표준화기구, International Organization for Standardization)의 규정에 의하면 main 함수는 [형식 4]와 같이 사용하거나 [형식 5]와 같이 사용할 것을 표준으로 규정하고 있다. main 함수이름 앞에 데이터 형인 int가 사용되었다는 것은 main 함수도 결과값이 있다는 의미이며 마지막에 return 문이 사용된다.

프로그램은 실행 중에 예상할 수 없는 오류로 인해 비정상적으로 종료될 수도 있고, 사용자에 의해 강제적으로 종료될 수도 있다. 이때 운영체제가 해당 프로그램이 정상적으로 종료되었는지를 알아야만 컴퓨터의 자원을 효율적으로 관리할 수 있다. 따라서 return 0;는 main 함수가 정상적으로 종료되었을 경우에 0을 반환한다는 의미다. 그럼에도 지금까지 void main()을 사용한 이유는 프로그램을 시작하는 초보자에게 main이라고 하는 함수의 개념부터 설명해 나가기가 어렵기 때문에 결과값이 없는 void 형을 사용한 것이다.

실제로 Visual C++나 Turbo C/C++에서 위의 어떤 형식으로 main 함수를 정의하던 컴파일 과정에서 경고(warning)는 나타날 수 있지만 실행 상에 큰 차이는 없다. 그러나 int main(void)가 표준적인 방법으로 규정되어 있으므로 이후의 main 함수는 [형식 4]와 같이 작성하도록 한다.

실 습 문 제

10.9 실습문제 10.4에서 식을 계산하는 부분 각각을 사용자 정의 함수로 처리하는 프로그램을 작성하시오. 함수 main의 형식을 [형식 4]와 같이 처리한다.

10.6 자기 자신을 호출하는 재귀 함수

다음의 예는 두 변수의 합을 계산하는 부분을 함수로 만들고, main 함수에서 이 함수를 호출하는 과정을 나타낸 것이다. 일반적으로 함수는 그림과 같이 그 함수의 외부에서 호출(①)하며, 호출되어 실행(②)된 후에는 호출이 일어난 곳(③)으로 되돌아간다.

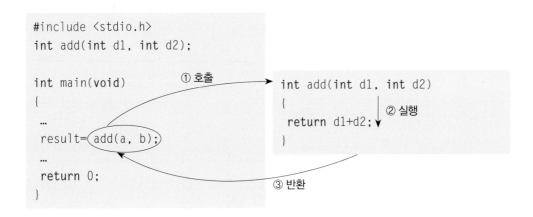

그런데 재귀 호출(recursive call)이라 함은 아래와 같이 호출된 함수가 실행 중에 자기 자신을 다시 호출하는 것으로 반복적인 호출이 일어난다. 다음의 main() 함수에서 사용자 정의 함수 factorial()을 호출(①)하면 함수가 실행(②)되고, 주어진 조건이 참이 아닌 경우 다시 자기 자신을 호출(③)하여 계속 순환적으로 호출이 일어난다. 따라서 재귀 호출에서는 무한 반복이 이루어지므로 이를 해결하기 위해 적절한 조건(if 문)을 주어 함수를 벗어나도록 해야 한다.

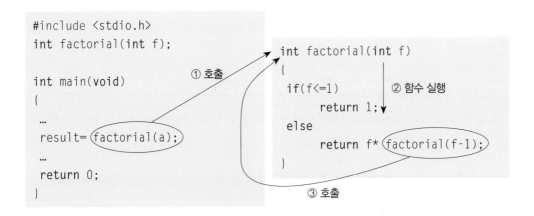

함수가 실행 중에 자기 자신을 호출하고 결과를 반환하는 재귀적 호출이 쉽게 이해되지 않을 것이다. 예를 들어 내가 어느 친구(진규)의 전화번호를 알아내는 과정으로 설명하면 다음

과 같다. 먼저 내가 철수에게 전화를 건다.

호출 과정	결과 반환 과정 (호출 과정의 역순으로 처리됨)
철수 호출(내가 철수에게 전화를 건다.) 나: 철수야! 진규 전화번호 아니? 철수: 몰라. 준기에게 물어보고 알려줄게. ⬇ 준기 호출(철수가 준기에게 전화를 건다.) 철수: 준기야! 진규 전화번호 아니? 준기: 몰라. 진호한테 물어보고 알려줄게. ⬇ 진호 호출(준기가 진호에게 전화를 건다.) 준기: 진호야! 진규 전화번호 아니? 진호: 응. 010-1234-5678이야.	준기 반환(준기가 철수에게 전화를 건다.) 준기: 준기 번호는 010-1234-5678이래. 철수: 알았어. ⬇ 철수 반환(철수가 내게 전화를 건다.) 철수: 준기 번호는 010-1234-5678이래. 나: 알았어.

이와 같은 과정을 단순한 함수로 표현하면 다음과 같다.

```
전화번호_찾기(친구)
{
  if (친구가 진규의 전화번호를 알고 있다면)
      return X의 전화번호;
  else
      전화번호_찾기(다른 친구);
}
```

이와 같이 재귀 호출은 자신을 호출하는 과정이 연속적으로 일어나다가 조건에 의해 함수의 호출이 더 이상 일어나지 않으면 그때부터 결과를 반환하는 과정이 역순으로 진행되어 최초의 호출이 일어난 곳으로 되돌아온다.

■ 재귀 호출을 이용한 덧셈

예를 들어 add(n)이라는 함수가 n부터 1까지의 정수 합을 계산하는 함수라 가정한다면 재귀 호출을 이용한 함수로 표현하면 다음과 같다.

일반 함수 표현	재귀 함수 표현
add(n)=n+(n-1)+(n-2)+ … +2+1	add(n)=n+add(n-1) 단, add(1)=1

만약 n이 4일 경우에 add(4) 함수의 재귀 처리 절차를 표현하면 다음과 같이 호출 과정과 반환 과정으로 나타낼 수 있으며 반환 과정은 호출 과정의 역순으로 이루어진다.

호출 과정	add(4) 호출↓ add(4)=4+ add(3) 호출↓ add(3)=3+ add(2) 호출↓ add(2)=2+ add(1) 호출↓
반환 과정	add(1)=[1] 반환↓ add(2)=2+ [1] 반환↓ add(3)=3+ [3](2+1) 반환↓ add(4)=4+ [6](3+3) 반환↓ [10](4+6)

이와 같이 재귀 호출이 되도록 프로그램을 작성하려면 호출 과정이 끝난 다음 반환 과정이 이루어지도록 해야 한다. 이를 위해서 조건문이 포함되어야 하며 if 문은 n이 1일 때 1값을 반환하도록 한다. 다음의 예제를 실행하여 결과를 확인한다.

〈예제 10-8〉 n부터 1까지 정수의 합을 계산하는 재귀 함수

```
01  #include <stdio.h>
02  int add(int n);
03  int main(void)
04  {
05    int n;
06    printf("정수 입력 후 Enter>");
07    scanf("%d",&n);
08    printf("1부터 %d까지 합 : %d\n", n, add(n));
09    return 0;
10  }
11
12  int add(int n)
13  {
14    if (n==1)
15        return 1;
16    return n+add(n-1);
17  }
```

[실행 결과]

```
정수 입력 후 Enter>4
1부터 4까지 합 : 10
```

■ 재귀 호출을 이용한 곱셈

재귀 호출을 이용한 곱셈 처리의 예로 계승(factorial)을 생각해 보자. 계승은 1부터 어떤 양의 정수 n까지를 모두 곱한 것으로 일반적인 표현과 이를 재귀 함수로 표현한 것은 다음과 같다.

일반 함수 표현	재귀 함수 표현
n!=n×(n−1)×(n−2)×…×2×1	fact(n)=n×fact(n−1) 단, fact(1)=1

예를 들어 5의 계승은 5!=5×4×3×2×1로 표현하며 그 결과는 120이 된다. 위의 표현식은 앞서 처리했던 함수 add와 비슷하다. n!은 함수 add의 계산 부분에서 '+' 기호가 단지 '×'으로만 바뀐 것이다.

따라서 계승을 계산하는 함수의 이름을 fact라 가정하고 다시 표현하면 다음과 같이 순환적으로 나타낼 수 있다. 0!의 값은 계승의 정의에 따라 1이 되지만, 1!까지만 계산한다고 가정한다.

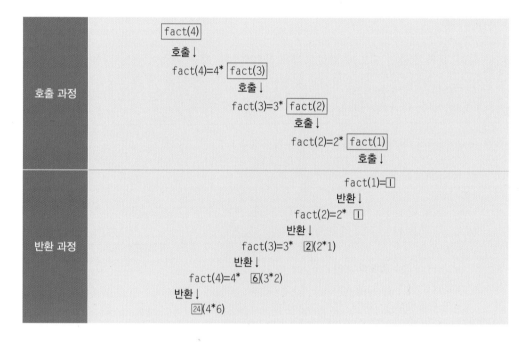

이러한 과정을 프로그램으로 나타내면 앞의 〈예제 10-8〉의 함수 add의 덧셈 부분을 곱셈으로 바꾸어 〈예제 10-9〉와 같이 작성할 수 있다. 프로그램 실행 후 입력 값으로 4를 입력했다면 결과는 다음과 같이 1부터 4까지의 곱인 24가 출력된다.

〈예제 10-9〉 n!을 계산하는 재귀 함수

```
01   #include <stdio.h>
02   int fact(int n);
03   int main(void)
04   {
05     int n;
06     printf("정수 입력후 Enter>");
07     scanf("%d",&n);
08     printf("1부터 %d까지 곱 : %d\n", n, fact(n));
09     return 0;
10   }
11
12   int fact(int n)
13   {
14     if (n==1)
15       return 1;
16     return n*fact(n-1);
17   }
```

[실행 결과]

```
정수 입력후 Enter>4
1부터 4까지 곱 : 24
```

n값이 1이 될 때까지 함수 fact가 계속 호출되며 n값이 1이 되면 그때부터 함수의 결과 값을 반환하는 과정이 호출의 역순으로 처리된다.

한 가지 주의해야 할 것은 앞의 프로그램에서 함수 fact의 데이터 형을 int로 정의했기 때문에 4byte의 공간을 차지하고 저장할 수 있는 값의 범위는 다음과 같다.

$$-2147483648(-2^{31}) \leq int \leq 2147483647(2^{31}-1)$$

따라서 다음에 표시한 것과 같이 13! 이후(정수 10자리)의 값은 int 형으로는 정확한 계승의 값을 계산할 수 없기 때문에 함수의 데이터 형을 double 형으로 바꾸어주던지 다른 방법을 사용해야만 한다.

[1부터 15까지의 각 정수에 대한 계승]

1!= 1	6!= 720	11!= 39916800
2!= 2	7!= 5040	12!= 479001600
3!= 6	8!= 40320	13!= 6227020800
4!= 24	9!= 362880	14!= 87178291200
5!= 120	10!= 3628800	15!= 1307674368000

실습문제

10.10 n이 13 이상일 경우에도 정확한 n!을 계산하는 재귀 함수를 작성하시오.

- 재귀 호출과 응용

예를 들어 1부터 5까지, 또는 5부터 1까지 출력하는 프로그램을 반복문을 사용하지 않고 재귀 함수로 처리한다고 가정하자. 다음의 두 예제는 printf 문과 재귀 호출의 순서만 바뀌어 있고 나머지는 동일하다.

〈예제 10-10〉 재귀 함수 call_1

```
01   #include <stdio.h>
02   void call_1(int n);
03   int main(void)
04   {
05       call_1(5);
06       return 0;
07   }
08
09   void call_1(int n)
10   {
11       if (n==0)
12           return;
13       else
14       {
15           printf("%d\n", n);
16           call_1(n-1);
17       }
18   }
```

〈예제 10-11〉 재귀 함수 call_2

```
01   #include <stdio.h>
02   void call_2(int n);
03   int main(void)
04   {
05       call_2(5);
06       return 0;
07   }
08
09   void call_2(int n)
10   {
11       if (n==0)
12           return;
13       else
14       {
15           call_2(n-1);
16           printf("%d\n", n);
17       }
18   }
```

먼저 〈예제 10-10〉은 printf에 의해 n을 출력하고 나서 자기 자신인 call_1을 호출하는 반면에 〈예제 10-11〉은 먼저 자기 자신인 call_2를 호출하므로 반환 과정이 일어나기 전까지 printf의 처리가 지연된다.

[〈예제 10-10〉에 대한 함수 call_1의 호출 과정]

n=5	n=4	n=3	n=2	n=1	n=0
5를 출력 call_1(4);	4를 출력 call1_1(3);	3을 출력 call1_1(2);	2를 출력 call1_1(1);	1을 출력 call_1(0)	return;

함수 call_1 이후에 별도의 프로그램 문장이 없으므로 반환되는 값은 없다.

반면에 〈예제 10-11〉의 경우는 함수 call_2를 호출하는 과정에서 다음과 같이 printf의 처리가 보류되고, 반환 과정에서 printf가 처리된다.

[〈예제 10-11〉에 대한 함수 call_2의 호출 과정]

진행 방향 ➡					
n=5	n=4	n=3	n=2	n=1	n=0
call_2(4); printf 보류	call1_2(3); printf 보류	call1_2(2); printf 보류	call1_2(1); printf 보류	call_2(0) printf 보류	return;

[〈예제 10-11〉에 대한 함수 call_2의 반환 과정]

진행 방향 ⬅				
n=5	n=4	n=3	n=2	n=1
n 출력 (5를 출력)	n 출력 (4를 출력)	n 출력 (3을 출력)	n 출력 (2를 출력)	n 출력 (1을 출력)

〈예제 10-10〉과 〈예제 10-11〉의 실행 결과는 다음과 같다.

〈예제 10-10〉의 [실행 결과]

```
5
4
3
2
1
```

〈예제 10-11〉의 [실행 결과]

```
1
2
3
4
5
```

실습문제

10.11 다음의 [프로그램 A]와 [프로그램 B]를 실행하기 전에 각각의 함수 call_1과 call_2에 대해 호출 과정과 반환 과정을 나타내고 출력 결과를 확인하시오.

[프로그램 A]

```
01  #include <stdio.h>
02  void call_1(int n);
03  int main(void)
04  {
05      call_1(123);
06      return 0;
07  }
08  void call_1(int n)
09  {
10      if (n==0)
11          return;
12      else
13      {
14          printf("%d\n", n);
15          call_1(n/10);
16      }
17  }
```

[프로그램 B]

```
01  #include <stdio.h>
02  void call_2(int n);
03  int main(void)
04  {
05      call_2(123);
06      return 0;
07  }
08  void call_2(int n)
09  {
10      if (n==0)
11          return;
12      else
13      {
14          call_2(n/10);
15          printf("%d\n", n);
16      }
17  }
```

다음 〈예제 10-12〉는 반환값(return value)이 있는 재귀 함수의 예이다. 예를 들어 함수의 인자로 사용한 정수가 몇 자리 숫자인지를 계산하는 함수를 재귀 함수로 작성한다고 가정하자.

임의의 정수에 대해 몇 자리 숫자인지를 계산하는 과정은 연속적으로 n을 10으로 나누어 가되 n/10이 0이 될 때까지 몇 번의 n/10이 실행되었는가를 계산하는 것이다. 예를 들어 n=123이라 한다면 다음과 같이 3회에서 1/10이 0이 되므로 자릿수는 2가 되지만 이를 재귀 함수로 처리하여 +1을 반환하도록 하면 〈예제 10-12〉와 같다.

1회	2회	3회
123/10	12/10	1/10

〈예제 10-12〉 정수의 자릿수를 계산하는 재귀 함수

```
01    #include <stdio.h>
02    int call_1(int n);
03    int main(void)
04    {
05        printf("%d\n", call_1(123));
06        return 0;
07    }
08    int call_1(int n)
09    {
10        if (n==0)
11            return 0;
12        return call_1(n/10)+1;
13    }
```

호출 과정	call_1(123) 호출↓ call_1(123/10) (보류 +1); 호출↓ call_1(12/10) (보류 +1); 호출↓ call_1(1/10) (보류 +1); 호출↓

반환 과정	return 0;
	반환↓
	return call_1(1/10)=0 +1;
	반환↓
	return call_1(12/10)=1 +1;
	반환↓
	return call_1(123/10)=2 +1;

〈예제 10-12〉의 실행 결과는 3이다.

단원정리

함수
- 특별한 기능을 처리하도록 만들어진 프로그램의 단위를 말한다.
- 호출과 결과값을 반환하는 과정으로 처리된다.

함수를 사용하는 이유
- 프로그램을 개발할 때 함수 단위로 개발한다.
- 함수를 실행하여 결과를 확인하고 수정이나 편집이 모듈별로 가능하다.
- 한 번 만들어진 함수는 언제든지 호출할 수 있고, 재사용이 가능하다.

라이브러리 함수의 사용
- 함수 원형을 알아야 한다(반환값의 데이터 형, 인자 수, 인자의 데이터 형).
- 함수가 정의된 헤더 파일을 #include로 불러와야 한다.

사용자 정의 함수
- 프로그래머(사용자)필요에 의해 새로 만들어 사용하는 함수이다.
- 함수 안에서 필요에 의해 라이브러리 함수를 사용할 수 있다.
- 한 번 만든 함수는 언제든지 호출할 수 있고, 재사용이 가능하다.

함수를 사용하는 프로그램의 구성과 형식

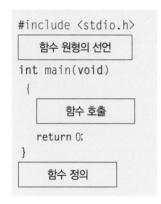

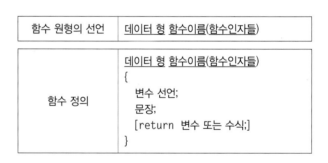

함수 원형을 사용하는 이유
컴파일러에게 함수의 기본형과 반환되는 자료형을 미리 알려주고 함수 호출에 사용되는 매개변수의 개수나 자료형의 불일치 등을 미리 점검할 수 있게 하며, 함수의 호출 순서에 상관없이 함수를 정의할 수 있다.

메인 함수, void main
- 모든 C 프로그램은 main 함수에서 시작하여 main 함수에서 끝난다.
- main 함수에서 다른 함수의 호출이 있는 경우는 해당 함수를 처리하고, 다시 main 함수로 되돌아(return)와서 main 함수의 나머지 부분을 처리하고 종료한다.
- ANSI나 ISO의 규정에 의하면 main 함수는 다음과 같이 사용할 것을 표준으로 규정하고 있다.

```
int main(void)
{
   …
   return 0;
}
```

- main 함수이름 앞에 데이터 형인 int가 사용되었다는 것은 main 함수도 결과값이 있다는 의미이며 마지막에 return 문이 사용된다.

자기 자신을 호출하는 재귀 함수
- 재귀 호출은 호출된 함수가 함수 내부에서 다시 자기 자신을 호출하는 것을 말한다.
- 재귀 호출은 자기 자신을 연속적으로 호출하므로 무한 반복이 일어나기 때문에 적절한 조건을 주어 함수를 벗어나도록 해야 한다.

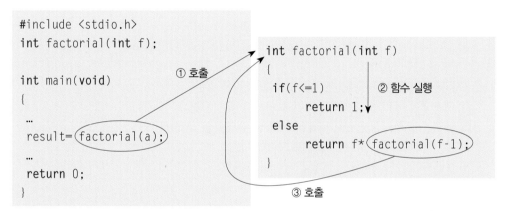

연습문제

10.1 함수에 대한 설명이 맞으면 ○, 틀리면 ×로 표시하시오.

(1) 함수란 특별한 기능을 처리하도록 만들어진 프로그램의 단위이다.

(2) 함수는 호출되지 않아도 실행된다.

(3) 함수는 경우에 따라 반환값이 있을 수도, 없을 수도 있다.

(4) 함수의 데이터 형이 int 형이라는 것은 반환값이 int 형이라는 의미이다.

(5) 함수의 데이터 형이 void 형이라는 것은 반환값이 있다는 의미이다.

(6) 함수에 의해 계산된 결과를 반환값(return value)이라 한다.

(7) 함수의 이름은 변수 이름과 같이 프로그래머가 정할 수 있다.

(8) 반환값(결과값)이 있는 함수는 함수 마지막 부분에 return 문을 사용한다.

(9) printf나 scanf를 라이브러리 함수라 한다.

(10) 함수의 데이터 형은 변수를 정의할 때 사용할 수 있는 데이터 형을 사용한다.

10.2 사용자 정의 함수를 사용하는 이유로 적절치 않은 것은?

① 프로그램 내용 중 중복되는 부분을 처리할 때 사용한다.

② 정의한 함수는 프로그램 내에서 여러 번 재사용 할 수 있다.

③ 프로그램의 개발 과정과 유지보수가 쉬워진다.

④ 프로그램을 체계적으로 개발할 수 있게 한다.

⑤ 프로그램을 해석하기가 어려워진다.

10.3 사용자가 정의하는 함수에 대한 설명 중 틀린 것을 모두 고르시오.

① 사용자가 정의한 함수 안에서 라이브러리 함수를 사용할 수 있다.

② 하나의 프로그램 안에 여러 개의 함수를 정의할 수 있다.

③ 함수 정의나 원형에서 데이터 형을 생략하면 void 형으로 간주한다.

④ 함수의 원형을 사용하지 않는 경우라면 main 함수보다 앞서서 정의해야 한다.

⑤ 사용자가 정의하는 함수 안에 문법 오류가 있어도 호출되지 않으면 오류가 발생하지 않는다.

⑥ 사용자가 정의하는 함수 안에서 scanf 문은 사용할 수 없다.

10.4 사용자가 정의하는 함수의 인자와 반환값에 대한 설명 중 맞는 것을 모두 고르시오.

① 함수를 정의하는데 있어서 반드시 한 개 이상의 인자를 정의해야 한다.

② 함수의 인자는 최대 2개까지 사용할 수 있다.

③ 함수의 데이터 형과 반환값의 데이터 형은 다를 수 있다.

④ 반환값이 없는 경우 함수의 데이터 형은 void 형으로 정의해야 한다.

⑤ 함수의 인자와 상관없이 함수 내에서 변수의 선언이 가능하다.

⑥ 함수의 데이터 형이 정의된 경우라도 반환값(return value)은 생략할 수 있다.

⑦ 함수 인자의 개수와 반환값의 개수는 같아야 한다.

10.5 사용자 정의 함수에서 반환값과 return 문에 대한 설명 중 맞는 것을 모두 고르시오.

① return 문은 반드시 한 개만 사용할 수 있다.

② return 문은 여러 번 사용할 수 있지만 실행 과정에서 한 개의 return 문만 사용된다.

③ 함수의 데이터 형이 void 형일 경우 return 문은 생략할 수 있다.

④ char 형 상수나 변수는 반환값으로 사용할 수 없고 오직 숫자값만 반환할 수 있다.

10.6 함수 main에 대한 설명 중 틀린 것은?

① 하나의 프로그램 안에 한 번만 정의하여 사용할 수 있다.

② 프로그램을 실행할 때 제일 먼저 호출되는 함수이다.

③ int main(void)로 정의하면 마지막에 return 문을 사용해야 한다.

④ 함수 main을 특별히 정의하지 않아도 프로그램은 실행된다.

10.7 매크로 상수와 매크로 함수에 대한 설명 중 맞는 것을 모두 고르시오.

① 매크로 상수가 프로그램에서 변수로 사용되면 컴파일 오류가 발생한다.

② 매크로 상수나 함수의 이름은 반드시 대문자로 정의해야 한다.

③ 매크로 함수는 사용자 정의 함수와 달리 데이터 형과 관계없이 사용된다.

④ 매크로 함수는 인자 없이 정의할 수 있다.

⑤ 매크로 함수에서 사용할 인자는 한 개만 사용할 수 있다.

10.8 다음 중 틀린 부분을 바르게 고치시오.

(1) 사용자가 정의한 함수는 한 번만 호출이 가능하다.

(2) 중복된 내용을 함수로 처리하면 원시 프로그램의 크기를 줄일 수 있고, 호출이 많을수록 실행 프로그램의 파일 크기는 줄어든다.

(3) 함수의 이름이 같더라도 데이터 형만 다르면 정의하여 같이 사용할 수 있다.

(4) 함수의 인자가 두 개일 경우, 두 인자의 데이터 형은 같아야 한다.

10.9 함수 원형(prototype)에 대한 설명 중 틀린 것을 모두 고르시오.

① 함수 원형을 main 함수에 앞서 선언하는 것은 프로그램 내에서 그 함수의 사용을 컴파일러에 미리 알려주는 역할을 한다.

② 함수 원형을 선언하지 않을 경우 main 함수 이전에 함수를 정의해야 한다.

③ 함수 원형을 선언할 때 함수의 데이터 형, 함수이름, 인자와 반환값을 명시해야 한다.

④ 함수 원형의 선언에서 사용한 인자의 개수와 함수 정의 부분의 인자 개수는 반드시 같아야 한다.

⑤ 함수 원형의 선언에서 사용한 인자의 순서는 함수 정의 부분의 인자 순서와 다를 수 있다.

⑥ 함수 원형의 선언에서 사용한 인자의 이름과 함수 정의 부분의 인자 이름은 반드시 같아야 한다.

⑦ 함수 원형의 선언에서 사용한 인자의 이름은 생략할 수 있지만 데이터 형은 반드시 표시해야 한다.

10.10 두 개의 정수 a와 b에 저장된 값에 대해 연산 결과를 출력하는 왼쪽의 프로그램을 함수로 작성하고자 한다. 오른쪽 프로그램의 □ 부분을 완성하시오.

```
#include <stdio.h>
int main(void)
{
    int a=15, b=22, sum;
    sum=a+b;
    printf("sum=%d/n", sum);
    sum=a-b;
    printf("sum=%d/n", a-b);
    sum=a*b;
    printf("sum=%d/n", a*b);
    return 0;
}
```

```
#include <stdio.h>
┌──────────────────┐
└──────────────────┘
int main(void)
{
    int a=15, b=22;
    sum(a+b);
    sum(a-b);
    sum(a*b);
    return 0;
}
void sum(int n)
{
    ┌──────────────────┐
    └──────────────────┘
}
```

10.11 임의의 정수 n을 입력받아 "ABCD"를 n번 출력하는 다음 프로그램의 □ 부분을 완성하시오.

```
#include <stdio.h>
void ┌────────────────┐
     └────────────────┘
int main(void)
{
    int n;
    scanf("%d", &n);
    ┌──────────────────┐
    └──────────────────┘
    ┌──────────────────┐
    └──────────────────┘
}
void printn(┌──────────┐)
            └──────────┘
{
    for(int i=1; i<= ┌──────┐; i++)
                     └──────┘
        printf("ABCD\n");
}
```

10.12 두 개의 정수 a와 b에 저장된 값에 대해 덧셈연산 결과를 반환하는 프로그램을 함수로 작성하고자 한다. 프로그램의 □ 부분을 완성하시오.

```
#include <stdio.h>
┌─────────────────────┐
│                     │
└─────────────────────┘
int main(void)
{
    int a=15, b=22;
    printf("a+b=%\n", add(a, b));
    return 0;
    scanf("%d", &n);
}


         ┌─────────────────────┐
         │                     │
         └─────────────────────┘
{
         ┌─────────────────────┐
         │                     │
         └─────────────────────┘
}
```

10.13 다음 프로그램 중 컴파일 오류가 발생하는 것은?

①
```
#include <stdio.h>
void output(int j);
void main()
{
    int k=5;
    output(k);
}
void output(int j)
{
    printf("%d\n", j);
    return;
}
```

②
```
#include <stdio.h>
void output(int j);
void main()
{
    int k=5;
    output(k);
}
void output(int j)
{
    printf("%d\n", j);
}
```

③
```
#include <stdio.h>
void output(int);
void main()
{
    int k=5;
    output(k);
}
void output(int j)
{
    printf("%d\n", k);
    return;
}
```

④
```
#include <stdio.h>
void output(int j);
void main()
{
    int k=5;
    output(k);
}
void output(int k)
{
    printf("%d\n", k);
    return;
}
```

10.14 다음 프로그램 중에서 컴파일 오류가 발생하거나 결과가 나머지와 다른 것은?

①

```
#include <stdio.h>
void add10(int k);
void main()
{
    int k=5;
    add10(k);
}
void add10(int k)
{
    k=k+10;
    printf("%d\n", k);
    return;
}
```

②

```
#include <stdio.h>
int add10(int j);
void main()
{
    int k=5;
    printf("%d\n", add10(k));
}
int add10(int j)
{
    j=j+10;
    return j;
}
```

③

```
#include <stdio.h>
void add10(void);
void main()
{
    add10();
}
void add10(void)
{
    int k=5;
    printf("%d\n", k+10);
}
```

④

```
#include <stdio.h>
int add10(int j);
void main()
{
    int k=5;
    add10(k);
}
int add10(int j)
{
    j=j+10;
    printf("%d\n", k);
    return j;
}
```

10.15 다음에서 function(2, 4)의 반환값은 무엇인가?

```
int function(int a, int b)
{
    int i,s=0;
    for(i=1;i<=b;i++)
        s=s+a;
    return s;
}
```

① 6
② 8
③ 12
④ 16

10.16 다음에서 power(2, 4)의 반환값은 무엇인가?

```
int power(int a, int b)
{
  int i,s=1;
  for(i=1;i<=b;i++)
     s=s*a;
  return s;
}
```

① 6
② 8
③ 12
④ 16

10.17 다음 프로그램의 실행 결과는?

```
#include <stdio.h>
#define SQUARE(x) x*x
int main(void)
{
    printf("%d %d\n", SQUARE(9), SQUARE(5+4));
    return 0;
}
```

① 18 18
② 81 29
③ 81 81
④ 81 9

10.18 구구단에서 출력을 원하는 단을 입력하면 해당 단을 출력하는 다음 프로그램의 함수 부분을 완성하시오.

```
#include <stdio.h>
void gugudan(int k);
int main(void)
{
  int dan;
  printf("원하는 단을 입력>");
  scanf("%d", &dan);
  gugudan(dan);
  return 0;
}

┌─────────────────────┐
│                     │
│                     │
│                     │
└─────────────────────┘
```

10.19 다음 프로그램에 대해 절대값(absolute value)을 계산하는 부분을 사용자 정의 함수 absolute로 작성하시오. 반환값의 데이터 형은 정수형으로 가정한다.

```c
#include <stdio.h>
int main(void)
{
    int num1, num2;
    printf("정수를 입력하고 Enter>");
    scanf("%d", &num1);
    if (num1<0)
            num2=-num1;
    printf("\n%d의 절대값은 %d", num1, num2);
    return 0;
}
```

10.20 다음 프로그램의 실행 결과를 예측하시오.

```c
#include <stdio.h>
int number(int i);
int main(void)
{
    number(9);
    return 0;
}
int number(int i)
{
    if (i==0)
            return i;
    else
            number(i/8);
    printf("%d", i%8);
}
```

10.21 어느 물체가 정지 상태에서 자유낙하하고 있다. 중력가속도 $g=9.8m/s^2$일 때 n초 후의 낙하거리(m)와 순간속도(v)를 계산하여 출력하는 부분을 함수로 작성하시오.

10.22 지구에서 화성까지의 거리는 평균적으로 약 75,000,000km이다. 시속 nkm의 이동수단을 이용한다고 가정할 때 걸리는 시간(시간, 년)을 계산하여 출력하는 부분을 함수로 작성하여 프로그램을 작성하시오. 이동수단의 시속(km)은 입력을 받아서 처리한다. (연습문제 4.33, 5.20, 6.23 참고)

10.23 〈예제 10-9〉는 int 형을 사용하므로 계승(factorial)을 계산하는데 한계가 있다. 정수형 숫자 n을 입력하면 n의 계승을 출력하는 프로그램을 함수 factorial로 작성하여 완성하시오. 단, 함수 factorial의 데이터 형은 double로 간주하여 처리한다.

10.24 태어난 생년을 입력(1900 이상)하면 띠를 출력하는 부분을 함수(animal)로 작성하여 완성하시오. 예를 들어 1900년은 쥐띠해이다. (연습문제 7.18 참고)

10.25 입력한 년도가 윤년인지 또는 평년인지를 구분하여 출력하는 프로그램을 함수 (IsLeapYear)로 작성하여 완성하시오. (연습문제 7.19 참고)

10.26 함수 f(x)=9x−10이고, g(x)=2x²−3x+5인 경우에 다음 식의 값을 계산하는 프로그램을 각각 사용자 정의 함수로 작성하여 결과를 출력하시오. 단, 함수의 결과값은 정수형으로 가정한다.
(1) f(2)   (2) f(−5)   (3) g(−2)   (4) g(5)   (5) g(f(3))   (6) f(g(−3))

10.27 함수 g(x)=3x+8라 할 때 함수 g(x)의 역함수 $g^{-1}(x)$를 사용자 정의 함수로 작성하고, x가 −2부터 2까지 0.2씩 증가할 때 g(x)와 $g^{-1}(x)$의 결과를 동시에 출력하는 프로그램을 작성하시오.

10.28 좌표평면 위의 두 점(x1, y1), (x2, y2)를 지나는 직선의 방정식을 계산하는 부분을 함수로 작성하여 프로그램을 완성하시오. 예를 들어 두 점 (3, 2), (4, 3)을 지나는 직선의 방정식은 y=x−1로써 y=ax+b의 형식으로 출력한다. 단, x1≠x2이고 좌표상의 위치는 모두 정수로 입력받아 처리한다. (연습문제 6.24 참고)

10.29 좌표평면상의 두 점 (x1, y1), (x2, y2)을 연결하는 직선 A와 두 점 (x3, y3), (x4, y4)을 연결하는 직선 B가 있다고 할 때 두 직선이 평행하지 않다는 가정 하에 두 직선의 교차점을 계산하는 부분을 함수로 작성하여 프로그램을 완성하시오. 좌표상의 점 8개는 모두 실수형으로 입력받고 계산하려는 함수의 인자로 사용한다. (연습문제 6.26 참고)

10.30 높이가 54m인 건물 옥상에서 물체를 떨어뜨렸을 때 땅에 닿을 때까지 걸리는 시간을 변수 t에 저장하여 출력하는 프로그램을 작성하시오.

10.31 입차시간(시, 분)과 출차시간(시, 분)을 입력받아 주차시간과 주차요금을 출력하는 프로그램을 작성하시오. 단, 입차시간과 출차시간을 인자로 주차시간을 반환하는 함수와 주차시간을 인자로 주차요금을 반환하는 두 개의 함수를 작성하고 주차요금은 10분당 1000원으로 가정한다. 예로 주차시간 10분은 1000원, 11분은 2000원으로 계산한다. (연습문제 7.24 참고)

CHAPTER

11

변수에 대한 또 다른 속성, 기억 클래스

책상 서랍은 제한된 공간을 갖기 때문에 [그림 11-1]과 같이 몇 개의 단으로 구분하고, 각 단은 내부적으로 몇 개의 구역으로 나누어 사용한다. 책상의 서랍을 이렇게 구분하는 이유는 제한된 공간을 보다 효율적으로 사용하기 위함이다.

프로그램이 실행되면 우선 컴퓨터의 메인 메모리에 위치한다. 컴퓨터 메인 메모리의 크기는 하드 디스크라는 기억 매체보다 상대적으로 작기 때문에 효율적으로 관리하기 위해 책상 서랍과 같이 하드 디스크의 폴더를 구역(영역)으로 구분하여 관리한다.

[그림 11-1] 책상 서랍의 구분   [그림 11-2] 메인 메모리   [그림 11-3] 하드 디스크의 폴더 구분

변수에 대한 또 다른 속성인 기억 클래스(storage class)는 메모리, 즉 기억 공간에 데이터를 저장하는 방법을 지시하는 것으로서 프로그램 내에서의 변수에 대한 사용 범위와 변수의 수명을 결정한다. 기억 클래스로 변수들의 기억 장소를 분류하는 이유는 연산과 기억장소의 효율성을 높이기 위함이다.

C 언어에는 다음과 같은 네 가지의 기억 클래스가 있으며 각각의 기억 클래스가 사용하게 될 기억 공간은 [표 11-1]과 같다.

[표 11-1] 기억 클래스와 기억 공간

기억 클래스	수명	기억 공간(메모리)
auto	일시적	스택(stack)
static	지속적	데이터
extern	지속적	데이터
register	일시적	CPU 내의 register

[표 11-1]에 나타난 기억 클래스의 수명은 일시적과 지속적의 두 가지로 구분된다. 일시적은 필요한 경우에만 프로그램의 중간 중간에 일시적으로 사용되었다가 소멸됨을 말하며, 지속적은 프로그램이 실행되는 순간에서부터 프로그램이 종료되기까지 계속 사용됨을 말한다.

기억 클래스를 사용하는 방법은 변수를 선언할 때 변수의 데이터 형 앞에 기억 클래스를 표시하는데 이를 기억 클래스 지정자(specifier)라고 한다. C 언어에는 [표 11-1]과 같이 네 가지의 기억 클래스 지정자가 있다.

기억 클래스 지정자를 설명하기에 앞서 프로그램 내에서 변수에 대한 사용 범위를 설명하기 위해 지역 변수와 전역 변수부터 알아보자.

11.1 지역(local) 변수와 전역(global) 변수

지역과 전역은 각각 local과 global의 뜻으로 프로그램 내에서 변수가 사용될 수 있는 범위를 말한다. 지역 변수는 그 변수의 사용 범위가 어떤 한 함수 안에서만 사용할 수 있도록 제한을 받지만, 전역 변수는 범위의 제한 없이 프로그램의 모든 함수에서 접근이 가능하다.

지역 변수와 전역 변수의 차이는 학급회장과 전교회장의 차이에 비유할 수 있다. 학급회장의 범위는 특정한 한 반(local)에서만 영향력을 가지므로 지역 변수로 볼 수 있지만, 전교회장은 학교 전체(global)를 대표하는 영향력을 가지므로 전역 변수에 비유할 수 있다.

지역 변수와 전역 변수는 변수의 선언 위치에 따라 결정된다. 즉, 함수 또는 복합문 안에서 변수를 선언하면 그 변수는 지역 변수가 되고, 함수 밖에서 변수를 선언하면 전역 변수가 된다. 지금까지 프로그램에서 사용한 모든 변수들은 main 함수 안이나 사용자 정의 함수 안에서 사용한 것이므로 모두 지역 변수이다. 다음의 왼쪽 프로그램에서 변수 a는 함수 main 안에서 선언했으므로 지역 변수가 되고, 오른쪽 프로그램의 변수 a는 함수 main의 밖에서 선언했으므로 전역 변수가 된다.

지역 변수 a	전역 변수 a
```#include <stdio.h>int main(void){ int a; … return 0;}```	```#include <stdio.h>int a;int main(void){ … return 0;}```

지역 변수의 사용 범위는 그 변수가 선언된 함수 내부로 제한되며 함수가 다를 경우에는 같은 이름의 변수를 다시 선언할 수도 있다. 〈예제 11-1〉에서 함수 main 안에서 선언한 변수 a와 함수 add에서 선언한 변수 a의 이름은 같지만 서로 영향을 주지 않는 별개의 변수이다. 따라서 함수 add에서 변수 a의 값을 변화시켜도 함수 main 안의 변수 a는 영향을 받지 않기 때문에 실행 결과에 나타나있듯이 함수 add를 호출하기 전이나 이후에도 값이 바뀌지 않는다.

〈예제 11-1〉 지역 변수의 선언과 사용 영역　　〈예제 11-2〉 전역 변수의 선언과 사용 영역

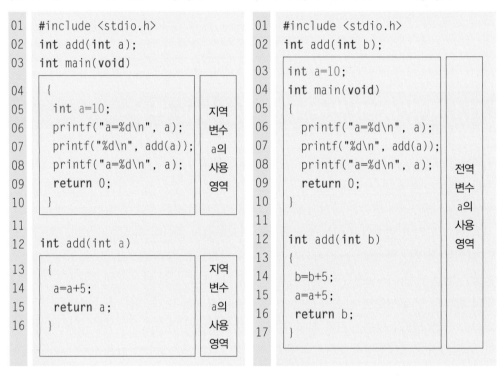

```
01  #include <stdio.h>
02  int add(int a);
03  int main(void)
04  {
05    int a=10;
06    printf("a=%d\n", a);
07    printf("%d\n", add(a));
08    printf("a=%d\n", a);
09    return 0;
10  }
11
12  int add(int a)
13  {
14    a=a+5;
15    return a;
16  }
```

```
01  #include <stdio.h>
02  int add(int b);
03  int a=10;
04  int main(void)
05  {
06    printf("a=%d\n", a);
07    printf("%d\n", add(a));
08    printf("a=%d\n", a);
09    return 0;
10  }
11
12  int add(int b)
13  {
14    b=b+5;
15    a=a+5;
16    return b;
17  }
```

[실행 결과]
```
a=10
15
a=10
```

[실행 결과]
```
a=10
15
a=15
```

그러나 〈예제 11-2〉의 프로그램에서 변수 a는 함수 main과 함수 add의 밖에서 선언했기 때문에 함수에서 값이 바뀌면 영향을 받게 된다. 함수 add에서 전역 변수인 a의 값을 변경했기 때문에 함수 add5를 호출하기 전과 호출한 이후에 변수 a의 값이 변경된 것을 실행 결과를 통해 알 수 있다. 지역 변수와 전역 변수를 요약하면 [표 11-2]와 같다.

[표 11-2] 지역 변수와 전역 변수의 차이

구분	지역(local) 변수	전역(global) 변수
선언 위치	함수 내부	함수 외부
사용 범위	해당 함수의 내부	프로그램 내의 모든 함수
변수 수명	일시적	지속적
변수 중복	함수가 다르면 중복 정의가 가능	중복 정의 불가능

워드 프로세서나 그래픽 편집기와 같이 규모가 있는 프로그램을 개발할 경우에는 여러 명의 프로그래머가 참여하여 각자가 맡은 부분의 프로그램들을 개발하는데 이렇게 나누어진 프로그램들을 모듈(module)이라 한다. 그리고 프로그램 모듈 전체를 프로젝트라 한다. 이러한 구성을 나타내면 다음과 같다.

[프로젝트]

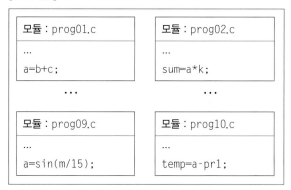

위에서 변수 a가 전역 변수라고 가정하면 한 번의 선언만으로 프로젝트에 포함된 여러 프로그램 파일(모듈)의 모든 함수에서 사용이 가능하기 때문에 편리한 점도 있다. 그러나 전역 변수를 너무 많이 사용하면 프로그램의 수정과 관리에 어려움을 주므로 프로그램 전반에 걸쳐 공통적으로 사용될 데이터에 한해서만 제한적으로 사용해야 한다.

11.2 자동(auto) 변수

함수 안에서 선언하는 지역 변수들은 모두 자동(auto) 변수에 해당한다. 자동 변수는 함수가 호출되어 실행될 때만 기억 공간이 확보(유지)되고 함수의 실행이 종료됨과 동시에 자동으로 소멸되는 변수다. 자동 변수를 선언하기 위해서 auto라는 기억 클래스 지정자를 사용하지만 생략 가능하다.

자동 변수는 함수가 실행될 때 스택(stack)이라는 기억 영역에 일시적으로 공간을 확보하므로 변수를 선언할 때 초기화를 하지 않고 사용할 경우에는 예상하지 못한 오류가 발생한다.

〈예제 11-3〉 자동 변수에 대해 초기화를 하지 않을 경우의 문제

```
01   #include <stdio.h>
02   int main(void)
03   {
04     int sum;
05     for(int i=1;i<=10;i++)
06        sum+=i;
07     printf("1+2+3+...+10=%d\n", sum);
08     return 0;
09   }
```

[실행 결과]

```
1+2+3+...+10=-858993405
```

〈예제 11-3〉은 1부터 10까지의 덧셈을 처리하므로 55라는 값이 출력될 것으로 생각하지만 실행 결과를 보면 엉뚱한 값이 출력된 것을 확인할 수 있다. (참고 : Visual C++ 2019에서는 초기화하지 않은 변수의 사용으로 컴파일 오류가 발생한다.) 자동 변수 sum이 일시적으로 할당받은 기억 공간에는 다른 변수들이 이전에 사용했던 데이터들이 저장될 수 있는데 이를 쓰레기(garbage)라 부른다. 따라서 위와 같이 셈을 누적하기 위해 자동 변수를 선언할 경우에는 반드시 초기화를 해주어야 한다. 반면 전역 변수의 경우에는 초기화를 해주지 않아도 0으로 초기화된다.

11.3 정적(static) 변수

정적(static)이라는 단어는 동적(dynamic)이라는 단어와 반대되는 의미다. 정적 변수를 선언할 경우에는 static 지정자를 사용하며, 자동 변수와는 달리 프로그램이 종료될 때까지 변수의 수명이 지속된다. 정적 변수는 전역 변수와 같이 초기화를 하지 않아도 0으로 초기화되며 한 번 초기화된 정적 변수는 더 이상 초기화되지 않는다.

정적 변수가 함수 내부에서 선언될 경우를 내부 정적 변수라 하고, 함수 밖에서 선언될 경우는 외부 정적 변수라 한다. 내부 정적 변수는 지역 변수로 사용되며, 외부 정적 변수는 전역 변수로 사용되지만 그 범위는 해당 프로그램 파일 내부로 제한되므로 외부 프로그램 파일의 함수에서는 사용할 수 없다.

내부 정적 변수는 〈예제 11-4〉와 같이 함수의 내부에서 선언되고 지역 변수로 사용되지만 자동 변수와는 달리 변수의 수명이 프로그램이 종료할 때까지 지속되므로 자동 변수와는 차이가 있다.

〈예제 11-4〉 내부 정적 변수의 초기화

```
01  #include <stdio.h>
02  void count(void);
03  int main(void)
04  {
05   for(int i=1;i<=3;i++)
06      count();
07   return 0;
08  }
09  void count(void)
10  {
11    int acnt=0;
12    static int stcnt=0;
13    acnt+=1;
14    stcnt+=1;
15    printf("auto count=%d, static count= %d\n", acnt, stcnt);
16  }
```

[실행 결과]
```
auto count=1, static count= 1
auto count=1, static count= 2
auto count=1, static count= 3
```

〈예제 11-4〉의 프로그램에서 함수 count는 데이터 형이 void 형으로서 반환(결과)값이 없는 함수이며 return 문이 생략되었다. 함수 count 내부에서 선언한 자동 변수 acnt와 내부 정적 변수인 stcnt는 지역 변수이나 그 역할에 차이가 있다. 함수 main에서 함수 count를 호출하면 자동 변수는 호출될 때마다 기억 공간이 일시적으로 새로 할당되어 초기화가 이루어지므로 값 1을 변수 acnt에 누적해도 1이라는 값으로 출력된다. 반면에 내부 정적 변수인 stcnt는 최초의 호출에서 기억 공간이 할당되어 지속적으로 유지되므로 처음한 번만 초기화되고 이후의 호출에 대해서는 초기화되지 않기 때문에 누적된 값이 출력된다. 〈예제 11-5〉는 함수의 밖에서 선언한 외부 정적 변수에 대한 사용 예이다.

〈예제 11-5〉 외부 정적 변수의 사용 예

```
01  #include <stdio.h>
02  static int gcnt;
03  void count(void);
04  int main(void)
05  {
06   int i;
07   for(i=1;i<=3;i++)
08   {
09      count();
10      gcnt+=1;
11   }
12   return 0;
13  }
14  void count(void)
15  {
16    static int stcnt;
17    stcnt+=1;
18    gcnt+=1;
19    printf("local count=%d, global count=%d\n", stcnt, gcnt);
20  }
```

[실행 결과]
```
local count=1, global count=1
local count=2, global count=3
local count=3, global count=5
```

〈예제 11-5〉에서 함수 밖에서 선언한 외부 정적 변수인 gcnt는 전역 변수이므로 내부 정적 변수인 stcnt와는 달리 프로그램 내의 어느 함수에서도 사용할 수 있다. 따라서 함수 main 안에서도, 그리고 함수 count에서도 사용할 수 있으며, 변수의 값을 바꾸면 바로 영향을 받게 된다.

앞서 설명한 것과 같이 정적 변수는 특별히 초기화를 하지 않아도 선언할 때 0으로 초기화된다. 내부 정적 변수인 stcnt는 함수 main에서 함수 count를 최초로 호출할 때 0으로 초기화되며 이후의 호출에 대해서 1씩 증가하므로 1, 2, 3으로 출력된다. 외부 정적 변수인 gcnt는 선언되면서 0으로 초기화되고, 함수 main에서도 그 값이 변하고, 함수 count에서도 영양을 받기 때문에 1, 3, 5로 변화된 값이 출력된다. 요약하면 [표 11-3]과 같다.

[표 11-3] 내부 정적 변수와 외부 정적 변수의 차이

구분	내부 정적 변수	외부 정적 변수
선언 위치	함수의 내부	함수의 외부
변수 역할	지역 변수	전역 변수
사용 범위	선언된 함수의 내부	프로그램 파일 안의 모든 함수
변수 수명	지속적	지속적
초기화 값	0	0

외부 정적 변수는 전역 변수의 역할을 한다고 하였지만 이는 해당 프로그램 파일 안에 있는
모든 함수에 대해서만 전역 변수로 사용된다.

메모리의 기억 영역과 구분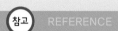

C 언어로 작성한 프로그램은 코드(code)라 불리는 프로그램 문장과 프로그램에서 사용할
데이터(data)로 구성된다. 프로그래머가 작성한 프로그램 문장들은 컴파일 과정을 거쳐 컴
퓨터가 처리할 수 있는 기계어로 번역되며 이를 코드라 한다. 데이터는 프로그램에서 사용
할 변수들을 말하는데 이 값들은 실행 과정에서 다른 값으로 변경되어 사용될 수 있으나, 프
로그램 코드들은 실행 중에 변경될 수 없다. 따라서 데이터 영역은 읽기와 쓰기가 모두 가능
한 영역에, 코드 영역은 읽기만 가능하고 쓰기는 불가능한 영역으로 서로 구분된 기억 공간
에 저장하여 사용한다.

따라서 컴파일과 링크 과정을 거친 프로그램이 실행되면 메모리의 기억 영역은 크게 프로그
램 코드 영역과 데이터 영역으로 구분되어 따로 관리된다. 데이터 영역은 [표 11-4]와 같이
데이터 영역, 힙(heap) 영역 그리고 스택(stack) 영역으로 구분된다.

[표 11-4] 메모리의 기억 영역

구분		포함 내용	변수
코드(code) 영역		기계어로 번역된 프로그램 코드 저장	
데이터 영역	데이터 영역	프로그램에서 초기화된 데이터 또는 초기화되지 않은 변수들을 저장	전역 변수 정적 변수
	힙(heap) 영역	프로그래머가 정의하는 동적 할당 영역	
	스택(stack) 영역	프로그램이 동작하면서 필요한 변수들, 함수를 호출하면서 함수의 인자를 전달하기 위한 임시 데이터들, 함수의 복구 번지 등을 저장	자동 변수

데이터 영역에는 전역(global) 변수, 정적(static) 변수 그리고 초기화된 배열과 구조체들
이 존재하는 영역으로 프로그램이 실행될 때 생성되고 프로그램이 종료될 때 시스템에 반환
된다.

다른 영역들은 프로그램 코드가 컴파일 되면서 이미 그 크기들이 정해지는 반면, 힙 영역은
프로그래머가 자유롭게 할당하여 사용할 수 있는 영역으로 그 크기가 정해져 있지 않다. 따
라서 자유 영역이라고도 불리며 이 영역의 메모리를 할당하는데 사용되는 함수는 malloc,
realloc 등이 있으며 사용한 힙 영역의 메모리를 해제하는 함수는 free가 있다.

재귀 호출(recursive call)을 하게 되면 호출되는 깊이만큼 지역 변수가 스택 영역에 생
성된다. 스택 영역은 힙 영역과는 달리 크기에 제한이 있기 때문에 너무 큰 지역 변수를 사
용하게 되면 스택 오버플로우(Stack overflow)가 일어날 수 있다.

11.4 외부(extern) 변수

앞에서 정적 변수는 함수 밖에서 선언될 경우 해당 프로그램 파일 내에서만 전역 변수의 역할을 한다고 하였다. 그러나 하나의 프로젝트 프로그램이 여러 개의 모듈 프로그램 파일로 나누어져 있더라도 어떤 모듈의 함수에서도 전역 변수로서 사용하고자 한다면 extern 지정자를 사용한다. 즉, extern 지정자는 파일 외부에서 선언된 전역 변수를 해당 프로그램 파일 내부에서 전역 변수로 사용할 경우에 지정한다.

비교적 규모가 있는 프로그램들은 처음부터 하나의 프로그램 파일로 만들어지지 않고 기능별로 구분되는 여러 개의 프로그램 모듈로 나누어져 개발된다. 그러나 최종적으로 완성된 프로그램을 만들기 위해서는 여러 개의 모듈들을 각각 컴파일 한 후에 하나의 통합된 프로그램(*.exe)으로 합쳐야 하는데 이 과정을 분할 컴파일이라 한다. 예를 들어 프로그램이 다음과 같이 두 개의 프로그램 파일로 만들어졌다고 가정하자.

main.cpp	func01.cpp
```#include <stdio.h>void func01(void);int data;int main(void){ data=9; printf("before call=%d\n", data); func01(); printf("after call=%d\n", data); return 0;}```	```#include <stdio.h>void func01(void){ data=10; printf("call func01=%d\n", data); data=20;}```

프로그램 파일 main.cpp에서는 함수 main 밖에서 변수 data를 전역 변수로 선언하였고, 파일 func01.cpp에서는 외부 파일인 main.cpp에서 선언한 전역 변수인 data를 사용하고자 한다. 이때 분할 컴파일 하면 파일 func01.cpp에서 오류가 발생하는데 그 이유는 파일 func01.cpp의 어디에서도 변수 data에 대한 선언이 없기 때문에 정의되지 않은 (undefined) 변수 사용에 대한 오류가 발생하는 것이다.

따라서 프로그램 파일은 비록 서로 다르더라도 다른 파일에서 정의된 전역 변수를 사용하고자 한다면 다음의 수정된 프로그램과 같이 지정자 extern을 사용하여 외부 파일에서 정의된 전역 변수를 사용한다고 컴파일러에 알려 주어야 한다.

main.cpp	수정된 func01.cpp
| ```c
#include <stdio.h>
void func01(void);
int data;
int main(void)
{
  data=9;
  printf("before call=%d\n", data);
  func01();
  printf("after call=%d\n", data);
  return 0;
}
``` | ```c
#include <stdio.h>
extern int data;
void func01(void)
{
  data=10;
  printf("call func01=%d\n", data);
  data=20;
}
``` |

분할 컴파일을 하여 실행한 결과는 다음과 같다.

[실행 결과]

```
"C:\MYPROG\main\Debug\main.exe"
before call=9
call func01=10
after call=20
Press any key to continue
```

파일 main.cpp에서 선언한 전역 변수 data는 extern 지정자에 의해 파일 func01.cpp에서도 전역 변수의 역할을 하므로 함수 func01에서 data의 값을 변경하면 영향을 받게 된다. extern 지정자를 이용한 전역 변수의 사용은 서로 다른 프로그램 파일의 모든 함수에서도 사용할 수 있기 때문에 프로그램 전반에 걸쳐 공통적으로 사용될 데이터에 한해서만 제한적으로 사용해야 한다. 분할 컴파일 방법에 대해서는 18.1절(프로젝트와 분할 컴파일)에서 설명한다.

11.5 레지스터(register) 변수

레지스터 변수는 자동 변수와 기능이 동일하지만 메인 메모리인 주기억장치가 아니라 중앙처리장치인 CPU의 레지스터를 사용한다는 점에서 차이가 있다. 레지스터 변수는 주기억장치보다 처리 속도가 상대적으로 빠른 레지스터를 사용하므로 네 가지 기억 클래스 중에서 가장 빠른 처리를 하지만, CPU 레지스터는 개수에 제한이 있으므로 2~3개 정도만 사용할 수 있다. 레지스터 변수는 크기에도 제한이 있기 때문에 char 형, int 형으로만 사용한다.

레지스터 변수는 프로그램의 실행 속도를 증가시키기 위해 다음과 같이 주로 반복문의 제어 변수에 사용한다.

〈예제 11-6〉 레지스터 변수의 사용 방법

```
01  #include <stdio.h>
02  int main(void)
03  {
04    register int i;
05    double sum=0;
06    for(i=1; i<=30000; i++)
07      sum+=i;
08    printf("1+2+...+29999+30000=%lf\n", sum);
09    return 0;
10  }
```

단원정리

변수에 대한 또 다른 속성인 기억 클래스(storage class)

메모리, 즉 기억 공간에 데이터를 저장하는 방법을 지시하는 것으로서 프로그램 내에서의 변수에 대한 사용 범위와 변수의 수명을 결정한다. 기억 클래스로 변수들의 기억 장소를 분류하는 이유는 연산과 기억 장소의 효율성을 높이기 위함이다.

기억 클래스와 기억 공간

기억 클래스	수명	기억 공간(메모리)
auto	일시적	스택(stack)
static	지속적	데이터
extern	지속적	데이터
register	일시적	CPU 내의 register

지역(local) 변수와 전역(global) 변수의 차이점

구분	지역(local) 변수	전역(global) 변수
선언 위치	함수 내부	함수 외부
사용 범위	해당 함수의 내부	프로그램 내의 모든 함수
변수 수명	일시적	지속적
변수 중복	함수가 다르면 중복 정의가 가능	중복 정의 불가능

자동(auto) 변수

함수의 안에서 선언하는 지역 변수들은 모두 자동(auto) 변수에 해당한다. 자동 변수를 선언하기 위해서 auto라는 기억 클래스 지정자를 사용하지만 생략이 가능하며 필요한 경우에는 반드시 초기화를 해야 한다.

내부 정적 변수와 외부 정적 변수의 차이

구분	내부 정적 변수	외부 정적 변수
선언 위치	함수의 내부	함수의 외부
변수 역할	지역 변수	전역 변수
사용 범위	선언된 함수의 내부	프로그램 파일 안의 모든 함수
변수 수명	지속적	지속적
초기화 값	0	0

메모리의 기억 영역

컴파일과 링크 과정을 거친 프로그램이 실행되면 메모리의 기억 영역은 크게 프로그램 코드 영역과 데이터 영역으로 구분되어 따로 관리된다.

구분		포함 내용	변수
코드(code) 영역		기계어로 번역된 프로그램 코드 저장	
데이터 영역	데이터 영역	프로그램에서 초기화된 데이터 또는 초기화되지 않은 변수들을 저장	전역 변수 정적 변수
	힙(heap) 영역	프로그래머가 정의하는 동적 할당 영역	
	스택(stack) 영역	프로그램이 동작하면서 필요한 변수들, 함수를 호출하면서 함수의 인자를 전달하기 위한 임시 데이터들, 함수의 복구 번지 등을 저장	자동 변수

외부(extern) 변수

프로그램이 여러 개의 파일로 나누어져 있는 경우라도 어떤 프로그램 파일에서도 전역 변수로서 사용하고자 한다면 extern 지정자를 사용한다. 즉, extern 지정자는 외부 파일에서 정의된 전역 변수를 현재의 프로그램 파일에서 전역 변수로 사용할 경우에 지정한다.

레지스터(register) 변수

레지스터 변수는 자동 변수와 기능이 동일하지만 CPU의 레지스터를 사용하므로 기억 클래스 중에서 가장 빠른 처리를 하지만 레지스터의 숫자는 제한이 있으므로 2~3개 정도만 사용할 수 있다.

연 습 문 제 EXERCISE

11.1 기억 클래스에 대한 설명이 맞으면 ○, 틀리면 ×로 표시하시오.

(1) 기억 클래스는 프로그램 내에서 변수의 사용 범위와 수명을 결정한다.

(2) main 함수 밖에서 정의된 변수는 지역 변수가 된다.

(3) 전역 변수는 사용자 정의 함수를 포함하여 프로그램 내의 모든 곳에서 사용 가능하다.

(4) 함수 내부에서 선언하는 변수들은 모두 지역 변수가 된다.

(5) 기억 클래스 지정자 auto는 생략해도 무방하다.

(6) 정적(static) 변수는 초기화 하지 않아도 0으로 초기화 된다.

(7) 외부 정적 변수는 해당 프로그램 내에서 전역 변수와 같이 사용할 수 있다.

(8) 레지스터 변수는 기억 클래스 중에서 가장 빨리 연산을 처리한다.

(9) 변수 선언 시 기억 클래스 지정자가 사용되면 데이터 형을 생략할 수 있다.

11.2 지역 변수와 전역 변수 대해 바르게 설명한 것을 모두 고르시오.

① 지역 변수의 선언 위치는 함수 내부이거나 외부일 수 있다.

② 하나의 프로그램에서 같은 이름의 전역 변수가 존재할 수 있다.

③ 전역 변수는 프로그램이 종료되면 사라진다.

④ 지역 변수보다는 전역 변수의 사용이 선호된다.

⑤ 전역 변수는 자동적으로 0으로 초기화된다.

11.3 내부 정적 변수와 외부 정적 변수에 대한 설명 중 틀린 것은?

① 내부 정적 변수는 지역 변수의 역할을 한다.

② 외부 정적 변수는 전역 변수로서 다른 프로그램에서 사용 가능하다.

③ 정적 변수는 자동적으로 0으로 초기화된다.

④ 정적 변수의 구분은 선언 위치가 함수 내부인가 외부인가로 구분한다.

11.4 다음의 기억 클래스 지정자 중에서 사용하는 기억 장소의 위치가 다른 것은?

① static   ② extern   ③ auto   ④ register

11.5 변수 선언 시 기억 클래스를 생략하면 어떤 클래스로 간주되는가?

① static   ② extern   ③ auto   ④ register

11.6 A라는 프로그램 파일에서 정의한 전역 변수를 B라는 프로그램 파일에서도 전역 변수로 사용할 경우 이용하는 지정자는?

① static   ② extern   ③ auto   ④ register

11.7 다음 ( ) 안에 적절한 단어를 아래 보기에서 골라 쓰시오.

> ● 보기 ●
>
> 자동(지역), 정적, 전역, CPU, 데이터(상수 또는 변수), 프로그램 내용(기계어 코드), 힙(heap),
> 스택(stack)

프로그램이 실행되면 해당 (   )과 프로그램에서 사용하는 (   )의 영역이 분리되어 관리된다. 데
이터 영역은 크게 데이터 영역, (   ) 영역, (   ) 영역으로 구분되는데 (   ) 변수와 (   ) 변수는
(   ) 영역에, 자동(지역) 변수는 (   ) 영역에 저장된다.

11.8 다음 프로그램의 실행 결과는?

(1)
```c
#include <stdio.h>
int main(void)
{
    int a=5, b=7, sum
    sum=sum+a+7;
    printf("sum=%d\n", sum);
    return 0;
}
```

(2)
```c
#include <stdio.h>
int x=5;
int main(void)
{
    int x=3;
    printf("%d\n",x);
    return 0;
}
```

11.9 다음 프로그램의 실행 결과는?

(1)
```c
#include <stdio.h>
void test(void);
int x=5;
int main(void)
{
    int x=3;
    printf("%d\n",x);
    test();
    return 0;
}
void test(void)
{
    printf("%d\n", x);
}
```

(2)
```c
#include <stdio.h>
void test(int x);
int x=5;
int main(void)
{
    int x=3;
    printf("%d\n",x);
    test(x);
    return 0;
}
void test(int x)
{
    printf("%d\n", x);
}
```

11.10 다음 프로그램의 실행 결과는?

```c
#include <stdio.h>
int main(void)
{
  int x=0;
   {
     int x=2;
     printf("%d", x);
     x+=3;
   }
  printf("%d", x);
  return 0;
}
```

① 25
② 00
③ 22
④ 20

11.11 다음 프로그램에서 변수 acnt와 stcnt는 각각 무슨 변수이고 실행 결과는 어떻게 나타나는 지 예측하시오.

```c
#include <stdio.h>
void count(void);
int main(void)
{
   count();
   count();
   return 0;
}
void count(void)
{
  int acnt=0;
  static int stcnt;
  acnt+=1;
  stcnt+=1;
  printf("actn=%d, stcnt= %d\n", acnt, stcnt);
}
```

11.12 다음 프로그램에서 변수 gcnt와 stcnt는 각각 무슨 변수이고 실행 결과는 어떻게 나타나는
지 예측하시오.

```c
#include <stdio.h>
void count(void);
static int gcnt;
int main(void)
{
 int i;
 count();
 gcnt+=1;
 count();
 return 0;
}
void count(void)
{
  static int stcnt;
  stcnt+=1;
  gcnt+=1;
  printf("stcnt=%d, gcnt=%d\n", stcnt, gcnt);
}
```

11.13 프로그램이 다음과 같이 두 개의 파일로 나누어져 있으나 하나의 실행 파일로 생성하려고
한다. 왼쪽 프로그램에서 오른쪽 프로그램의 함수 function을 사용하고, 왼쪽 프로그램의 변
수 data를 오른쪽 프로그램에서도 사용할 때 프로그램의 □ 부분을 작성하고, ①, ②, ③의
결과를 예측하시오.

main.cpp	func01.cpp

`#include <stdio.h>`
 	
`int data;`
`int main(void)`
`{`
`  data=1;`
`  printf("%d", data);  ①`
`  func01();`
`  printf("%d/n", data);  ③`
`  return 0;`
`}`
	`#include <stdio.h>`
	
	`void function(void)`
	`{`
	`  data=2;`
	`  printf("%d", data);  ②`
	`  data=3;`
	`}`

라이브러리 함수와 응용

이 장에서는 라이브러리 함수의 사용과 응용 방법에 대해서 살펴본다. 12장에서 다룰 라이브러리 함수들은 다음과 같다.

구분	내용	라이브러리 함수들	헤더 파일
12.1절	문자와 문자열 관련 함수	isalpha, tolower, … atof, atoi, atol, …	⟨ctype.h⟩ ⟨stdlib.h⟩
12.2절	수학 계산 함수	ceil, exp, log sin, cos, tan	⟨math.h⟩
12.3절	화면과 커서의 제어	system("cls"), getch gotoxy	⟨conio.h⟩ ⟨windows.h⟩

12.1 문자와 문자열 관련 함수

문자와 문자열을 처리하는 라이브러리 함수와 사용 방법을 소개한다. 문자는 char 형 변수에 저장할 수 있지만 문자열을 변수에 저장하려면 char 형 배열이나 포인터를 이용한다. 문자열에 대한 자세한 내용은 13.5절(배열과 문자열)과 14.3절(포인터와 배열)에서 설명하고 여기서는 라이브러리 함수에 초점을 두고 설명한다.

12.1.1 문자 분류 함수

문자를 분류하는 함수들은 다음 [표 12-1]과 같다. 이들 함수의 인자는 모두 정수형이고, 함수의 반환값도 모두 정수형이다. 따라서 이들 함수를 호출할 때 사용될 문자 인수(char 형)는 자동적으로 int 형으로 확장되지만 하위 바이트만을 사용한다.

각각의 함수들은 조건을 만족(참)하는 경우 1 또는 0이 아닌 값을 반환하고, 만족하지 않는 경우(거짓)에는 0을 반환한다. 조건식에서 0은 거짓(false)을, 0이 아닌 숫자는 참(ture)을 의미한다.

함수의 이름이 is로 시작하는 함수들은 영어의 의문문에 해당한다. 따라서 함수 isalpha(c)는 "Is c alphabet?"과 동일한 의미로서 문자형 변수 c에 저장된 데이터가 영문 알파벳인지를 판단한다. 만약 문자형 변수 c에 저장된 데이터가 'a' 또는 'w'와 같은 알파벳 문자라면 1 또는 0이 아닌 값을, 숫자라면 0을 반환한다. 함수의 이름이 to로 시작하는 함수들은 영어의 to ~와 같이 변환을 의미하므로 tolower(c)는 c to lower case의 의미다.

[표 12-1] 문자를 분류하는 함수(헤더 파일 〈ctype.h〉)

구분	함수 원형과 인자	함수 설명(참값은 0 이외의 정수)
문자 숫자	int isalnum(int c)	isalpha(c) 또는 isdigit(c)가 만족되는 경우
문자 분류	int isalpha(int c)	isupper(c) 또는 islower(c)가 만족되는 경우
	int isascii(int c)	문자 c가 ASCII 문자이면 참값을 반환
	int iscntrl(int c)	문자 c가 값이 제어 문자이면 참값을 반환
	int isdigit(int c)	문자 c가 숫자이면 참값을 반환
	int ispunct(int c)	문자 c가 punctuation 문자이면 참값을 반환 영문자, 숫자, 공백이 아닌 경우
	int isprint(int c)	문자 c가 인쇄 가능한 문자이면 참값을 반환
	int isspace(int c)	문자 c가 공백, 행바꿈, tab 문자이면 참값을 반환
	int islower(int c)	문자 c가 소문자이면 참값을 반환
	int isupper(int c)	문자 c가 대문자이면 참값을 반환
문자 변환	int tolower(int c)	문자 c를 소문자로 변환
	int toupper(int c)	문자 c를 대문자로 변환
숫자 분류	int isdigit(int c)	문자 c가 숫자이면 참값을 반환
	int isxdigit(int c)	문자 c가 16진수이면 참값을 반환
	int toascii(int c)	문자 c의 7번째 bit를 0으로 만들어 ASCII 문자로 변환, 0~127 사이의 값을 반환

〈예제 12-1〉 문자 분류 함수의 예

```
01  #include <stdio.h>
02  #include <ctype.h>
03  int main(void)
04  {
05    char ch1='1', ch2='A';
06    if(isalpha(ch2))
07       printf("%c는 문자입니다.\n", ch2);
08    if(isdigit(ch1))
09       printf("%c는 숫자입니다.\n", ch1);
10    printf("소문자 %c\n", tolower(ch2));
11    return 0;
12  }
```

[실행 결과]

```
A는 문자입니다.
1는 숫자입니다.
소문자 a
```

line 05에서 변수 ch2의 값은 'A'이므로 isalpha(ch2)의 결과는 참이 된다. line 10에서도 변수 ch1의 값은 '1'이므로 isdigit(ch1)의 결과는 참이 된다. 함수 tolower는 대문자를 소문자로 변환하는 함수인데 변수 ch2의 값이 'A'이므로 'a'를 반환한다. 참고로 함수의 반환값이 소문자라는 것이지, 변수 ch2에 저장된 문자가 소문자로 변하는 것은 아니다.

실 습 문 제

12.1 입력된 문자가 숫자라면 "숫자입니다."를 출력하고, 문자일 경우 대문자면 소문자로, 소문자면 대문자로 출력하는 프로그램을 작성하시오.

. . . .

12.1.2 문자열을 숫자로 변환하는 함수

변환 함수들은 숫자 데이터를 문자열로, 문자열을 숫자 데이터로 변환하는 기능을 가지고 있다. 숫자 데이터를 문자열로 변환하는 함수는 14.7절에서 설명한다.

■ **문자열을 숫자로 변환하는 함수**

다음 함수들은 문자열을 숫자로 변환한다. 변환할 숫자의 데이터 형은 실수형 또는 정수형으로 변환할 수 있다. 예를 들어 atof는 ascii to float를 의미한다. 다음의 함수들은 헤더 파일 〈stdlib.h〉을 필요로 한다.

구분	함수 원형과 인자	함수 설명
문자열을 숫자로 변환	double atof(const char *s)	문자열 s를 double 형 실수로 변환
	int atoi(const char *s)	문자열 s를 int 형 정수로 변환
	long atol(const char *s)	문자열 s를 long 형 정수로 변환

〈예제 12-2〉는 문자열 상수를 숫자로 변환한다. printf의 형식 지정자에서 long 형 정수를 출력하기 위해 형식 지정자 %d 대신에 %ld를 사용하였고, line 07에서의 double 형 실수의 출력은 %lf를 사용하지만 %f를 사용한 결과와 동일하다. (※ %ld와 %lf에 사용한 l은 영문자)

〈예제 12-2〉 문자열을 숫자로 변환하는 함수(atoi, atof)

```
01  #include <stdio.h>
02  #include <stdlib.h>
03  int main(void)
04  {
05    printf("int형 숫자:%d\n", atoi("47476"));
06    printf("long형 숫자:%ld\n", atol("98765432"));
07    printf("double형 숫자:%lf\n", atof("3456.7634"));
08    return 0;
09  }
```

[실행 결과]
```
int형 숫자:47476
long형 숫자:98765432
double형 숫자:3456.763400
```

실습문제

12.2 두 개의 문자열 "1234"와 "0.5678"의 합을 계산하는 프로그램을 작성하시오.

12.2 수학 계산 함수

수학 계산과 관련된 라이브러리 함수들은 다음과 같다. 이들 함수들을 사용하려면 헤더 파일 〈math.h〉를 필요로 한다. [표 12-2]의 함수 인자 중에서 n은 int 형을, x와 y는 double 형을 의미한다.

[표 12-2] 수학 계산 함수

구분	함수 원형과 인자	함수 설명
정수형 변환	double ceil(x)	x를 초과하는 정수 중에서 가장 작은 정수
	double floor(x)	x보다 작은 정수 중에서 가장 큰 정수
절댓값 변환	int abs(n)	정수형의 절댓값을 계산
	long labs(long n)	long 형 정수의 절댓값을 계산
	double fabs(x)	double 형 실수의 절댓값을 계산
지수, 로그 함수	double exp(x)	x의 exponential을 계산
	double ldexp(x, n)	$x*2^n$을 계산
	double frexp(x, int *expptr)	x를 지수 부분과 소수 부분으로 분리
	double log(x)	log(x)를 계산
	double log10(x)	base 10인 x의 log를 구하는 함수
	double pow(x, y)	x의 y승을 구하는 함수
	double sqrt(x)	x의 양의 제곱근을 계산

나눗셈 나머지	div_t div(**int** n, **int** denom)	두 정수로 나눗셈을 하고 몫과 나머지를 구조체로 반환
	ldiv_t ldiv(**long** n, **long** denom)	두 long 형 정수로 나눗셈을 하고 몫과 나머지를 구조체 로 반환
	double modf(x, y)	실수 x를 정수 부분과 실수 부분으로 분해
	double fmod(x, double *inptr)	실수 x를 실수 y로 나눈 나머지를 계산
삼각 함수	double asin(x)	$\sin^{-1}(x)$, x의 arc sine 계산
	double acos(x)	$\cos^{-1}(x)$, x의 arc cosine 계산
	double atan(x)	$\tan^{-1}(x)$, x의 arc tangent 계산
	double atan2(y, x)	$\tan^{-1}(y/x)$, y/x의 arc tangent 계산
	double sin(x)	sine x를 계산(x는 라디안)
	double cos(x)	cosine x를 계산(x는 라디안)
	double tan(x)	tangent x를 계산(x는 라디안)
	double sinh(x)	x의 hyperbolic sine을 계산
	double cosh(x)	x의 hyperbolic cosine을 계산
	double tanh(x)	x의 hyperbolic tangent를 계산

12.2.1 정수형 변환 함수

정수형 변환 함수는 실수형 데이터를 정수형으로 변환하며 다음과 같은 함수가 있다.

구분	함수 원형과 인자	함수 설명
정수형 변환	double ceil(double x)	x를 초과하는 정수 중에서 가장 작은 정수
	double floor(double x)	x보다 작은 정수 중에서 가장 큰 정수

함수 ceil(x)는 x를 초과하는 정수 중에서 가장 작은 정수를, 함수 floor(x)는 x를 초과하지 않는 정수 중에서 가장 큰 정수를 계산한다. 예를 들어 x가 123.54 또는 x가 −123.54라고 할 때 이들 함수의 값은 다음과 같다.

구분	x=123.54	x=−123.54
ceil(x)	124	−123
floor(x)	123	−124

〈예제 12-3〉 소수 이하 자릿수의 올림과 내림 함수(ceil, floor)

```
01  #include <stdio.h>
02  #include <math.h>
03  int main(void)
04  {
05    double x=123.54, y=-123.54;
06    printf("ceil(%f) =%f\n", x, ceil(x));
07    printf("floor(%f)=%f\n", x, floor(x));
08    printf("ceil(%f) =%f\n", y, ceil(y));
09    printf("floor(%f)=%f\n", y, floor(y));
10    return 0;
11  }
```

[실행 결과]
```
ceil(123.540000) =124.000000
floor(123.540000)=123.000000
ceil(-123.540000) =-123.000000
floor(-123.540000)=-124.000000
```

실습문제

12.3 〈예제 12-3〉을 응용하여 임의의 실수를 입력받아 소수 이하 첫째자리에서 반올림하는 함수 round_num를 정의하고, 이를 이용하는 프로그램을 작성하시오. 예를 들어 round_num (-1.8)는 -2, round_num(1.8)는 2로 계산한다.

12.2.2 지수, 로그 함수

지수 및 로그 계산 함수로는 다음과 같은 함수들이 있다.

구분	함수 원형과 인자	함수 설명
지수, 로그 함수	double exp(double x)	x의 exponential을 계산(e^x)
	double ldexp(double x, int n)	$x*2^n$을 계산
	double frexp(double x, int *expptr)	x를 지수 부분과 소수 부분으로 분리 예) $8=0.5×2^4$
	double log(double x)	log(x)를 계산
	double log10(double x)	base 10인 x의 log를 계산
	double pow(double x, double y)	x^y를 계산하는 함수
	double sqrt(double x)	x의 양의 제곱근을 계산

〈예제 12-4〉는 다음의 내용을 계산하고 결과를 반환한다.

계산식	라이브러리 함수	반환값
$e^{2.0}$	exp(2.0)	7.389056
4.0×2^2	ldexp(4.0, 2)	16
$8.0 = 0.5 \times 2^4$	frexp(8.0, &expt)	0.5(expt=4)
ln 9	log(9)	2.197225
$\log_{10} 9$	log10(9)	0.954243
2^4	pow(2.0, 4.0)	16
$\sqrt{16}$	sqrt(16)	4

〈예제 12-4〉 지수, 로그 함수(exp, frexp, log, log10, sqrt)

```
01   #include <stdio.h>
02   #include <math.h>
03   int main(void)
04   {
05     double num1=2.0;
06     double num2=4.0;
07     double num3=8.0;
08     double num4=9.0;
09     double num5=16.0;
10     double mantissa;
11     int expt;
12     printf("지수함수 e^%.1f = %f\n", num1, exp(num1));
13     printf("%.1f*2^%.1f = %f\n", num2, num1, ldexp(num2, 2));
14     mantissa=frexp(num3, &expt);
15     printf("%.1f = %.1f*2^%d \n", num3, mantissa, expt);
16     printf("log(%.1f)   = %f\n", num4, log(num4));
17     printf("log10(%.1f) = %f\n", num4, log10(num4));
18     printf("%.1f^%.1f = %f\n", num1, num2, pow(num1, num2));
19     printf("square root(%.1f) = %f\n", num5, sqrt(num5));
20     return 0;
21   }
```

[실행 결과]
```
지수함수 e^2.0 = 7.389056
4.0*2^2.0 = 16.000000
8.0 = 0.5*2^4
log(9.0)    = 2.197225
log10(9.0) = 0.954243
2.0^4.0 = 16.000000
square root(16.0) = 4.000000
```

실습문제

12.4 x가 −2에서 2까지 0.1씩 증가할 경우 다음 함수식의 결과를 동시에 출력하는 프로그램을 작성하시오.

함수식1: $f(x) = e^2$,   함수식2: $f(x) = e^{-\frac{x}{2}}$

12.5 x가 1에서 16까지 1씩 증가할 경우 다음 함수식의 결과를 동시에 출력하는 프로그램을 작성하시오.

함수식1: $f(x) = \log_{10}x$, 함수식2: $f(x) = \ln x$, 함수식3: $f(x) = \log_2 x$

12.2.3 나눗셈과 나머지 함수

나눗셈과 나머지에 관련된 함수들은 다음과 같다. 단, 함수 div와 ldiv에 대한 구조체(div_t, ldiv_t)는 헤더 파일 〈stdlib.h〉에 정의되어 있다. 구조체는 15장에서 자세히 설명한다.

구분	함수 원형과 인자	함수 설명
나눗셈 나머지 함수	div_t div(int n, int denom)	두 정수로 나눗셈을 하고 몫과 나머지를 구조체 (div_t)로 반환
	ldiv_t ldiv(long n, long denom)	두 long 형 정수로 나눗셈을 하고 몫과 나머지를 구조체(ldiv_t)로 반환
	double modf(double x, double y)	실수 x를 정수 부분과 실수 부분으로 분해
	double fmod(double x, double *inptr)	실수 x를 실수 y로 나눈 나머지를 계산

이들 함수들의 사용법은 〈예제 12-5〉와 같다. % 연산자는 오직 정수에 대해서만 사용할 수 있다.

〈예제 12-5〉 나눗셈, 나머지 함수(div, ldiv, modf, fmod)

```
01  #include <stdio.h>
02  #include <stdlib.h>
03  #include <math.h>
04  int main(void)
05  {
06    div_t ix;
07    ldiv_t lx;
08    double num=367.568, frct, intg;
09    double x1=7.0, y1=2.0;
10    ix=div(10,4);
11    printf("10/4의 결과 몫: %d, 나머지: %d\n", ix.quot, ix.rem);
12    lx=ldiv(100L, 30L);
13    printf("100/30의 결과 몫: %ld, 나머지: %ld\n", lx.quot, lx.rem);
14    frct=modf(num, &intg);
15    printf("%lf의 정수: %lf, 실수: %lf \n", num, intg, frct);
16    printf("%lf/%lf의 나머지: %lf\n", x1, y1, fmod(x1, y1));
17    return 0;
18  }
```

[실행 결과]
```
10/4의 결과 몫: 2, 나머지: 2
100/30의 결과 몫: 3, 나머지: 10
367.568000의 정수: 367.000000, 실수: 0.568000
7.000000/2.000000의 나머지: 1.000000
```

12.2.4 삼각 함수

삼각 함수와 관련된 함수들은 다음과 같다. 모든 삼각 함수의 데이터 형은 double로서 double 형 결과를 반환하고 함수의 인자 x와 y는 모두 double 형으로 라디안을 사용한다.

구분	함수 원형과 인자	함수 설명
삼각 함수	double asin(x)	$\sin^{-1}(x)$, x의 arc sine 계산
	double acos(x)	$\cos^{-1}(x)$, x의 arc cosine 계산
	double atan(x)	$\tan^{-1}(x)$, x의 arc tangent 계산
	double atan2(y, x)	$\tan^{-1}(y/x)$, y/x의 arc tangent 계산
	double sin(x)	sine x를 계산(x는 라디안)
	double cos(x)	cosine x를 계산(x는 라디안)
	double tan(x)	tangent x를 계산(x는 라디안)
	double sinh(x)	x의 hyperbolic sine을 계산
	double cosh(x)	x의 hyperbolic cosine을 계산
	double tanh(x)	x의 hyperbolic tangent를 계산

삼각 함수를 이용하는 프로그램에서는 각도(degree)와 라디안(호도, radian)을 구별해야 한다. 각도는 원 한 바퀴의 각을 360으로 나눈 값을 기본 단위로 표시하는 방법으로 60분법을 사용하고, 원 한 바퀴의 각도는 360°가 된다. 라디안은 반지름이 r인 원에 대해 호의 길이가 r인, 즉 반지름과 같은 길이의 호가 이루는 각을 기본 단위로 표시하는 방법으로 호도(弧度) 또는 rad라는 기호로 표시한다.

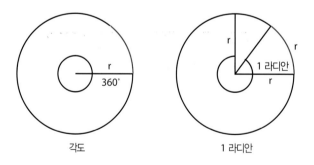

각도   1 라디안

반지름의 길이가 r인 원 둘레의 길이는 2πr이므로, 2π rad = 360°의 관계가 성립한다. 따라서 1라디안과 각도 1°은 다음과 같이 나타낼 수 있다.

$1\text{rad} = \dfrac{360°}{2\pi} = \dfrac{180°}{\pi}$	$360° = 2\pi \text{ rad}$ $1 \text{ rad} = 180°/\pi$ $1° = \pi/180 \text{ rad}$

실제 각도와 라디안의 관계를 나타내면 다음과 같다.

[각도와 라디안]

각도	0°	30°	45°	60°	90°	180°	270°	360°
라디안	0	$\dfrac{\pi}{6}$	$\dfrac{\pi}{4}$	$\dfrac{\pi}{3}$	$\dfrac{\pi}{2}$	π	$\dfrac{3\pi}{2}$	2π

위의 삼각 함수의 인자들은 모두 라디안을 사용하므로 각도를 인자로 사용하고 싶다면 다음과 같은 변환 공식을 이용한다. 다음 공식에서 PI는 원주율 상수를 의미한다.

각도(degree)를 라디안(radian)으로 변환	라디안(radian)을 각도(degree)로 변환
radian=degree*PI/180;	degree=radian*180/PI;

〈예제 12-6〉은 각도(degree)를 라디안(radian)으로, 라디안을 각도로 변환하는 프로그램을 함수로 작성한 것이다.

〈예제 12-6〉 각도를 라디안, 라디안을 각도로 변환

```
01   #include <stdio.h>
02   #include <math.h>
03   #define PI 3.14159265
04   double rad2deg(double radian);
05   double deg2rad(double degree);
06   int main(void)
07   {
08     double degree=90;
09     double radian = PI/2;
10     printf("각도%f의 라디안=%f\n",degree, deg2rad(degree));
11     printf("라디안 %f의 각도=%f\n", radian, rad2deg(radian));
12     return 0;
13   }
14   double rad2deg(double radian)
15   {
16    return radian*180/PI;
17   }
18   double deg2rad(double degree)
19   {
20    return degree*PI/180;
21   }
```

[실행 결과]
```
각도90.000000의 라디안=1.570796
라디안 1.570796의 각도=90.000000
```

〈예제 12-6〉의 line 03에서 #define은 매크로 상수 PI를 3.141592로 정의한다. 다음 예제는 함수 sin과 cos을 이용하여 0°에서 90°까지 10° 간격으로 함수의 값을 출력하는 프로그램이다.

〈예제 12-7〉 0°에서 90°까지 변화할 때 삼각 함수의 결과(sin, cos)

```
01  #include <stdio.h>
02  #include <math.h>
03  #define PI  3.141592
04  int main(void)
05  {
06    int n;
07    double r, s, c;
08    for(n=0;n<=90;n+=10)
09    {
10      r=(double)n*PI/180;
11      s=sin(r);
12      c=cos(r);
13      printf("sin(%2d)=%9.6f, cos(%2d)=%9.6f\n", n, s, n, c);
14    }
15    return 0;
16  }
```

[실행 결과]
```
sin( 0)= 0.000000, cos( 0)= 1.000000
sin(10)= 0.173648, cos(10)= 0.984808
sin(20)= 0.342020, cos(20)= 0.939693
sin(30)= 0.500000, cos(30)= 0.866025
sin(40)= 0.642787, cos(40)= 0.766045
sin(50)= 0.766044, cos(50)= 0.642788
sin(60)= 0.866025, cos(60)= 0.500000
sin(70)= 0.939693, cos(70)= 0.342020
sin(80)= 0.984808, cos(80)= 0.173648
sin(90)= 1.000000, cos(90)= 0.000000
```

〈예제 12-7〉의 line 10에서 정수형 변수 n을 실수형으로 변환하기 위해 cast 연산자를 사용하였다.

실 습 문 제

12.6 $\theta=-\dfrac{\pi}{3}$일 때 $\sin(\theta)$, $\cos(\theta)$, $\tan(\theta)$의 값을 프로그램을 통해 계산하시오.

12.7 〈예제 12-6〉의 함수를 이용하여 sin(210°), cos(120°), tan(25°)의 값을 계산하는 프로그램을 작성하시오.

12.8 △ABC에 대해 a=2, b= $2\sqrt{3}$, c=120°일 때 삼각형의 넓이를 계산하는 프로그램을 작성하시오.

12.3 화면과 커서의 제어

Visual C++나 Turbo C/C++에서 실행된 C 프로그램의 결과는 텍스트 방식의 화면에 출력하므로 출력할 내용들이 많다면 결과를 확인하기 위해 화면 스크롤을 이용해야 한다.

화면을 제어한다는 것은 화면에 나타난 모든 내용들을 지우는 것을 말하고, 커서를 제어한다는 것은 화면상에서 커서의 위치를 조절하여 출력할 내용의 위치를 제어한다는 것을 의미한다. 화면을 지우고 커서의 위치를 제어하는 함수들은 다음과 같다.

컴파일러	화면 지움	커서의 위치 제어

Visual C++	#include <stdlib.h>
	system("cls");
		없음

Turbo C/C++	#include <conio.h>
	clrscr();
		#include <conio.h>
		gotoxy(int x, int y);

컴파일러로 Visual C++를 사용하고 있다면 화면을 지우는 함수로 system을 사용하고 함수의 인자로는 "cls"를 사용한다. 함수 system은 헤더 파일 <stdlib.h>를 필요로 하며 함수의 인자로는 DOS 명령어를 사용할 수 있는데 "cls"는 화면을 지우는 DOS 명령이다.

Visual C++의 경우에는 커서의 위치를 제어하는 라이브러리 함수가 없기 때문에 사용자 정의 함수를 사용하는 방법을 설명한다.

12.3.1 화면 지우기

다음 예제를 통해 화면 지우기가 어떤 역할을 하는지 설명한다. 구구단의 1단만을 출력할 때 앞의 〈예제 8-21〉은 한 번에 1단 전체를 출력하지만 〈예제 12-8〉은 한 번씩 끊어서 출력한다. 구구단의 1단만 출력하는 프로그램은 다음과 같다.

〈예제 12-8〉 구구단 1단 출력과 화면 제어

화면을 지워가며 출력(Visual C++)

```
01  #include <stdio.h>
02  #include <stdlib.h>
03  #include <conio.h>
04  int main(void)
05  {
06   int i;
07   for(i=1;i<=9;i++)
08   {
09    system("cls");
10    printf("%d*%d=%d\n", 1, i, 1*i);
11    printf("아무키나 누르시오.\n");
12    _getch();
13   }
14   return 0;
15  }
```

화면을 지워가며 출력(Turbo C/C++)

```
01  #include <stdio.h>
02  #include <conio.h>
03  int main(void)
04  {
05   int i;
06   for(i=1;i<=9;i++)
07   {
08    clrscr();
09    printf("%d*%d=%d\n", 1, i, 1*i);
10    printf("아무키나 누르시오.\n");
11    getch();
12   }
13   return 0;
14  }
```

[실행 결과]

```
1*1=1
아무키나 누르시오.
```
```
1*2=2
아무키나 누르시오.
```
```
1*3=3
아무키나 누르시오.
```

실행 결과를 보면 1회 반복에서 화면을 지우고 나서 1*1=1을 출력한다. 이어서 Enter↵ 키 필요 없이 한 개의 문자를 입력받는 함수 getch(헤더 파일 〈conio.h〉 필요)를 사용하였기 에 문자를 입력하기 전까지는 프로그램의 진행이 잠시 중단된다. 키보드에서 아무 키나 누르면 다음 반복으로 이어지고, 앞서 출력되었던 1*1=1이 화면 지우기 함수에 의해 지워지고 다음 내용을 출력한다.

이와 같은 방법을 응용하여 1단부터 9단까지 출력하되 단마다 끊어서 출력하는 프로그램을 작성하면 다음과 같다. 〈예제 12-8〉을 다음과 같이 수정하여 결과를 확인한다.

REFERENCE 참고   _getch와 getch의 사용

표준 C 언어에서는 _getch 대신 getch를 사용하고, Visual C++ 2019에서만 getch 대신에 _getch를 사용한다.

〈예제 12-9〉 구구단 전체 출력과 화면 제어

화면을 지워가며 구구단 출력(Visual C++)

```
01  #include <stdio.h>
02  #include <stdlib.h>
03  #include <conio.h>
04  int main(void)
05  {
06   int i, j;
07   for(j=1;j<=9;j++)
08   {
09    system("cls");
10    for(i=1;i<=9;i++)
11     printf("%d*%d=%d\n", j, i, j*i);
12    printf("아무키나 누르시오.\n");
13    _getch();
14   }
15   return 0;
16  }
```

화면을 지워가며 구구단 출력(Turbo C/C++)

```
01  #include <stdio.h>
02  #include <conio.h>
03  int main(void)
04  {
05   int i, j;
06   for(j=1;j<=9;j++)
07   {
08    clrscr();
09    for(i=1;i<=9;i++)
10     printf("%d*%d=%d\n", j, i, j*i);
11    printf("아무키나 누르시오.\n");
12    getch();
13   }
14   return 0;
15  }
```

[실행 결과]

```
1*1=1
1*2=2
1*3=3
1*4=4
1*5=5
1*6=6
1*7=7
1*8=8
1*9=9
아무키나 누르시오.
```

앞의 예제와 같이 화면 지우기 함수를 사용할 경우에는 함수를 어느 위치에서 사용하느냐가 중요하다. 내용에 따라 화면을 지우고 출력할 것인지, 아니면 출력을 하고 나서 화면을 지울 것인지를 잘 판단해야 하며, 화면 지우기 함수가 사용된 경우에는 예제와 같이 프로그램의 진행을 잠시 중단시키기 위하여 일부러 데이터를 입력받도록 하는 부분(_getch)이 필요하다.

12.3.2 커서의 위치 제어

프로그램이 실행된 텍스트 화면의 크기는 대개 [그림 12-1]과 같이 가로 80자, 세로 24자 정도의 크기이다. 화면에서 커서의 위치를 제어하면 출력할 내용의 위치를 조절할 수 있다. 커서의 위치를 제어하는 함수 gotoxy의 원형은 다음과 같으며 void 형이므로 반환값은 없다.

gotoxy	함수 원형	void gotoxy(int x, int y);	
	함수 인자	int x	화면에서의 가로 위치를 지정(1~80)
		int y	화면에서의 세로 위치를 지정(1~24)

함수 gotoxy의 첫 번째 인자는 가로의 위치를, 두 번째 인자는 세로의 위치를 나타낸다. [그림 12-1]에서 화면 왼쪽 위 모서리 부분의 커서 위치는 gotoxy(1,1)이며 화면 오른쪽 아래 모서리는 gotoxy(80,24)가 된다. 따라서 화면 정중앙의 위치는 gotoxy(40,12)로 나타낼 수 있다. 함수 gotoxy는 어떤 내용의 위치를 고정하여 출력하는데 사용하므로 대개 화면 지우기 함수와 함께 사용한다.

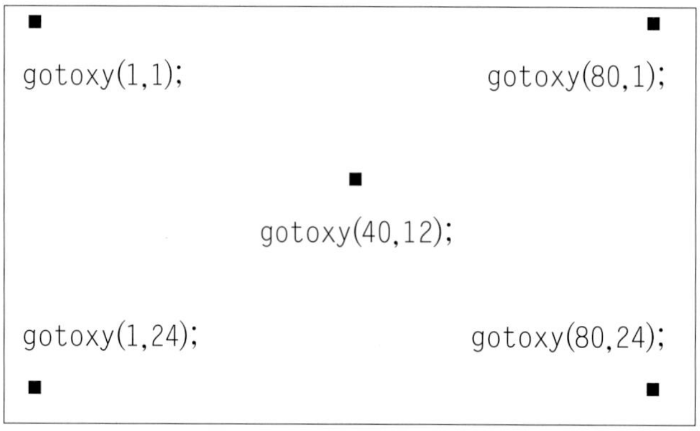

```
■                                      ■

gotoxy(1,1);                       gotoxy(80,1);

                    ■
           gotoxy(40,12);

gotoxy(1,24);                      gotoxy(80,24);

■                                      ■
```

[그림 12-1] 함수 gotoxy와 텍스트 화면의 좌표

Turbo C/C++의 경우에는 헤더 파일 〈conio.h〉에 함수 gotoxy의 원형이 정의되어 있으므로 그대로 사용할 수 있지만 Visual C++에는 존재하지 않으므로 다음과 같이 사용자 정의 함수로 사용해야 한다.

```
void gotoxy(int x, int y)
{
  COORD Pos = x - 1, y - 1;
  SetConsoleCursorPosition(GetStdHandle(STD_OUTPUT_HANDLE), Pos);
}
```

앞의 사용자 정의 함수에 사용된 구조체와 함수는 Win API(Application Programming Interface)에서 제공하는 함수이므로 C 언어의 범위를 넘는 것이기에 구체적인 설명은 생략한다. 단, 위와 같은 사용자 정의 함수를 사용하려면 헤더 파일 〈windows.h〉가 필요하다. 〈예제 12-10〉은 앞의 구구단의 1단만 출력하는 〈예제 12-9〉에 대해 구구단의 내용을 대각선 방향으로 이동시키며 출력하는 프로그램이다.

〈예제 12-10〉 커서의 위치를 지정한 구구단 출력

```
01  #include <stdio.h>
02  #include <stdlib.h>
03  #include <windows.h>
04  void gotoxy(int x, int y);
05  int main(void)
06  {
07   int i;
08   system("cls");
09   for(i=1;i<=9;i++)
10   {
11      gotoxy(i, i);
12      printf("%d*%d=%d\n", 1, i, 1*i);
13   }
14   return 0;
15  }
16  void gotoxy(int x, int y)
17  {
18      COORD Pos = x - 1, y - 1;
19      SetConsoleCursorPosition(GetStdHandle(STD_OUTPUT_HANDLE), Pos);
20  }
```

[실행 결과]

```
1*1=1
 1*2=2
  1*3=3
   1*4=4
    1*5=5
     1*6=6
      1*7=7
       1*8=8
        1*9=9
```

〈예제 12-10〉은 함수 gotoxy를 사용자 정의 함수로 만들어 사용한 예이다. 이 예제에서 반복문 안의 gotoxy(i,i)는 제어 변수 i가 1에서부터 9까지 변화하므로 커서의 위치는 최초 gotoxy(1,1)에서 gotoxy(2,2), …, gotoxy(9,9)로 변화하여 구구단의 결과를 대각선 방향으로 출력한다.

실습문제

12.9 화면의 정중앙 위치에 오른쪽과 같은 내용을 출력하는 프로그램을 작성하시오.

C언어 프로그램 과제
작성자:홍길동

12.10 〈예제 12-8〉과 〈예제 12-9〉를 이용하여 화면의 정중앙 위치에 구구단을 단계적으로 출력하는 프로그램을 작성하시오.

단원정리

이 장에서 다룬 라이브러리 함수들

라이브러리 함수를 사용하려면 그 함수가 정의되어 있는 헤더 파일을 불러와야 한다.

내용	라이브러리 함수들	헤더 파일
문자와 문자열 관련 함수	isalpha, tolower, … atof, atoi, atol, …	〈ctype.h〉 〈stdlib.h〉
수학 계산 함수	ceil, exp, log sin, cos, tan	〈math.h〉
화면과 커서의 제어	system("cls"), getch gotoxy	〈conio.h〉 〈windows.h〉

문자를 분류하는 함수(헤더 파일 〈ctype.h〉)

구분	함수 원형과 인자	함수 설명
문자 숫자	int isalnum(int c)	isalpha(c) 또는 isdigit(c)가 만족되는 경우
문자 분류	int isalpha(int c)	isupper(c) 또는 islower(c)가 만족되는 경우
	int isdigit(int c)	문자 c가 숫자이면 참값을 반환
	int islower(int c)	문자 c가 소문자이면 참값을 반환
	int isupper(int c)	문자 c가 대문자이면 참값을 반환
문자 변환	int tolower(int c)	문자 c를 소문자로 변환
	int toupper(int c)	문자 c를 대문자로 변환

문자열을 숫자로 변환하는 함수(헤더 파일 〈stdlib.h〉)

구분	함수 원형과 인자	함수 설명
문자열을 숫자로 변환	double atof(const char *s)	문자열 s를 double 형 실수로 변환
	int atoi(const char *s)	문자열 s를 int 형 정수로 변환
	long atol(const char *s)	문자열 s를 long 형 정수로 변환

수학 계산 관련 함수(헤더 파일 〈math.h〉)

구분	함수 원형과 인자	함수 설명
정수형 변환	double ceil(x)	x를 초과하는 정수 중에서 가장 작은 정수
	double floor(x)	x보다 작은 정수 중에서 가장 큰 정수
절댓값 변환	int abs(n)	정수형의 절댓값을 계산
	long labs(long n)	long 형 정수의 절댓값을 계산
	double fabs(x)	double 형 실수의 절댓값을 계산
지수, 로그 함수	double exp(x)	x의 exponential을 계산
	double log(x)	log(x)를 계산
	double log10(x)	base 10인 x의 log를 구하는 함수
	double pow(x, y)	x의 y승을 구하는 함수
	double sqrt(x)	x의 양의 제곱근을 계산
나눗셈 나머지	double modf(x, y)	실수 x를 정수 부분과 실수 부분으로 분해
	double fmod(x, double *inptr)	실수 x를 실수 y로 나눈 나머지를 계산
삼각 함수	double sin(x)	sine x를 계산(x는 라디안)
	double cos(x)	cosine x를 계산(x는 라디안)
	double tan(x)	tangent x를 계산(x는 라디안)

삼각 함수

모든 삼각 함수의 데이터 형은 double로서 double 형 결과를 반환하고 함수의 인자 x와 y는 모두 double 형으로 라디안을 사용하므로 각도를 사용하려면 변환해 주어야 한다.

$$1\text{rad} = \frac{360°}{2\pi} = \frac{180°}{\pi}$$	$360° = 2\pi \text{ rad}$ $1 \text{ rad} = 180°/\pi$ $1° = \pi/180 \text{ rad}$

화면과 커서의 제어

화면을 제어한다는 것은 화면에 나타난 모든 내용들을 지우는 것을 말하고, 커서를 제어한다는 것은 화면상에서 커서의 위치를 조절하여 출력할 내용의 위치를 제어한다는 것을 의미한다. 화면을 지우고 커서의 위치를 제어하는 함수들은 다음과 같다.

구분	화면 지움	커서의 위치 제어

Visual C++	#include 〈stdlib.h〉
	 system("cls");
		사용자 정의 함수
		 gotoxy

연습문제

12.1 라이브러리 함수에 대한 설명이 맞으면 ○, 틀리면 ×로 표시하시오.

(1) 라이브러리 함수를 사용하려면 적절한 헤더 파일을 불러와야 한다.

(2) scanf로 문자열을 입력받을 때 변수 이름 앞에 &를 사용해야 한다.

(3) 라이브러리 함수는 호출만 가능하며 수정은 불가능하다.

(4) 사용자 정의 함수를 헤더 파일에 저장하여 불러오면 라이브러리 함수와 같이 사용할 수 있다.

(5) 라이브러리 함수의 인수로 숫자만 사용할 수 있다.

(6) 사용자 정의 함수에서 라이브러리 함수를 사용할 수 없다.

12.2 다음에서 사용하려는 함수의 종류에 대해 필요한 헤더 파일을 보기에서 골라 쓰시오.

┌─ 보기 ─

stdio.h, ctype.h, math.h, string.h, stdlib.h, time.h

(1) 시간 계산과 처리

(2) 2개 이상의 연속된 문자(문자열) 처리

(3) sin, cos과 같은 수학 함수

(4) printf나 scanf 함수

12.3 다음 중 바르게 설명한 것을 모두 고르시오.

① scanf를 이용하여 문자열을 입력받을 때 공백도 처리한다.

② 라이브러리 함수를 사용하려면 헤더 파일이 필요하다.

③ 문자열의 마지막은 NULL이 포함된다.

④ 문자열을 저장할 때 문자형 배열이나 포인터를 사용한다.

⑤ 한글 한 글자도 영문자와 마찬가지로 1byte 크기로 처리된다.

12.4 다음의 처리에 맞는 함수를 보기에서 골라 쓰시오.

┌─ 보기 ─

isdigit, isspace, tolower, toupper, rand, srand, atof, atoi, strlen, strcat, strcmp, strcpy, abs, log10, log, pow, sqrt, time, difftime, clock

(1) 소문자로 변환한 값을 반환

(2) 대문자로 변환한 값을 반환

(3) 숫자이면 참값을 반환

12.5 다음의 처리에 맞는 함수를 연습문제 12.4의 보기에서 골라 쓰시오.

(1) 문자열의 길이를 반환

(2) 두 문자열을 복사한 값을 반환

(3) 두 개의 문자열을 합하여 하나의 문자열로 반환

(4) 두 개의 문자열이 같은지를 비교

12.6 다음의 처리에 맞는 함수를 연습문제 12.4의 보기에서 골라 쓰시오.

(1) 양의 제곱근을 계산

(2) x^y를 계산

(3) log10 x를 계산

12.7 char 형 변수 c에 저장된 값에 다음과 같이 처리하고자 한다. 보기에서 적절한 함수를 골라 □ 부분을 완성하시오.

> **• 보기 •**
>
> isdigit(c), islower(c), isupper(c), isalpha(c), isascii(c), isspace(c)

```
if(           )
   printf("공백문자 입니다.\n");
else if(           )
  printf("소문자입니다.\n");
else if(           )
   printf("대문자입니다.\n");
else
   printf("영문자가 아닙니다.\n");
```

12.8 다음 프로그램의 결과로 출력될 내용은?

(1)
```
double x=1.4;
printf("%.1f ", fabs(x));
printf("%.1f ", ceil(x));
printf("%.1f\n", floor(x));
```

(2)
```
double x=-1.4;
printf("%.1f ", fabs(x));
printf("%.1f ", ceil(x));
printf("%.1f\n", floor(x));
```

(3)
```
double x=1.6;
printf("%.1f ", fabs(x));
printf("%.1f ", ceil(x));
printf("%.1f\n", floor(x));
```

(4)
```
double x=-1.6;
printf("%.1f ", fabs(x));
printf("%.1f ", ceil(x));
printf("%.1f\n", floor(x));
```

12.9 다음 중 실행 결과가 같지 않은 것은?

① `printf("%.1f\n", pow(3, 2));`　　　② `printf("%.1f\n", log10(1000));`

③ `printf("%.1f\n", sqrt(9));`　　　　④ `printf("%.1f\n", fmod(8, 5));`

12.10 다음은 입력된 문자가 소문자이면 대문자로, 대문자이면 소문자로 변환하는 프로그램이다. ☐ 부분을 완성하시오.

```
#include <stdio.h>
[                    ]

int main(void)
{
    char c;
    printf("문자를 입력하고 Enter>");
    scanf("%c", &c);
    if([          ])
        printf("입력문자:%c    변환문자:%c\n", [          ]);
    else
        printf("입력문자:%c    변환문자:%c\n", [          ]);
    return 0;
}
```

12.11 함수 sin, cos, tan은 인자로 라디안을 사용하므로 각도를 이용하려면 다음과 같이 변환해 주어야 한다.

$$라디안 = \frac{각도 \times \pi}{180} \ (\pi: 원주율)$$

sin(90°)와 cos(45°)를 출력하는 다음 프로그램의 ☐ 부분을 완성하시오.

```
#include <stdio.h>
[                    ]
[                    ]

int main(void)
{
    printf("sin 90=%f\n", sin(r2d(90.)));
    printf("cos 90=%f\n", cos(r2d(90.)));
    return 0;
}
double r2d(double degree)
{
    [                    ]
}
```

12.12 6자리 숫자로 이루어진 임의의 복권번호 10개를 출력하는 프로그램을 함수 rand를 이용하여 작성하시오. 복권번호의 최솟값은 100000이고 최댓값은 999999이며 난수는 현재 시간으로 초기화 하여 사용한다.

12.13 10 set의 로또번호를 출력하는 프로그램을 작성하되 출력될 숫자의 자릿수를 맞추어 출력하시오. 로또번호는 1~45 사이의 임의의 6개의 숫자를 1 set로 한다.

12.14 임의의 구구단 문제를 출력하고 값을 입력하면 정답 여부를 출력하는 프로그램을 작성하시오. 구구단 문제가 출력된 이후에 값을 입력받는 과정을 10번 반복하고 값을 입력할 때마다 채점 결과와 정답을 출력한다. 10개의 문제를 다 풀고 나면 100점 만점으로 환산하여 점수를 표시한다. 단, 1단 문제는 출제하지 않는다고 가정한다.

12.15 1부터 9까지 임의의 숫자 100개를 생성하여 10개 단위로 출력하고, 어떤 숫자가 몇 개 생성되었는지를 계산하여 빈도수와 확률을 출력하는 프로그램을 반복문과 switch case를 이용하여 작성하시오.

12.16 역추진 로켓의 고도(미터)가 다음과 같은 함수식으로 계산된다고 할 때 발사 후 60초간 로켓의 고도를 1초 단위로 계산하여 반환하는 사용자 정의 함수를 작성하고 프로그램을 완성하시오. 다음 식에서 t는 경과시간 초(second)를 나타낸다고 가정하고, 고도는 소수 이하 둘째자리까지 출력한다.

```
heitght = 15 + 3.15t² + 0.0012t⁴
```

12.17 지름(r)과 높이(h)를 입력하면 원통의 부피를 계산하여 반환하는 부분을 매크로 함수와 사용자 정의 함수로 작성하는 프로그램을 각각 완성하시오. 단, 원주율(pi)의 값은 매크로 상수로 정의하여 사용한다. 입력은 모두 실수형으로 간주하고 사용자 정의 함수의 경우는 입력받은 두 개의 값을 인자로 취하여 계산 결과를 반환한다.

12.18 임의의 실수 a, b, c에 대한 이차방정식 $ax^2 + bx + c = 0$을 만족하는 x를 근의 공식을 이용하여 출력하는 부분을 사용자 정의 함수(void 형)로 작성하여 프로그램을 완성하시오. 단, 근을 갖지 못하는 경우(허근)에는 실수 a, b, c를 다시 입력받고 계산 결과를 출력하는 함수의 이름은 function으로 하고 3개의 double 형 인자를 취하여 계산 결과를 출력한다.

12.19 xy 좌표 상에 임의의 두 개의 점 (x1, y1), (x2, y2)을 입력받아 두 점의 거리를 계산하여 반환하는 부분을 사용자 정의 함수로 작성하여 프로그램을 완성하시오. 함수이름은 distance로 하고, 좌표값은 실수로 입력받으며 함수 distance는 4개의 실수를 인자로 취하여 계산하고 결과는 double 형으로 반환한다.

12.20 피타고라스의 정리를 이용하여 직각삼각형의 두 변의 길이를 입력하면 나머지 변의 길이를 계산하여 반환하는 부분을 사용자 정의 함수로 작성하여 프로그램을 완성하시오. 함수 이름은 pythagorean이라 하고, 나머지 변의 계산은 조건에 의해서 ① 빗변과 나머지 변을 입력하는 경우와 ② 직각을 낀 두 변의 길이를 입력하는 경우로 구분하여 계산한다. 두 변의 길이는 실수로 입력받고 함수 pythagorean은 조건의 값과 2개의 실수를 인자로 취하여 계산하고 결과는 double 형으로 반환한다.

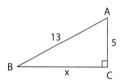

12.21 다음과 같은 직각삼각형에 대해 B의 각도와 변 AC의 길이를 입력하면 AB와 BC의 길이를 계산하여 출력하는 부분을 사용자 정의 함수(void 형)로 작성하여 프로그램을 완성하시오. 각도를 라디안으로 변환하는 부분은 연습문제 12.11의 함수를 이용하고, 각도 B와 AC의 길이는 실수로 입력받고 사용자 정의 함수는 이 두 개의 값을 인자로 사용하여 계산한다.

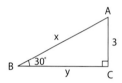

12.22 어느 건물에서 n미터 떨어진 B지점에서 건물의 꼭대기를 올려다 본 각의 크기가 각각 30°, 45°, 60°, 75°라 할 때 건물의 높이(AC)를 계산하여 반환하는 부분을 사용자 정의 함수(double 형)로 작성하여 완성하시오. 건물과 B지점의 거리(미터)는 실수형으로 입력받고 각도의 변화는 for 문을 사용하여 작성한다. 사용자 정의 함수는 거리(BC)와 각도 B를 인자로 취하여 계산 결과값을 반환한다. 건물 높이는 소수 이하 첫째자리까지 출력하고 각도를 라디안으로 변환하는 부분은 연습문제 12.11의 함수를 이용한다.

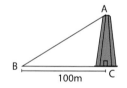

12.23 현재 P원을 은행에 n년간 연이자율 R(%)의 정기예금을 할 경우에 n년 후에는 얼마가 될 것인가를 계산하여 반환하는 사용자 정의 함수를 작성하고 프로그램을 완성하시오. 이자율을 R(%)이라 하면, 현재 금액 P_0을 1년간 저금하여 얻는 금액 P_1은 다음과 같이 계산한다.

$$P_1 = 원금 + 이자 = P_0 + (P_0 \times R) = P_0(1 + R)$$

현재 금액과 기간(년), 이자율(%)은 모두 실수형으로 입력받아 사용자 정의 함수의 인자로 사용하여 결과값을 반환한다. 단, n년 후의 가치는 소수 이하 첫째자리에 반올림한 값을 출력한다.

12.24 어느 은행의 이자율은 연 R%이다. n년 동안 매년 말에 P원을 예금한다면 n년 후의 가치는 얼마가 되는가를 계산하여 반환하는 사용자 정의 함수를 작성하고 프로그램을 완성하시오. 1년 후 받는 현금 C는 n시점까지 (n-1)년간 저금할 수 있으므로 이것의 n시점의 미래가치는 $C(1+R)^{n-1}$가 된다. 또한 2년 후에 받게 되는 현금 C는 (n-2)년간 저금할 수 있으므로 n시점의 미래가치는 $C(1+R)^{n-2}$가 된다. 연금 금액과 기간(년), 이자율(%)은 모두 실수형으로 입력받아 사용자 정의 함수의 인자로 사용하여 결과값을 반환한다. 단, n년 후의 가치는 소수 이하 첫째자리에 반올림한 값을 출력한다.

12.25 만기가 n년 후에 도래하는 액면 금액이 P원인 채권을 갖고 있다. 이 채권은 만기에 가서 원금만 지급하고 중도에 지급하는 이자(R%)는 없다고 한다면 이를 할인할 경우 얼마의 현금을 받게 되는가를 계산하여 반환하는 사용자 정의 함수를 작성하고 프로그램을 완성하시오. 1년 후의 P_1은 현재가치 P_0로 환산하면 다음과 같다.

$$P_0 = \frac{P_1}{(1+R)}, \quad \frac{P_1}{(1+R)}$$ 를 1년간 저금하면 P_1이 된다.

12.26 생년월일을 입력하면 만 나이를 계산하여 반환하는 사용자 정의 함수를 작성하고 프로그램을 완성하시오. 현재의 날짜를 기준으로 하되 함수 localtime을 이용한다. 년월일은 정수형으로 각각 따로 입력받아 처리하고 함수의 인자로 사용한다. (19.4절 참고)

만 나이 = (현재 년도-생년)-(생일이 지났으면 0, 생일이 지나지 않았으면 1)

12.27 각도가 0도에서 360도까지 15도씩 증가할 때 함수 sin 값과 sine 그래프를 세로 방향으로 출력하는 프로그램을 작성하시오.

12.28 이항분포는 n회 시행하여 x번 성공할 확률을 계산한다. 그런데 계속 실패하다가 k번째에 가서 처음 성공할 확률은 앞서 실행한 (k-1)번이 모두 실패해야 하므로 다음과 같이 계산하며 이를 기하분포라 한다.

$$P(X = x) = (1 - p)^{x-1} \times p$$

이를 이용하여 어떤 사람이 운전면허에 합격할 확률이 p라 할 때 3번째, 4번째, 5번째, 6번째 합격할 확률을 사용자 정의 함수로 계산하는 프로그램을 완성하시오.

12.29 다음의 표준정규분포의 확률밀도함수를 이용하여 z값의 범위 −3.0≤Z≤3.0에 대해 함수 값을 계산하여 반환하는 사용자 정의 함수를 작성하고 프로그램을 완성하시오. 단, z값은 0.2씩 증가하여 처리하고 z와 f(z)의 값을 자릿수에 맞추어 출력한다.

$$f(z) = \frac{1}{\sqrt{2\pi}} e^{\frac{-x^2}{2}}$$

12.30 성공할 확률이 p(0<p<1)이고 n(n>0)회의 베르누이 시행을 한다고 할 때 이항분포의 확률을 계산하여 반환하는 사용자 정의 함수를 작성하고 프로그램을 완성하시오. 단, p와 n은 입력받아 처리한다고 가정하고 n이 5인 경우 P(X=0),P(X=1), … , P(X=5)를 계산하고 계승(factorial)을 계산하는 부분도 함수로 처리한다. 확률은 소수 이하 5자리까지 출력한다. (연습문제 10.23 참고)

$$P(X = x) = \frac{n!}{(n-x)!\,x!}\,p^x(1-p)^{n-x}$$

12.31 어느 도시에서 발생하는 교통사고는 평균(m) 5인 포아송분포를 따른다고 할 때 적어도 1번 사고가 날 확률과, 많아야 3번 사고가 날 확률을 계산하시오. 포아송분포의 확률을 사용자 정의 함수로 계산하여 반환하는 프로그램을 완성하시오. 계승(factorial)을 계산하는 부분도 함수로 처리한다. 확률은 소수 이하 5자리까지 출력한다. (연습문제 10.23 참고)

$$P(\mathrm{x} = x) = \frac{e^{-m}m^x}{x!} \qquad \begin{cases} x = 0, 1, 2, \cdots \\ m = \text{단위구간당 평균출현 횟수} \end{cases}$$

12.32 1부터 100 사이의 난수 100개를 생성하여 한 줄에 10개씩 출력하고, 이 중에서 중복으로 생성된 난수가 어떤 숫자이고 몇 회 중복되었는지를 계산하는 프로그램을 작성하시오.

12.33 다음의 수열에 대해 10항까지 출력하는 함수와 프로그램을 작성하시오. 출력할 항의 개수를 함수의 인자로 사용하여 처리한다.
(1) 공차가 2인 등차수열 : 1 3 5 7 9 11 13 15   17
(2) 공비가 2인 등비수열 : 1 2 4 8 16 32 64 128 256
(3) 계차가 n인 계차수열 : 1 2 4 7 11 16 22 29 37 46

12.34 두 개의 3×3 행렬에 대해 행렬의 합, 차 그리고 곱을 구하는 프로그램을 각각 함수로 작성하시오.

12.35 임의의 행수(n)를 입력받아 파스칼의 삼각형을 출력하는 프로그램을 작성하시오. 단, 계승(factorial)을 계산하는 부분은 함수로 작성한다. ([과제 7] 참고)

PART

VI

배열과 포인터

Contents

13 번호가 붙은 변수, 배열

지금까지 프로그램에서 어떤 값을 기억시키기 위한 저장 공간으로 변수를 사용하였다. 데이터 형을 갖는 변수에는 오직 한 개의 값만을 저장할 수 있기 때문에 프로그램에서 필요한 만큼의 변수를 선언하여 사용한다. 그런데 프로그램의 특성상 많은 수의 변수가 필요하거나 데이터를 순서대로 저장해야 한다면 변수를 사용하는 것이 불편하므로 배열이라는 기억 공간을 이용한다.

배열과 변수는 데이터를 기억시킬 수 있는 공간이라는 점에서 공통점이 있지만 배열은 변수와 달리 번호가 붙은 저장 공간이다. 예를 들어 아래 그림과 같이 아파트나 건물 입구에 있는 우편함과 같이 층과 호수를 나타내는 번호로 구별되는 동일한 크기의 연속된 공간과 같이 배열 역시 번호로 구별되는 동일한 데이터 형의 연속된 기억 공간이다.

데이터가 배열에 저장된 예로 야구 경기의 스코어를 들 수 있다. 다음은 2008년 8월 23일에 열렸던 베이징 올림픽 대한민국과 쿠바의 결승전 경기 결과이다.

회	1	2	3	4	5	6	7	8	9	R(점수)	H(안타)	E(에러)
Korea	2	0	0	0	0	0	1	0	0	3	4	0
Cuba	1	0	0	0	0	0	1	0	0	2	5	1

야구 경기는 두 팀이 9회의 경기를 치루는 동안 각 회마다 득점수를 표시한다. 이때 각 회별 점수를 기억시킨다고 할 때 변수를 이용한다면 많은 수의 변수가 필요하지만 배열을 이용하면 마치 위의 기록과 같이 회수의 데이터를 순서대로 구분하여 저장할 수 있다.

요약하면 배열은 많은 수의 변수가 필요한 경우나 데이터를 순서대로 저장할 필요가 있는 경우에 유용하게 사용할 수 있는 저장 공간이다.

13.1 여러 개의 변수가 필요한 경우

예를 들어 어떤 한 학생의 영어 성적과 수학 성적에 대한 평균을 계산한다고 할 때 각각의 성적을 저장한 다음 처리하고 저장된 점수를 출력하기 위해서는 2개의 변수가 필요하다. 반면에 학생수가 50명인 어떤 반의 영어 성적과 수학 성적을 가지고 개인별 과목 평균을 계산하고 출력해야 한다면 개인별로 2개의 변수가 필요하지만, 영어 성적과 수학 성적에 대한 과목별 전체 평균을 계산하려면 모든 학생에 대한 각 과목별 성적을 저장해야 하므로 $100(50 \times 2)$개의 변수가 필요하다.

이때 동일한 데이터 형의 변수를 이전과 같은 방법으로 선언하여 사용하기에는 다소 무리가 있다. 배열은 이와 같은 경우에 편리하게 사용할 수 있는 변수이다. 배열은 변수와 같이 데이터를 저장하는 공간이지만 번호가 붙은 특별한 변수이며, 배열을 사용할 경우에는 변수를 사용할 때와 같이 사용 전에 미리 데이터 형을 선언해 주어야 한다.

13.2 배열과 변수의 차이

[표 13-1]은 2007년 1월에 있었던 대한민국과 중국 올스타의 농구 경기 2차전 결과이다. 농구 경기는 10분(또는 12분)을 1쿼터로 구분하여 총 4쿼터의 경기를 한다. 경기 기록을 배열에 저장하는 것과 변수에 저장하는 것의 차이는 [표 13-2]와 같다. 쿼터별 득점수는 int 형을 사용하였다.

[표 13-1] 올스타 농구 경기 결과

국가 \ Quarter	1Q	2Q	3Q	4Q	합계
대한민국	15	17	27	32	91
중국	27	16	19	11	73

[표 13-2] 배열과 변수의 차이

배열을 이용한 초기화	변수를 이용한 초기화
| ```c
#include <stdio.h>
int main(void)
{
  int korea[4]={15, 17, 27, 32};
  int china[4]={27, 16, 19, 11};
  ...
  return 0;
}
``` | ```c
#include <stdio.h>
int main(void)
{
  int ko1=15, ko2=17, ko3=27, ko4=32;
  int cn1=27, cn2=16, cn3=19, cn4=11;
  ...
  return 0;
}
``` |

[표 13-2]에 나타난 것과 같이 변수를 이용할 때는 각 변수의 이름을 구별해 주어야 하고 데이터를 따로 저장해야 하지만, 배열을 이용한 경우에는 동일한 이름의 저장 공간에 한 번에 데이터를 저장할 수 있다. 배열에서 대한민국의 쿼터별 득점수는 korea, 중국의 득점수는 china라는 동일한 이름의 저장 공간에 다음과 같이 연속적으로 저장된다.

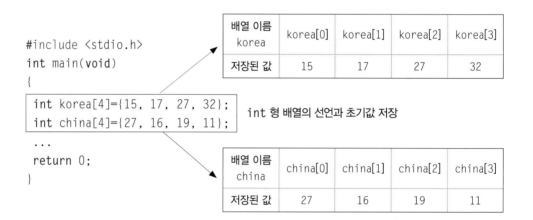

korea와 china는 배열 이름이라 부르며 int korea[4]와 int china[4]에서의 숫자 4는 배열의 크기를 나타낸다. 이때 0부터 3까지의 번호가 붙는 4개의 변수가 생성되어 중괄호 { } 안에 표시된 순서대로 저장된다. 배열에 대입할 실제 데이터는 중괄호 { } 안에 콤마로 구별하여 순서대로 나열한다.

배열에 데이터를 구분하여 저장하기 위해 사용된 0에서 3까지의 숫자를 배열 첨자(또는 색인, index)라 부르며 중괄호 안에 데이터들은 배열 요소(또는 원소, element)라 부른다. 배열의 첫 번째 첨자가 1이 아니라 0이 됨에 주의해야 한다.

13.3 1차원 배열의 선언과 사용

앞의 예에서 korea[0], korea[1]과 같이 배열 요소를 구별하는데 있어서 한 개의 첨자가 사용되는 배열을 1차원 배열이라 한다. 예를 들어 korea[2][4]와 같이 두 개의 첨자로 구분하는 배열을 2차원 배열, 세 개의 첨자로 구분하는 배열은 3차원 배열이라 한다. 2차원 이상의 배열에 대해서는 13.6절에서 설명한다.

1차원 배열을 선언하는 방법에는 다음과 같은 것이 있다. [표 13-3]에서 배열의 데이터 형은 모든 데이터 형을 사용할 수 있으나 int 형(배열의 크기는 4)을 가정한다.

[표 13-3] 1차원 배열의 선언 방법

구분	1차원 배열 선언 방법	프로그램
방법 1	배열 크기만 선언	int korea[4];
방법 2	배열의 선언과 초기화	int korea[4]={15, 17, 27, 32};
방법 3	배열 초기화에서 배열 크기 생략	int korea[]={15, 17, 27, 32};

[표 13-3]에서 각각의 선언 방법에 차이가 있지만 모두 korea[0]에서 korea[3]까지 4개의 배열 변수를 동일하게 생성한다. 배열에 저장할 데이터에 따라 배열의 데이터 형을 적절히 사용할 수 있지만 배열 첨자는 반드시 정수형이어야 한다.

[표 13-3]의 방법 1은 초기화를 하지 않고 배열의 크기만을 선언한 경우다. 배열 변수에 대해 초기화를 하지 않을 경우 배열의 크기를 생략할 수 없다. 이 경우 각 요소의 값들은 프로그램 처리 과정 중에 저장하여 처리한다. 방법 2는 앞의 예에서와 같이 선언과 동시에 초기화를 한 경우다. 이때 중요한 것은 배열의 크기와 배열 요소의 개수가 일치해야 한다는 것이다. 만약 일치하지 않을 경우 [표 11-4]와 같은 문제가 발생한다.

[표 13-4] 배열 크기와 요소 개수의 비교

배열의 크기와 자료의 개수	저장 상태
배열 크기 〈 자료의 개수 int korea[2]={15, 17, 27};	컴파일 오류 발생(too many initializes)
배열 크기 〉 자료의 개수 int korea[4]={15, 17};	나머지 요소들은 모두 0으로 초기화 됨. korea[0]에는 15, korea[1]에는 17이 초기화되지만 나머지 korea[2]와 korea[3]은 모두 0으로 초기화 됨.

방법 3은 1차원 배열에 대해 초기화를 할 경우에는 배열의 크기를 생략할 수 있음을 나타낸다.

실 습 문 제

13.1 베이징 올림픽 대한민국과 쿠바의 결승전 경기에 대해 1회부터 9회까지 점수 결과를 [표 13-3]의 방법 2와 방법 3으로 나타내시오.

13.2 자신의 영문이름을 [표 13-3]의 방법 3을 이용하여 문자형 배열에 초기화하시오. 배열 이름은 name으로 한다.

13.3 다음은 기상청에서 발췌한 우리나라의 월별 평균 기온이다. 최저기온, 최고기온, 강수량을 각각의 배열에 초기화 하시오.

요소	1월	2월	3월	4월	5월	6월	7월	8월	9월	10월	11월	12월
최저기온(℃)	−6.1	−4.1	1.1	7.3	12.6	17.8	21.8	22.1	16.7	9.8	2.9	−3.4
최고기온(℃)	1.6	4.1	10.2	17.6	22.8	26.9	28.8	29.5	25.6	19.7	11.5	4.2
강수량(mm)	21.6	23.6	45.8	77.0	102.2	133.3	327.9	348.0	137.6	49.3	53.0	24.9

다음 예제는 크기가 5인 정수형 배열에 1부터 5까지의 정수형 데이터를 저장하는 방법에 대해 초기화를 이용하는 경우와 배열의 크기만 선언하고 프로그램 내에서 데이터를 저장하는 경우를 비교한 것이다. 배열 초기화의 경우 1차원 배열의 크기는 생략할 수 있다.

〈예제 13-1〉 배열의 초기화

```
01  #include <stdio.h>
02  int main(void)
03  {
04   int n[]={1, 2, 3, 4, 5}, i;
05   for(i=0;i<5;i+=1)
06    printf("%d: %d\n", i, n[i]);
07   return 0;
08  }
```

〈예제 13-2〉 프로그램 내에서 저장

```
01  #include <stdio.h>
02  int main(void)
03  {
04   int n[5], i;
05   for(i=0;i<=4;i+=1)
06   {
07    n[i]=i+1;
08    printf("%d: %d\n", i, n[i]);
09   }
10   return 0;
11  }
```

[실행 결과]
```
0: 1
1: 2
2: 3
3: 4
4: 5
```

실 습 문 제

13.4 [표 13-1]의 데이터를 〈예제 13-1〉과 〈예제 13-2〉의 방법으로 출력하는 프로그램을 작성하시오.

13.5 실습문제 13.4를 수정하여 국가별 쿼터 점수의 합계를 추가로 출력하도록 프로그램을 수정하시오.

13.6 실습문제 13.2에서 문자형 배열에 저장한 이름을 한 줄로 출력하는 프로그램을 작성하되 성과 이름 사이에 공백을 넣으시오.

13.7 실습문제 13.3에서 최고기온의 평균온도를 출력하는 프로그램을 작성하시오.

13.4 scanf를 이용한 배열 요소의 입력

키보드를 통해 배열 요소를 입력하는 경우에 표준 입력 함수인 scanf를 사용할 수 있다. 〈예제 13-3〉과 같이 반복문의 제어 변수를 이용하여 각 요소의 값을 구분하여 입력한다. 다음의 예는 3개의 배열 요소를 키보드로부터 차례로 입력받은 다음, 배열 요소들과 합계를 출력하는 프로그램이다.

〈예제 13-3〉 scanf를 이용한 배열 요소의 입력

```
01   #include <stdio.h>
02   int main(void)
03   {
04    int korea[4], i, sum=0;
05    for(i=0;i<4;i+=1)
06    {
07      printf("%d번째 득점수 입력 :", i);
08      scanf("%d", &korea[i] );
09      sum+=korea[i];
10      printf("입력된 데이터 :%d\n", korea[i]);
11    }
12    printf("합계 :%d\n", sum);
13    return 0;
14   }
```

[실행 결과]

```
0번째 득점수 입력 :15
입력된 데이터 :15
1번째 득점수 입력 :17
입력된 데이터 :17
2번째 득점수 입력 :27
입력된 데이터 :27
3번째 득점수 입력 :32
입력된 데이터 :32
합계 :91
```

입력 함수 scanf를 이용하여 배열 요소를 입력받을 경우에는 변수의 값을 입력받을 경우와 마찬가지로 배열 이름 앞에 주소 연산자 &를 사용하고 제어 변수 i를 첨자로 이용하여 입력한다.

실습문제

13.8 〈예제 13-3〉을 수정하여 대한민국과 중국의 쿼터별 점수를 입력받아 배열 요소와 국가별 합계를 출력하는 프로그램을 작성하시오.

13.9 10개의 영문 소문자를 scanf로 모두 입력받아 배열에 저장한 다음 입력된 문자를 대문자로 변환하여 한 줄에 출력하는 프로그램을 작성하시오.

13.5 배열과 문자열

C 언어는 문자에 대한 데이터 형인 char 형은 있으나 두 개 이상의 문자가 연속되는 문자열에 대한 데이터 형은 따로 정의되어 있지 않다. 따라서 문자열을 다루기 위해서는 다른 방법을 사용하는데 문자형 배열을 이용하거나 포인터(pointer)를 이용할 수 있다. 우선 문자형 배열을 이용하는 방법을 설명하고 포인터를 이용하는 방법은 14장(포인터)에서 설명한다. 문자열을 처리하는 다양한 라이브러리 함수들은 12장(라이브러리 함수와 응용)과 14.7절 (문자열 처리와 관련된 라이브러리 함수)을 참고하기 바란다.

13.5.1 문자열을 배열에 저장하는 방법

만약 문자열 "copy"를 배열에 저장한다고 할 때 [표 13-5]의 방법 1과 방법 2를 사용한다. 주의해야 할 점은 문자열의 마지막에는 항상 NULL 문자가 들어가야 하므로 배열의 크기를 지정할 경우에는 실제 문자열의 길이(4)보다 하나 더 큰 값(5)을 사용해야 한다는 것이다. NULL 문자는 내용이 없는 빈 문자를 뜻하는데 확장 문자로는 '\0'으로 표시한다. 문자열을 배열에 저장하기 위해서 데이터 형 char를 사용하며 배열의 이름을 str로 가정한다면 [표 13-5]와 같은 방법으로 배열에 저장할 수 있다.

[표 13-5] 문자열을 배열에 저장하는 방법

구분	배열 초기화를 이용하는 방법	배열 요소에 직접 대입하는 방법
방법 1	char str[5]="copy";	char str[5]; str[0]='c';
방법 2	char str[]="copy";	str[1]='o'; str[2]='p'; str[3]='y';
방법 3	char str[]={'c','o','p','y','\0'};	str[4]='\0'; 또는 str[4]=NULL;

문자열을 배열에 저장할 경우에는 방법 2를 이용하는 것이 편리하다. [표 13-5]의 모든 방법에 대해 문자열 "copy"가 배열 str에 저장된 형태는 다음과 같이 동일하다.

배열 이름 str	str[0]	str[1]	str[2]	str[3]	str[4]
저장된 값	'c'	'o'	'p'	'y'	'\0'

위의 형태에서 나타나듯이 문자열 "copy"가 하나의 기억 공간에 저장되는 것이 아니라 연속된 저장 공간인 문자형 배열에 문자 단위로 분리되어 저장된다는 것이다.

문자열의 마지막에 NULL 문자를 넣는 이유

문자열을 문자형 배열에 저장할 경우 다음과 같이 실제 배열 크기에 맞게 저장할 수도 있고, 배열 크기보다 적은 문자열을 저장할 경우도 있을 것이다.

```
char str1[12]="Kim Eugene";  또는 char str2[12]="Lee JS";
```

이 경우 문자형 배열 str1과 str2의 마지막 부분에는 저장된 문자열이 끝났음을 나타내기 위해 NULL(\0) 문자가 포함된다. 배열의 이름(str1, str2)이나 배열의 크기(12)만으로는 실제 저장된 문자가 몇 개인가에 대한 정보를 알 수 없다. 이러한 정보가 없다면 배열에 저장된 문자열을 출력할 때나 배열에 새로운 문자열을 대입할 경우에 혼란을 가져다 줄 것이므로 추가적인 정보를 배열에 표시해야 하는데, 이를 나타내는 가장 편리한 방법은 "저장된 문자열이 여기에서 끝났음"을 나타내는 NULL 문자를 문자열의 마지막 부분에 넣는 것이다. 이러한 방법은 인원수를 확인하기 위해 "뒤로 번호!"를 할 때, 마지막 사람이 자신의 순번을 부르고 나서 "번호 끝!"이라고 외치는 것과 같다. NULL(\0) 문자가 문자열이 여기서 끝났음을 나타낸다.

실 습 문 제

13.10 자신의 영문이름과 한글이름을 문자열로 배열 name1과 name2에 초기화하시오. 영문자와는 달리 한글 한 글자는 2byte의 공간에 저장된다.

13.5.2 문자열의 입력과 출력

배열을 이용한 문자열의 입출력은 숫자를 대상으로 하는 배열의 입출력과 차이가 있다. 숫자를 대상으로 하는 배열의 입출력은 배열 요소별로 첨자를 구분하여 입출력을 하지만 문자열은 첨자를 구분하지 않고 한 번에 입력하고 출력하는 방법을 사용하므로 문자열에 대한 입출력에서 첨자를 사용할 필요가 없다. 그러나 입력된 문자열의 요소를 선택적으로 출력할 경우에는 해당 위치의 첨자를 사용할 수도 있다.

그리고 숫자 배열의 입력에는 주소 연산자 &가 사용되지만 문자열의 입력에서는 &을 생략한다. 다음 예제는 문자열의 입출력과 숫자의 입출력을 비교한 것이다.

〈예제 13-4〉 문자열 대상의 배열 입출력

```
01  #include <stdio.h>
02  int main(void)
03  {
04    char str[10] ;
05    printf("문자열 입력 후 Enter>");
06    scanf("%s", str);
07    printf("입력된 문자열:%s\n",str);
08    printf("str[3]=%c \n",str[3] );
09    return 0;
10  }
```

〈예제 13-5〉 숫자 대상의 배열 입출력

```
01  #include <stdio.h>
02  int main(void)
03  {
04    int num[3], i;
05    for(i=0;i<3;i+=1)
06      scanf("%d",&num[i] );
07    for(i=0;i<3;i+=1)
08      printf("%d\n",num[i] );
09    return 0;
10  }
```

[실행 결과]

```
문자열 입력 후 Enter>program
입력된 문자열:program
str[3]=g
```

[실행 결과]

```
11
22
33
11
22
33
```

〈예제 13-4〉를 실행하고 실행 결과와 같이 문자열 program을 입력한 다음 〔Enter↵〕 키를 누르면 입력된 문자열과 첨자 3의 요소, 즉 str[3]에 저장된 문자를 출력한다. 문자형 배열 str의 크기는 10으로 9자까지 입력할 수 있으나 실행 결과와 같이 문자열 program을 입력하고 〔Enter↵〕 키를 눌렀다면 마지막 문자로 NULL('\0')이 포함된다.

배열 이름 str	str[0]	str[1]	str[2]	str[3]	str[4]	str[5]	str[6]	str[7]
저장된 문자	p	r	o	g	r	a	m	\0

문자열 입력은 〈예제 13-4〉의 line 06과 같이 scanf에서 문자열 형식 지정자인 %s를 사용한다. %s의 s는 string(문자열)을 의미한다. 이어서 배열 첨자를 사용하지 않고 배열 이

름 str을 그대로 사용하며, 숫자나 문자를 입력할 때 사용했던 주소 연산자 &는 사용하지 않는다. 그 이유는 배열의 이름이 포인터 상수이기 때문인데 이에 대한 자세한 내용은 14장(포인터)에서 설명한다.

문자열 출력 부분인 line 07에 있어서도 printf의 문자열 형식 지정자인 %s를 사용하며, 배열 첨자를 사용하지 않고 배열 이름 str을 사용한다.

실습문제

13.11 실습문제 13.10에서 초기화한 문자열을 출력하는 프로그램을 작성하시오.

13.12 〈예제 13-4〉를 실행하여 자신의 영문이름을 입력하되 성과 이름 사이에 공백을 넣어 입력하고 출력된 문자열을 확인하시오. 공백이 입력되기 전까지의 문자열만 저장된다.

13.5.3 문자열 입력과 출력을 위한 라이브러리 함수

함수 scanf를 이용하여 문자열을 입력받을 경우에는 형식 지정자 %s를 사용한다. 그러나 이때 주의해야 할 점은 입력할 문자열에 공백(white space)이 없어야 한다는 것이다. 예를 들어 It is a string이라는 문자열을 scanf("%s")로 입력한다면 첫 번째 공백이 나타나는 It까지의 문자열만 변수에 저장된다. 따라서 공백이 있는 문자열을 입력받으려면 scanf는 사용할 수 없으며 대신 라이브러리 함수 gets를 사용하지만 Visual C++ 2019에서는 gets_s로 사용한다. 함수 gets_s의 원형과 인자는 다음과 같다. 함수 원형의 기호 *은 포인터를 나타내는데 이는 14장에서 자세히 설명한다.

gets_s	함수 원형	char *gets_s(char *string)	
	함수 인자	string	입력될 문자열을 저장할 배열 또는 포인터
	반환값	정상적으로 처리되면 string의 번지를 반환, 오류가 발생하면 NULL을 반환	

〈예제 13-6〉 문자열을 입력받는 함수 gets_s

[실행 결과]

```
01    #include <stdio.h>
02    int main(void)
03    {
04      char str[20];
05      printf("문자열을 입력하고 Enter>");
06      gets_s(str);
07      printf("입력된 문자열   : %s \n", str);
08      return 0;
09    }
```

```
문자열을 입력하고 Enter>C 언어 program
입력된 문자열   : C 언어 program
```

문자열을 출력하는 라이브러리 함수로 puts가 있다. 함수 puts의 원형과 인자는 다음과 같다. 함수 puts는 문자열의 끝에 행 바꿈 문자(\n)를 붙여 화면에 출력하므로 〈예제 13-7〉을 실행하면 자동적으로 줄 바꿈이 일어난 것을 알 수 있다.

puts	함수 원형	int *gets(const char *string)	
	함수 인자	string	출력할 문자형 배열, 또는 문자열 상수
	반환값	출력에 오류가 없으면 0또는 양수를 반환	

〈예제 13-7〉 문자열을 출력하는 함수 puts

```
01    #include <stdio.h>
02    int main(void)
03    {
04      char str[20]="program";
05      puts("C 언어");
06      puts(str);
07      return 0;
08    }
```

[실행 결과]

```
C 언어
program
```

실 습 문 제

13.13 함수 gets(또는 gets_s)와 puts를 이용하여 자신의 영문이름을 입력하고 출력하는 프로그램을 작성하시오. 단, 이름의 입력에서 성과 이름 사이에 공백을 넣어 입력한다.

13.6 2차원 배열의 초기화와 출력

2차원 배열은 1차원 배열과는 달리 두 개의 첨자를 사용하는 배열로서 대표적인 예로 다음과 같은 행렬(matrix)을 들 수 있다.

13.6.1 2차원 배열과 행렬

2차원 배열에서 첫 번째 첨자는 행(row)을, 두 번째 첨자는 열(column)을 나타낸다. 만약 다음과 같이 3×3 행렬에 대해 2차원 배열의 초기화로 저장한다면 다음과 같이 작성할 수 있다.

〈예제 13-8〉 2차원 배열(행렬)의 초기화

```
01  #include <stdio.h>
02  int main(void)
03  {
04    int mat[3][3] ={{3, 8, 6}, {4, 1, 7}, {5, 2, 9}};
05    int i, j;
06    for(i=0;i<=2;i++)
07    {
08      for(j=0;j<=2;j++)
09        printf("mat[%d][%d]= %d ", i, j, mat[i][j] );
10      printf("\n");
11    }
12    return 0;
13  }
```

[행렬]

```
3 8 6
4 1 7
5 2 9
```

[실행 결과]

```
mat[0][0]= 3 mat[0][1]= 8 mat[0][2]= 6
mat[1][0]= 4 mat[1][1]= 1 mat[1][2]= 7
mat[2][0]= 5 mat[2][1]= 2 mat[2][2]= 9
```

2차원 배열은 배열 요소에 대해 두 개의 첨자를 사용하는데 첫 번째 첨자는 행을, 두 번째 첨자는 열을 나타낸다. 2차원 배열의 초기화는 행을 우선으로 초기화하므로 다음의 세 가지 초기화 방법은 모두 동일하다.

```
int mat[3][3]={{3, 8, 6}, {4, 1, 7}, {5, 2, 9}};
int mat[3][3]={3, 8, 6, 4, 1, 7, 5, 2, 9};
int mat[][3]={3, 8, 6, 4, 1, 7, 5, 2, 9};
```

초기화에 의해 2차원 배열에 저장된 내용은 다음과 같다.

배열 이름 mat	mat[0][0]	mat[0][1]	mat[0][2]	mat[1][0]	중략	mat[2][1]	mat[2][2]
저장된 값	3	8	6	4	…	2	9

두 개의 첨자를 구별하여 배열 요소를 출력하기 위해서는 중첩된 반복문과 두 개의 제어 변수가 필요하다. 1차원 배열과 마찬가지로 행과 열의 크기가 각각 3인 2차원 배열의 첫 번째 요소는 mat[0][0]이고 마지막 요소는 mat[2][2]가 된다. 같은 방법으로 3차원 이상의 배열도 표현과 사용이 가능하다.

2차원 배열은 주로 행렬 계산에 많이 응용된다. 다음 〈예제 13-9〉는 두 개의 행렬 ma와 mb의 합을 계산하는 프로그램이다.

```
 3 8 6        1 4 9
 4 1 7        6 5 8
 5 2 9        2 3 7
```

행렬 ma   행렬 mb

두 행렬(ma, mb)의 합을 저장하기 위해서는 추가적인 행렬(sum)이 필요하며, 두 개의 첨자를 구별할 두 개의 제어 변수가 필요하다. 그리고 두 행렬의 합을 저장할 2차원 배열 (sum)은 배열 요소 모두를 0으로 초기화하는데 다음과 같은 방법을 사용한다. 두 개의 행렬을 초기화하면 다음과 같다.

```c
int ma[3][3]={{3, 8, 6}, {4, 1, 7}, {5, 2, 9}};
int mb[3][3]={{1, 4, 9}, {6, 5, 8}, {2, 3, 7}};
int sum[3][3]={0}; //배열의 크기보다 요소의 수가 적으면 나머지는 0으로 초기화됨
int i, j;
```

두 배열의 합은 행과 열의 각 요소에 대해 동일한 첨자를 사용하여 덧셈 연산으로 처리한다. 예를 들어 행렬 sum의 요소는 다음 요소들의 합으로 계산한다.

sum[0][0]=ma[0][0]+mb[0][0],
sum[0][1]=ma[0][1]+mb[0][1],
sum[i][j]=ma[i][j]+mb[i][j]

두 행렬의 합은 다음과 같다. 덧셈 연산 과정을 중첩된 반복문으로 작성하면 다음과 같다.

```
 ③ 8 6       ① 4 9       ④ 12 15
 4 1 7   +   6 5 8   =   10 6 15
 5 2 9       2 3 7       7  5 16
```

행렬 ma   +   행렬 mb   =   행렬 sum

```c
for(i=0; i<=2; i++)
{
  for(j=0; j<=2; j++)
  {
   sum[i][j]=ma[i][j]+mb[i][j];
   printf("sum[%d][%d]=%2d ",i,j, sum[i][j]);
  }
   printf("\n");
}
```

프로그램을 완성하면 다음과 같다.

〈예제 13-9〉 2차원 배열에 대해 두 행렬의 합을 출력

```
01  #include <stdio.h>
02  int main(void)
03  {
04    int ma[3][3]={{3, 8, 6}, {4, 1, 7}, {5, 2, 9}};
05    int mb[3][3]={{1, 4, 9}, {6, 5, 8}, {2, 3, 7}};
06    int sum[3][3]={0};
07    int i, j;
08    for(i=0; i<=2; i++)
09    {
10      for(j=0; j<=2; j++)
11      {
12        sum[i][j]=ma[i][j]+mb[i][j];
13        printf("sum[%d][%d]=%2d ", i, j, sum[i][j]);
14      }
15      printf("\n");
16    }
17    return 0;
18  }
```

[실행 결과]
```
sum[0][0]= 4 sum[0][1]=12 sum[0][2]=15
sum[1][0]=10 sum[1][1]= 6 sum[1][2]=15
sum[2][0]= 7 sum[2][1]= 5 sum[2][2]=16
```

실습문제

13.14 〈예제 13-9〉에서 사용한 행렬 값을 scanf로 입력받아 두 행렬의 값과 두 행렬의 합을 출력하는 프로그램을 작성하시오.

13.15 〈예제 13-9〉의 행렬에 대해 대각 원소의 값만 출력하는 프로그램을 작성하시오.

13.16 〈예제 13-9〉의 행렬 ma에 대해 행렬요소의 합을 출력하는 프로그램을 작성하시오.

13.6.2 2차원 배열과 문자열

2차원 배열을 이용하면 2개 이상의 문자열을 배열에 저장할 수 있다. 여러 개의 문자열을 변수에 저장할 때 2차원 배열보다는 포인터 배열에 저장하는 것이 효율적이지만 이에 대한 내용은 14장에서 설명한다. 다음은 세 개의 국가이름을 2차원 배열에 초기화하여 출력하는 예제이다. 2차원 문자형 배열의 첫 번째 첨자는 저장할 문자열의 개수(3)를 나타내고, 두 번째 첨자는 저장할 문자열의 길이(크기)를 나타낸다. "Korea"와 "China"를 배열에 저장하기 위해서 최소 6byte가 필요(마지막 문자는 NULL('\0'))하지만 "Thailand"를 저장하려면 최소 9byte가 필요하므로 문자형 2차원 배열의 두 번째 첨자는 저장할 문자열 중에서 길이가 가장 큰 값(9)을 저장할 수 있는 크기로 설정해 주어야 한다.

〈예제 13-10〉 2개 이상의 문자열을 2차원 배열에 저장

```
01  #include <stdio.h>
02  int main(void)
03  {
04    char nation[3][9]={"Korea","China","Thailand"};
05    for(int i=0;i<3;i++)
06      printf("%s\n", nation[i]);;
07    return 0;
08  }
```

[실행 결과]

```
Korea
China
Thailand
```

〈예제 13-10〉의 초기화로 2차원 배열에 저장된 문자의 내용은 다음과 같다. 2차원 문자형 배열의 두 번째 첨자는 저장할 문자열 중에서 길이가 가장 큰 값을 저장할 수 있는 크기로 설정해 주어야 하기에 "Korea"와 "China"에 대해서는 기억 공간의 낭비가 생긴다.

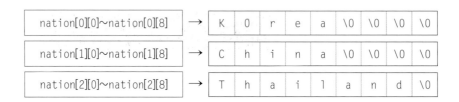

한 개의 문자열을 scanf를 이용하여 1차원 문자형 배열에 저장하거나 printf로 출력할 경우 배열의 이름만 사용하지만 2차원 문자형 배열에 문자열을 저장하거나 출력할 경우에는 line 06과 같이 배열 이름과 첫 번째 첨자를 사용해야 한다.

실 습 문 제

13.17 함수 gets_s를 사용하여 4개의 국가이름을 한글로 입력받은 제일 마지막에 입력한 국가이름부터 출력하는 프로그램을 작성하시오. 한글 한 글자를 저장하려면 2byte의 공간이 필요하다.

13.7 함수와 배열

함수 호출에 사용된 변수를 인수(argument)로, 함수 원형이나 정의에 사용된 변수를 인자(매개 변수, parameter)라 부른다. 인수가 인자에 전달될 때 변수 자체가 전달되는 것이 아니라 변수에 저장된 값만 전달되므로 함수 정의 부분에서 인자가 변하더라도 인수는 영향을

받지 않는다.

함수에서 이와 같은 값의 전달 방법을 값에 의한 호출(call by value)이라 한다. C 언어에서 함수 호출 방법은 두 가지 방법, 즉 값에 의한 호출과 참조(또는 주소)에 의한 호출(call by reference, address)을 사용하는데 이에 대한 자세한 내용은 14.6.1절(함수의 인자로 포인터를 사용하는 방법)에서 설명하며, 이 장에서는 값에 의한 호출(call by value)의 예만 사용하기로 한다.

배열 역시 변수와 마찬가지로 함수의 인수나 인자로 사용할 수 있으며, 함수의 결과값, 즉 반환값으로도 사용할 수 있고 14.6.3절에서 설명한다.

13.7.1 함수의 인자로 1차원 배열을 사용하는 방법

함수의 인수로 배열을 사용할 경우에는 배열의 이름만 사용하고 함수의 인자로 배열을 사용할 경우에는 배열을 표시하되 배열의 크기는 생략한다. 다음 예제는 〈예제 13-4〉를 수정한 것으로 배열에 저장된 문자를 출력하는 부분만 함수로 작성한 것이다.

〈예제 13-11〉 함수의 인자로 1차원 배열을 사용하는 방법

```
01  #include <stdio.h>
02  void print_array(char a[]);
03  int main(void)
04  {
05   char str[10] ;
06   printf("문자열을 입력:");
07   scanf("%s", str);
08   print_array(str);
09   return 0;
10  }
11  void print_array(char a[])
12  {
13   printf("입력된 문자열:");
14   printf("%s\n", a);
15  }
```

[실행 결과]

```
문자열을 입력:program
입력된 문자열:program
```

〈예제 13-11〉의 line 08에서 함수 print_array를 호출할 때 배열 이름인 str을 함수의 인수로 사용한다. 이러한 방법은 문자열을 char 형의 배열로 입력받을 때 line 07과 같이 배열의 이름만 사용하는 것과 같은 방법이다. 함수 print_array를 호출하면 배열 str이 배열 a로 전달되는데, 이때 배열 str의 배열 요소가 전달되는 것이 아니라 배열 str의 주소가 값에 의한 호출로 전달된다. 함수 print_array는 결과값(반환값)이 없는 함수이므로 void 형을 사용했고 return을 생략했다.

실 습 문 제

13.18 [표 13-2]의 초기화를 이용하여 각 배열의 합을 계산하되 배열의 합은 함수로 작성하여 합을 반환하도록 하시오.

13.7.2 함수의 인자로 2차원 배열을 사용하는 방법

다음 예제는 〈예제 13-9〉를 수정한 것으로 2차원 배열을 함수의 인자로 사용하는 방법이다. 〈예제 13-9〉에서 배열 요소의 합을 계산하는 부분을 함수로 작성한 것이며, 배열 요소의 합을 함수의 결과값으로 반환한다. 함수의 결과값을 반환해야 하므로 함수의 데이터 형으로 int 형을 사용하였다. 〈예제 13-11〉과 같이 함수의 실인수로 배열을 사용할 경우는 배열의 이름만 사용하며 함수 정의 부분의 가인수로 2차원 배열을 사용할 경우 행의 크기를 나타내는 첫 번째 배열 첨자는 생략한다. 2차원 배열로 사용된 행렬은 다음과 같으며, 각 배열 요소의 합은 45가 된다.

[행렬]

```
3  8  6
4  1  7          배열 요소의 합 = 3+8+6+4+…+2+9=45
5  2  9
```

〈예제 13-12〉 함수의 인자로 2차원 배열을 사용하는 방법

```
01   #include <stdio.h>
02   int sum_mat(int a[][3], int n);
03   int main(void)
04   {
05    int ma[3][3]={{3, 8, 6},
06                  {4, 1, 7},
07                  {5, 2, 9}};
08    int sum;
09    sum=sum_mat(ma , 3);
10    printf("행렬요소의 합: %d\n", sum);
11    return 0;
12   }
13
14   int sum_mat(int a[][3], int n)
15   {
16    int i, j, total=0;
17    for(i=0;i<n; i++)
```

[사용된 행렬]

$$ma = \begin{bmatrix} 3 & 8 & 6 \\ 4 & 1 & 7 \\ 5 & 2 & 9 \end{bmatrix}$$

```
18      for(j=0;j<n; j++)
19        total+=a[i][j];
20    return total;
21  }
```

[실행 결과]

행렬요소의 합: 45

함수의 가인수로 2차원 배열을 사용하는 경우는 line 02와 line 14와 같이 행의 크기를 나타내는 첫 번째 배열 첨자는 생략할 수 있지만 두 번째 배열 첨자는 생략할 수 없다. 사용자 정의 함수 sum_mat는 2차원 배열 a와 배열의 크기를 나타내는 변수 n을 가인수로 사용한다. 2차원 배열의 초기화는 line 05와 같이 행을 분리하여 입력할 수도 있다. 함수 sum_mat는 행렬 요소의 합을 계산한 결과를 변수 total에 저장한 다음 반환하므로 main 함수의 sum에 total의 값을 반환한다.

실 습 문 제

13.19 〈예제 13-9〉의 2차원 배열 초기화를 이용하고, 두 행렬과 배열의 크기를 인자로 하여 행렬의 합을 출력하는 부분을 함수로 처리하는 프로그램을 작성하시오. 이 함수는 결과를 반환하는 것이 아니라 단지 화면에 출력하는 것이므로 함수의 데이터 형을 void로 선언한다.

단원정리

배열
첨자로 구분되는 변수를 말하며 동일한 데이터 형을 갖는 연속된 기억 공간에 데이터를 저장한다.

배열이 필요한 경우
동일한 데이터 형을 갖는 여러 개의 변수가 필요한 경우에 유용하게 사용된다.

변수와 배열의 차이
배열과 변수는 데이터를 저장할 수 있는 기억 공간이지만 배열은 첨자를 이용하여 배열 요소들을 구분한다.

1차원 배열의 초기화

1차원 배열 선언 방법	프로그램
배열 크기만 선언	int korea[4];
배열의 초기화	int korea[4]={15, 17, 27, 32};
배열 초기화에서 배열 크기 생략	int korea[]={15, 17, 27, 32};

배열의 크기와 배열 요소와의 관계

배열의 크기와 자료의 개수	저장 상태
배열 크기 〈 자료의 개수 int korea[2]={15, 17, 27};	컴파일 오류 발생(too many initializes)
배열 크기 〉 자료의 개수 int korea[4]={15, 17};	나머지 요소들은 모두 0으로 초기화 됨. korea[0]에는 15, korea[1]에는 17이 초기화되지만 나머지 korea[2]와 korea[3]은 모두 0으로 초기화 됨.

문자열과 배열의 초기화
char str[5]="copy";
char str[ ]="copy";
char str[ ]={'c','o','p','y','\0'};

문자열과 1차원 배열
한 개의 문자열은 1차원 문자형 배열에 저장할 수 있으며, 문자열을 입력받을 경우에 숫자와는 달리 주소 연산자를 생략한다. 문자열을 저장하는 방법으로는 문자형 배열 또는 문자형 포인터를 사용할 수 있다.

2차원 배열의 초기화
2차원 배열은 배열 요소에 대해 두 개의 첨자를 사용하는데 첫 번째 첨자는 행을, 두 번째 첨자는 열을 나타낸다. 2차원 배열의 초기화는 행을 우선으로 초기화하므로 다음의 세 가지 초기화 방법은 모두 동일하다.

```
int mat[3][3]={{3, 8, 6}, {4, 1, 7}, {5, 2, 9}};
int mat[3][3]={3, 8, 6, 4, 1, 7, 5, 2, 9};
int mat[][3]={3, 8, 6, 4, 1, 7, 5, 2, 9};
```

배열이름 mat	mat[0][0]	mat[0][1]	mat[0][2]	mat[1][0]	중략	mat[2][1]	mat[2][2]
저장된 값	3	8	6	4	…	2	9

2차원 배열과 문자열

2개 이상의 문자열은 2차원 문자형 배열에 저장한다. 2차원 문자형 배열의 첫 번째 첨자는 저장할 문자열의 개수를 나타내고, 두 번째 첨자는 저장할 문자열 중에서 길이가 가장 큰 값을 저장할 수 있는 크기로 설정해 주어야 한다.

```c
char nation[3][9]={"Korea","China","Thailand"};
```

초기화로 2차원 배열에 저장된 문자의 내용은 다음과 같다.

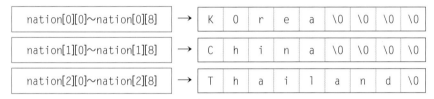

한 개의 문자열을 scanf를 이용하여 1차원 문자형 배열에 저장하거나 printf로 출력할 경우 배열의 이름만 사용하지만 2차원 문자형 배열에 문자열을 저장하거나 출력할 경우에는 배열이름과 첫 번째 첨자를 사용한다.

배열과 함수

배열은 함수의 인자로 사용되거나 함수의 결과값으로 반환할 수 있는데 배열을 반환하는 경우에는 포인터가 사용된다.

함수의 가인수로 1차원 배열을 사용할 경우에는 배열의 이름만 사용하고 배열의 크기는 생략한다.

```c
#include <stdio.h>
void print_array(char a[]);
int main(void)
{
  char str[10]="program";
  print_array(str);
  return 0;
}
void print_array(char a[])
{
  printf("%s\n", a);
}
```

함수의 가인수로 2차원 배열을 사용하는 경우 행의 크기를 나타내는 첫 번째 배열 첨자는 생략할 수 있지만 두 번째 배열 첨자는 생략할 수 없다.

```c
#include <stdio.h>
int sum_mat(int a[][3], int n);
int main(void)
{
  ...
  sum=sum_mat(ma , 3);
  return 0;
}


int sum_mat(int a[][3], int n)
{
  ...
  return total;
}
```

연습문제

13.1 배열에 대한 설명이 맞으면 ○, 틀리면 ×로 표시하시오.

(1) 배열에는 서로 다른 데이터 형의 값을 저장할 수 있다.

(2) 배열의 이름은 변수의 이름을 정의하는 규칙이 그대로 적용된다.

(3) 배열을 선언 시 배열의 값을 초기값으로 지정하면 배열 크기를 생략할 수 있다.

(4) 배열 선언 시 배열의 크기가 초기값의 개수보다 크면 오류가 발생한다.

(5) 문자형 배열에는 문자를 저장할 수 있다.

(6) 배열 이름을 함수의 인자로 사용할 수 없다.

(7) 함수의 결과값으로 배열을 반환할 수 없다.

(8) 2차원 배열 선언 시 초기값을 지정하는 경우에 첫 번째 첨자의 크기는 생략할 수 없다.

(9) 한 개의 문자열을 처리할 때 1차원 배열을 이용한다.

(10) 일반적으로 데이터 형이 있는 사용자 정의 함수는 한 개의 값만을 반환할 수 있지만 배열을 반환값으로 사용하면 배열 요소 전체를 반환할 수 있다.

(11) 문자열(영문자)을 배열에 초기화하는 경우 배열의 크기는 문자의 개수와 같게 한다.

(12) 배열 첨자는 실수도 사용할 수 있다.

13.2 배열의 초기화 중 오류가 있는 것을 모두 고르시오.

① int k[5];

② int k[]={2, 4, 9, 6};

③ int k[3]={2, 4, 9, 6};

④ int k[5]={2, 8};

⑤ int k[5]=(2, 8);

⑥ int k[5]=128;

13.3 배열의 초기화 중 오류가 있는 것을 모두 고르시오.

① char name[8];

② char name[8]={'P', 'A', 'R', 'K');

③ int name[8]={'P', 'A', 'R', 'K');

④ int name[8]={C, H, O, I};

⑤ char name[8]="Gangnam Style";

⑥ char name[20]="Gangnam Style";

⑦ char name[20]=Gangnam Style;

13.4 다음과 같이 배열을 초기화했을 경우 배열 요소 a[3]의 값은?

```
int korea[4]={1, 2, 3, 4};
```

① 1   ② 2   ③ 3   ④ 4

13.5 다음과 같이 배열을 초기화했을 경우 배열 요소 c[4]의 값은?

```
char c[]={'A', 'B', 'C', 'D', 'E', 'F'}
```

① C   ② D   ③ E   ④ F

13.6 다음 배열의 초기화 중 문법 오류가 있는 것은?

① char c[5]="test";   ② char c[2]="test";

③ char c[7]="test";   ④ char c[ ]="test";

13.7 다음 배열의 선언 중 오류가 있는 것은?

① auto int num[8];   ② static int num[8];

③ double 10num[10];   ④ extern int num[8];

13.8 다음 설명 중 틀린 것은?

① 함수의 인자로 배열을 사용하는 경우 배열의 크기는 생략할 수 없다.

② 함수의 결과값으로 배열 전체를 반환하는 경우 return 이후에 배열 이름만 사용한다.

③ 함수의 결과값으로 특정한 배열 요소만 반환할 수 있다.

④ 함수의 반환값으로 배열을 사용하면 배열 요소 전체의 값을 반환할 수 있다.

13.9 다음 프로그램 중 오류가 있는 부분은?

```
#include <stdio.h>
int main(void)
{
①   int a[]={1, 3, 5, 7, 9};
②   a[2.]=9;
③   a[3]='K';
④   printf("%d\n", a[0]+a[1]);
    return 0;
}
```

13.10 다음 프로그램을 컴파일 할 경우 오류가 있는 부분은?

```
#include <stdio.h>
int main(void)
{
    int a[5]={1, 3, 5, 7, 9};
    int b=3;
①   a[b]=9;
②   a[b+1]=b;
③   a=b;
④   b=a[b-2];
    return 0;
}
```

13.11 다음과 같이 배열을 초기화했을 경우 배열 요소에 저장된 값이 바르게 표시된 것은?

```
int k[4]={2, 8};
```

	k[0]	k[1]	k[2]	k[3]
①	2	8	공백	공백
②	2	8	0	0
③	2	8	2	8
④	0	0	2	8

13.12 다음과 같이 배열을 초기화했을 경우 실행 결과로 바른 것은?

```
int k[4]={};
```

① 배열 요소 모두 0으로 초기화 된다.
② { } 사이에 값이 없으므로 컴파일 오류가 발생한다.
③ 배열 요소 모두 공백문자가 저장된다.
④ 초기화 값이 없으므로 어떤 값이 저장될 지는 출력해봐야 안다.

13.13 다음과 같이 배열을 초기화했을 경우 실행 결과로 바른 것은?

```
int k[4]={0};
```

① 배열 요소 모두 0으로 초기화 된다.
② 초기값의 개수가 다르므로 컴파일 오류가 발생한다.
③ 첫 번째 배열 요소인 k[0]에만 0이 저장되고 나머지는 공백이 저장된다.
④ 첫 번째 배열 요소인 k[0]에만 0이 저장되고 나머지는 어떤 값이 저장될 지는 출력해봐야 안다.

13.14 다음과 같이 배열을 초기화했을 경우 배열 요소에 저장된 문자 값이 바르게 표시된 것은?

```
char name[5]={'K', 'i', 'm'};
```

	name[0]	name[1]	name[2]	name[3]	name[4]
①	K	i	m	0	0
②	K	i	m	공백	공백
③	K	i	m	공백	\0
④	K	i	m	\0	\0

13.15 다음 중 실행 결과가 다른 것은?

①

```
int a[5]={1, 2, 3, 4, 5};
printf("%d", a[4]);
```

②

```
char a[5]={3, 4, 5, 6, 7};
printf("%d", a[2]);
```

③

```
int a[5]={2, 3, 4, 5, 6};
printf("%c", a[2]);
```

④

```
char a[5]={4, 5, 6, 7, 8}
printf("%c", a[1]);
```

13.16 다음 중 실행 결과가 다른 것은?

①

```
int a[5]={1, 2, 3, 4, 5};
printf("%d", a[4]);
```

②

```
char a[5]={'A','B','C',4,5};
printf("%d", a[4]);
```

③

```
char a[6]="ABC45";
printf("%c", a[4]);
```

④

```
int a[5]={1, 2, 3, 4, 5};
printf("%c", a[4]);
```

13.17 다음 프로그램의 실행 결과가 바른 것은?

```
#include <stdio.h>
int main(void)
{
  int a[5]={1, 3, 5, 7, 9};
  printf("%d ", a[1]+a[2]);
  printf("%d\n", a[3]+a[4]);
  return 0;
}
```

① 3 7
② 4 12
③ 6 14
④ 8 16

13.18 다음 프로그램의 실행 결과가 바른 것은?

```
#include <stdio.h>
#include <string.h>
int main(void)
{
  char c[]="program";
  char d[20]="language";
  printf("%d ", strlen(c));
  printf("%d\n", strlen(d));
  return 0;
}
```

① 7 20
② 7 8
③ 8 9
④ 8 21

13.19 프로그램에 대해 반복문과 printf의 인자를 수정하여 다음과 같이 출력하고자 한다. 각각에 대해 ☐ 부분을 완성하시오.

```c
#include <stdio.h>
#include <string.h>
int main(void)
{
    int a[5]={1, 2, 3, 4, 5};
    int i, j;
    for(          )
    {
        for(          )
            printf("%d ",          );
        printf("\n");
    }
    return 0;
}
```

(1)	(2)	(3)
12345	1	54321
1234	12	4321
123	123	321
12	1234	21
1	12345	1

(4)	(5)
5	12345
45	2345
345	345
2345	45
12345	4

13.20 다음 프로그램 중 오류 없이 정상적으로 처리되는 것은?

①
```c
#include <stdio.h>
int k=5;
int main(void)
{
    int data[k]={1, 2, 3, 4, 5};
    return 0;
}
```

②
```c
#include <stdio.h>
int main(void)
{
    char data[10];
    data="LEE";
    return 0;
}
```

③
```c
#include <stdio.h>
int main(void)
{
    char data[]="ABCDEFG";
    data[3]=10;
    return 0;
}
```

④
```c
#include <stdio.h>
double k=3;
int main(void)
{
    int data[4]={0};
    data[k]=20;
    return 0;
}
```

13.21 다음 프로그램의 실행 결과가 바른 것은?

```c
#include <stdio.h>
#include <string.h>
int main(void)
{
  int a[3][3]={1, 2, 3, 4, 5, 6, 7, 8, 9};
  printf("%d", a[0][1]);
  printf("%d", a[1][0]);
  printf("%d\n", a[2][2]);
  return 0;
}
```

① 249
② 138
③ 248
④ 139

13.22 2행 3열의 정수형 2차원 배열로 선언된 배열 t에 대하여 1행 2열의 원소에 3을 기억시키는 것은?

① t(1,2)=3;　　② t[1,2]=3;　　③ t(0)(1)=3;　　④ t[0][1]=3;

13.23 다음 배열에 대해 a[1][0][1]의 값은?

```c
int a[2][2][2]={1,2,3,4,5,6,7,8}
```

① 3　　　② 4　　　③ 5　　　④ 6　　　⑤ 7　　　⑥ 8

13.24 다음 프로그램이 실행 예와 같이 출력되도록 할 때 빈칸의 초기화에 맞는 것을 모두 고르시오.

```c
#include <stdio.h>
int main(void)
{
  int a[2][3]=[           ]  , i, j;
  for(i=0;i<2;i++)
  {
   for(j=0;j<3;j++)
     printf(" %d ", a[i][j]);
   printf("\n");
  }
  return 0;
}
```

[실행 예]

```
1 2 3
4 5 6
```

① {1,2,3,4,5,6}
② {{1,2,3}, {4,5,6}}
③ {{1,2}, {3,4}, {5,6}}
④ {{1,3,5}, {2,4,6}}

13.25 프로그램에 대해 반복문과 printf의 인자를 수정하여 다음과 같이 출력하고자 한다. 각각에 대해 □ 부분을 완성하시오.

```c
#include <stdio.h>
#include <string.h>
int main(void)
{
  int a[3][3]={1, 2, 3, 4, 5, 6, 7,
              8, 9};
  int i, j;
  for(              )
  {
    for(           )
      printf("%d",         );
    printf("\n");
  }
  return 0;
}
```

(1)
```
123
456
789
```

(2)
```
321
654
987
```

(3)
```
147
258
369
```

(4)
```
789
456
123
```

(5)
```
369
258
147
```

13.26 다음의 야구 경기 스코어를 각각 1차원 배열에 저장한 다음 그림과 같이 스코어를 회수별로 출력하고, 점수의 합을 마지막 부분에 출력하는 프로그램을 작성하시오.

회	1	2	3	4	5	6	7	8	9
Korea	0	0	0	0	1	0	0	2	0
Japan	1	1	0	0	0	0	0	0	0

13.27 배열의 크기가 10인 임의의 1차원 정수형 배열을 초기화 하고, 배열과 배열의 크기 10을 함수의 인자로 처리하여 배열 요소 전체의 합을 반환하는 함수를 작성하고 프로그램을 완성하시오.

13.28 배열의 크기가 10인 임의의 1차원 정수형 배열의 요소 값을 입력받아, 배열과 배열의 크기 10을 함수의 인자로 처리하여 배열 요소 전체의 합을 반환하는 함수를 작성하고 프로그램을 완성하시오.

13.29 1차원 배열에 자신의 영문이름의 소문자를 초기값으로 입력하고 문자열의 길이와 문자형 배열을 함수의 인자로 처리하여 이름을 대문자로만 출력하는 함수와 프로그램을 작성하시오. 예를 들어 초기 문자열이 "ahn kisoo"라면 함수에 의해 "AHN KISOO"로 출력한다.

13.30 1차원 배열에 자신의 영문이름을 초기값으로 입력하고 문자열의 길이와 문자형 배열을 함수의 인자로 처리하여 이름을 역방향으로 출력하는 함수와 프로그램을 작성하시오. 예를 들어 초기 문자열이 "Ahn Kisoo"라면 함수에 의해 "oosiK nhA"로 출력한다.

13.31 −가 붙어 있는 임의의 전화번호 문자열(예로 010−1234−5678)을 배열에 초기화 하여 문자열의 길이와 문자형 배열을 인자로 처리하여 −가 없는 문자열(01012345678)로 출력하는 함수와 프로그램을 작성하시오.

13.32 −가 없는 전화번호 문자열(01012345678)을 배열에 초기화 하여 문자열의 길이와 문자형 배열을 인자로 처리하여 −가 있는 문자열(010−1234−5678)로 출력하는 함수와 프로그램을 작성하시오.

13.33 2차원(3×3) 배열에 오른쪽 내용을 초기화하여 저장한 다음 출력하고, 그림과 같이 행과 열의 위치를 바꾸어서 출력하는 부분을 함수(이름 transpose)로 작성하여 프로그램을 완성하시오. 초기화된 배열을 함수 transpose의 인자로 처리한다.

13.34 다음 데이터는 어느 발전소에서 4주간 생산한 요일별 전력량(단위 megawatts)이다. 이 데이터를 이용하여 요일별, 주별의 합계와 평균 그리고 4주간 생산한 전체 전력량의 합계와 평균을 계산하여 출력하는 프로그램을 작성하시오. 요일은 1차원 배열에, 전력량은 2차원 배열에 저장하여 다음과 같이 출력하고, 합계와 평균은 함수로 작성하여 처리하되 모든 숫자의 자릿수를 맞추어 출력한다.

13.35 임의의 영문 소문자로만 구성된 문자열을 1차원 문자형 배열에 초기화 하고, 배열의 크기와 문자형 배열을 함수의 인자로 취하여 문자열에 사용된 문자에 대해서만 몇 개의 문자가 사용되었는지를 카운트하여 오른쪽과 같이 출력하는 함수와 프로그램을 작성하시오.

13.36 임의의 문자열을 배열에 초기화 하여 특정 부분만 출력하는 함수(이름 extract)와 프로그램을 작성하시오. 문자열이 저장된 1차원 배열이름이 chr이고 저장된 내용이 "ABCDEFG"일 경우 extract(chr, 2, 4)의 결과로 BCDF를 출력한다. 단, 함수 호출 전에 두 번째 인자는 문자열의 길이 n을 초과하는 경우와 두 번째와 세 번째 인자의 합이 n−1을 초과할 경우에는 다시 입력받도록 제어한다.

13.37 3×3의 행렬 두 개를 정의하고 두 행렬의 곱셈 결과를 출력하는 프로그램을 작성하시오. 행렬의 곱셈부분은 두 행렬을 인자로 취하는 함수로 작성하고 행렬의 값을 출력하는 부분도 함수로 처리한다.

13.38 중복되지 않은 로또번호 n set를 출력하는 프로그램을 작성하시오. 로또번호는 1~45 사이의 중복되지 않은 6개의 숫자를 1 set로 한다. 함수 main에서 우선 6개의 로또번호를 생성하고 중복되지 않는 로또번호를 체크하여 다시 생성하는 부분은 함수로 처리하되 생성한 배열을 함수의 인자로 처리한다. (연습문제 12.13, 12.15 참고)

```
로또번호 생성
출력할 로또번호 set의 수를 입력하고 Enter>5
set  1:  1   4 26   8 43 24
set  2: 38 16 18 13 36 21
set  3: 31 28 19 32 23 37
set  4: 33 27   3 45 43 28
set  5: 20 31 15 29 14   8
Press any key to continue
```

13.39 임의의 두 집합에 대해 합집합을 출력하는 프로그램을 작성하시오. 예를 들어 집합 A={1, 3, 5, 7}, 집합 B={3, 5, 8, 9, 11}에 대해 합집합 A∪B={1, 3, 5, 7, 8, 9, 11}의 값을 배열에 저장한다. 집합의 원소를 출력하는 부분은 함수로 처리하고, 합집합을 계산하는 부분은 두 집합과 집합의 크기를 인자로 취하는 함수로 작성한다. 합집합을 저장할 배열은 미리 충분한 크기로 정의하여 사용한다.

```
두 집합의 합집합을 계산

집합A={1, 3, 5, 7, 9, 11}
집합B={3, 5, 8, 9, 10, 12}

A∪B={1, 3, 5, 7, 9, 11, 8, 10, 12}
Press any key to continue_
```

13.40 임의의 두 집합에 대해 교집합을 출력하는 프로그램을 작성하시오. 예를 들어 집합 A={1, 3, 5, 7}, 집합 B={3, 5, 8, 9, 11}에 대해 교집합 A∩B={3, 5}의 값을 배열에 저장한다. 집합의 원소를 출력하는 부분은 함수로 처리하고, 교집합을 계산하는 부분은 두 집합과 집합의 크기를 인자로 취하는 함수로 작성한다. 교집합을 저장할 배열은 적당한 크기로 정의하여 사용한다.

```
두 집합의 교집합을 계산

집합A={1, 3, 5, 11, 29}
집합B={3, 5, 8, 9, 10}

A∩B={3, 5}
Press any key to continue_
```

13.41 1부터 9까지 임의의 정수 100개를 생성하여 1차원 배열에 저장한다. 어떤 숫자가 몇 개 생성되었는지를 배열에 카운트하여 빈도수와 확률을 출력하는 프로그램을 작성하시오. (연습문제 12.32 참고)

13.42 어느 펜션의 숙박요금이 다음과 같다고 할 때, 방 번호, 시기(1,2), 인원수를 입력하면 숙박요금을 출력하는 프로그램을 작성하시오. 단, 최대 인원수를 초과하여 입력할 경우에는 다시 입력받도록 한다.

방 번호	기본인원	최대인원	비수기(1)	성수기(2)	기준인원 초과 시
1	2	3	30,000	50,000	1인당 5,000원 추가
2	4	7	70,000	110,000	1인당 10,000원 추가
3	8	12	120,000	170,000	1인당 15,000원 추가

C PROGRAMMING LANGUAGE

14 포인터

포인터(pointer)는 에스파냐 원산의 꿩 사냥개로서 영국과 독일에서 개량되어, 잉글리시 포인터(english pointer)와 저먼 포인터(german pointer)로 부른다. 이 사냥개는 후각이 예민하여 사냥감을 발견하면 오른쪽 앞발을 쳐들어 올리고 주시(注視)하는 특성이 있다고 한다. 이러한 현상을 포인트(point)라고 하며, 품종의 이름은 이러한 특성으로 유래되었다고 한다. 즉, 이 개의 특징은 사냥감을 직접 잡는 것이 아니라 [그림 14-1]과 같이 포수에게 사냥감의 정확한 위치만을 알려줌으로써 사냥을 쉽게 할 수 있도록 도와주는 역할을 한다.

[그림 14-1] 사냥개 포인터

[그림 14-2] 강연에서 사용하는 포인터

포인터의 다른 예로 [그림 14-2]와 같이 강사가 스크린에 표시된 특정 위치를 가리키는데 사용하는 레이저 포인터(laser pointer)를 들 수 있다. 이때 레이저 포인터라는 장비의 역할은 설명하려는 부분을 가리키는 것이다.

C 언어에서의 포인터라는 개념도 이와 동일하다. C 언어에서의 포인터 역시 무엇인가를 가리키는데 그 대상은 컴퓨터 메모리의 주소다. 포인터가 가리키는 주소는 컴파일러와 컴퓨터에 따라 다르게 나타날 수 있기 때문에 Visual C++와 Turbo C++의 실행 결과를 비교할 수 있도록 하였다.

14.1 데이터와 메모리 주소

메모리(memory)는 컴퓨터의 작업 영역으로서 사용자가 지정한 작업을 수행하는 동안 프로그램과 데이터를 보관해 두는 장치를 말한다. 특히 주기억 장치라 부르는 메인 메모리는 데이터를 효율적으로 보관하기 위해 저장 위치를 나타내는 일련번호가 붙는데 이를 메모리 주소(address)라 부른다. 이 주소는 호텔의 객실을 관리하기 위해 붙인 객실번호 또는 아파트 단지 내에서 동과 호수로 표현하는 주소와 같은 개념이다.

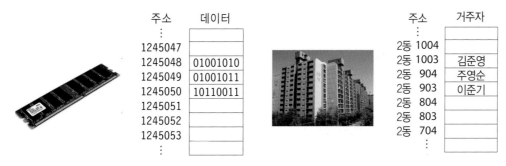

[그림 14-3] 메모리 주소와 아파트 주소의 비교

포인터(pointer)는 메모리상의 어떤 주소를 가리키고, 메모리상의 주소에는 데이터가 저장되므로, 결국 포인터는 메모리에 저장된 데이터의 위치를 가리킨다고 할 수 있다.

예를 들어 엘리베이터의 층별 버튼을 누르면 그 버튼이 가리키는 해당 층으로 이동하기에 버튼의 숫자를 포인터로 생각할 수 있으며 휴대전화로 상대방에게 전화를 걸 때 단축번호를 이용한다면 그와 같은 단축번호가 포인터에 해당한다. 즉, 전화번호를 찾는 것보다는 편리하고 빠르기 때문에 이러한 방법을 사용한다.

[그림 14-4] 엘리베이터의 버튼   [그림 14-5] 단축번호를 이용하여 전화걸기

프로그램에서 계산에 필요한 초기값이나 계산 결과를 저장하기 위해 변수를 사용한다. 변수에 저장된 데이터는 메모리상의 어디엔가 위치하는데 메모리는 기본적으로 1byte 단위로 구분되어 있으므로 1byte마다 구별되는 주소가 있다.

그런데 변수는 그 곳에 저장할 데이터 형에 따라 그 크기가 달라진다. 만약 어떤 변수의 데이터 형이 char 형이라면 그 변수는 1byte 크기의 방 1개를 차지하고, double 형의 경우는 8byte 크기이므로 1byte 크기의 방 8개를 차지하고 있는 것이다. 따라서 포인터가 가리키게 될 데이터가 저장된 위치는 데이터 형의 크기와 상관없이 해당 데이터가 저장되어 있는 첫 번째 byte의 주소를 가리킨다.

데이터가 저장된 변수들의 주소를 확인해 보기 위해 다음 예제의 결과를 확인한다. printf 에서 변수 앞에 붙은 & 연산자는 해당 변수의 주소를 알려주는 주소 연산자이며, 변수의 주소를 정수형으로 출력할 때는 %d 또는 %u(부호 없는 정수형)를, 16진수로 출력할 때는 %p 를 사용한다.

〈예제 14-1〉 데이터가 저장된 변수의 실제 메모리 주소

```
01  #include <stdio.h>
02  int main(void)
03  {
04      char i=3;
05      int k=8;
06      printf("변수 i의 주소(10진수)>%u\n", &i);
07      printf("변수 k의 주소(10진수)>%u\n", &k);
08      printf("변수 i의 주소(16진수)>%p\n", &i);
09      printf("변수 k의 주소(16진수)>%p\n", &k);
10      return 0;
11  }
```

[실행 결과: Visual C++]
```
변수 i의  주소(10진수)>19921283
변수 k의  주소(10진수)>19921268
변수 i의  주소(16진수)>012FF983
변수 k의  주소(16진수)>012FF974
```

[실행 결과: Turbo C++]
```
변수 i의  주소(10진수)>8773
변수 k의  주소(10진수)>8768
변수 i의  주소(16진수)>2AAF:2245
변수 k의  주소(16진수)>2AAF:2240
```

컴파일러와 컴퓨터에 따라 출력된 메모리의 주소는 〈예제 14-1〉의 실행 결과와 다르게 나타날 수 있음을 미리 밝혀둔다. 〈예제 14-1〉의 실행 결과(Visual C++)를 토대로 다시 표현하면 [그림 14-6]과 같다. 변수 i는 char 형이므로 1byte 크기의 공간을 가지며 메모리 주소는 19921283(16진수로는 012FF983)번지다. 그런데 변수 k는 int 형이므로 4byte의 크기의 메모리를 차지하며, 변수 k의 주소는 시작 위치인 19921268번지가 된다. 따라서 변수 k는 주소 19921268부터 19921271까지의 4byte 크기의 공간에 8이 저장되어 있는 것이다. 데이터는 메모리에 저장될 때 2진수로 표현되어 저장되지만 이해를 돕기 위해 10진수로 표현하였다. Turbo C++의 경우, 주소 8773의 16진수는 2245, 8768은 2240이다.

[그림 14-6] 변수 i와 k에 대한 메모리상의 위치(주소)

14.1 〈예제 14-1〉의 line 05를 double k=8;로 수정하여 결과를 확인하고, 앞의 [그림 14-6]과 같이 나타내시오.

14.2 메모리 주소를 저장하는 포인터 변수

포인터는 주소를 가리키며, 포인터 변수는 주소를 저장하는 변수다. 일반 변수와는 달리 포인터 변수에는 오직 주소만을 저장할 수 있다. 포인터 변수도 값을 기억하는 변수이므로 사용하기 전에 선언해야 하며, 변수와 같이 저장된 값을 다른 주소로 변경시킬 수 있다.

포인터 변수를 선언할 경우에는 일반 변수의 선언과 같이 데이터 형과 변수 이름을 사용하는데 일반 변수와 구별하기 위해서 변수 앞에 간접(indirection) 연산자 *를 사용한다. 형식과 의미는 다음과 같다.

데이터 형 *포인터 변수

포인터 변수 선언	의미
char *p;	포인터 변수 p를 선언(변수 이름은 *p가 아니라 p임) 포인터 변수 p의 데이터 형이 char 형이 아니라 p가 가리키게 될 주소에 저장된 데이터의 형이 char 형이라는 의미
int *pt;	포인터 변수 pt를 선언 포인터 변수 pt의 데이터 형이 int 형이 아니라 pt가 가리키게 될 주소에 저장된 데이터의 형이 int 형이라는 의미

다음 예제는 앞의 〈예제 14-1〉을 수정한 것으로 포인터 변수에 주소를 저장하여 포인터 변수의 주소, 포인터 변수에 저장된 주소 그리고 포인터 변수가 가리키는 곳의 데이터를 출력하는 프로그램이다.

〈예제 14-2〉 포인터 변수를 선언하고 주소를 저장하여 출력

```
01   #include <stdio.h>
02   int main(void)
03   {
04      int k=8;
05      int *p;
06      p=&k;
07      printf("k의 주소: %u\n", &k);
08      printf("p의 주소: %u\n", &p);
09      printf("p의 값   : %u\n", p);
10      printf("p가 가리키는 곳의 값: %d\n", *p);
11      return 0;
12   }
```

[실행 결과: Visual C++]
```
k의 주소: 15726852
p의 주소: 15726840
p의 값  : 15726852
p가 가리키는 곳의 값: 8
```

[실행 결과: Turbo C++]
```
k의 주소: 8734
p의 주소: 8730
p의 값  : 8734
p가 가리키는 곳의 값: 8
```

line 05는 포인터 변수 p를 선언한 것이다. 포인터 변수 p에 변수 k의 주소를 저장하기 위해 p=&k;가 사용되었다. &k는 변수 k의 주소를 의미한다.

처리된 결과를 다시 표현하면 [그림 14-7]과 같다. 변수 k의 주소는 15726852이고, int 형이므로 4byte의 크기의 공간을 가지며 저장된 값은 8이다. 포인터 변수 p의 주소는 12726840이다. p=&k;의 결과 포인터 변수 p에 저장된 값은 변수 k의 주소인 15726852이 저장되어 포인터 p는 변수 k를 가리키게(point to k) 된다.

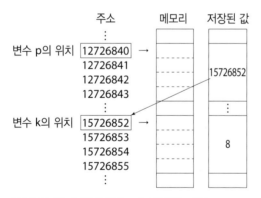

[그림 14-7] 포인터 변수 p가 가리키는 주소

따라서 〈예제 14-2〉의 line 10에서 *p는 포인터 변수 p가 가리키는 곳의 값을 의미하므로 8을 출력한다.

포인터 변수 역시 변수이므로 다른 변수의 주소를 대입할 수 있다. 다음 예제는 포인터 변수에 다른 주소를 저장할 경우에 포인터가 어떻게 변하는지를 확인하는 프로그램이다.

〈예제 14-3〉 다른 주소 대입 후의 포인터의 변화

```
01   #include <stdio.h>
02   int main(void)
03   {
04      int k=8, i=3;
05      int *p;
06      p=&k;
07      printf("k의 주소: %u\n", &k);
08      printf("p의 주소: %u\n", &p);
09      printf("p의 값   : %u\n", p);
10      printf("p가 가리키는 곳의 값: %d\n", *p);
11      p=&i;
12      printf("i의 주소: %u\n", &i);
13      printf("p의 값   : %u\n", p);
14      printf("p가 가리키는 곳의 값: %d", *p);
15      return 0;
16   }
```

[실행 결과: Visual C++]

```
k의 주소: 9435916
p의 주소: 9435892
p의 값   : 9435916
p가 가리키는 곳의 값: 8
i의 주소: 9435904
p의 값   : 9435904
p가 가리키는 곳의 값: 3
```

[실행 결과: Turbo C++]

```
k의 주소: 8774
p의 값   : 8774
p가 가리키는 곳의 값: 8
i의 주소: 8770
p의 값   : 8770
p가 가리키는 곳의 값: 3
```

line 06에서 변수 k의 주소를 포인터 변수 p에 저장(p=&k;)했기 때문에 p는 변수 k의 주소를 가리킨다. 그런데 line 10에서 포인터 변수 p에 변수 i의 주소를 저장(p=&i;)했으므로 포인터가 가리키는 곳이 [그림 14-8]에서 [그림 14-9]로 달라진다.

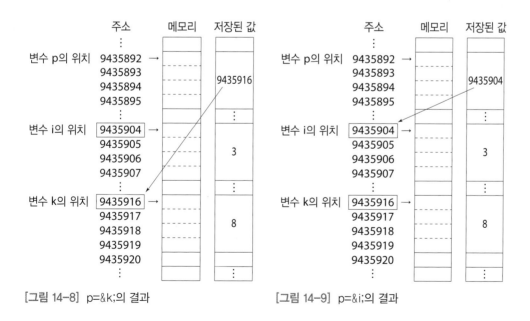

[그림 14-8] p=&k;의 결과   [그림 14-9] p=&i;의 결과

포인터 변수의 앞에 사용된 간접 연산자 *은 포인터 변수에 저장된 주소가 가리키는 곳의 데이터를 나타낸다. 따라서 포인터가 가리키는 곳의 데이터를 수정한다면 변수에 저장되었

던 데이터가 변경된다. 앞의 〈예제 14-3〉을 다음과 같이 수정하여 결과를 확인한다.

〈예제 14-4〉 포인터 변수에서 간접 연산자 *의 역할

```
01   #include <stdio.h>
02   int main(void)
03   {
04       int k=8, i=3;
05       int *p;
06       p=&k;
07       printf("k의값: %u\n", k);
08       printf("p가 가리키는 곳의 값: %u\n", *p);
09       *p=i;
10       printf("k의값: %u\n", k);
11       printf("p가 가리키는 곳의 값: %u\n", *p);
12       return 0;
13   }
```

[실행 결과: Visual C++]

```
k의 값: 8
p가 가리키는 곳의 값: 8
k의 값: 3
p가 가리키는 곳의 값: 3
```

[실행 결과: Turbo C++]

```
k의 값: 8
p가 가리키는 곳의 값: 8
k의 값: 3
p가 가리키는 곳의 값: 3
```

line 06에 의해 포인터 변수 p는 변수 k의 주소를 저장한다. 따라서 *p는 곧 변수 k에 저장된 값을 나타낸다. 그런데 line 09에서 *p=i;의 의미는 포인터가 가리키는 곳의 데이터를 변수 i의 값으로 대체하라는 것이다. 이때 포인터 변수 p에 저장된 주소는 변경되지 않고 결국 변수 k의 데이터만 8에서 3으로 바뀌게 된다. 따라서 *p=i;는 k=i;와 동일한 역할을 한다. 이를 그림으로 나타내면 [그림 14-10]에서 [그림 14-11]로 변경되는 것이다.

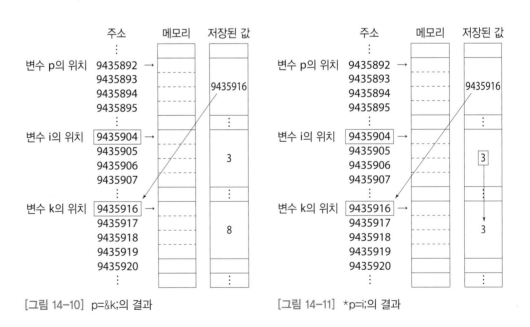

[그림 14-10] p=&k;의 결과   [그림 14-11] *p=i;의 결과

지금까지 사용한 포인터와 관련된 연산자는 [표 14-1]과 같으며 포인터 변수의 사용 방법을 정리하면 [표 14-2]와 같다.

[표 14-1] 포인터 연산자

포인터 연산자	기능
&	& 다음에 표시된 변수의 주소를 나타냄
*	포인터가 가리키는 곳의 값을 나타냄

[표 14-2] 포인터 변수의 사용 방법

포인터 변수의 사용	의미
p=&i;	변수 i의 주소를 포인터 변수 p에 저장
printf("%u", p);	포인터 변수 p에 저장된 값(주소)를 출력
printf("%d", *p);	포인터 변수 p가 가리키는 주소에 저장된 값을 출력
*p=4;	포인터 변수 p가 가리키는 주소에 저장된 값을 4로 대체

포인터 변수의 크기   참고 REFERENCE

변수는 그 곳에 저장할 데이터의 크기와 종류에 따라 데이터 형을 결정한다. 그러나 포인터 변수는 실제 메모리 주소값만을 저장하는데 왜 데이터 형이 필요할까?
앞에서도 설명했듯이 포인터 변수의 데이터 형은 포인터 변수가 가리키게 될 주소에 저장된 데이터의 형을 말한다. 그렇다면 포인터 변수의 실제 크기는 어떻게 될까?
Visual C++와 같은 32 bit 컴파일러에서 메모리 주소는 4byte로 표현하기 때문에 포인터 변수의 크기도 4byte가 된다. 따라서 포인터 변수를 다음과 같이 여러 데이터 형으로 선언했다 하더라도 포인터 변수 자체의 크기는 4byte의 크기를 가진다. 그러나 Turbo C++의 경우는 16bit 컴파일러이므로 메모리 주소를 2byte로 표현한다.

```
char *pt;
int *pt;
double *pt;
```

포인터 변수 pt의 크기 :

1byte	1byte	1byte	1byte

실 습 문 제

14.2 두 개의 정수형 변수 a와 b에 임의 값으로 초기화하고, 포인터 변수만을 이용하여 두 변수의 값을 바꾸는 프로그램을 작성하시오.

14.3 포인터와 배열

배열 요소들은 메모리상에 연속된 기억 공간에 저장된다. 배열의 이름은 그 배열의 첫 번째 요소가 저장되어 있는 주소를 가리키므로 주소를 가리킨다는 점에서는 배열과 포인터는 유사하다.

그러나 포인터 변수는 다른 주소를 저장할 수 있는 반면에 배열의 이름은 첫 번째 요소가 저장되어 있는 주소를 가리키는 상수다. 변수는 대입 연산자에 오른쪽과 왼쪽 모두 사용할 수 있지만, 상수는 값을 저장하는 공간이 아니므로 대입 연산자의 왼쪽에 사용할 수 없다. 배열과 포인터는 공통점도 있고, 차이점도 있으나 배열을 사용하는 프로그램에서는 포인터 변수와 함께 사용되는 경우가 많다.

다음 예제는 배열의 이름이 포인터 상수인지를 확인하고, 배열 요소가 연속된 기억 공간에 저장되는지를 확인하는 프로그램이다.

〈예제 14-5〉 배열 이름이 포인터 상수인지, 연속된 기억공간에 저장되는지를 확인

```
01  #include <stdio.h>
02  int main(void)
03  {
04    int a[3]={10, 20, 30};
05    int *pt;
06    pt=a;
07    printf("배열 이름       : %u\n", a);
08    printf("a[0]의 주소 : %u\n", &a[0]);
09    printf("a[1]의 주소 : %u\n", &a[1]);
10    printf("a[2]의 주소 : %u\n", &a[2]);
11    printf("a[0]의 값      : %d\n", a[0]);
12    printf("pt가 가리키는 곳의 값: %d", *pt);
13    return 0;
14  }
```

[실행 결과: Visual C++]

```
배열 이름    : 11533476
a[0]의 주소 : 11533476
a[1]의 주소 : 11533480
a[2]의 주소 : 11533484
a[0]의 값    : 10
pt가 가리키는 곳의 값: 10
```

[실행 결과: Turbo C++]

```
배열 이름    : 8788
a[0]의 주소 : 8788
a[1]의 주소 : 8790
a[2]의 주소 : 8792
a[0]의 값    : 10
pt가 가리키는 곳의 값: 10
```

실행 결과를 보면 배열 이름인 a과 배열의 첫 번째 데이터 a[0]의 주소(&a[0])가 같음을 알 수 있고 pt=&a;가 아닌 pt=a;로 사용되므로 배열 이름 a는 그 배열의 시작 주소를 가리키는 포인터 상수임을 알 수 있다. Visual C++의 경우 int 형은 4byte 크기(Turbo C++는 2 byte)이므로 배열 a[0], a[1], a[2]의 주소가 4의 크기로 증가하며 연속된 메모리에 저장되어 있는 것을 확인할 수 있다. 이를 그림으로 나타내면 [그림 14-12]와 같다.

[그림 14-12] 배열 요소가 연속된 저장 공간에 기억된 형태

실 습 문 제

14.3 다음 프로그램을 실행하여 결과를 확인하고 문자들이 메모리상에 어떻게 저장되어 있는지를 [그림 14-12]와 같이 나타내시오.

```c
#include <stdio.h>
int main(void)
{
 char a[5]="copy";
 char *pt;
 pt=a;
 printf("배열의 시작주소 : %u\n", pt);
 printf("배열의 시작주소 : %u\n", a);
 return 0;
}
```

14.4 포인터에 대한 연산

포인터 변수에는 주소가 저장되고 주소는 4byte(Visual C++)로 표현된 숫자이므로 포인터 변수나 주소에 대한 연산이 가능하다. 그러나 주소는 양의 정수로 표현하므로 실수 연산은 사용할 수 없다. 주소에 대한 연산이 어떤 의미를 갖는지를 다음 예제를 통해 설명한다. 다음 예제는 〈예제 14-5〉를 수정하여 포인터 변수에 대해 덧셈 연산을 처리하는 프로그램이다.

〈예제 14-6〉 포인터 변수에 대한 덧셈 연산

```
01   #include <stdio.h>
02   int main(void)
03   {
04     int a[3]={10, 20, 30};
05     int *pt;
06     pt=a;
07     printf("배열 이름      :%u\n", a);
08     printf("a[1]의 주소    :%u\n", &a[1]);
09     printf("a+1의 값       :%u\n", a+1);
10     printf("pt+1의 값      :%u\n", pt+1);
11     printf("a[2]의 값      :%d\n", a[2]);
12     printf("*(pt+2)의 값 :%d\n", *(pt+2));
13     printf("*pt+2의 값    :%d\n", *pt+2);
14     return 0;
15   }
```

[실행 결과: Visual C++]
```
배열 이름     :8125460
a[1]의 주소   :8125464
a+1의 값      :8125464
pt+1의 값     :8125464
a[2]의 값     :30
*(pt+2)의 값:30
*pt+2의 값 :12
```

[실행 결과: Turbo C++]
```
배열 이름    : 8796
a[1]의 주소  : 8798
a+1의 값     : 8798
pt+1의 값    : 8798
a[2]의 값    : 30
*(pt+2)의 값: 30
*pt+2의 값   : 12
```

〈예제 14-6〉에서 배열 이름 a는 포인터 상수로서 그 배열이 시작되는 첫 번째 값, 즉 a[0]가 저장된 주소를 나타낸다. 그렇다면 a+1은 어떤 의미를 가질까?

여기서 중요한 점은 a의 주소가 8125460인데 a+1의 연산 결과가 8125461이 아니라 8125464가 되어 a+1과 pt+1은 a[0] 다음 배열 요소의 주소, 즉 &a[1]과 같다는 것이다. 포인터 변수나 상수에 1을 더한다는 것은 데이터 형의 크기만큼 증가시킨 결과를 얻게 된다. 따라서 int 형의 배열 a에 대해 a+1은 Visual C++의 경우 주소 a에 4(int 형은 4byte의 크기)를 더한 것과 같으며, Turbo C++의 경우는 2를 더한 것과 같다. 이를 나타내면 [그림 14-13]과 같다.

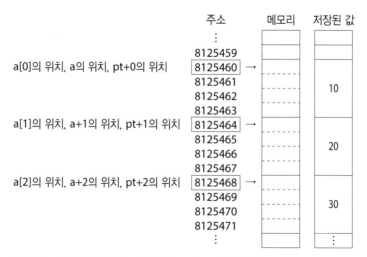

[그림 14-13] 변수 이름이 a인 경우 a+1과 a+2의 위치

line 12의 *(pt+2)과 line 13의 *pt+2의 의미를 잘 구별해야 한다. *(pt+2)는 (pt+2)가 a[2]의 주소인 &a[2]가 되므로 (pt+2)가 가리키는 곳의 값 a[2]를 의미한다. 그러나 *pt+2에서 pt에는 배열의 시작 주소가 저장되어 있으므로 *pt+2의 의미는 a[0]+2와 같다. 따라서 포인터에 대한 연산 결과를 정리하면 다음과 같다.

> &a[0], (a+0) 그리고 (pt+0)는 동일한 수식이며
> &a[n], (a+n) 그리고 (pt+n)의 주소는 모두 같다.

> a[0], *(a+0),*(pt+0) 또는 pt[0]은 동일한 수식이며
> a[n], *(a+n), *(pt+n) 또는 pt[n]은 모두 같은 값이다.

다음 예제는 포인터 변수에 대해 증가 연산자 ++를 사용한 경우다. 증가 또는 감소 연산자는 단항 연산자로 해당 변수에 저장된 값을 1 증가시키기 위해 사용한다. 그런데 포인터 변수에 대한 증가 또는 감소 연산자의 사용은 결국 포인터 변수에 저장된 주소를 변경시키게 되므로 포인터가 가리키는 대상이 달라진다. 그리고 증가 연산자에 의한 1 증가가 어떻게 변화되는지 앞의 〈예제 14-6〉을 다음과 같이 수정하여 결과를 확인한다.

〈예제 14-7〉 포인터 변수에 증가 연산자 사용

```
01  #include <stdio.h>
02  int main(void)
03  {
04    int a[3]={10, 20, 30};
05    int *pt;
06    pt=a;
07    printf("배열 이름    : %u\n", a);
08    printf("포인터 주소 : %u\n", &pt);
09    printf("포인터의 값 : %u\n", pt);
10    printf("*pt의 값     : %d\n", *pt);
11    pt++;
12    printf("포인터의 값 : %u\n", pt);
13    printf("*pt의 값 : %d\n", *pt);
14    return 0;
15  }
```

[실행 결과: Visual C++]

```
배열 이름    : 8058612
포인터 주소 : 8058600
포인터의 값 : 8058612
*pt의 값    : 10
포인터의 값 : 8058616
*pt의 값 : 20
```

[실행 결과: Turbo C++]

```
배열 이름    : 8774
포인터 주소 : 8770
포인터의 값 : 8774
*pt의 값     : 10
포인터의 값 : 8776
*pt의 값 : 20
```

〈예제 14-7〉의 line 06에서 pt=a;에 의해 포인터 변수 pt는 배열 a의 주소(8058612)를 가리킨다. 따라서 line 08의 &pt는 8058600이나 저장된 주소는 8058612로서 배열 a를 가리키고 *pt는 a[0]를 의미한다. 그러나 line 11의 pt++;에 의해 포인터 변수 pt에 저장된 주소가 1 증가하는데 이때 pt의 데이터 형이 4byte 크기의 int 형이므로 1이 증가하는 것이 아니라 4 증가하여 a[1]의 주소를 가리킨다. 이를 그림으로 설명하면 다음과 같다.

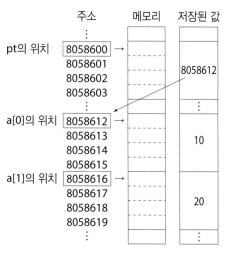

[그림 14-14] pt=a;의 결과

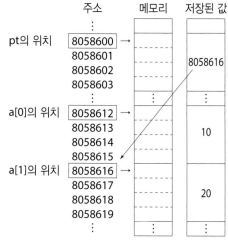

[그림 14-15] pt++;의 결과

 포인터와 변수의 데이터 형이 일치해야 하는 이유

char 형은 메모리상에 1byte 크기의 공간을 갖는데 char *pt;라 함은 포인터 변수 pt의 크기를 1byte 크기로 하라는 것이 아니라, 포인터 pt가 가리키게 될 주소의 데이터 형이 char 형이 됨을 의미한다.

따라서 char 형으로 선언된 변수의 주소를 포인터 하려면 char 형의 포인터 변수를 사용해야 하고, double 형으로 선언된 변수의 주소를 포인터 하려면 double 형의 포인터 변수가 필요하다. 다음과 같이 포인터의 데이터 형을 다르게 사용할 경우에는 어떤 결과가 나타날지 생각해 보자.

```
01  #include <stdio.h>
02  int main(void)
03  {
04      char i=8;
05      int *p;
06      p=&i;
07      printf("i의 주소 : %u\n", &i);
08      printf("p의 주소 : %u\n", &p);
09      printf("p가 가리키는 곳의 값 : %d\n", *p);
10      return 0;
11  }
```

위의 프로그램을 솔루션 빌드 하면 line 06에서 다음과 같은 오류가 발생한다.

```
error C2440: '=' : 'char *'에서 'int *'(으)로 변환할 수 없습니다.
```

앞에서 char 형의 포인터 변수나 int 형의 포인터 변수는 데이터 형에 관계없이 4byte의 크기를 갖는다고 하였는데 오류가 발생되는 이유는 무엇 때문인가?

만약 p가 포인터 변수가 아니라 일반 변수였다면 다음의 오른쪽 결과와 같이 변수 p에는 아무런 문제없이 변수 i의 값 8이 저장된다.

구분	포인터 변수 p	변수 p

프로그램	char i=8;
	int *p;
	p=&i;
		char i=8;
		int p;
		p=i;

컴파일 결과	오류 발생	i값이 p에 저장

오류가 발생되는 이유를 쉽게 설명하면 char 형 포인터와 int 형 포인터가 각각 가리키게 될 메모리의 크기가 서로 다르기 때문이다. 즉, char 형 포인터는 포인터가 가리키게 될 주소가 1byte의 크기지만 int 형 포인터는 포인터가 가리키는 주소가 4byte의 크기를 갖는 첫 번째 주소가 되기 때문이다. 따라서 포인터 변수에 대입할 변수 역시 같은 데이터 형을 사용해야 한다.

실 습 문 제

14.4 다음 프로그램의 실행 결과를 예측해 보고, 실행 결과를 확인하시오.

```c
#include <stdio.h>
int main(void)
{
 char a[5]="copy";
 char *pt;
 pt=a;
 printf("%c", *pt);
 pt++;
 printf("%c", *pt);
 pt+=2;
 printf("%c", *pt);
 return 0;
}
```

14.5 포인터와 문자열

13장(번호가 붙은 변수, 배열)에서 한 개의 문자열은 1차원 문자형 배열에 저장하고, 두 개 이상의 문자열은 2차원 문자형 배열에 저장하여 사용하였다. 이 절에서는 포인터를 이용하여 문자열을 저장하는 방법에 대해서 설명한다.

```
char str[10]="program";
char nation[3][9]={"Korea","China","Thailand"};
```

14.5.1 포인터 변수에 문자열 초기화

C 언어에는 문자를 저장하는 char 형은 있지만 문자열을 저장하는 데이터 형은 따로 없으므로 다음과 같이 배열 또는 포인터를 이용하여 문자열을 초기화 할 수 있다.

```
[방법 1] char str1[]="copy"; 또는 char str1[5]="copy";
[방법 2] char *str2 ="copy";
```

[방법 1]의 배열을 이용하는 방법은 배열의 초기화에서만 사용이 가능하고, 프로그램 내에서는 배열 이름인 str1이 문자열 "copy"의 시작 주소를 가리키는 포인터 상수이므로 str1="test";와 같이 다른 문자열을 대입할 수 없다. 반면 [방법 2]의 포인터 변수 str2는 변수이므로 str2="test";와 같이 사용할 수 있고, 다른 주소를 할당할 수 있으며 연산도 가능하다.

배열에 하나의 문자열을 저장하는 경우에는 [방법 1]의 앞부분과 같이 배열의 크기를 생략할 수 있으며, 뒷부분과 같이 배열의 크기를 지정하는 경우에는 문자의 길이보다 하나 더 크게 지정해 주어야 한다. 그러나 포인터 변수에 저장할 경우에는 크기를 지정할 필요가 없다. 포인터 변수는 문자열 자체를 보관하는 것이 아니라 그 문자열이 저장된 첫 번째 주소를 보관하기 때문이며 〈예제 14-8〉을 통해 확인할 수 있다.

REFERENCE 참고 │ Visual Studio에서 [방법 2]에 대한 문제 해결

Visual Studio 2017 이전의 버전에서는 위의 [방법 2]와 같이 문자열 초기화를 사용할 수 있었으나 Visual Studio 2017 이후에는 빌드 과정에서 오류가 발생한다. 이를 해결하기 위해서 다음과 같이 사용할 수 있다. 키워드 const는 14.8절에서 설명한다.

[방법 2] const char *str2="copy";

〈예제 14-8〉 포인터 변수에 대한 문자열 초기화와 출력

```
01   #include <stdio.h>
02   int main(void)
03   {
04    char str1[]="copy";
05    const char *str2 ="text";
06    printf("str1의주소: %u \n", str1);
07    printf("str2에 저장된 주소: %u \n", str2);
08    printf("str1[2]에 저장된 값: %c \n", str1[2]);
09    printf("str2+2의 값: %c \n", *(str2+2));
10    printf("문자열 str1: %s \n", str1);
11    printf("문자열 str2: %s \n", str2);
12    return 0;
13   }
```

[실행 결과: Visual C++]
```
str1의 주소: 15989812
str2에 저장된 주소: 14908216
str1[2]에 저장된 값: p
str2+2의 값: x
문자열 str1: copy
문자열 str2: text
```

[실행 결과: Turbo C++]
```
str1의 주소: 8798
str2에 저장된 주소: 123
str1[2]에 저장된 값: p
str2+2의 값: x
문자열 str1: copy
문자열 str2: text
```

배열 str1과 포인터 str2에 문자열이 저장된 상태는 [그림 14-16]과 같다. 배열 str1은 char 형이므로 각 배열 요소마다 1byte의 공간을 차지한다. 실행 결과에 의해 배열 str1의 시작 주소는 1598812이고, 1598812부터 차례로 문자가 저장되며 마지막 str[4]에는 '\0'(NULL)이 저장된다. 포인터 변수(이 예제에서는 상수) str2에 저장된 주소는 14908216이므로 14908216 이후의 주소에 문자들이 차례로 저장되고 마지막에는 배열과 마찬가지로 '\0'(NULL)이 저장된다.

따라서 str1[2]의 값은 'p', *(str2+2)가 가리키는 곳의 값은 str2[2]와 같이 사용할 수 있으며, 'x'가 출력된다. 저장된 문자열을 모두 출력할 때는 그 문자열이 시작되는 주소에서부터 '\0'을 만날 때까지 저장된 문자를 연속적으로 출력한다.

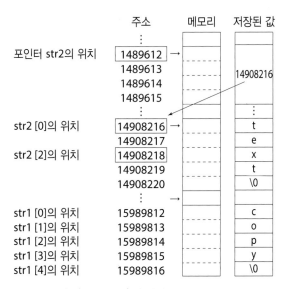

[그림 14-16] 〈예제 14-8〉의 결과

14.5.2 포인터 배열

포인터 배열이란 여러 개의 포인터 변수를 배열로 사용하는 것이다. 포인터 배열은 문자형 포인터 배열을 사용할 때 유용하게 사용된다. 예를 들어 국가 이름을 배열에 저장한다면 다음과 같이 문자형 배열에 저장하거나 포인터 배열을 이용할 수 있다.

```
char na[4][17]={"Korea", "Brazil", "Germany", "Papua New Guinea"};
char *ct[]={"Korea", "Brazil", "Germany", "Papua New Guinea"};
```

여러 개의 문자열을 문자형 배열에 저장할 때는 2차원 배열을 사용해야 하며, 2차원 배열의 두 번째 첨자의 크기는 저장할 문자열의 길이를 감안하여 충분한 크기로 정해 주어야 한다. 따라서 [그림 14-17]과 같이 기억 공간의 낭비가 생기지만 포인터 배열을 이용할 경우에는 [그림 14-18]과 같이 필요한 공간만을 사용하게 된다. 포인터 배열인 ct의 각 배열 요소에는 각 문자열이 시작되는 주소가 저장된다.

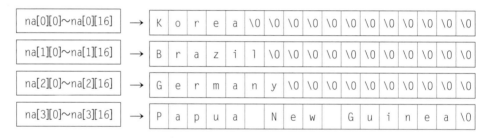

[그림 14-17] 두 개 이상의 문자열을 2차원 문자형 배열에 저장하는 경우

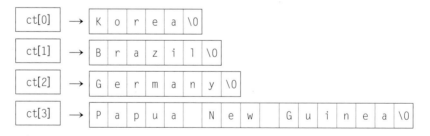

[그림 14-18] 두 개 이상의 문자열을 포인터 배열에 저장하는 경우

문자열을 2차원의 문자형 배열과 포인터 배열에 저장하고 출력하는 방법은 다음 예제를 통해 확인한다.

〈예제 14-9〉 2차원 문자형 배열과 포인터 배열

```
01  #include <stdio.h>
02  int main(void)
03  {
04    char na[4][17]={"Korea", "Brazil",
05                    "Germany",
06                    "Papua New Guinea"};
07    const char *ct[]={"Korea", "Brazil",
08                    "Germany",
09                    "Papua New Guinea"};
10    printf("na[2] : %s \n", na[2]);
11    printf("na[2][3] : %c \n", na[2][3]);
12    printf("ct[2] : %s \n", ct[2]);
13    printf("ct[2][3] : %c \n", ct[2][3]);
14    return 0;
15  }
```

[실행 결과: Visual C++]

```
na[2] : Germany
na[2][3] : m
ct[2] : Germany
ct[2][3] : m
```

[실행 결과: Turbo C++]

```
na[2] : Germany
na[2][3] : m
ct[2] : Germany
ct[2][3] : m
```

〈예제 14-9〉에서 2차원 문자형 배열 na와 포인터 배열 ct의 첨자에 대한 사용 방법은 동일하다. 따라서 line 10과 12의 na[2]와 ct[2]는 각각 "Germany"가 저장된 첫 번째 주소에서부터 '\0'(NULL)이 나타날 때까지 출력한다. 각 문자에 대해서는 line 11과 13과 같이 두 개의 첨자를 이용하여 참조할 수 있다.

문자열을 저장할 때 배열과 포인터의 차이

참고 REFERENCE

수원에 있는 화성대학의 건축공학과와 전자공학과는 이번 가을에 3박 4일 일정으로 수학여행을 갈 예정이며 두 학과 모두 숙소로 설악산의 메모리 호텔을 이용한다. 메모리 호텔은 많은 객실이 있기 때문에 언제든지 예약이 가능하지만 객실은 오직 1인실만 있다고 한다. 그리고 그 호텔의 규정상 예약을 먼저 할 경우, 취소와 객실 변경이 불가능하며 예약한 일정과 객실 수에 대해 숙박비를 받는다고 한다. 그런데 각 학과 모두 정확한 인원수가 결정되지 않았고 각 과별로 최소 10명에서 최대 40명까지 갈 수 있다고 한다.

건축공학과의 인솔자 이배열 교수는 정확한 인원수가 결정되지 않았지만 여행을 가기 전에 숙소를 미리 예약해야 한다며 최대 인원인 40명에 대해 메모리 호텔의 객실 41개를 다음과 같이 예약을 했다.

"9월 20일부터 23일까지 인솔자를 포함하여 객실 41개를 예약하는데, 41개의 방은 서로 떨어지지 않게 인접한 방으로 잡아주시고, 인솔자의 방을 첫 번째 방으로 해 주십시오."

전자공학과의 김포인터 교수는 정확한 인원수가 결정되지 않아 자신이 묵을 객실 한 개만을 미리 예약하였다. 출발 당일 여행을 갈 학생들과 같이 메모리 호텔에 가서 인원수만큼 연이어서 객실을 달라고 하였고, 김포인터 교수는 학생들이 이용할 객실의 첫 번째 방 번호만 확인하였다.

여러분은 어떤 방법을 이용하는 것이 효율적이라고 생각하는가? 배열을 이용할 경우에는 사용하던 사용하지 않던 저장할 공간을 미리 확보해야 하지만 포인터를 이용할 경우에는 공간을 미리 확보할 필요가 없는 대신 데이터가 저장된 첫 번째 주소만 기억하고 있으면 된다.

실습문제

14.5 4명에 대한 영문이름과 한글이름을 각각의 포인터 배열에 저장한 다음 출력하는 프로그램을 작성하시오.

14.6 함수와 포인터

13.7절의 함수와 배열에서 함수의 인자로 1차원 또는 2차원 배열을 사용하는 방법에 대해서 설명하였다. 배열과 포인터는 유사한 점이 있으므로 함수의 인자로 포인터를 사용하거나 함수의 결과값으로 포인터를 반환할 수 있다.

14.6.1 함수의 인자로 포인터를 사용하는 방법

함수를 호출할 때 인자의 전달 방식에는 두 가지 방법이 있다. 하나는 값에 의한 호출(call by value)이고 다른 하나는 참조에 의한 호출(call by reference)이다. 다음 〈예제 14-10〉을 통해서 이들의 차이점에 대해 알아보자. 예제에서 왼쪽 프로그램은 값에 의한 호출을, 오른쪽 프로그램은 참조에 의해 호출이다.

〈예제 14-10〉 값에 의한 호출과 참조에 의한 호출

```
01  #include <stdio.h>
02  void swap1(int i, int j);
03  int main(void)
04  {
05    int i=30, j=80;
06    swap1(i,j);
07    printf("main i=%d j=%d\n",i,j);
08    return 0;
09  }
10  void swap1(int i, int j)
11  {
12    int temp;
13    temp=i;
14    i=j;
15    j=temp;
16    printf("swap i=%d j=%d\n",i,j);
17  }
```

```
01  #include <stdio.h>
02  void swap2(int *i, int *j);
03  int main(void)
04  {
05    int i=30, j=80;
06    swap2(&i,&j);
07    printf("main i=%d j=%d\n",i,j);
08    return 0;
09  }
10  void swap2(int *i, int *j)
11  {
12    int temp;
13    temp=*i;
14    *i=*j;
15    *j=temp;
16    printf("swap i=%d j=%d\n",*i,*j);
17  }
```

[실행 결과]
```
swap i=80 j=30
main i=30 j=80
```

[실행 결과]
```
swap i=80 j=30
main i=80 j=30
```

〈예제 14-10〉에서 사용된 함수 swap1과 swap2의 차이는 함수의 인자에 있다. 함수 swap1에서는 함수의 인자로 일반 변수를 사용하며, swap2에서는 포인터 변수를 사용하여 서로의 값을 바꾸는 역할을 하지만 각 함수의 결과는 차이가 있다.

왼쪽 프로그램에서 i=30, j=80으로 초기화하고 함수 swap1을 호출했을 때, swap1 함수 내에서의 결과는 swap i=80, j=30으로 함수 내에서 사용된 변수 i와 j의 값이 서로 바뀌어 있으나, main 함수로 돌아와서 변수 i와 j의 값을 출력한 결과는 main i=30, j=80으로 서로 바뀌지 않았다. 이는 main 함수의 변수 i, j가 함수 swap1의 변수 i, j와 비록 이름은 같더라도 서로 다른 변수로 간주되기 때문이다. 이러한 방법에 의한 호출을 값에 의한 호출이라 하며, 값에 의한 호출은 인자를 전달할 때 항상 그 값(value)만을 전달해 준다는 뜻이다. C 언어나 PASCAL 언어에서 함수를 호출할 때, 일반적으로 사용하는 방법이다.

그러나 포인터 변수를 인자로 사용하는 오른쪽 프로그램의 함수 swap2의 경우에는 함수 내에서의 값도 바뀌고, 다시 main 함수에서 출력하면 변수 i와 j의 값이 서로 바뀌어 있는 것을 알 수 있다. 이와 같이 포인터(주소)를 함수의 인자로 사용하여 호출하는 방법을 주소에 의한 호출(call by address)이라 한다.

참조에 의한 호출은 함수에 전달된 인수의 값이 함수 안에서 변경된 경우, 함수를 호출한 쪽에도 영향을 미치는 것을 의미한다. 이러한 방법은 FORTRAN 언어에서 주로 사용하는 함수

호출 방법이다. 결과적으로는 함수 swap2에서 i와 j의 변경된 값이 함수를 호출한 main에도 영향을 주었으므로 참조에 의한 호출로 볼 수도 있지만, 함수의 인자로 포인터(주소)를 이용함으로써 변수의 값이 변경(side effect)된 것이므로 엄밀한 의미에서 참조에 의한 호출과는 다르다고 할 수 있다.

결국 C 언어는 참조에 의한 호출을 하기 위해서는 포인터(주소)를 함수의 인자로 사용하는 간접적인 방법에 의해 처리할 수 있다.

실 습 문 제

14.6 다음 두 프로그램의 실행 결과를 예측해보고, 실행하여 결과를 확인하시오.

```c
#include <stdio.h>
void array_sum(int c[], int d[]);
int main(void)
{
    int a[]={15, 25}, b[]={10, 20};
    array_sum(a, b);
    for(int i=0;i<2;i++)
        printf("%d\n", a[i]);
    return 0;
}


void array_sum(int c[], int d[])
{
    int i;
    for(i=0;i<2;i++)
        c[i]=c[i]+d[i];
}
```

```c
#include <stdio.h>
void array_sum(int *c, int *d);
int main(void)
{
    int a[]={15, 25}, b[]={10, 20};
    array_sum(a, b);
    for(int i=0;i<2;i++)
        printf("%d\n", a[i]);
    return 0;
}


void array_sum(int *c, int *d)
{
    int i;
    for(i=0;i<2;i++)
        c[i]=c[i]+d[i];
}
```

14.6.2 함수 포인터

일반적으로 포인터는 어떤 변수의 주소를 가리키지만 함수의 주소에 대해서도 포인트 할 수 있다. C 언어에서 문자열 상수, 배열의 이름 그리고 함수의 이름은 모두 포인터 상수다.

C 언어에서 함수의 이름은 그 함수가 시작되는 주소를 나타내는 포인터 상수이므로 함수 포인터를 사용하여 함수를 인자로 전달할 수 있다. 함수 포인터는 다음과 같은 방법으로 선언한다.

데이터 형 *함수 포인터(함수 인자들)

다음 예에서 포인터 pt는 함수의 시작 주소를 저장할 수 있는 함수 포인터로서, 사용자 정의 함수가 int plus(int x, int y);라고 정의되어 있다면 함수 plus의 시작 주소를 함수 포인터에 다음과 같이 저장할 수 있으며, 함수 이름을 대신하여 호출할 수 있다.

```
int (*pt)(int a, int b);
pt=plus;
result=pt(3, 5);

int plus(int a, int b)
{
    …
}
```

다음 예제는 함수 포인터를 사용하여 함수를 호출하는 방법이다.

〈예제 14-11〉에서 pt=plus;는 함수 plus의 시작 주소를 함수 포인터에 저장하며, pt(a, b)는 마치 plus(a, b)를 호출한 것과 같은 결과를 나타낸다.

함수 포인터는 프로그램에서 자주 사용하게 될 몇 개의 함수들을 배열에 저장하여 사용하거나 하나의 함수 포인터에 대해 조건에 따라 여러 함수들 중에서 하나의 함수를 포인터로 이용하고자 할 때 사용한다.

〈예제 14-11〉 함수 포인터를 사용하여 함수를 호출하는 방법

```
01  #include <stdio.h>
02  int plus(int x, int y);
03  int main(void)
04  {
05   int (*pt)(int a, int b);
06   int a=3, b=5;
07   pt=plus;
08   printf("result = %d \n", pt(a, b));
09   printf("result = %d \n", plus(a, b));
10   return 0;
11  }
12  int plus(int x, int y)
13  {
14   return x+y;
15  }
```

[실행 결과: Visual C++]
```
result = 8
result = 8
```

[실행 결과: Turbo C++]
```
result = 8
result = 8
```

14.7 〈예제 14-11〉의 line 02, 07, 09, 12의 plus를 한글 플러스로 바꾼 다음 실행 결과를 확인하시오.

14.6.3 함수의 결과로 배열을 반환하는 방법

함수의 결과값으로 배열을 반환하려면 포인터를 이용한다.

다음 예제는 1차원 배열을 함수의 인자로 사용하여 각 배열 요소에 일정한 값(4)을 곱한 결과를 함수의 결과값으로 반환하는 부분을 함수로 작성한 것이다.

〈예제 14-12〉 함수의 결과로 배열을 반환하는 프로그램

```
01   #include <stdio.h>
02   #include <stdlib.h>
03   int *mat_mult(int m[], int n);
04   int main(void)
05   {
06    int ma[4]={1, 3, 5, 7};
07    int *mb, i;
08    for(i=0;i<4;i++)
09       printf("ma[%d]=%2d ", i, ma[i]);
10    printf("\n");
11    mb=mat_mult(ma, 4);
12    for(i=0;i<4;i++)
13       printf("mb[%d]=%2d ", i, mb[i]);
14    return 0;
15   }
16   int *mat_mult(int m[], int n)
17   {
18    int *mc=(int*)malloc(n);
19    for(int i=0;i<n;i++)
20         mc[i]=m[i]*n;
21    return mc;
22   }
```

[실행 결과]
```
ma[0]= 1 ma[1]= 3 ma[2]= 5 ma[3]= 7
mb[0]= 4 mb[1]=12 mb[2]=20 mb[3]=28
```

함수의 결과값으로 배열을 반환할 때, 그리고 반환된 값을 배열에 저장하기 위해서 포인터를 사용한다. 〈예제 14-12〉에서 line 07과 line 18의 *mb와 *mc가 포인터에 해당한다. main 함수에서 mat_mult()를 호출하면 배열 ma의 주소가 배열 m으로 값에 의한 전달이 이루어진다. 함수 mat_mult()는 배열 m의 각 요소에 4를 곱한 결과를 포인터 mc로 반환한

다. 반환된 결과는 포인터 변수 mb에 저장되고 출력하면 실행 결과와 같다.

지금까지 프로그램에서 사용한 모든 변수나 배열 등은 사용된 데이터 형에 의해 컴파일 과정에서 기억 공간에 대한 크기가 결정되는데 이를 정적 할당(static allocation)이라 한다. 이에 반해 동적 할당(dynamic allocation)은 컴파일 과정이 아니라 프로그램의 실행 중에 기억 공간을 확보한다. 함수 mat_mult에서 결과값으로 반환하는 배열은 컴파일 과정에서 그 값이 정해진 것이 아니라 실행 중에 함수 호출에 의해서 새롭게 만들어지는 것이므로 n개의 크기를 갖는 배열을 동적으로 할당하기 위해 함수 malloc을 사용한다. 함수 malloc은 헤더 파일 〈stdlib.h〉을 필요로 한다. 이에 대한 내용은 18.2절(프로그램 실행 중에 기억 공간을 확보하는 동적 할당)에서 설명한다.

14.6.4 함수의 결과값으로 포인터를 반환하는 함수

함수를 선언할 때 함수의 앞부분에는 그 함수의 결과값이 어떤 데이터 형인가를 명시해 주어야 하는데 함수의 결과값으로 포인터를 사용하는 경우도 있다. 예를 들어 문자열과 관련된 함수 중에서 포인터를 반환하는 함수에는 다음과 같은 것들이 있다. 문자열과 관련된 라이브러리 함수들은 다음 절에서 설명한다.

함수 이름	함수 원형	기능
gets	char *gets(char *str)	문자열 입력
strcat	char *strcat(char *dest, const char *src)	문자열 합침
strcpy	char *strcpy(char *dest, const char *src)	문자열 복사

앞의 함수들의 경우에 함수의 결과값으로 포인터를 반환하므로 함수들이 정상적으로 처리될 경우에는 특정 주소를 반환하고, 오류가 발생되면 대부분 NULL을 결과값으로 반환한다. 이렇게 함으로써 함수를 호출한 곳에서 결과를 알 수 있도록 한다. 예를 들어 함수 strcpy는 두 개의 인자를 필요로 하는데 두 번째 인자로 키워드 const가 사용된다. const는 14.8절에서 설명한다. 키워드 const가 사용된 변수는 그 값을 상수로 간주하므로 프로그램에서 변경할 경우 오류가 발생된다. 따라서 함수 strcpy를 호출할 때 함수로 하여금 그 값을 변경할 수 없도록 하는 것이다. 함수 strcpy의 사용법은 다음과 같다.

```
char str1[30];
strcpy(str1, "compile");
```

함수 strcpy를 호출한 결과 문자형 배열 str1에는 문자열 상수인 "compile"이 저장된다. 사용자 정의 함수로 strcpy을 구현한다면 다음과 같다.

```
char *string_cpy(char *dest, const char *src)
{
  char *p=dest;
  while(*src)
    *p++=*src++;
  *p=NULL;
  return dest;
}
```

앞의 함수에서 먼저 char 형의 포인터 변수 p에 dest의 주소를 저장한다. 따라서 dest와 p는 동일한 주소를 가리키는 포인터가 된다. 따라서 p가 가리키는 곳의 값이 변경된다면 dest가 가리키는 곳의 값도 변경됨을 의미한다.

반복문 while에 의해서 *src, 즉 복사할 내용의 문자열을 차례로 읽어 가면서 *p에 저장해 나가되 NULL(거짓)이 될 때까지 계속 순환한다. 문자의 복사가 끝나면 제일 마지막에 NULL을 추가하고 문자열의 포인터를 반환한다. 다음 예제는 앞에서 구현한 문자열 복사 함수를 사용하고, 함수의 결과값인 포인터를 되돌려 받아 처리하는 프로그램이다.

〈예제 14-13〉 함수 strcpy에 대한 사용자 정의 함수

```
01  #include <stdio.h>
02  char *string_cpy(char *dest, const char *src);
03  int main(void)
04  {
05   char str[20];
06   char *pt;
07   pt=string_cpy(str, "my program");
08   printf("str : %s \n", str);
09   printf("pt : %s \n", pt);
10   return 0;
11  }
12  char *string_cpy(char *dest, const char *src)
13  {
14    char *p=dest;
15    while(*src)
16      *p++=*src++;
17    *p=NULL;
18    return dest;
19  }
```

[실행 결과: Visual C++]

```
str : my program
pt : my program
```

[실행 결과: Turbo C++]

```
str: my program
pt : my program
```

14.7 문자열 처리와 관련된 라이브러리 함수

14.7.1 포인터 변수에 문자열 입력(문자형 포인터)

다음 예제는 char 형 포인터 변수에 문자열을 입력받는 프로그램이다. 이 예제에서 포인터 변수 str의 크기는 20이므로 최대 19자까지 입력받을 수 있다. 함수 malloc(18.2.1절)은 변수에 동적으로 메모리를 할당하는 함수로서 헤더 파일 〈stdlib.h〉를 필요로 한다. 동적으로 할당된 메모리를 해제하는 경우에는 함수 free(18.2.1절)를 사용한다.

〈예제 14-14〉 포인터 변수에 문자열을 입력

```
01  #include <stdio.h>
02  #include <stdlib.h>
03  int main(void)
04  {
05   char *str;
06   str = (char *) malloc(20);
07   printf("문자열을 입력하고 Enter>");
08   scanf("%s", str);
09   printf("입력된 문자열  : %s \n", str);
10   free(str);
11   return 0;
12  }
```

[실행 결과]

```
문자열을 입력하고 Enter>korea.org
입력된  문자열 : korea.org
```

14.7.2 숫자를 문자열로 변환하는 함수

숫자를 문자열로 변환하는 함수의 원형은 다음과 같다. 함수 itoa는 inter to ascii, 함수 ltoa는 long to ascii의 의미로서 정수형 숫자를 2진수, 8진수, 10진수 또는 16진수의 문자열로 변환한다. (참고 : Visual Studio에서는 _itoa와 _ltoa로 대체해서 사용한다.)

구분	함수 원형과 인자	함수 설명
숫자를 문자열로 변환	char *_itoa(int value, char *s, int radix)	int 형 숫자 value를 문자열 s로 변환, radix는 변환할 진법
	char *_ltoa(long value, char *s, int radix)	long형 숫자 value를 문자열 s로 변환, radix는 변환할 진법

〈예제 14-15〉 숫자를 10진수 문자열로 변환하는 함수(itoa, ltoa)

```
01  #include <stdio.h>
02  #include <stdlib.h>
03  int main(void)
04  {
05    int num1=68734;
06    long num2=9876543;
07    char s[25];
08    _itoa(num1, s, 10);
09    printf("정수:%d, 문자열:%s\n", num1, s);
10    _ltoa(num2, s, 10);
11    printf("정수:%ld, 문자열:%s\n", num2, s);
12    return 0;
13  }
```

[실행 결과: Visual C++]
```
정수:68734, 문자열:68734
정수:9876543, 문자열:9876543
```

[실행 결과: Turbo C++]
```
정수:3198, 문자열:3198
정수:9876543, 문자열:9876543
```

Visual C++의 경우 int 형은 4byte의 크기를 가지므로 변수에 저장할 수 있는 숫자의 범위가 −21억4천만(-2^{31})~21억4천만($2^{31}-1$)이지만 Turbo C++의 경우에는 2byte의 크기로서 −32768(-2^{15})~32767($2^{15}-1$)이므로 68734을 저장할 수 없기 때문에 잘못된 결과로 표시된다.

〈예제 14-16〉은 숫자를 특정 진법의 문자열로 변환하는 예이다.

〈예제 14-16〉 숫자를 2진수 또는 16진수 문자열로 변환하는 함수(itoa, ltoa)

```
01  #include <stdio.h>
02  #include <stdlib.h>
03  int main(void)
04  {
05    int num1=14;
06    long num2=512;
07    char s[25];
08    _itoa(num1, s, 2);
09    printf("정수:%d, 2진수문자열:%s\n", num1, s);
10    _ltoa(num2, s, 16);
11    printf("정수:%ld, 16진수문자열:%s\n",num2, s);
12    return 0;
13  }
```

[실행 결과]
```
정수:14, 2진수문자열:1110
정수:512, 16진수문자열:200
```

14.7.3 문자열을 숫자로 변환하는 함수

문자열을 변환하는 함수들의 이름 대부분은 str로 시작하며 이는 string의 약어로서 문자열을 의미한다. 다음 함수들은 문자열을 숫자로 변환하는 함수이나 특정 진법으로 표현된 문자열을 정수로 변환한다. 즉, 앞에서의 _itoa와 반대의 기능을 하는 함수다.

구분	함수 원형과 인자	함수 설명
문자열을 숫자로 변환	double strtod(const char *s, char **endptr)	문자열을 double 형 실수로 변환
	long strtol(const char *s, char **endptr, int radix)	문자열을 long 형 정수로 변환
	unsigned long strtoul(char *s, char **endptr, int radix)	문자열을 unsigned long 형 정수 변환

〈예제 14-17〉 문자열을 숫자로 변환하는 함수(strtod, strtol)

```
01  #include <stdio.h>
02  #include <stdlib.h>
03  int main(void)
04  {
05    const char *s1="-12.5e04";
06    const char *s2="1100";
07    char *endptr;
08    double num1;
09    long num2;
10    num1=strtod(s1, &endptr);
11    num2=strtol(s2, &endptr, 2);
12    printf("문자열:%s, double형 숫자 :%lf\n", s1, num1);
13    printf("문자열:%s, long 형 10진수 :%ld\n", s2, num2);
14    return 0;
15  }
```

[실행 결과]
```
문자열:-12.5e04, double형 숫자 :-125000.000000
문자열:1100, long 형 10진수 :12
```

line 11에서 strtol(s2, &endptr, 2);의 2는 변환할 문자열이 2진수임을 의미한다. 따라서 2진법으로 표현된 문자열 "1100"을 long 형의 10진 정수 12로 변환하여 반환한다.

14.7.4 두 문자열의 연결과 비교 함수

다음의 함수들은 두 개의 문자열을 연결하는 함수이며 헤더 파일 〈string.h〉을 필요로 한다.

구분	함수 원형과 인자	함수 설명
문자열 연결	char *strcat(char *s1, const char *s2)	문자열 s2를 문자열 s1에 연결. 문자열 s1을 반환
	char *strncat(char *s1, const char *s2, size_t n)	문자열 s2의 첫 n개의 문자열을 문자열 s1에 연결. 문자열 s1을 반환

〈예제 14-18〉 문자열을 연결하는 함수(strcat, strncat)

```
01   #include <stdio.h>
02   #include <string.h>
03   int main(void)
04   {
05     char s[15]="star";
06     char t[6]="craft";
07     strcat(s, t);
08     printf("strcat :%s\n", s);
09     strncat(s, t, 3);
10     printf("strncat:%s\n", s);
11     return 0;
12   }
```

[실행 결과]

```
strcat :starcraft
strncat:starcraftcra
```

함수 strcat은 두 개의 문자열을 연결(concatenate string)하여 하나의 문자열로 만든다. strcat(s, t)의 결과, 문자열 s의 마지막 부분에 문자열 t가 연결되어 새로운 문자열 s로 변환된다. 따라서 함수 strcat의 첫 번째 인자인 s는 두 번째 인자, 즉 연결될 문자열(배열 t)이 저장될 수 있도록 충분한 공간이 준비되어 있어야 한다. 함수 strncat에 추가된 인자 n은 연결할 문자열(t)에 대해 첫 n개의 문자열을 문자열 s에 연결한다. line 05에 의해 char 형 배열인 s1에 문자열이 저장된 것을 표현하면 다음과 같다. 기호 '\0'은 문자열의 마지막을 의미하는 NULL 문자이다.

s[0]	s[1]	s[2]	s[3]	s[4]	s[5]	s[6]	s[7]	s[8]	s[9]	s[10]	s[11]	s[12]	s[13]	s[14]
s	t	a	r	\0										

이후 strcat(s, t)의 결과는 다음과 같다.

s[0]	s[1]	s[2]	s[3]	s[4]	s[5]	s[6]	s[7]	s[8]	s[9]	s[10]	s[11]	s[12]	s[13]	s[14]
s	t	a	r	c	r	a	f	t	\0					

strncat(s, t, 3)의 결과는 다음과 같다.

s[0]	s[1]	s[2]	s[3]	s[4]	s[5]	s[6]	s[7]	s[8]	s[9]	s[10]	s[11]	s[12]	s[13]	s[14]
s	t	a	r	c	r	a	f	t	c	r	a	\0		

다음의 함수들은 문자열을 비교하는 함수들이다.

구분	함수 원형과 인자	함수 설명
문자열 비교	int strcmp(const char *s1, const char *s2)	문자열을 알파벳 순서로 비교. 두 문자열이 같으면 0 을 반환. 만약 같지 않으면 다음과 같은 값을 반환 s1<s2이면 음수값을 반환 s1>s2이면 양수값을 반환
	int strncmp(const char *s1, const char *s2, size_t n)	두 문자열에 대해 처음 n개의 문자열을 비교. 두 문자 열이 같으면 0을 반환. 만약 같지 않으면 strcmp와 같은 값을 반환

〈예제 14-19〉 두 개의 문자열을 비교하는 함수(strncmp)

```
01  #include <stdio.h>
02  #include <string.h>
03  int main(void)
04  {
05  const char *s1="Republic of KOREA";
06  const char *s2="Republic of CHINA";
07  int ptr;
08  ptr=strcmp(s1, s2);
09  if (ptr<0 || ptr>0)
10    printf("문자열 s1과 s2가 다르다.\n");
11  ptr=strncmp(s1, s2, 12);
12  if (ptr==0)
13    printf("문자열 s1과 s2가 같다.\n");
14  return 0;
15  }
```

[실행 결과]

```
문자열 s1과 s2가 다르다.
문자열 s1과 s2가 같다.
```

문자열 s1과 s2는 첫 12개 문자열("Republic of ")은 같지만 이후의 문자열에서 차이가
있다.

실 습 문 제

14.8 라이브러리 함수 strcat를 사용자 정의 함수 my_strcat로 작성하시오. 함수의 데이터 형은
void로 처리한다.

14.7.5 문자열의 복사와 길이 계산 함수

다음은 문자열을 복사하거나 문자열의 길이를 계산하는 함수이다.

구분	함수 원형과 인자	함수 설명
문자열 복사	char *strcpy(char *s1, const char *s2)	문자열 s2를 NULL 문자를 포함하여 문자열 s1에 복사. 반환값은 s1
	char *strncpy(char *s1, const char *s2, size_t n)	s2의 첫 n개의 문자열을 s1에 복사. 반환값은 s1. s2의 문자수가 n보다 작으면 NULL 문자를 붙임
문자열 길이	size_t strlen(const char *s1)	문자열의 길이를 구하는 함수. 이때 NULL 문자를 제외한 길이를 계산함

〈예제 14-20〉 문자열 복사와 문자열 길이를 계산하는 함수(strcpy, strlen)

```
01    #include <stdio.h>
02    #include <string.h>
03    int main(void)
04    {
05      char s[15];
06      const char *str1="abcdefghi";
07      const char *str2="ABCDEFGHI";
08      strcpy(s, str1);
09      printf("strcpy : %s\n", s);
10      strncpy(s, str2, 4);
11      printf("strncpy : %s\n", s);
12      printf("length of s : %d", strlen(s));
13      return 0;
14    }
```

[실행 결과]
```
strcpy : abcdefghi
strncpy : ABCDefghi
length of s : 9
```

line 08에서 strcpy(s, str1)의 결과 문자열 "abcdefghi"가 문자형 배열인 s에 복사된다. line 11의 strncpy에서 추가된 인자 n은 복사될 문자열(str2)의 첫 n개의 문자열("ABCD")을 첫 번째 인자(s)에 복사하되 실행 결과와 같이 앞부분에 복사한다. 따라서 함수 strncpy의 첫 번째 인자와 두 번째 인자의 문자열의 길이가 다를 경우에 n개의 문자열을 정확하게 복사하려면 다음 〈예제 14-21〉과 같이 복사 이후 문자열의 마지막 부분에 '\0'(NULL)을 붙여서 사용한다.

〈예제 14-21〉 복사할 문자열의 길이만큼 정확히 복사(strncpy)

```
01  #include <stdio.h>
02  #include <string.h>
03  int main(void)
04  {
05    char s[15]="program";
06    const char *str1="compile";
07    printf("original s : %s\n", s);
08    printf("length of s: %d\n", strlen(s));
09    strncpy(s, str1, 4);
10    printf("\ns after strncpy : %s\n", s);
11    printf("length of s: %d\n", strlen(s));
12    s[4]='\0';
13    printf("\ns after NULL : %s\n", s);
14    printf("length of s: %d\n", strlen(s));
15    return 0;
16  }
```

[실행 결과]
```
original s : program
length of s: 7

s after strncpy : compram
length of s: 7

s after NULL : comp
length of s: 4
```

char 형 배열 s에 저장된 문자열 데이터를 표현하면 다음과 같다. 기호 '\0'은 문자열의 마지막을 의미하는 NULL 문자로서 문자열의 마지막에 자동적으로 추가된다.

s[0]	s[1]	s[2]	s[3]	s[4]	s[5]	s[6]	s[7]	s[8]	s[9]	s[10]	s[11]	s[12]	s[13]	s[14]
p	r	o	g	r	a	m	\0							

strncpy(s, str1, 4)의 결과는 다음과 같다.

s[0]	s[1]	s[2]	s[3]	s[4]	s[5]	s[6]	s[7]	s[8]	s[9]	s[10]	s[11]	s[12]	s[13]	s[14]
c	o	m	p	r	a	m	\0							

s[4]='\0'의 결과는 다음과 같다.

s[0]	s[1]	s[2]	s[3]	s[4]	s[5]	s[6]	s[7]	s[8]	s[9]	s[10]	s[11]	s[12]	s[13]	s[14]
c	o	m	p	\0	a	m	\0							

s[4]='\0'의 결과 char 형 배열 s에는 문자열 "comp" 외에 나머지 문자열 "am"도 같이 저장되어 있다. 그러나 문자열을 출력하는 %s는 해당 문자열에서 '\0'이 있는 위치를 문자열의 마지막으로 인식하므로 "comp"가 출력되고, 문자열의 길이도 7이 아닌 4가 된다.

14.9 라이브러리 함수 strcpy를 사용자 정의 함수 my_strcpy로 작성하시오. 함수의 데이터 형은 void로 한다.

14.10 라이브러리 함수 strlen을 사용자 정의 함수 my_strlen으로 작성하시오. 함수의 데이터 형은 int로 한다.

14.8 키워드 const

키워드 const는 constant의 줄임말로 상수를 의미한다. 상수로 정의된 변수는 그 값을 프로그램 상에서 변경할 수 없고, 만약 프로그램 상에서 변수로 사용한다면 컴파일 오류가 발생한다. #define에 의해서도 매크로 상수를 정의할 수 있는데 #define과 const의 차이는 다음과 같다.

구분	#define(전처리기)	const(키워드)
사용 방법	#define MAX 100	const int max 100;
차이점	데이터 형 없음	데이터 형 있음

우선 #define에 의해 매크로 상수로 정의된 MAX는 데이터 형이 없는 반면, const에 의해 상수로 정의된 max는 명확한 데이터 형(int)을 갖는다.

또 다른 차이는 #define은 전처리기 중의 하나로서 이 부분은 컴파일 하기 이전에 전처리기에 의해 처리되며, const에 의한 상수는 컴파일러에 의해 변수로써 만들어지지만 컴파일러가 그 변수를 상수로만 처리할 수 있도록 하는 것이다.

const는 일반 변수를 상수로 정의하는데 사용하며, 배열이나 포인터에 대해 그 값을 또는 주소가 가리키는 곳의 값을 사용할 수는 있지만 변경할 수는 없도록 하는데 사용한다.

만약 다음과 같은 프로그램이 있다고 할 때 컴파일 하면 line 09, 10 그리고 12의 세 부분에서 오류가 발생한다.

〈예제 14-22〉 const의 사용 방법

```
01   #include <stdio.h>
02   int main(void)
03   {
04     char str1[5]="copy";
05     const char str2[5]="text";
06     const char *ptr;
07     str1[0]='a';
08     ptr=str1;
09     *ptr='b';     //← 오류발생
10     str2[0]='c';  //← 오류발생
11     ptr=str2;
12     *ptr='d';     //← 오류발생
13     return 0;
14   }
```

[컴파일 오류: Visual C++]

.cpp(9): error C3892: 'ptr' : const인 변수에 할당할 수 없습니다.
.cpp(10): error C3892: 'str2' : const인 변수에 할당할 수 없습니다.
.cpp(12): error C3892: 'ptr' : const인 변수에 할당할 수 없습니다.

[컴파일 오류: Turbo C++]

9: Cannot modify a const object in function main()
10: Cannot modify a const object in function main()
12: Cannot modify a const object in function main()
PP 14: 'ptr' is assigned a value that is never used in function main() ;

배열 str1은 상수가 아닌 일반 배열이므로 line 07과 같이 다른 값('a')을 대입할 수 있지만, 배열 str2는 상수이므로 line 10과 같이 대입 연산자를 이용하여 값을 변경할 수 없다. 그러나 포인터 변수 ptr은 상수로 정의되어 있지만 line 08과 11과 같이 하나의 변수로서 주소를 대입할 수는 있지만 line 09와 12 같이 포인터가 가리키는 곳의 값은 변경할 수 없다.

단원정리

포인터(pointer)
포인터는 메모리상의 어떤 주소를 가리키고, 메모리상의 주소에는 데이터가 저장되므로 결국 포인터는 메모리에 저장된 데이터의 위치를 가리킨다고 할 수 있다.

포인터 변수
포인터 변수는 주소를 저장하는 변수이므로 데이터 형이 있으며 사용하기 전에 선언해야 한다. 일반 변수와는 달리 포인터 변수에는 오직 주소만을 저장할 수 있다.

포인터 변수 선언	의미
char *p;	포인터 변수 p를 선언(변수이름은 *p가 아니라 p임) 포인터 변수 p의 데이터 형이 char 형이 아니라 p가 가리키게 될 주소에 저장된 데이터의 형이 char 형이라는 의미
int *pt;	포인터 변수 pt를 선언 포인터 변수 pt의 데이터 형이 int 형이 아니라 pt가 가리키게 될 주소에 저장된 데이터의 형이 int 형이라는 의미

[포인터 연산자]

포인터 연산자	기능	사용 예
&	& 다음에 표시된 변수의 주소를 나타냄	pt=&a;
*	포인터가 가리키는 곳의 값을 나타냄	a=*pt;

[포인터 변수의 사용 방법]

포인터 변수의 사용	의미
p=&i;	변수 i의 주소를 포인터 변수 p에 저장
printf("%u", p);	포인터 변수 p에 저장된 값(주소)를 출력
printf("%d", *p);	포인터 변수 p가 가리키는 주소에 저장된 값을 출력
*p=4;	포인터 변수 p가 가리키는 주소에 저장된 값을 4로 대체

배열과 포인터
배열의 이름은 그 배열의 첫 번째 요소가 저장되어 있는 주소를 가리키므로 주소를 가리킨다는 점에서는 배열과 포인터는 유사하지만 포인터 변수는 다른 주소를 저장할 수 있는 반면에 배열의 이름은 첫 번째 요소가 저장되어 있는 주소를 가리키는 상수이다.

포인터 연산
포인터 변수나 주소에 대한 연산이 가능하다. 그러나 주소는 양의 정수로 표현하므로 실수 연산은 사용할 수 없다.

```
int a[3]=10, 20, 30;
int *pt;
pt=a;
```

| 동일한 수식 : &a[0], (a+0), (pt+0) |
| 동일한 주소 : &a[n], (a+n), (pt+n)] |

| 동일한 수식 : a[0], *(a+0),*(pt+0), pt[0] |
| 동일한 값 : a[n], *(a+n), *(pt+n), pt[n] |

포인터 변수와 문자열 초기화

```
[방법 1] char str1[]="copy"; 또는 char str1[9]="copy";
[방법 2] char *str2 ="copy";
```

Visual Studio 2019에서는 [방법 2]를 const char *str2="copy";와 같이 사용한다.

포인터 배열

여러 개의 포인터 변수를 배열로 사용하는 것으로 포인터 배열은 문자형 포인터 배열을 사용할 때 유용하게 사용된다.

```
char na[4][17]={"Korea", "Brazil", "Germany", "Papua New Guinea"};
char *ct[]={"Korea", "Brazil", "Germany", "Papua New Guinea"};
```

함수와 포인터

함수의 인자로 일반적인 변수를 사용하면 값에 의한 호출(call by value)이 일어나고, 포인터를 사용하면 변수의 주소가 전달되어 참조에 의한 호출과 같은 효과가 일어난다. C 언어에서 함수의 이름은 그 함수가 시작되는 주소를 나타내는 포인터 상수이므로 함수 포인터를 사용하여 함수를 인자로 전달할 수 있다. 함수의 결과값으로 배열을 반환하려면 포인터를 이용한다.

연습문제

14.1 포인터에 대한 설명이 맞으면 ○, 틀리면 ×로 표시하시오.

(1) 포인터가 가리키는 대상은 메모리 주소이다.

(2) 포인터는 메모리에 저장된 데이터의 위치를 가리킨다.

(3) 메모리는 1byte 단위로 구분되어 있고 byte마다 구별되는 주소가 있다.

(4) 변수의 주소는 출력할 수 없다.

(5) 데이터가 저장된 변수의 주소를 출력하려면 변수이름 앞에 *연산자를 사용한다.

(6) 포인터 변수는 사용하기 전에 데이터 형과 변수 이름을 지정해야 한다.

(7) 포인터는 변수의 데이터 형에 따라 가리키는 데이터의 위치가 달라진다.

(8) 포인터 변수를 선언할 때 일반 변수와 구별하는 간접 연산자 *를 사용한다.

(9) 포인터 변수의 데이터 형은 포인터가 가리킬 주소에 저장된 데이터 형이다.

(10) 포인터 변수에 주소 외에 숫자 상수를 저장할 수 없다.

(11) 이미 주소가 저장된 포인터 변수에 다른 주소를 저장할 수 없다.

(12) 포인터 변수에 저장된 값에 덧셈이나 뺄셈 연산이 가능하다.

(13) 배열의 이름은 포인터 상수이다.

(14) 일반적으로 사용자 정의 함수는 한 개의 값만을 반환할 수 있지만 함수의 인자로 포인터를 사용하면 여러 개의 값을 반환하는 효과를 준다.

(15) 함수의 결과값으로 포인터를 반환할 수 있다.

14.2 int x;로 선언된 변수 x에 대해서 &x는 무엇을 의미하는가?

① x에 저장된 데이터　　　　　　② x의 기억 장소 번지

③ x가 가리키는 곳의 데이터　　　④ x에 대입된 값

14.3 다음 중 포인터 변수의 선언이 잘못된 것은?

① int *p;　　　　　　　　　② char *p="ABCD";

③ int &p;　　　　　　　　　④ double *p;

14.4 다음 중 포인터 변수의 선언이 잘못된 것은?

① char *p="1234";　　　　　② char *p="ABCD";

③ int *p;　　　　　　　　　④ int *p=1234;

14.5 다음 프로그램을 실행했을 경우 설명이 틀린 것은?

```
int data=50, sum=70;
int *p;
p=&sum;
data=*p;
```

① 프로그램의 실행 결과 변수 data에는 50이 저장된다.
② 포인터 변수 p에는 변수 sum의 주소가 저장된다.
③ *p는 변수 sum의 주소에 저장된 값을 의미한다.
④ 변수 sum의 값은 그대로 70이 유지된다.

14.6 다음과 같이 변수를 선언했을 때 값이 다른 것은?

```
int a[5]=1,2,3,4,5;
int *pt=a;
```

① pt   ② a   ③ &a   ④ &pt

14.7 다음 프로그램의 실행 결과는?

```
int a[5]=2,4,6,8,10;
int *pt=a;
printf("%d", *pt);
printf("%d", *a);
```

① 22   ② pt의 주소와 a의 주소
③ pt에 저장된 값과 a에 저장된 값   ④ 컴파일 오류 발생

14.8 다음과 같이 변수를 선언하였을 때 값이 다른 것은?

```
int a[4]=10,20,30,40;
int *pt=a;
```

① *a+1   ② a[1]   ③ *(pt+1)   ④ *(pt+3)−20

14.9 다음과 같이 변수를 선언하였을 때 *po+3과 *(po+3)의 값으로 옳은 것은?

```
int a[4]=10,20,30,40;
int *po=a;
```

① 13, 20   ② 13, 40   ③ 23, 30   ④ 23, 40   ⑤ 13, 23

14.10 다음과 같이 선언된 포인터 변수에 대해서 p가 100번지를 가리킨다면 (p+1)은 각각 몇 번지를 가리키는지가 바르게 연결된 것을 고르시오.

Ⓐ char *p;
Ⓑ int *p;
Ⓒ double *p;

	Ⓐ	Ⓑ	Ⓒ
①	101	101	101
②	101	102	103
③	101	103	107
④	101	104	108

14.11 다음 프로그램의 실행 결과로 맞는 것을 고르시오.

```c
#include <stdio.h>
int main(void)
{
    int k[]={1,2,3,4} ,*p;
    p=&k[0];
㉠ printf("%d\n",*p);
    p++;
㉡ printf("%d\n",*p);
㉢ printf("%d\n", *p+1);
㉣ printf("%d\n",*(p+1));
    return 0;
}
```

(1) ㉠ 부분에서 출력되는 것은?

① 1 ② 2 ③ 3 ④ 4

(2) ㉡ 부분에서 출력되는 것은?

① 1 ② 2 ③ 3 ④ 4

(3) ㉢ 부분에서 출력되는 것은?

① 1 ② 2 ③ 3 ④ 4

(4) ㉣ 부분에서 출력되는 것은?

① 1 ② 2 ③ 3 ④ 4

14.12 다음 프로그램의 실행 결과는?

```c
int a=5, b=3;
int *p, temp;
p=&b;
temp=*p;
b=a;
a=temp;
printf("%d", a);
printf("%d", b);
```

① 33
② 55
③ 35
④ 53

14.13 다음 프로그램의 실행 결과는?

```c
#include <stdio.h>
int main(void)
{
 int *p, y[3]={2, 6, 9}, a;
 p=y;
 a=*p++;
 printf("%d", a);
 printf("%d", *p);
 return 0;
}
```

① 2 6
② 2 2
③ 6 6
④ a와 y[0]의 주소

14.14 문자열의 초기화 중에서 틀린 것은?

① char name[]="James Bond";

② char *name="James Bond";

③ char name[]={'J','a','m','e','s',' ', 'B','o','n','d','\0'};

④ char name[11]={'J','a','m','e','s',' ', 'B','o','n','d'};

⑤ char name[10]={'J','a','m','e','s',' ', 'B','o','n','d'};

14.15 문자열을 저장하는 방법 중 잘못된 것은?

① char st[]="test";

② char *st="test";

③ char *st;
st="test";

④ char st[10];
st="test"

14.16 다음 프로그램의 실행 결과는?

(1)
```c
#include <stdio.h>
int main(void)
{
  char p[] = "language";
  char *pt;
  int i = 0;
  pt = p;
  while (*pt!= '\0')
  {
    i++;
    pt++;
  }
  printf("%d", i);
  return 0;
}
```

(2)
```c
#include <stdio.h>
int main(void)
{
  char x[3], *p;
  x[1]='A';
  p=&x[1];
  *(p-1)='B';
  *(p+1)='C';
  printf("%c  %c  %c\n",*(p-1),*p,*(p+1));
  return 0;
}
```

14.17 다음 프로그램에서 오류가 있는 부분은?

```c
        int a=5, b=3;
        int *p;
        char *cp;
①      cp=&b;
②      p=&a;
③      *p=8;
④      b=*p;
```

14.18 다음 프로그램의 실행 결과는?

```c
#include <stdio.h>
int main(void)
{
  int a[3][3]={1,2,3,4,5,6,7,8,9};
  int b[ ][3]={7,8, 9,10,11};
  printf(" %d \n", a[1][1]);
  printf(" %d \n",*(a[2]+2));
  printf(" %d \n",(*(b+1))[2]);
  return 0;
}
```

14.19 문자형 배열 id에는 자신의 학번을, 문자형 포인터 name에는 영문이름을 빈칸에 표시한 다음 프로그램의 실행 결과를 예상하시오.

```c
#include <stdio.h>
int main(void)
{
  char id[10]="                ";
  char *name="                     ";
  char *pt;
  pt=name;
  printf("%c\n", id[5]);
  printf("%c\n", *(pt+5));
  pt++;
  printf("%s\n", id+2);
  printf("%s\n", pt+2);
  return 0;
}
```

※ Visual Studio의 경우 char *name 부분을 const char *name로 수정

14.20 다음 프로그램은 두 변수의 값을 주소를 이용하여 서로 바꾸는 프로그램이다. ☐ 부분을 완성하시오.

```c
#include <stdio.h>
void swap(                              );
int main(void)
{
   int i=30, j=80;
   int *pi, *pb;
   pi=&i;
   pb=&j;

   printf("main : i=%d, j=%d ",i,j);
   return 0;
}


void swap(                         )
{
   int temp;

   *i = *j;
   *j = temp;
}
```

14.21 다음 프로그램의 실행 결과는?

```c
#include <stdio.h>
void add(int b[], int n);
int main(void)
{
   int a[5]={1, 2, 3, 4, 5};
   add(a, 5);
   for(int i=0;i<=4;i++)
       printf("%d", *(a+i));
   return 0;
}
void add(int b[], int n)
{
   for(int i=0;i<5;i++)
       b[i]=*(b+i)+n;
}
```

14.22 문자열을 입력받을 때 scanf는 공백이 사용되기 이전의 문자열만 입력받기 때문에 공백을 포함하는 문자열은 라이브러리 함수 gets를 사용한다. 문자형 배열 변수 chr에 공백이 포함된 자신의 영문이름을 함수 gets를 이용하여 입력받아 출력하고 문자형 배열을 함수의 인자로 처리하여 이름을 역방향으로 만들어 다시 배열 변수 chr에 저장하는 부분을 함수로 처리하는 프로그램을 완성하시오. 예를 들어 배열에 저장된 문자열이 "Ahn Kisoo"라면 함수에 의해 해당 배열의 값을 "oosiK nhA"로 만든다. (연습문제 13.30 참고)

14.23 공백이 없는 임의의 문자열을 입력받아 문자열의 길이를 계산하여 반환하는 함수 stlen과 프로그램을 작성하시오. 단, 라이브러리 함수는 사용할 수 없고, 함수의 인자로 배열 또는 포인터를 이용한다. 입력할 문자열의 길이는 최대 20자로 제한한다고 가정한다.

14.24 임의의 실수 a, b, c에 대한 이차방정식 $ax^2 + bx + c=0$을 만족하는 x를 근의 공식을 이용하여 계산하는 부분을 함수로 작성하여 프로그램을 완성하시오. 단, 근을 갖지 못하는 경우(허근)에는 실수 a, b, c를 다시 입력받고 계산할 함수의 이름은 function으로 한다. 함수는 3개의 double 형 인자와 두 개의 x값을 취하되 x는 포인터를 이용하고 결과의 출력은 main 함수에서 이루어지도록 한다. (연습문제 12.21 참고)

14.25 다음 프로그램은 입력된 한글 문자열을 다루는 프로그램이다.

```
#include <stdio.h>
#include <string.h>
int main(void)
{
    char s[20]="프로그램";
    printf("문자열 : %s\n", s);
    printf("문자열의 길이 : %d\n", strlen(s));
    printf("%c%c\n", s[0], s[1]);
    printf("%c%c\n", s[2], s[3]);
    return 0;
}
```

[실행 결과]

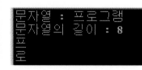

한글 1글자는 2byte의 크기를 갖고 낱글자를 처리할 때 두 개의 배열 요소를 사용한다. 위의 프로그램을 이용하여 함수 gets로 입력한 한글이름을 역순으로 출력하는 부분을 함수로 처리하는 프로그램을 완성하시오. 단, 한글이름의 입력은 공백 없이 입력한다.

14.26 다음은 문자 한 개를 입력받아 한글인지 영문인지를 판단하는 프로그램이다.

```c
#include <stdio.h>
int main(void)
{
    char st[3];
    unsigned char uc;
    printf("문자 입력후 Enter>");
    scanf("%s", st);
    uc=st[0];
    if (uc<=122)
        printf("영문입니다.");
    else
        printf("한글입니다.");
    return 0;
}
```

[실행 결과]

영문은 ASCII 코드로 65(A)~122(z) 범위에 있기 때문에 배열의 첫 번째 요소에 대한 code 값을 이용하여 영문인지는 판단할 수 있다. 한글의 첫 문자인 '가'는 2byte의 공간에 저장되며 첫 번째 공간에 저장된 ASCII 코드는 십진수로 176이다. 편의상 배열의 첫 번째 요소의 ASCII 코드가 122 이하일 경우는 영문으로, 123 이상은 한글로 판단한다고 하자. 이 프로그램을 응용하여 이름을 입력받되 한글이면 한글의 역순을 출력하고, 영문이면 영문의 역순을 출력하는 함수를 작성하여 프로그램을 완성하시오. 가능한 함수는 재귀함수로 처리한다. 단, 한글이름을 입력할 경우에는 공백 없이 입력한다고 가정한다.

14.27 연습문제 14.26을 응용하여 문자열로 숫자가 입력된 경우는 한글로 출력하고, 숫자를 한글로 입력한 경우는 숫자로 출력하는 함수와 프로그램을 작성하시오. 예를 들어 "1234"가 입력된 경우는 "일이삼사"로, "일공팔이"가 입력된 경우는 1082로 출력한다.

14.28 문자열로 숫자를 입력받아 천 단위 단위 표시를 출력하는 함수와 프로그램을 작성하시오. 예로 12345671 입력된 경우 1,234,567로 출력한다.

14.29 금액을 숫자로 입력하면 한글 금액으로 출력하는 함수와 프로그램을 작성하시오. 예를 들어 1234567을 입력하면 "일백이십삼만사천오백육십칠"을 출력한다.

14.30 어느 중국 음식점에서는 종업원이 손님들이 주문한 음식을 주방에 빠르고 재미있게 주문하기 위해 음식의 첫 글자만 외친다고 한다. 예로 "우짜우짜우짜짜"는 우동 3개, 짜장면 4개를 의미한다. 주문할 문자열을 입력하면 주문전표(원래의 음식이름과 수량)를 출력하고, 매출전표(음식이름, 수량, 가격, 총액)를 출력하는 프로그램을 작성하시오. 음식이름과 가격은 프로그래머가 지정하여 배열에 저장한 다음 처리하고, 주문전표와 매출전표의 출력은 함수로 작성하되 입력한 문자열을 인자로 취하여 처리한다.

14.31 연습문제 14.30에 대해서 "우동일 짜장삼 짬뽕육"과 같이 주문한 경우에 주문전표와 매출 전표를 출력하는 함수와 프로그램으로 수정하시오. 단, 입력할 주문에 대한 문자열에서 음 식의 이름은 두 글자로 지정하고 수량은 음식이름과 붙여서 일, 이, 삼, …, 팔, 구까지만 처리하며, 중간에 공백을 두어 구분한다고 가정한다. 주문할 음식의 종류와 가격은 프로그 래머가 지정하여 처리한다.

14.32 라이브러리 함수 strcmp, strcpy를 사용자 정의 함수로 작성하시오.

14.33 공백이 있는 영문 문장을 입력받아 공백이 있는 부분에서 줄을 바꾸어 출력하는 함수 line_ break와 프로그램을 작성하시오.

14.34 영문 문자열을 함수의 인자로 받아 다음과 같이 처리하는 함수 right, left, mid를 작성하시 오. 다음에서 함수 right의 두 번째 인자 3은 왼쪽에서 시작하여 오른쪽으로 3개의 문자를 문자열로 반환하고, 함수 left의 두 번째 인자 4는 오른쪽 끝에서 시작하여 왼쪽으로 4개의 문자를 문자열로 반환한다. 함수 mid의 인자 2는 왼쪽에서 두 번째 문자부터 시작하여 오른 쪽으로 3개의 문자를 문자열로 반환한다. ([과제 21] 참고)

```
char st[]="program";
```

프로그램	결과
printf("%s\n", right(st, 3));	pro
printf("%s\n", left(st, 4));	gram
printf("%s\n", mid(st, 2, 3));	rog
printf("%s\n", st);	program

14.35 한글 문자열을 함수의 인자로 받아 역순으로 변환하는 함수 reverse_han과 인자의 문자 열 중에서 공백을 제거하는 함수 remove_blank를 작성하되 다음과 같이 처리하시오. 한글 1자는 2byte의 저장 공간을 필요로 함에 주의한다. ([과제 22] 참고)

```
char st1[]="프로그램";
char st2[]="파일 변환";
```

프로그램	결과
printf("%s\n", reverse_han(st1)); printf("%s\n", st1);	램그로프 프로그램
printf("%s\n", remove_blank(st2)); printf("%s\n", st2);	파일변환 파일 변환

14.36 영어 단어에 대해 끝말을 이어가는 프로그램을 작성하시오. 임의의 영어 단어를 입력하면 이어서 입력할 단어의 첫 문자는 앞서 입력한 단어의 마지막 문자로 시작하는 단어를 입력하여 끝말을 이어가는 프로그램이다. 앞서 입력한 단어의 끝 문자와 이어서 입력한 단어의 첫 문자가 맞지 않으면 맞을 때까지 계속 입력해야 하며 이어서 입력한 단어의 첫 문자가 0 이면 프로그램을 종료한다. ([과제 20] 참고)

PART **VII**

사용자가 정의하는
데이터 형

Contents

15 여러 데이터를 하나로 묶는 구조체

지금까지 프로그램에서 사용한 데이터들은 동일한 데이터 형의 변수에 저장하여 처리하였다. 수학 계산을 위해서는 double 형을, 문자열을 처리하기 위해서는 char 형 배열이나 포인터를 사용하였다. 많은 변수가 필요하거나 순서대로 데이터를 저장하기 위해 사용한 배열의 경우에도 연속적인 기억 공간이 생기지만 모든 배열 요소는 동일한 데이터 형을 가지며, 만약 다른 데이터 형에 데이터를 저장해야 한다면 다른 이름의 배열을 선언해야만 한다. 예를 들어 다음과 같이 학생기록카드에 입력할 데이터들을 생각해 보자.

[학생기록카드]

이름(한글)	이은영
학과	컴퓨터공학
생년, 생월	1992, 4
성별(M/F)	F
입학년도	2013
주소	경기(도) 수원(시) 장안(구) 정자(동)
전화번호	010-0024-6743

위의 데이터는 "이은영"이라는 한 사람의 데이터지만 여기에 서로 다른 여러 데이터 형이 포함되어 있다. 따라서 한 사람에 대한 여러 데이터를 변수로 처리하여도 많은 수의 변수가 필요할 것이고, 배열로 처리하여도 서로 다른 데이터 형을 사용해야 할 것이다. 위와 같이 여러 항목에 대해 서로 다른 데이터 형을 포함하여도 한 사람의 데이터로 묶어서 변수와 같이 다룰 수 있다면 편리할 것이다.

구조체(structure)를 이용하면 위와 같이 여러 항목의 데이터들을 하나의 이름으로 묶어서 사용할 수 있다. 다시 말해서 구조체는 서로 다른 데이터 형을 갖는 변수들을 대표 이름으로 묶어 놓는 것이다. 구조체는 서로 다른 데이터 형을 모두 포함하는 독특한 기억 공간을 가지며, 사용자가 필요에 의해 정의하여 사용할 수 있는 사용자 정의의 데이터 형이다.

15.1 구조체가 필요한 경우

휴대전화기마다 차이는 있지만 새로운 연락처를 등록할 때 대개 다음과 같은 항목들이 나타나며 필요한 내용들을 순서대로 입력한다.

전화번호 등록 메뉴

이름 :
휴대폰 :
집전화 :
단축번호 :
벨소리 :
...

위의 항목들은 전화번호를 새로 등록해야하는 모든 사람에게 동일하게 적용되는 항목이며, 항목 중에는 문자로 입력하거나 숫자로 입력해야 하는 항목들이 섞여 있다. 만약 위와 같은 항목을 갖는 데이터를 저장한다고 할 때, 여러분은 어떤 방법을 사용하겠는가? 아마도 다음 [표 15-1]과 같은 항목들과 저장 공간을 생각할 것이다.

[표 15-1] 전화번호 등록의 입력 항목과 저장 공간

입력 항목	저장 공간
이름	char name[20];
휴대폰	char phone[14];
집전화	char home[14];
단축번호	int quick;
벨소리	int bell;

휴대전화와 집전화 번호의 경우 데이터 형식 자체는 숫자이지만 번호 사이에 '-'(dash)가 포함될 수 있고, 첫 번호가 대개 0으로 시작하기 때문에 문자형으로 다루어야 한다. 단축번호나 벨소리는 숫자이므로 char 형이나 int 형을 사용할 수 있다. 위의 배열은 한 사람의 데이터를 저장할 수 있으므로, 만약 100명의 데이터를 저장해야 한다면 첨자를 하나 더 사용하여 2차원 배열에 저장해야 할 것이다.

그런데 배열은 동일한 데이터 형을 갖는 기억 공간이지만, 휴대전화의 항목들은 위에서와 같이 서로 다른 데이터 형을 가진다. 배열을 이용하여 연락처를 저장한 경우와 실제 휴대전화기에 연락처를 저장한 경우를 비교해 보면 다음과 같은 차이가 있다.

[배열과 구조체의 차이]

항목	배열에 저장한 경우		휴대전화에 저장한 경우(구조체)	
순서	001	002	001	002
이름	김명희	이진영	김명희	이진영
휴대폰	011-023-4567	010-120-5678	011-023-4567	010-120-5678
집전화	02-023-4567	031-120-5678	02-023-4567	031-120-5678
단축번호	1	2	1	2
벨소리	5	8	5	8

개인별 데이터를 배열에 저장한 경우와 실제 휴대전화기에 저장한 경우는 구조적으로 차이가 있다. 왼쪽의 배열에 저장한 경우는 각각의 항목 들이 서로 다른 배열에 저장되지만, 오른쪽의 경우는 6개의 항목이 하나의 묶음 단위로 저장되어 있다. 이와 같이 서로 다른 데이터 형을 가지더라도 하나의 단위로 묶어서 처리할 때 구조체를 사용한다.

배열은 같은 데이터 형만을 저장할 수 있지만 구조체는 위와 같이 서로 다른 데이터 형의 자료들을 하나의 단위로 처리할 수 있는 장점이 있다.

15.2 구조체 만들기

구조체를 사용하기 위해서는 먼저 포함될 항목을 정하여 구조를 만들어야 하는데 이를 구조체 정의라 한다. 구조체를 정의한다는 것은 특별한 구조를 갖는 데이터 형을 만드는 것인데 이를 구조체 형이라 한다. 구조체 형은 int나 char와 같은 데이터 형으로 사용할 수 있으며 형식은 다음과 같다. 구조체 형을 만든다는 것은 [그림 15-1]과 같은 붕어빵을 만들기 위한 틀을 만드는 것과 같다. 이러한 틀이 먼저 만들어져야 빵을 만들 수 있다.

```
struct 구조체 태그
{
    데이터 형 변수;
    데이터 형 변수;
    ...
};
```

```
struct 단팥붕어빵
{
    밀가루
    우유
    팥
}
```

[그림 15-1] 붕어빵 틀

새로운 구조체를 정의할 때 키워드 struct를 사용하고, struct 다음에는 그 구조체를 대표하는 이름을 표시야 한다. 이를 구조체 태그(tag)라 하고, 구조체를 구성하는 항목들은 멤버(또는 원소, member)라고 부른다. 구조체 멤버는 붕어빵 틀에 넣을 재료의 이름에 비유할 수 있다. 구조체 멤버는 일반 변수와 마찬가지로 데이터 형을 사용하여 변수를 정의하며, 포인터나 배열도 사용할 수 있다. 단, 구조체 멤버의 이름은 구조체 태그와 다른 이름을 사용해야 한다. 구조체 정의에 의해 새로운 데이터 형이 만들어지는 것이므로 구조체 태그가 곧 구조체 형이다.

> 구조체 형은 붕어빵 틀을 만드는 것이고 구조체 멤버는 붕어빵에 넣을 재료들의 이름에 비유할 수 있다.

앞에서 예로 들었던 [표 15-1]의 입력 항목에 대한 구조체를 생각해 보자. 문자열을 저장하는 방법으로 포인터를 사용하거나 문자형 배열을 이용할 수 있으므로 다음과 같이 두 가지 방법 중 하나를 사용할 수 있습니다.
왼쪽 구조체 형 user과 오른쪽 구조체 형 person은 멤버의 구성은 비슷하지만 구조체 형 user는 멤버인 name과 phone을 문자형 배열로 선언하였고, 오른쪽 구조체 형 person은 포인터를 사용하였다.

[문자열 저장을 위한 멤버의 정의 방법]

구분	구조체 형 user	구조체 형 person

이름
휴대폰
단축번호
	struct user
	{
	    char name[20];
	    char phone[14];
	    int quick;
	};
		struct person
		{
		    char *name;
		    char *phone;
		    int quick;
		};

멤버에 대해 문자형 배열을 사용할 경우에는 문자열의 크기를 지정해야 한다. 위의 두 가지 방법 중에 어떤 것을 이용해도 문제는 없지만 먼저 왼쪽과 같이 배열을 사용하는 방법을 먼저 설명하고 멤버가 포인터인 경우는 15.7절에서 설명한다. 구조체를 정의할 때 주의할 점은 마지막 부분 오른쪽 중괄호 } 다음에 ';'(semicolon)을 넣어야 한다는 것이다.

실 습 문 제

15.1 자신의 휴대전화에서 연락처를 등록할 경우 어떤 멤버들이 있는지 확인하고 구조체 person으로 정의하시오.

15.3 구조체와 데이터

데이터를 저장하기 위해서 변수나 배열을 생각하듯이 구조체에 데이터를 저장하려면 변수나 배열이 필요하다. 앞에서 선언한 구조체 형 user나 person을 이용하여 구조체 변수나 구조체 배열을 만들고 이 공간에 데이터를 저장한다.

앞에서 정의한 구조체 형 user는 int나 char와 같이 새로운 데이터 형으로 사용할 수 있다. int 형 변수, int 형 배열 그리고 int 형 포인터를 선언하듯이 구조체 형을 이용하여 다음과 같이 user 형 구조체 변수, 구조체 배열 그리고 구조체 포인터를 선언하여 사용할 수 있다. 먼저 구조체 변수에 대해서 설명한다.

[구조체 변수, 배열 그리고 포인터의 선언]

구분	형식
구조체 변수	struct user d;
구조체 배열	struct user d[100];
구조체 포인터	struct user *d;

15.3.1 구조체 변수의 초기화와 멤버별 데이터 출력

변수나 배열에 대해 초기화를 하듯 구조체 변수에 대해서도 초기화가 가능하다. 구조체 변수를 초기화할 때 중요한 것은 구조체 멤버의 정의 순서대로 초기화 데이터를 작성해야 한다는 것이다.

구조체 형은 〈예제 15-1〉에서와 같이 함수 main의 외부에 정의하여 사용할 수 있고, 함수 main의 내부에서 정의하여 사용할 수도 있다. 그러나 구조체 형을 함수 main의 내부에 정의하면 오직 함수 main 안에서만 사용할 수 있는 데이터 형으로 범위가 좁아지므로 다른 여러 함수들에서도 해당 구조체 형을 사용하기 위해서는 〈예제 15-1〉과 같이 함수 main의 외부에서 정의해야 한다.

〈예제 15-1〉 구조체 변수의 초기화와 멤버별 데이터 출력

```
01   #include <stdio.h>
02   struct user
03   {
04     char name[20];
05     char phone[14];
06     int quick;
07   };
08   int main(void)
09   {
10     struct user d={"김명환",
11                    "011-123-4567",
12                    1};
13     printf("name  : %s\n", d.name);
14     printf("phone : %s\n", d.phone);
15     printf("quick : %d\n", d.quick);
16     return 0;
17   }
```

[실행 결과: Visual C++]
```
name  : 김명환
phone : 011-123-4567
quick : 1
```

[실행 결과: Turbo C++]
```
name  : 김명환
phone : 011-123-4567
quick : 1
```

〈예제 15-1〉의 line 10~12는 구초체 변수 d에 대한 초기화 부분이다. 구조체 변수의 초기화는 붕어빵을 만들기 위해 붕어빵 틀에 재료를 붓는 것에 비유할 수 있다. 어떤 재료를 넣느냐에 따라 단팥붕어빵, 건포도붕어빵이 만들어지지만 모두 붕어빵이라는 틀은 유지한다. 구조체 변수 d는 name, phone 그리고 quick이라는 세 개의 멤버를 가지고 있다. 초기화에 의해 첫 번째 데이터 "김명환"은 구조체 변수 d의 첫 번째 멤버 name에 저장되고 초기화 데이터는 다음과 같이 멤버의 정의 순서대로 저장된다.

초기화 데이터	구조체 변수	구조체 변수 d의 멤버
"김명환" "011-123-4567" 1	d	d.name d.phone d.quick

특이한 점은 데이터가 구조체 변수에 저장될 때 위와 같이 도트(.) 연산자로 구분한 기억 공간에 저장된다는 것이다. 구조체 변수에 저장된 데이터, 즉 멤버의 값을 출력할 때 일반 변수의 경우와 마찬가지로 각 멤버의 데이터 형을 고려하여 형식 지정자를 사용한다.

실 습 문 제

15.2 실습문제 15.1에서 선언한 구조체 person으로 한 사람의 데이터를 초기화하여 출력하시오.

구조체 변수의 다양한 선언 방법

앞의 〈예제 15-1〉에서 구조체 형 user에 대한 구조체 변수 d를 선언하는 방법으로는 [표 15-2]와 같은 방법들이 있다.

[표 15-2] 구조체 변수의 선언 방법들

[방법 1] 구조체를 정의한 후에 구조체 변수를 선언	[방법 2] 구조체 정의와 동시에 구조체 변수를 선언	[방법 3] typedef를 이용하여 구조체 변수를 선언

struct user
{
  char name[20];
  char phone[14];
  int quick;
};
struct user d; 또는
user d;
	struct user
	{
	  char name[20];
	  char phone[14];
	  int quick;
	} d;
		typedef struct {
		  char name[20];
		  char phone[14];
		  int quick;
		} user;
		
		user d;

[방법 1]은 보편적인 구조체 변수 선언 방법이다. 구조체 형 user는 새로운 데이터 형이므로 struct user d; 또는 user d;와 같이 구조체 변수 d를 선언할 수 있다. [방법 2]는 구조체를 정의하면서 동시에 구조체 변수를 선언하는 방법이다. [방법 3]에서 typedef는 데이터 형의 이름을 새로운 이름으로 바꿀 때 사용하는 키워드로서 다음과 같이 사용되었을 때 데이터 형인 int를 integer로 대체하여 사용할 수 있다.

```
typedef int integer;
```

15.3.2 구조체 변수에 데이터 저장

다음은 구조체 변수를 선언한 후에 멤버별로 데이터를 대입하는 방법이다. 이때 주의해야 할 것은 문자열의 처리다. 문자형 포인터에는 문자열을 직접 대입할 수 있지만 문자형 배열에서는 배열 이름이 포인터 상수이므로 초기화를 제외하고는 문자열을 직접 배열에 대입할 수 없다. 따라서 문자열을 복사하는 함수 strcpy를 사용하거나 입력 함수 scanf를 이용하여 대입하는 방법을 사용한다. 〈예제 15-1〉을 다음과 같이 수정하고 결과를 확인한다.

〈예제 15-2〉 구조체 변수 선언 후에 데이터를 대입

```
01  #include <stdio.h>
02  #include <string.h>
03  struct user
04  {
05      char name[20];
06      char phone[14];
07      int quick;
08  };
09  int main(void)
10  {
11      user d;
12      strcpy(d.name, "김명환");
13      strcpy(d.phone, "011-123-4567");
14      d.quick=1;
15      printf("name  : %s\n", d.name);
16      printf("phone : %s\n", d.phone);
17      printf("quick : %d\n", d.quick);
18      return 0;
19  }
```

[실행 결과: Visual C++]
```
name  : 김명환
phone : 011-123-4567
quick : 1
```

[실행 결과: Turbo C++]
```
name   : 김명환
phone : 011-123-4567
quick : 1
```

〈예제 15-2〉의 line 11은 [표 15-2]에서 [방법 1]의 방법으로 user 형 구조체 변수 d를 선언하였다. 만약 여러 개의 구조체 변수가 필요하다면 user d1, d2, d3;와 같이 사용할 수 있다. 함수 strcpy는 헤더 파일 〈string.h〉를 필요로 한다.

실 습 문 제

15.3 실습문제 15.2의 초기화 값을 〈예제 15-2〉와 같이 구조체 변수 선언 후에 데이터를 대입하시오.

15.3.3 입력 데이터를 구조체 변수에 저장

구조체 변수는 일반 변수와 마찬가지로 입력 함수 scanf를 이용하여 키보드를 통해 데이터를 입력받을 수 있다. 문자열의 입력에는 scanf 외에도 gets(또는 gets_s)(13.5.3절 참고)를 이용할 수 있다. 이름을 입력할 때 공백(white space)이 종종 사용되는데 scanf는 경우 입력된 문자열에 공백이 포함된다면 공백 이전의 문자열만 입력된다. 만약 공백을 포함하는 문자열을 입력받으려면 함수 gets(또는 gets_s)를 사용한다.

입력 함수인 scanf를 사용할 때 변수 이름 앞에 &(주소 연산자)가 붙는 경우와 붙지 않는

경우를 구별해야 한다. 일반 변수에 대해서는 &를 붙이지만 포인터나 배열은 이름 자체가 메모리상의 주소를 가리키므로 &를 사용하지 않는다. 앞의 〈예제 15-2〉를 다음과 같이 수정하여 결과를 확인한다.

〈예제 15-3〉 데이터를 입력받아 구조체 변수에 대입

```
01  #include <stdio.h>
02  struct user
03  {
04     char name[20];
05     char phone[14];
06     int quick;
07  };
08  int main(void)
09  {
10     user d;
11     printf("name 입력 :");
12     scanf("%s", d.name);
13     printf("phone 입력 :");
14     scanf("%s", d.phone);
15     printf("단축번호 입력 :");
16     scanf("%d", &d.quick);
17     printf("name  : %s\n", d.name);
18     printf("phone : %s\n", d.phone);
19     printf("quick : %d\n", d.quick);
20     return 0;
21  }
```

[실행 결과: Visual C++]

```
name 입력 :이진영
phone 입력 :010-120-5638
단축번호 입력 :5
name  : 이진영
phone : 010-120-5638
quick : 5
```

[실행 결과: Turbo C++]

```
name 입력 :이진영
phone 입력 :010-120-5638
단축번호 입력 :5
name  : 이진영
phone : 010-120-5638
quick : 5
```

〈예제 15-3〉을 실행하여 데이터를 입력한 화면은 실행 결과와 같다. line 12의 scanf 대신에 gets_s(d.name)을 사용해도 같은 결과가 나타난다. 함수 gets_s는 헤더 파일 〈stdio.h〉를 필요로 하므로 추가적인 헤더 파일이 필요하지 않다.

실 습 문 제

15.4 실습문제 15.2의 초기화 값을 〈예제 15-3〉과 같이 scanf로 입력받아 출력하시오.

15.4 구조체 변수, 구조체 멤버 간의 데이터 저장

같은 구조체 형으로 선언된 변수에 대해서는 구조체 단위나 멤버 단위로 데이터를 주고받을 수 있지만, 서로 다른 구조체 형으로 선언된 구조체 변수끼리는 구조체 단위로 데이터를 주고받을 수 없다. 그러나 서로 다른 구조체 형이라도 멤버의 데이터 형이 같다면 데이터를 서로 주고받을 수 있다.

일반 변수에 대해 대입 연산자를 사용하여 다른 변수의 값을 저장하는 것과 동일한 방법으로 구조체 변수 간에 대입 연산자를 사용하면 멤버 간 1:1 대응을 통해 데이터를 전달한다. 구조체 변수를 사용하는 것만으로 모든 멤버들의 데이터들을 한 번에 전달할 수 있으므로 멤버 단위로 일일이 저장할 필요가 없다. 앞의 〈예제 15-3〉을 다음과 같이 수정하여 결과를 확인한다.

〈예제 15-4〉 구조체 변수 간의 데이터 전달

```
01  #include <stdio.h>
02  struct user
03  {
04      char name[20];
05      char phone[14];
06      int quick;
07  };
08  int main(void)
09  {
10      struct user d1, d2={"김명환",
11                          "011-123-4567",
12                          1};
13      d1=d2;
14      printf("name  : %s\n", d1.name);
15      printf("phone : %s\n", d1.phone);
16      printf("quick : %d\n", d1.quick);
17      return 0;
18  }
```

[실행 결과]

```
name  : 김명환
phone : 011-123-4567
quick : 1
```

〈예제 15-4〉의 line 10에서 같은 구조체 형 변수인 d1과 d2를 선언하고, 변수 d2에 대해서는 초기화 하였다. line 13에서 d1=d2;에 의해 변수 d2의 데이터가 멤버 단위로 그대로 변수 d1에 복사되므로 d1은 d2와 동일한 데이터를 가진다.

서로 다른 구조체 형 변수라도 멤버의 데이터 형이 같으면 서로 데이터를 주고받을 수 있다. 다음 예제는 구조체 형이 서로 다르지만 멤버의 데이터 형이 같을 때 서로의 값을 교환하는 프로그램이다.

〈예제 15-5〉에서 student와 pupil은 서로 다른 구조체 형이므로 구조체 변수 s1과 p1은 서로 다른 변수다. 그러나 s1의 멤버인 s1.id와 p1의 멤버인 p1.id_num은 서로 같은 **int** 형으로 선언되었기 때문에 서로 간의 데이터를 주고받을 수 있다. 실행 결과는 서로의 데이터를 교환한 결과를 나타낸다.

〈**예제 15-5**〉 구조체 멤버 간의 데이터 교환

```
01  #include <stdio.h>
02  struct student
03  {
04    char name[10];
05    int id;
06  };
07  struct pupil
08  {
09    int id_num;
10    char label[10];
11  };
12  int main(void)
13  {
14    struct student s1={"kim", 2007};
15    struct pupil p1={2006, "Park"};
16    int temp;
17    printf("s1.id    : %d\n",s1.id);
18    printf("p1.id_num: %d\n",p1.id_num);
19    temp=s1.id;
20    s1.id=p1.id_num;
21    p1.id_num=temp;
22    printf("s1.id    : %d\n", s1.id);
23    printf("p1.id_num: %d\n", p1.id_num);
24    return 0;
25  }
```

[실행 결과: Visual C++]
```
s1.id    : 2007
p1.id_num: 2006
s1.id    : 2006
p1.id_num: 2007
```

[실행 결과: Turbo C++]
```
s1.id    : 2007
p1.id_num: 2006
s1.id    : 2006
p1.id_num: 2007
```

15.5 구조체 배열

많은 수의 변수가 필요할 경우에 배열을 이용하듯이 구조체 변수가 많이 필요하다면 구조체 배열을 이용하는 것이 편리하다. 배열과 마찬가지로 구조체 배열의 첫 번째 첨자는 0으로 시작한다.

구조체 변수와의 차이점은 단지 첨자가 사용된다는 것이다. 저장된 내용을 출력하는 경우에

도 구조체 변수와 마찬가지로 도트 연산자 '.'를 이용하고, 첨자를 사용하여 같은 방법으로 출력한다. 앞의 〈예제 15-4〉를 다음과 같이 수정하여 결과를 확인한다.

구조체 배열 d[0]에는 첫 번째 사람의 데이터가 멤버에 저장되고, 이어서 d[1]에 다음 사람의 데이터가 초기화된다. 구조체 멤버의 데이터를 출력하는 경우에도 구조체 변수와 마찬가지로 도트 연산자 '.'를 이용하고 구조체 배열은 배열과 같이 반복문과 제어 변수를 이용하여 멤버 단위로 출력할 수 있다.

〈예제 15-6〉 구조체 배열의 초기화

```
01  #include <stdio.h>
02  struct user
03  {
04      char name[20];
05      char phone[14];
06      int quick;
07  };
08  int main(void)
09  {
10    user d[2]={{"김명환","011-123-4567",1},
11              {"이진영","010-120-5638",5}};
12    int i;
13    for(i=0;i<2;i++)
14    {
15     printf("d[%d].name :%s\n", i, d[i].name);
16     printf("d[%d].phone:%s\n", i, d[i].phone);
17     printf("d[%d].quick:%d\n", i, d[i].quick);
18     printf("\n");
19    }
20    return 0;
21  }
```

[실행 결과: Visual C++]
```
d[0].name :김명환
d[0].phone:011-123-4567
d[0].quick:1

d[1].name :이진영
d[1].phone:010-120-5638
d[1].quick:5
```

[실행 결과: Turbo C++]
```
d[0].name :김명환
d[0].phone:011-123-4567
d[0].quick:1

d[1].name :이진영
d[1].phone:010-120-5638
d[1].quick:5
```

실습문제

15.5 실습문제 15.1에서 선언한 구조체 person에 대해 구조체 배열을 선언하고 세 사람 이상의 멤버 데이터를 초기화하여 출력하는 프로그램을 작성하시오.

15.6 구조체 포인터

포인터 변수를 사용하듯 구조체 포인터도 사용이 가능하다. 포인터 변수는 데이터가 아닌 메모리 주소를 가리킨다. 따라서 구조체 포인터에는 데이터를 대입시키는 것이 아니라 구조체 변수의 주소를 대입하여 사용한다. 변수와 포인터 변수 간의 처리에서 동일한 데이터 형으로 선언하여 사용하듯이 구조체 변수와 구조체 포인터 역시 동일한 구조체 형으로 선언하여 사용한다.

다음 예제는 구조체 배열을 구조체 포인터에 대입하여 출력하는 프로그램이다. 앞의 〈예제 15-6〉을 다음과 같이 수정하여 결과를 확인한다.

〈예제 15-7〉의 line 12에서 구조체 포인터 pt를 선언하였고, line 14의 pt=d;에 의해 구조체 배열 d의 주소가 포인터 변수 pt에 전달된다. 구조체 변수나 구조체 배열에 대해 멤버의 데이터를 출력할 경우 도트 연산자 '.'을 사용하지만 구조체 포인터에 대해서는 간접 연산자 '->'을 사용한다. 포인터 연산에서와 같이 line 17의 (pt+i)->name은 pt[i]. name과 동일하다.

〈예제 15-7〉 구조체 배열 데이터를 포인터 변수에 대입

```
01  #include <stdio.h>
02  struct user
03  {
04      char name[20];
05      char phone[14];
06      int quick;
07  };
08  int main(void)
09  {
10    user d[2]={{"김명환","011-123-4567",1},
11              {"이진영","010-120-5638",5}};
12    user *pt;
13    int i;
14    pt=d;
15    for(i=0;i<2;i++)
16    {
17      printf("name :%s\n", (pt+i)->name);
18      printf("phone:%s\n", (pt+i)->phone);
19      printf("quick:%d\n", (pt+i)->quick);
20      printf("\n");
21    }
22    return 0;
23  }
```

[실행 결과: Visual C++]

```
name :김명환
phone:011-123-4567
quick:1

name :이진영
phone:010-120-5638
quick:5
```

[실행 결과: Turbo C++]

```
name :김명환
phone:011-123-4567
quick:1

name :이진영
phone:010-120-5638
quick:5
```

15.7 구조체 멤버가 배열 또는 포인터인 경우의 데이터 처리

구조체 변수나 구조체 포인터에 데이터를 입력하거나 대입할 때 멤버가 배열인 경우와 멤버가 포인터인 경우에 따라 차이가 있다. 다음 [표 15-3]은 각 경우에 타당한 방법을 비교한 것이다.

[표 15-3] 구조체 멤버가 배열 또는 포인터일 경우의 사용 방법

구분	멤버가 배열일 경우	멤버가 포인터일 경우

구조체 변수	```struct person\n{\n char name[10];\n int age;\n};\n...\nstruct person d={"kim", 19};\nstrcpy(d.name, "kim"};\nscanf("%s", d.name);\nscanf("%s", &d.name);```	```struct person\n{\n char *name;\n int age;\n};\n...\nstruct person d={"kim", 19};\nd.name = "kim";```
		
		※scanf 사용 전에 동적 할당이 필요
		```d.name = (char*)malloc(20);\nscanf("%s", d.name);```

구조체 포인터	```struct person\n{\n char name[10];\n int age;\n};\n...\nstruct person d, *pt;\npt=&d;\n\nstrcpy((*pt).name, "kim");\nstrcpy(pt->name, "kim");\nscanf("%s", pt->name);\nscanf("%s", &pt->name);```	```struct person\n{\n char *name;\n int age;\n};\n...\nstruct person d, *pt;\npt=&d;\n\n(*pt).name="kim";\npt->name="kim";```
		
		※scanf 사용 전에 동적 할당이 필요
		```pt->name=(char*)malloc(20);\nscanf("%s", pt->name);```

[표 15-3]에서 가장 큰 차이는 구조체 멤버가 배열일 경우에는 멤버에 입력 함수 scanf를 직접 사용할 수 있지만, 구조체 멤버가 포인터일 경우에는 직접 사용할 수 없고 동적 할당을 해준 후에 사용이 가능하다. 구조체 멤버가 배열의 경우에는 크기가 미리 정해지므로 컴

파일 이전에 문자열 데이터의 공간이 미리 확보되지만, 포인터일 경우에는 데이터의 공간이 컴파일 이전에 확보되지 않기 때문에 실행 중에 데이터의 공간을 확보하기 위해 동적 할당을 사용한다.

[구조체 멤버에 대한 동적 할당]

```
d.name = (char*)malloc(20); ①
scanf("%s", d.name);
```

위에서 ①의 의미는 실행 중에 d.name에 대해 20byte의 공간을 확보하라는 것이며 이어서 scanf를 통해 멤버 d.name에 19자까지의 문자열을 입력받을 수 있다. 동적 할당의 자세한 내용은 18.2절(프로그램 실행 중에 기억 공간을 확보하는 동적 할당)에서 설명한다.

배열 이름은 포인터 상수로 문자열을 직접 대입할 수 없으므로 문자열 복사 함수인 strcpy를 사용한다. [표 15-3]에서 연산자 '*'의 사용 방법을 보면 괄호를 사용하고 있는데 그 이유는 연산자의 우선순위(5.6.9절)에 의해 연산자 '.'가 '*'보다 연산의 우선순위가 높기 때문이다. 따라서 *pt.name="kim"는 *(pt.name)="kim"로 해석되어 컴파일 오류가 발생하므로 주의해야한다. 이러한 오류가 종종 발생하므로 간접 연산자 '->'을 주로 사용한다.

15.8 구조체 형의 크기와 멤버의 위치

모든 데이터 형에 크기(byte)가 있듯이 구조체 형도 멤버의 데이터 형에 따라 크기가 결정된다. 앞에서 사용한 다음의 구조체 형 user에서 char name[20]은 20byte, char phone[14]는 14byte 그리고 int quick은 4byte(Visual C++)의 크기를 가지므로 구조체 형 전체의 크기는 38이 된다. 그러나 데이터 형 또는 변수의 크기를 계산하는 연산자 sizeof를 이용하여 출력하면 다음과 같이 40(Visual C++)으로 출력된다.

〈예제 15-8〉 구조체 형의 크기

```
01  #include <stdio.h>
02  struct user
03  {
04      char name[20];
05      char phone[14];
06      int quick;
07  };
08  int main(void)
09  {
10   printf("user size : %d\n", sizeof(user));
11   return 0;
12  }
```

[실행 결과: Visual C++]

user size : 40

[실행 결과: Turbo C++]

user size : 36

구조체 형의 크기는 컴파일러와 운영체제에 따라 다르게 나타날 수 있는데 Visual C++의 결과로는 구조체 형 user의 크기가 40(byte)이고, Turbo C++의 결과는 36(byte)이다. Turbo C++의 경우에는 int 형이 2byte 크기이므로 구조체 형 user의 크기가 36(20+14+2)이 되지만 Visual C++의 경우는 38(20+14+4)이 되어야 하나 40이 된다. 그 이유는 다음과 같다.

32bit의 환경에서 대부분의 입출력은 word 단위인 4byte의 크기를 기준으로 한다. 위의 구조체 형 정의에서 int 형 멤버 quick이 제외되었다면 user의 크기는 당연히 34(20+14)가 되지만 int 형인 멤버 quick이 4byte의 크기를 갖기 때문에 멤버에 대한 접근 역시 4byte 단위로 맞추기 위해 padding 공간(2byte)을 포함하여 38이 아니라 40의 크기를 가진다. 따라서 구조체 변수 d[0]와 d[1]도 같은 크기(40byte)를 가진다.

앞의 〈예제 15-7〉에 대해 구조체 포인터 pt는 포인터 변수와 같이 4byte의 크기를 가지며 pt=d;의 결과 구조체 배열 d[0]의 첫 번째 주소를 가리킨다. 프로그램이 실행되었을 경우 구조체 배열이 메모리상에 저장된 형식은 다음 [표 15-4]와 같다.

〈예제 15-9〉 구조체 배열 데이터를 포인터 변수에 대입

```
01  #include <stdio.h>
02  struct user
03  {
04      char name[20];
05      char phone[14];
06      int quick;
07  };
08  int main(void)
09  {
10   user d[2]={{"김명환", "011-123-4567",1},
11              {"이진영", "010-120-5638",5}};
12   user *pt;
13   pt=d;
14   printf("pt의 주소 : %u\n", &pt);
15   printf("pt의 값 : %u\n", pt);
16   printf("d[1]의 주소 : %u\n", &d[1]);
17   return 0;
18  }
```

[실행 결과]

```
pt의 주소 : 9697756
pt의 값 : 9697768
d[1]의 주소 : 9697808
```

[표 15-4] 구조체 배열이 메모리상에 저장된 형식

구분	데이터 형 멤버	byte	주소 범위	데이터
포인터	user	4	9697756 9697759	9697768
d[0] 40 byte	char name[20] d[0].name	20	<u>9697768</u> 9697787	김명환
	char phone[14] d[0].phone	14+②	9697788 9697803	011-123-4567
	int quick d[0].quick	4	9697804 9697807	1
d[1] 40 byte	char name[20] d[1].name	20	<u>9697808</u> 9697827	이진영
	char phone[14] d[1].phone	14+②	9697828 9697843	010-120-5638
	int quick d[1].quick	4	9697844 9697847	5

[표 15-4]에서 멤버에 대한 접근을 4byte 단위로 맞추기 위해 멤버 name과 멤버 quick 사이에 2byte 크기(②)의 padding이 포함된다.

15.9 구조체와 함수

변수나 포인터와 같이 구조체 형 데이터는 함수의 인자로 사용할 수 있으며, 함수의 결과값으로 구조체를 반환할 수도 있다. 구조체를 함수의 인자로 사용할 경우에는 구조체 변수, 구조체 배열 그리고 구조체 포인터를 사용할 수 있으며 이때 함수 인자의 데이터 형을 구조체 형으로 선언하여 사용한다. 함수의 결과로 구조체를 반환하는 경우에는 함수의 데이터 형을 구조체 형으로 정의하여 사용한다.

15.9.1 함수의 인자로 구조체 변수를 사용

함수의 인자로 구조체 변수를 사용하는 것은 일반 변수를 함수의 인자로 사용하는 것과 차이가 없다. 함수를 정의할 때 인자의 데이터 형을 사용하는 것과 마찬가지로 구조체 형을 함수 인자의 데이터 형으로 사용한다. 앞의 〈예제 15-4〉를 다음과 같이 수정하여 결과를 확인한다.

〈예제 15-10〉 함수의 인자로 구조체 변수를 사용

```
01  #include <stdio.h>
02  struct user
03  {
04        char name[20];
05        char phone[14];
06        int quick;
07  };
08  void display_st(struct user data);
09  int main(void)
10  {
11    struct user d={"김명환",
12                    "011-123-4567",
13                    1};
14    display_st(d);
15    return 0;
16  }
17  void display_st(struct user data)
18  {
19    printf("name  : %s\n", data.name);
20    printf("phone : %s\n", data.phone);
21    printf("quick : %d\n", data.quick);
22  }
```

[실행 결과: Visual C++]
```
name  : 김명환
phone : 011-123-4567
quick : 1
```

[실행 결과: Turbo C++]
```
name  : 김명환
phone : 011-123-4567
quick : 1
```

main 함수에서 구조체 변수 d를 선언함과 동시에 초기화 하였다. 이어서 함수 display_st를 호출할 때 구조체 변수 d의 값이 함수 인자인 구조체 변수 data에 전달되며 함수 display_st는 각 멤버의 값을 출력한다. 이와 같은 방법으로 구조체 변수를 전달하는 것은 값에 의한 호출(call by value) 방법으로 구조체 변수 d는 함수 display_st 안에서 변경되어도 전혀 영향을 받지 않는다.

15.9.2 함수의 인자로 구조체 포인터를 사용

함수의 인자로 구조체 포인터를 사용하는 방법은 구조체 변수를 이용하는 방법과 달리 주소에 의한 전달(call by address) 방법을 사용하므로 호출된 함수에서의 변화는 구조체에 직접적인 영향을 준다. 인자로 포인터를 사용할 때는 다음 예제와 같이 구조체 변수에 주소 연산자를 사용하거나 포인터 변수를 사용할 수 있다. 앞의 〈예제 15-10〉을 다음과 같이 수정하여 결과를 확인한다.

〈예제 15-11〉 함수의 인자로 구조체 포인터를 사용

```
01  #include <stdio.h>
02  #include <string.h>
03  struct user
04  {
05          char name[20];
06          char phone[14];
07          int quick;
08  };
09  void display_st(struct user *data);
10  void change_st(struct user *data);
11  int main(void)
12  {
13    struct user d={"김명환",
14                   "011-123-4567",
15                   1};
16    display_st(&d);
17    change_st(&d);
18    display_st(&d);
19    return 0;
20  }
21  void display_st(struct user *data)
22  {
23    printf("name  : %s\n", data->name);
24  }
25  void change_st(struct user *data)
26  {
27    strcpy(data->name, "이진영");
28  }
```

[실행 결과: Visual C++]

```
name  : 김명환
name  : 이진영
```

[실행 결과: Turbo C++]

```
name  : 김명환
name  : 이진영
```

함수 display_st와 change_st는 구조체 포인터를 인자로 사용하는 함수이므로 호출할 때 구조체 변수 d의 주소인 &d를 사용한다. 함수 change_st는 구조체 변수 d의 주소를 받아 그 주소가 가리키는 곳의 멤버 name의 값을 "이진영"으로 변경하였다. 이때 구조체 포인터에 대해서는 연산자 '->'을 사용한다. 멤버 name은 문자형 배열로 새로운 문자열을 대입할 때 문자열을 복사하는 함수 strcpy를 사용하였다. strcpy는 헤더 파일 〈string.h〉를 필요로 한다. 출력된 결과를 보면 함수 change_st에 의해 구조체 변수 d의 멤버 name 값이 변경되어 있는 것을 알 수 있다.

15.9.3 함수의 인자로 구조체 배열을 사용

함수의 인자로 구조체 배열을 사용할 때는 구조체 형 포인터로 선언한다. 함수 호출에서 인수는 배열 이름을 그대로 사용하는데 이는 배열 이름이 포인터 상수이기 때문이다. 따라서 구조체 배열 첫 번째 요소의 주소가 함수의 인자인 구조체 포인터에 전달된다. 앞의 〈예제 15-11〉을 다음과 같이 수정하여 결과를 확인한다.

〈예제 15-12〉 함수의 인자로 구조체 배열을 사용

```
01  #include <stdio.h>
02  struct user
03  {
04     char name[20];
05     char phone[14];
06     int quick;
07  };
08  void display_st(struct user *s, int n);
09  int main(void)
10  {
11   user d[2]={{"김명환","011-123-4567",1},
12            {"이진영","010-120-5638",5}};
13   display_st(d, 2);
14   return 0;
15  }
16  void display_st(struct user *s, int n)
17  {
18   int i;
19   for(i=0;i<n;i++)
20   {
21    printf("name :%s\n", s[i].name);
22    printf("phone:%s\n", (s+i)->phone);
23    printf("quick:%d\n", s[i].quick);
24    printf("\n");
25   }
26  }
```

[실행 결과: Visual C++]
```
name :김명환
phone:011-123-4567
quick:1

name :이진영
phone:010-120-5638
quick:5
```

[실행 결과: Turbo C++]
```
name :김명환
phone:011-123-4567
quick:1

name :이진영
phone:010-120-5638
quick:5
```

함수 display는 함수의 인자로 구조체 배열 d를 구조체 포인터 s로 전달받아 멤버의 데이터를 출력한다. 함수 display의 출력 부분에서 s[i].name과 (s+i)->name은 동일한 방법이다.

실 습 문 제

15.6 실습문제 15.5에서 초기화한 데이터를 사용자 정의 함수 display에서 출력하는 프로그램을 작성하시오.

15.9.4 함수의 결과값으로 구조체를 반환하는 함수

함수의 결과값으로 구조체를 반환하려면 함수의 데이터 형을 구조체 형으로 정의해야 한다. 다음의 예제는 구조체 멤버의 값을 키보드로 입력받아 함수의 결과값으로 구조체를 반환하는 프로그램이다.

〈예제 15-13〉 함수의 결과값으로 구조체를 반환

```
01  #include <stdio.h>
02  struct person
03  {
04      char name[20];
05      int id;
06  };
07  struct person input_st(void);
08  void display_st(struct person d);
09  int main(void)
10  {
11   person d;
12   d=input_st();
13   display_st(d);
14   return 0;
15  }
16  void display_st(struct person s)
17  {
18    printf("name :%s\n", s.name);
19    printf("id   :%d\n", s.id);
20  }
21  struct person input_st(void)
22  {
23   person s;
24   printf("이름 입력 후 Enter>");
```

[실행 결과: Visual C++]

```
이름 입력 후 Enter>박준영
학번 8자리입력 후 Enter>20074554
name :박준영
id   :20074554
```

[실행 결과: Turbo C++]

```
이름 입력 후 Enter>박준영
학번 8자리입력 후 Enter>20074552
name :박준영
id   :20536
```

```
25    gets(s.name);
26    printf("학번 8자리입력 후 Enter>");
27    scanf("%d", &s.id);
28    return s;
29   }
```

함수 input_st는 멤버 name과 id의 값을 키보드로부터 입력받고 함수의 결과로 구조체 변수 s를 반환한다.

15.10 구조체를 헤더 파일로 저장하여 사용하는 방법

구조체는 일반적으로 헤더 파일에 저장하여 사용한다. 비교적 간단한 프로그램이라면 앞에서와 같이 프로그램의 앞부분에 구조체를 정의하여 사용할 수 있지만 여러 개로 나누어진 프로그램에서 동일한 구조체를 사용할 경우, 구조체의 정의가 조금이라도 차이가 난다면 많은 문제가 발생할 수 있다. 따라서 구조체가 정의된 파일을 헤더 파일로 저장한 다음 #include에 의해 공통적으로 사용하는 것이 좋다. 앞의 프로그램에 대해 헤더 파일로 저장하여 사용하는 방법은 다음과 같다.

앞의 〈예제 15-7〉의 구조체 정의 부분만 따로 user.h라는 이름의 텍스트 파일로 저장하되 원시 프로그램이 저장된 폴더에 저장한다. 이 과정을 쉽게 처리하려면 다음과 같이 메모장 (notepad) 프로그램을 이용하여 저장할 수 있다.

구조체가 user.h라는 헤더 파일에 저장되었다면 다음과 같이 #include 문장을 이용하여 구조체를 불러 들여 사용할 수 있다.

#include 문장에서 헤더 파일에 대해 〈 〉을 사용하는 것과 " "을 사용하는 것에는 차이가 있다. Visual C++ 혹은 Turbo C/C++ 컴파일러를 설치할 때 헤더 파일들은 미리 정해진 폴더에 저장된다. 따라서 헤더 파일에 〈 〉을 사용한다는 것은 미리 정해진 폴더로부터 헤더 파일을 불러오는 경우이며, " "의 사용은 프로그래머가 따로 정한 폴더에서 헤더 파일

을 불러올 때 사용한다(18.3.1절). " " 안에 특정한 폴더를 명시하지 않는 경우에는 해당 원
시 프로그램이 저장된 폴더에서 헤더 파일을 불러온다. 프로그램의 출력 결과는 앞의 〈예제
15-7〉과 동일하다.

〈예제 15-14〉 구조체를 헤더 파일로 불러오는 프로그램

```
01  #include <stdio.h>
02  #include "user.h"
03  int main(void)
04  {
05   user d[2]={{"김명환","011-123-4567",1},
06            {"이진영","010-120-5638",5}};
07   user *pt;
08   int i;
09   pt=d;
10   for(i=0;i<2;i++)
11   {
12    printf("name :%s\n", (pt+i)->name);
13    printf("phone:%s\n", (pt+i)->phone);
14    printf("quick:%d\n", (pt+i)->quick);
15    printf("\n");
16   }
17   return 0;
18  }
```

[실행 결과: Visual C++]

```
name :김명환
phone:011-123-4567
quick:1

name :이진영
phone:010-120-5638
quick:5
```

[실행 결과: Turbo C++]

```
name :김명환
phone:011-123-4567
quick:1

name :이진영
phone:010-120-5638
quick:5
```

15.11 구조체 속의 구조체(중첩된 구조체)

구조체는 모든 데이터 형을 포함할 수 있기 때문에 구조체의 멤버로 또 다른 구조체를 사용
할 수 있으며, 이를 구조체 안의 구조체, 즉 중첩된 구조체(nested structure)라 한다. 중
첩된 구조체를 선언하는 방법은 다음과 같이 두 가지의 형태가 있다.

구조체 내부에서 또 다른 구조체를 정의	외부에서 정의한 구조체를 포함하는 정의
```struct person { const char *name; int age; struct phone { const char *home_num; const char *mobile_num; } number; };```	```struct phone { const char *home_num; const char *mobile_num; }; struct person { const char *name; int age; struct phone number; };```

위의 구조체들은 다음과 같은 구조의 멤버를 갖는다.

person			
*name	age	phone	
		*home_num	*mobile_num

중첩된 구조체에서도 초기화를 사용할 수 있으며, 중첩된 구조체 변수에 데이터를 저장하는 경우에는 연산자 '.'을 여러 번 사용한다. 구조체에 배열 혹은 포인터 변수를 사용할 수 있듯이 중첩된 구조체에서도 같은 방법으로 사용한다. 중첩된 구조체를 설명하기 위해 포함된 예제는 다음과 같다.

예제	내용
〈예제 15-15〉	구조체 내부에서 또 다른 구조체를 정의하여 데이터를 저장
〈예제 15-16〉	외부에서 정의한 구조체를 포함하는 구조체에 데이터를 저장
〈예제 15-17〉	중첩된 구조체 배열에 데이터를 저장
〈예제 15-18〉	중첩된 구조체 포인터에 데이터를 저장

다음 예제는 구조체 내부에서 또 다른 구조체를 정의하고, 구조체를 초기화하고 출력하는 방법을 나타낸 프로그램이다.

〈예제 15-15〉 구조체 내부에서 또 다른 구조체를 정의하여 데이터를 저장

```
01  #include <stdio.h>
02  struct person
03  {
04      const char *name;
05      int age;
06      struct phone
07      {
08          const char *home_num;
09          const char *mobile_num;
10      } number;
11  };
12  int main(void)
13  {
14      struct person man={"jaeho", 18, {"02-345-0084", "019-945-0001"}};
15      printf("name   : %s\n", man.name);
16      printf("age    : %d\n", man.age);
17      printf("home   : %s\n", man.number.home_num);
18      printf("mobile : %s\n", man.number.mobile_num);
19      return 0;
20  }
```

[실행 결과: Visual C++]

```
name     : jaeho
age      : 18
home     : 02-345-0084
mobile   : 019-945-0001
```

[실행 결과: Turbo C++]

```
name     : jaeho
age      : 18
home     : 02-345-0084
mobile   : 019-945-0001
```

구조체 형 person의 멤버 name과 age는 하나의 도트 연산자만 사용되지만, 구조체 형 phone의 멤버 home_num과 mobile_num은 line 17과 18과 같이 두 개의 도트 연산자가 사용된다.

다음 예제는 외부에서 정의한 구조체를 포함하는 구조체를 정의하고 앞에서와 같이 초기화를 하여 출력하는 방법을 나타낸다. 앞의 〈예제 15-15〉를 다음과 같이 수정하여 실행 결과를 확인한다.

〈예제 15-16〉 외부에서 정의한 구조체를 포함하는 구조체에 데이터를 저장

```
01  #include <stdio.h>
02  struct phone
03  {
04      const char *home_num;
05      const char *mobile_num;
06  };
07  struct person
08  {
09      const char *name;
10      int age;
11      struct phone number;
12  };
13  int main(void)
14  {
15      struct person man={"jaeho", 18, {"02-345-0084", "019-945-0001"}};
16      printf("name   : %s\n", man.name);
17      printf("age    : %d\n", man.age);
18      printf("home   : %s\n", man.number.home_num);
19      printf("mobile : %s\n", man.number.mobile_num);
20      return 0;
21  }
```

[실행 결과: Visual C++]
```
name    : jaeho
age     : 18
home    : 02-345-0084
mobile  : 019-945-0001
```

[실행 결과: Turbo C++]
```
name    : jaeho
age     : 18
home    : 02-345-0084
mobile  : 019-945-0001
```

구조체 형 person은 외부의 구조체 형 phone을 포함하는 구조체다. 데이터를 초기화하고 멤버의 값을 출력하는 방법은 앞의 〈예제 15-15〉와 동일하다.

다음 예제는 중첩된 구조체 배열에 데이터를 저장하고 출력하는 방법을 나타내는 프로그램이다. 앞의 〈예제 15-16〉은 포인터 멤버를 사용하였으나 다음 예제에서는 배열을 이용하여 정의하였다. 키보드를 통해 멤버의 값을 입력받기 위해 scanf를 사용하였다.

〈예제 15-17〉 중첩된 구조체 배열에 데이터를 저장하는 방법

```
01  #include <stdio.h>
02  struct person
03  {
04    char name[10];
05    int age;
06    struct phone
07    {
08      char home_num[14];
09      char mobile_num[14];
10    } number;
11  };
12  int main(void)
13  {
14    struct person man[3];
15    printf("이름을 입력하고 Enter :");
16    scanf("%s", man[0].name);
17    printf("나이를 입력하고 Enter :");
18    scanf("%d", &man[0].age);
19    printf("집전화를 입력하고 Enter :");
20    scanf("%s", man[0].number.home_num);
21    printf("휴대폰번호를 입력하고 Enter :");
22    scanf("%s", man[0].number.mobile_num);
23    printf("\n");
24    printf("name   : %s\n", man[0].name);
25    printf("age    : %d\n", man[0].age);
26    printf("home   : %s\n", man[0].number.home_num);
27    printf("mobile : %s\n", man[0].number.mobile_num);
28    return 0;
29  }
```

[실행 결과: Visual C++]

```
이름을 입력하고 Enter :박준영
나이를 입력하고 Enter :19
집전화를 입력하고 Enter :031-077-2765
휴대폰번호를 입력하고 Enter :010-020-9876

name   : 박준영
age    : 19
home   : 031-077-2765
mobile : 010-020-9876
```

[실행 결과: Turbo C++]

```
이름을 입력하고 Enter :박준영
나이를 입력하고 Enter :19
집전화를 입력하고 Enter :031-077-2765
휴대폰번호를 입력하고 Enter :010-020-9876

name    : 박준영
age     : 19
home    : 031-077-2765
mobile  : 010-020-9876
```

〈예제 15-17〉에서 구조체 형 배열인 man은 크기가 3이지만 첫 번째 요소, 즉 man[0]에 대해서만 새로운 데이터를 입력받고, 멤버의 값을 출력한다.

다음 예제는 중첩된 구조체 포인터에 데이터를 대입하고 출력하는 방법을 나타낸다. 앞의 〈예제 15-17〉을 다음과 같이 수정하여 결과를 확인한다.

〈예제 15-18〉 중첩된 구조체 포인터에 데이터를 저장하는 방법

```
01   #include <stdio.h>
02   struct person
03   {
04     const char *name;
05     int age;
06     struct phone
07     {
08       const char *home_num;
09       const char *mobile_num;
10     } number;
11   };
12   int main(void)
13   {
14     struct person man, *pt;
15     pt=&man;
16     pt->name="jaeho";
17     pt->age=18;
18     pt->number.home_num="02-345-0084";
19     pt->number.mobile_num="019-945-0001";
20     printf("name   : %s\n", pt->name);
21     printf("age    : %d\n", pt->age);
22     printf("home   : %s\n", pt->number.home_num);
23     printf("mobile : %s\n", pt->number.mobile_num);
24     return 0;
25   }
```

[실행 결과: Visual C++]

```
name   : jaeho
age    : 18
home   : 02-345-0084
mobile : 019-945-0001
```

[실행 결과: Turbo C++]

```
name   : jaeho
age    : 18
home   : 02-345-0084
mobile : 019-945-0001
```

문자열을 포인터 변수에 대입할 경우에는 line 16과 같이 직접 대입할 수 있지만 입력 함수 scanf를 통해 데이터를 입력받으려면 입력 전에 우선 문자열이 저장될 공간을 미리 확보(동적 할당)해야 한다.

15.12 자기 참조 구조체

구조체를 정의할 때 멤버들의 데이터 형은 대부분 int 형이나 char 형과 같은 일반적인 데이터 형을 사용한다. 그런데 자기 참조(self-referential) 구조체란 멤버의 데이터 형으로 자신의 구조체 형을 사용한다는 의미다. 구조체 자체를 멤버로 사용할 수는 없지만 구조체의 데이터 형과 같은 포인터를 멤버로 가지는 것은 가능하다. 이렇게 함으로써 결국 포인터 멤버는 자기 자신을 가리키게 된다.

자기 참조 구조체는 자료 구조(data structure)에서 연결 리스트(linked list)나 트리
(tree)를 구현하는데 있어서 필요한 구조체다. 자료 구조와 자기 참조 구조체의 응용 방법
은 20.1.2절(이중 연결 리스트와 트리)에서 설명한다. 예를 들어 다음과 같은 단순 연결 리
스트가 있다고 가정하자.

[그림 15-1] 단순 연결 리스트의 예

이와 같은 연결 리스트를 구현하기 위해서 각 노드(node)는 다음과 같은 구조로 표현할 수
있다. 만약 다음과 같은 구조체를 node라 할 때 node는 두 개의 멤버를 가지며 첫 번째 멤
버의 데이터 형은 문자형이고, 두 번째 멤버는 다음 node를 가리키게 될 포인터 멤버로서
데이터 형이 node의 구조체가 된다. 따라서 구조체 형 node를 정의하면 다음과 같다.

node의 구조	구조체 형 node의 정의
| data \| link → | ```c
struct node
{
  char data;
  struct node *link;
};
``` |

앞의 [그림 15-1]과 같이 연결 리스트를 만든다고 할 때 첫 번째 노드를 가리킬 헤드 포인
터가 필요하며, 마지막 노드는 연결 리스트의 끝이므로 포인터 멤버 link의 값은 NULL이
된다. 각 노드에 해당하는 구조체 변수를 a1, a2 a3라 하고 멤버 link로 하여금 다음 구조
체 변수의 주소를 차례로 가리키게 한다면 다음과 같은 리스트 구조를 만들 수 있다.

연결 리스트	구조체 변수	구조체 멤버	
		data	link
head a1 a2 a3 &a1 → A | &a2 → K | &a3 → D | NULL	head		&a1
	a1	A	&a2
	a2	K	&a3
	a3	D	NULL

다음 예제는 자기 참조 구조체를 이용하여 연결 리스트를 구현한 것이다. 〈예제 15-19〉
는 구조체 변수를 이용한 것이며 〈예제 15-20〉에서 함수 creat는 동적 할당을 통해 구조
체 변수의 메모리 공간을 구조체 형 node만큼 확보한 다음, 데이터(이름)를 입력받아 멤버
link를 연결하는 방법으로 연결 리스트를 생성한다.
```

〈예제 15-19〉 구조체 변수와 주소를 이용한 연결 리스트

```
01  #include <stdio.h>
02  struct node
03  {
04    char data;
05    struct node *link;
06  };
07  int main(void)
08  {
09    struct node *head, a1,a2,a3;
10    a1.data='A';
11    a2.data='K';
12    a3.data='D';
13    head=&a1;
14    a1.link=&a2;
15    a2.link=&a3;
16    a3.link=NULL;
17    printf("Linked List \n\n");
18    printf("head의 주소 : %u\n", &head);
19    printf("head 포인터 : %u\n", head);
20    while(head!=NULL)
21    {
22      printf("데이터: %c, 주소: %u\n", head->data, head->link);
23      head=head->link;
24    }
25    return 0;
26  }
```

[실행 결과: Visual C++]

```
Linked List

head의 주소 : 12515160
head 포인터 : 12515144
데이터: A, 주소: 12515128
데이터: K, 주소: 12515112
데이터: D, 주소: 0
```

[실행 결과: Turbo C++]

```
Linked List

head의 주소 : 8740
head 포인터 : 8734
데이터: A, 주소: 8728
데이터: K, 주소: 8722
데이터: D, 주소: 0
```

〈예제 15-19〉의 line 10~12는 구조체 변수의 data 멤버에 문자를 저장하고, line 13~16은 link 멤버에 구조체 변수의 주소를 가리키게 한다. while 문에 의해 link 멤버의 값이 NULL이 아닐 경우에 반복하면서 데이터와 link가 가리키는 주소를 출력한다.
line 23에 의해 포인터 head에 멤버 link의 주소가 전달되어, NULL이 될 때까지 리스트에 연결된 데이터를 출력한다. 〈예제 15-19〉에 대한 Visual C++의 실행 결과 연결 리스트의 연결 상태를 나태내면 다음과 같다.

구조체 변수	주소	멤버 data	멤버 link
*head	12515160		12515144
⋮			
a1	12515144	A	12515128
⋮			
a2	12515128	K	12515112
⋮			
a3	12515112	D	NULL

앞의 〈예제 15-19〉는 구조체 변수를 이용하였지만 다음 〈예제 15-20〉에서 함수 creat는 동적 할당을 통해 구조체 변수의 메모리 공간을 구조체 형 node만큼 확보한 다음, 데이터(이름)를 입력받아 멤버 link를 연결하는 방법으로 연결 리스트를 생성한다. 동적 할당을 위해 사용한 함수 malloc은 헤더 파일 〈stdlib.h〉를 필요로 한다.

〈예제 15-20〉 동적 할당을 이용한 연결 리스트

```
01  #include <stdio.h>
02  #include <stdlib.h>
03  struct node
04  {
05      char data[10];
06      struct node *link;
07  };
08  struct node *creat(void);
09  void input_name(struct node *ptr);
10  int main(void)
11  {
12    node *head, *a1, *a2, *a3;
13    a1=creat();
14    a2=creat();
15    a3=creat();
16    input_name(a1);
17    input_name(a2);
18    input_name(a3);
19    head=a1;
20    a1->link=a2;
21    a2->link=a3;
22    a3->link=NULL;
23    printf("Linked List \n\n");
24    while(head!=NULL)
25    {
```

[실행 결과: Visual C++]

이름을 입력하고 Enter:박준영
이름을 입력하고 Enter:윤영신
이름을 입력하고 Enter:이미영
Linked List

데이터: 박준영, 주소: 3284224
데이터: 윤영신, 주소: 3284288
데이터: 이미영, 주소: 0

[실행 결과: Turbo C++]

이름을 입력하고 Enter:박준영
이름을 입력하고 Enter:윤영신
이름을 입력하고 Enter:이미영
Linked List

데이터: 박준영, 주소: 1714
데이터: 윤영신, 주소: 1694
데이터: 이미영, 주소: 0

```
26    printf("데이터: %s, 주소: %u\n", head->data, head->link);
27    head=head->link;
28   }
29    return 0;
30  }
31  struct node *creat(void)
32  {
33    return (node *)malloc(sizeof(node));
34  }
35  void input_name(struct node *ptr)
36  {
37    printf("이름을 입력하고 Enter:");
38    scanf("%s", ptr->data);
39  }
```

단원정리

구조체(structure)

배열 요소는 모두 동일한 데이터 형을 갖지만 구조체는 다음과 같이 서로 다른 데이터 형을 갖는 변수들을 대표 이름으로 묶어 놓는 것을 의미한다. 구조체는 사용자가 필요에 의해 정의하여 사용할 수 있는 사용자 정의의 데이터 형이다. 구조체 선언은 키워드 **struct**를 사용하며 다음의 구조체 형 student는 사용자가 정의하는 새로운 데이터 형으로 사용된다.

이름(한글)	이은영
학과	컴퓨터 공학
생년	1988
성별(M/F)	F
입학년도	2008

```
struct student
{
    char name[15];
    char department[25];
    int  birth_year;
    char sex;
    int entrance;
};
struct student a;
```

구조체 형은 붕어빵 틀을 만드는 것이고, 구조체 멤버는 붕어빵에 넣을 재료들의 이름에 비유할 수 있으며, 구조체 변수에 데이터를 저장하는 것은 붕어빵 틀에 실제 재료를 넣는 과정과 같다.

구조체 간의 데이터 교환

같은 구조를 갖는 구조체 변수에 대해서는 구조체 단위나 멤버 단위로 데이터를 주고받을 수 있지만 서로 다른 구조를 갖는 구조체 변수끼리는 구조체 단위로 데이터를 주고받을 수 없다. 그러나 서로 다른 구조체라 하더라도 멤버의 데이터 형이 같다면 데이터를 서로 주고받을 수 있다.

구조체 배열과 포인터

구조체 변수와 구조체 배열의 차이점은 단지 첨자가 사용된다는 것이다. 저장된 내용을 출력하는 경우에도 구조체 변수와 마찬가지로 도트 연산자 .를 이용하고, 첨자를 사용하여 같은 방법으로 출력한다.
포인터 변수는 데이터가 아닌 메모리 주소를 가리키므로 구조체 포인터에는 데이터를 대입시키는 것이 아니라 구조체 변수의 주소를 대입하여 사용한다. 변수와 포인터 변수 간의 처리에서 동일한 데이터 형으로 선언하여 사용하듯이 구조체 변수와 구조체 포인터 역시 동일한 구조체 형으로 선언하여 사용한다. 구조체 변수나 구조체 배열에 대해 멤버의 데이터를 출력할 경우 도트 연산자 .을 사용하지만 구조체 포인터에 대해서는 간접 연산자 ->을 사용한다.

구조체와 함수

구조체는 변수나 포인터와 같이 함수의 인자로 사용될 수 있으며, 함수의 결과값으로 구조체를 반환할 수 있다. 함수의 결과로 구조체를 반환하는 경우에는 함수의 데이터 형을 구조체 형으로 정의하여 사용한다.

중첩된 구조체

구조체는 모든 데이터 형을 포함할 수 있기 때문에 구조체의 멤버로 또 다른 구조체를 사용할 수 있으며, 이를 구조체 안의 구조체, 즉 중첩된 구조체(nested structure)라 한다.

연 습 문 제

EXERCISE

15.1 구조체에 대한 설명이 맞으면 ○, 틀리면 ×로 표시하시오.

(1) 구조체는 여러 개의 서로 다른 데이터들을 묶어서 하나의 이름으로 처리한다.

(2) 구조체를 정의할 때 struct를 사용한다.

(3) 구조체는 이름을 태그(tag)라 하고 여러 개의 멤버(member)로 구성된다.

(4) 구조체 멤버는 모두 동일한 데이터 형을 사용해야 한다.

(5) 구조체 변수는 함수의 인자로 사용할 수 없다.

(6) 구조체는 사용자가 정의하는 데이터 형이다.

(7) 구조체 변수의 이름 앞에는 구조체 형을 반드시 사용해야 한다.

(8) 함수의 반환값으로 구조체 변수를 사용할 수 있다.

(9) 함수의 반환값으로 구조체 변수를 사용하면 여러 개의 값을 반환할 수 있다.

(10) 구조체 안에 또 다른 구조체를 정의할 수 없다.

(11) 구조체 포인터나 배열은 정의할 수 없다.

15.2 다음에서 구조체 변수 d의 선언이 잘못된 것은?

①
```
struct user
{
    int number;
    char *name;
};
user d;
```

②
```
typedef struct
{
    int number;
    char *name;
} user;
user d;
```

③
```
typedef struct
{
    int number;
    char *name;
} d;
```

④
```
struct user
{
    int number;
    char *name;
} d;
```

15.3 다음에서 구조체 변수 st1의 선언이 잘못된 것을 모두 고르시오.

```
struct std
{
    int number;
    char *name;
};
```

① std st1;

② struct st1;

③ std struct st1;

④ struct std st1;

⑤ typedef st1;

15.4 구조체 형 user가 있다고 할 때 구조체 변수를 잘못 선언한 것은?

① struct user d_1;

② user PERSON;

③ struct user data[10];

④ struct user *point;

⑤ struct user $amount;

15.5 다음 중 잘못된 설명을 모두 고르시오.

① 구조체 변수로 포인터는 사용할 수 없다.

② 구조체 안에 다른 구조체를 정의할 수 있다.

③ 한 기억 장소에 서로 다른 data 형을 사용할 수 있도록 하는 것이 공용체다.

④ bit field는 주소를 갖지 못하므로 포인터를 사용할 수 없다.

15.6 구조체 멤버로 상품번호, 제조년도, 크기를 사용할 때 구조체 product를 바르게 정의한 것은? 단, 상품번호는 2자리 정수, 제조년도는 4자리 정수, 크기는 3자리 정수를 사용한다고 가정한다.

①
```
struct product
{
    char number;
    char year;
    char size;
}
```

②
```
struct product
{
    char number;
    int year;
    int size;
}
```

③
```
struct product
{
    char number[2];
    char year[4];
    char size[3];
}
```

④
```
struct product
{
    char *number;
    char *year;
    char *size;
}
```

15.7 구조체 멤버로 이름과 휴대전화 번호를 사용할 때 구조체 student를 바르게 정의한 것은? 단, 이름은 한글이고, 휴대전화 번호는 —를 사용한다고 가정한다.

①
```
struct student
{
    char *name;
    char *phone;
}
```

②
```
struct student
{
    char *name;
    int phone;
}
```

③
```
struct student
{
    char name[20];
    int phone[13];
}
```

④
```
struct student
{
    char name[20];
    int *phone;
}
```

15.8 구조체 멤버로 학과, 학년, 반, 학번, 이름을 사용할 때 구조체 student를 바르게 정의한 것은? 단, 학과와 이름은 한글로, 반은 영문 한글자로 처리한다고 가정한다.

①
```
struct student
{
    char dept;
    char grade;
    char room;
    int number;
    char name;
};
```

②
```
struct student
{
    char *dept;
    char grade;
    char room;
    int *number;
    char *name;
};
```

③
```
struct student
{
    char dept[30];
    char grade;
    char room;
    int number[10];
    char name[10];
};
```

④
```
struct student
{
    char *dept;
    char grade;
    char room;
    int number;
    char *name;
};
```

15.9 다음 구조체 변수 d1의 byte 크기는?

```
struct data
{
    char name;
    int age;
} d1;
```

① 1 ② 2 ③ 3 ④ 5

15.10 다음 구조체 변수 d1의 byte 크기는?

```
struct data
{
    char name[12];
    long income;
    double saving;
} d1;
```

① 20 ② 22 ③ 24 ④ 30

15.11 구조체 변수 var에 name이라는 멤버가 있고 멤버 name이 char name[10];으로 정의되었다고 가정할 때 "kim"을 대입하는 것으로 적절한 것은?

① name="kim";   ② *name="kim";
③ var.name="kim";   ④ strcpy(var.name, "kim");

15.12 구조체 변수 var에 name이라는 멤버가 있고 멤버 name이 char *name;으로 정의되었다고 가정할 때 "kim"을 대입하는 것으로 적절한 것은?

① name="kim";   ② *name="kim";
③ var.name="kim";   ④ strcpy(var.name, "kim");

15.13 다음 구조체 형 person에 대해 잘못된 문장은?

```
struct person
{
    char name[10];
    int age;
};
```

① struct person d="Park", 18;
② strcpy(d.name, "Park");
③ scanf("%s", d.name);
④ d.name="Park";
⑤ scanf("%d", d.age);

15.14 다음 구조체 형 person 다음에 사용할 수 없는 문장을 모두 고르시오.

```
struct person
{
  char name[10];
  int age;
};
struct person d, *pt;
pt=&d;
```

① strcpy((*pt).name, "Choi");
② strcpy(pt->name, "Choi");
③ scanf("%s", pt.name);
④ scanf("%s", pt->name);

15.15 다음 구조체 형 person 다음에 사용할 수 없는 문장을 모두 고르시오.

```
struct person
{
  char *name;
  int age;
};
struct person d, *pt;
pt=&d;
```

① scanf("%s", pt->name);
② strcpy("%s", pt->name);
③ (*pt).name="Lee";
④ pt->name="Lee";

15.16 프로그램의 실행 결과가 다음과 같이 출력되도록 프로그램의 빈칸을 완성하시오.

[실행 예]

이름 : Jo Yun Jung
점수 : 80

```
#include <stdio.h>
#include <string.h>
struct student
{
  char name[20];
  int jumsu;
};
int main(void)
{
  struct student st;
  printf("이름입력 후 Enter");
  scanf("%s", [       ] );
  printf("점수입력 후 Enter");
  scanf("%d", [       ] );
  printf("이름 : %s \n", [       ] );
  printf("점수 : %d \n", [       ] );
  return 0;
}
```

15.17 [부록 3]의 [표 5](행성 데이터)에 대해 각 행성별로 데이터를 저장하기 위해 구조체 형
     planet을 정의한다고 할 때 각 멤버의 데이터 형과 이름을 정의하시오.

15.18 다음 프로그램의 실행 결과를 예측하시오.

```c
#include <stdio.h>
struct human
{
  char name01[10];
  const char *name02;
} data01={"Miss Kim", "Mr Park"};
struct company
{
  char com_name[10];
  struct human people;
  int salary;
} data02={"Choi", "Kim", "Park", 500};

int main(void)
{
  printf("%s\n", data02.com_name);
  printf("%s\n", data02.people.name01);
  printf("%c\n", data01.name01[1]);
  printf("%d\n", data02.salary);
  return 0;
}
```

15.19 구조체 멤버로 품명, 단가(정수), 수량(정수)을 사용하는 구조체 형을 정의하고, 구조체 배열
     에 다음의 데이터를 저장한 다음 품명, 단가, 수량, 금액을 출력하고 마지막 부분에 금액의
     총합을 출력하는 함수와 프로그램을 작성하시오.

품명	단가(원)	수량
hard disk	135,000	5
CPU	235,000	7
main board	162,000	9
monitor	260,000	4
DVD-RW	73,500	6

15.20 어느 스포츠센터의 1인당 이용요금은 다음과 같다. 운동종목과 이용요금을 구조체 형으로 정의하고 구조체 배열에 저장하시오. 손님이 주문한 내용과 금액을 매표소 직원이 처리하여 영수증(종목, 인원, 입금액, 잔돈)과 매출전표(종목, 인원, 금액, 총합)를 출력하는 함수와 프로그램을 작성한다. 손님이 주문한 내용이 "골프 4명, 샤워 4명"이라면 매표소 직원은 컴퓨터에 "골프4 샤워4"로 입력하여 처리한다. 주문내용과 입금액은 따로 입력받아 처리한다.

종목	이용요금(1인)
골프	20,000
수영	17,000
헬스	12,000
탁구	10,000
샤워	5,000

16 그 외의 사용자 정의 데이터 형

구조체 외에 사용자가 필요에 의해 정의하여 사용할 수 있는 데이터 형에는 공용체(union), 열거형(enum) 그리고 비트 필드(bit field)가 있다.

구조체와 공용체는 비슷한 점도 있지만 차이가 있다. 구조체의 멤버들은 일정한 데이터 형을 가지므로 기억 공간이 각각 분리되어 사용되지만 공용체의 멤버들은 데이터 형을 갖더라도 기억 공간을 공동으로 사용한다.

하나의 기억 공간을 멤버들이 공동으로 사용한다는 것은 한 개의 방을 전체로 사용할 수도 있고, 경우에 따라 이동 칸막이를 사용하여 나누어서 사용하는 것과 같다. 즉, [그림 16-1]과 같이 한 개의 공간을 전체로 사용할 수도 있고, 경우에 따라서 칸막이를 사용하여 8인실로도 또는 4인실로도 사용하는 것과 같다.

[그림 16-1] 이동 칸막이의 사용

한 개의 공간을 경우에 따라 구분하여 공동으로 사용함으로써 얻는 장점은 제한된 공간을 효율적으로 사용한다는 것으로서 하나의 기억 공간을 문자열을 저장하는 공간으로도 또는 int 형 숫자를 저장하는 공간으로 바꿔가며 사용할 수도 있다. 이것은 마치 서로 다른 규격의 총알도 모두 사용할 수 있는 총알 공용 만능 총을 만들어 사용하는 것과 같다.

16.1 구조체와 비슷하지만 차이가 있는 공용체, union

공용체의 공용이라는 말은 공동으로 사용한다는 의미로서 멤버들의 기억 장소가 멤버별로 구분되지 않고 기억 공간을 공동으로 사용하는 것이다. 공용체는 멤버들을 구성하고 멤버에 데이터를 저장하거나 불러오는 방법은 구조체와 동일하지만 기억 공간을 사용하는 것에 차이가 있다. 공용체를 선언할 때는 키워드 struct 대신에 union을 사용한다. 구조체와 공용체의 기억 공간 사용에 대한 차이는 [표 16-1]과 같다. 표의 기억 공간에서 □ 하나의 크기는 1byte를 나타낸다.

[표 16-1] 구조체와 공용체의 차이

구분	구조체	공용체

선언	struct student {
	  char name[10];
	  int id;
	} st1;
		union pupil {
		  char name[10];
		  int id;
		} pu1;

기억 공간	1 2 3 4 5 6 7 8 9 10 11 12 13 14 └────── st1.name ──────┘ └─ st1.id ─┘	1 2 3 4 5 6 7 8 9 10 └─ pu1.name, pu1.id 공동 사용 ─┘

[표 16-1]과 같이 구조체 멤버들은 각 멤버의 크기로 구분된 기억 공간을 사용하지만 공용체의 기억 공간은 멤버의 데이터 크기 중에서 가장 큰 데이터 형의 크기로 정해진다. 따라서 char name[10]은 10개의 byte 크기이고 int id는 4byte 크기이므로 10개 byte 공간을 공동으로 사용한다.

공용체는 기억 공간을 공동으로 사용하기 때문에 하나의 멤버값이 바뀌면 나머지 멤버들의 값도 동시에 바뀌게 되므로 모든 멤버가 동시에 기억 공간을 공유하여 사용할 수 없고, 한번에 단 하나의 멤버만 기억 공간을 사용할 수 있다. 그러므로 공용체 변수의 초기화도 어떤 멤버에 대해서든 하나의 데이터만 초기화로 사용할 수 있다.

〈예제 16-1〉 공용체의 정의와 사용 방법

```
01  #include <stdio.h>
02  #include <string.h>
03  union uchr  {
04          char chr1;
05          char chr2[3];
06  };
07  int main(void)
08  {
09   union uchr data;
10   strcpy(data.chr2, "AB");
11   printf("data.chr1 = %c\n", data.chr1);
12   printf("data.chr2 = %s\n", data.chr2);
13   data.chr1='C';
14   printf("data.chr1 = %c\n", data.chr1);
15   printf("data.chr2 = %s\n", data.chr2);
16   return 0;
17  }
```

[실행 결과: Visual C++]

```
data.chr1 = A
data.chr2 = AB
data.chr1 = C
data.chr2 = CB
```

[실행 결과: Turbo C++]

```
data.chr1 = A
data.chr2 = AB
data.chr1 = C
data.chr2 = CB
```

〈예제 16-1〉에서 공용체 변수 data는 멤버 중에서 가장 큰 데이터 형의 크기를 가지므로 3byte의 크기를 가지며 이 크기를 서로 공동으로 사용한다.

strcpy(data.chr2, "AB");가 실행된 결과 메모리에 저장된 내용은 다음과 같다. 메모리 공간의 □은 1 bit의 크기를 나타낸다. 제일 왼쪽의 byte를 상위 바이트라 가정한다. 영문 자 'A'는 이진수로 01000001이며, 문자 'B'는 01000010이다.

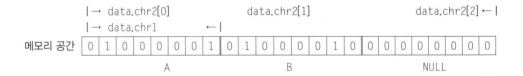

따라서 line 11과 12 결과는 각각 A와 AB가 출력된다.

line 13의 data.chr1='C'; 결과는 다음과 같다.

따라서 line 14와 15의 결과는 각각 C와 CB가 출력된다.

실습문제

16.1 다음 프로그램의 실행 결과를 예측하시오.

```
01  #include <stdio.h>
02  union data
03  {
04        char ch;
05        int n;
06  };
07  int main(void)
08  {
09    union data v;
10    printf("%d\n", sizeof(data));
11    v.ch='A';
12    printf("%d\n", sizeof(v.ch));
13    v.n=25;
14    printf("%d\n", sizeof(v.n));
15    return 0;
16  }
```

16.2 상수들의 집합을 정수로 대신하는 열거형, enum

열거형(enumeration type)은 구조체나 공용체와 같이 사용자가 정의하는 또 다른 형태의 데이터 형으로서 상수들의 집합을 정수형으로 대신하여 표현한다. 열거형 변수를 선언하는 형식은 다음과 같다.

```
enum tag_name {상수 list};
```

열거형은 키워드 enum을 사용하며 tag_name은 상수들의 집합을 대표하는 이름이다. 예를 들어 요일을 상수로 사용한다면 다음과 같이 열거형 week이라는 데이터 형을 선언할 수 있으며 day1은 열거형 변수를 나타낸다.

```
enum week {sun, mon, tue, wed thu, fri, sat};
enum week day1;
```

상수 list 중의 첫 번째부터 0으로 시작해서 1씩 증가하는 정수 상수값이 상수로 사용된다. 따라서 sun은 상수 0을, fri는 상수 5를 갖는다.

〈예제 16-2〉 열거형의 사용 방법

```
01  #include <stdio.h>
02  enum week {sun, mon, tue, wed, thu, fri, sat};
03  int main(void)
04  {
05    enum week day1;
06    day1=fri;
07    printf("day1 : %d\n", day1);
08    printf("fri : %d\n", fri);
09    day1=mon;
10    printf("day1 : %d\n", day1);
11    printf("mon : %d\n", mon);
12    return 0;
13  }
```

[실행 결과: Visual C++]
```
day1 : 5
fri : 5
day1 : 1
mon : 1
```

[실행 결과: Turbo C++]
```
day1 : 5
fri : 5
day1 : 1
mon : 1
```

열거형 변수 day1은 열거형 상수만을 저장할 수 있으므로 day1=4;와 같이 정수값을 저장할 수 없으며, 정수값을 저장할 경우에는 컴파일 오류가 발생한다.

열거형은 〈예제 16-3〉과 같이 상수 list의 초기값을 변경할 수 있다. 따라서 상수 engine은 3, battery는 4의 상수를 갖는다.

〈예제 16-3〉 열거형의 사용 방법

```
01  #include <stdio.h>
02  enum prod {engine=3, battery, filter, fuse};
03  int main(void)
04  {
05    enum prod v;
06    v=battery;
07    printf("장치번호 : %d\n", v);
08    printf("engine 번호 : %d\n", engine);
09    v=fuse;
10    printf("장치번호 : %d\n", v);
11    return 0;
12  }
```

[실행 결과: Visual C++]
```
장치번호 : 4
engine 번호 : 3
장치번호 : 6
```

16.3 비트 필드(bit field)

비트 필드는 구조체의 멤버들을 byte 단위가 아니라 bit 단위로 처리할 수 있는 구조체를
말한다. 어떤 구조체 멤버가 yes와 no, 남자와 여자와 같이 2가지 중 하나의 값만을 가질
수 있다면 오직 1개의 bit만으로도 데이터를 표현하거나 저장할 수 있으므로 최소한의 bit
크기로 구성하여 구조체의 크기와 더불어 메모리를 절약할 수 있다.

예를 들어 어느 병원에서는 입원환자에 대해 [표 16-2]와 같은 항목의 조사와 검사를 실시
하여 진료와 치료에 참고하자 한다고 가정하자. 환자 1인에 대해 구조체를 사용하는 경우와
비트 필드 구조체를 사용하는 경우를 비교하면 [표 16-3]과 같다.

[표 16-2] 입원환자의 검사 항목

조사 및 검사 항목	판정 및 값의 범위
나이	0~120(정수)
성별	0: 남, 1: 여
음주 여부	0: 아니오, 1: 예
흡연 여부	0: 아니오, 1: 예
혈압 상태	0: 정상, 1: 저혈압, 2: 고혈압

[표 16-3] 구조체와 비트 필드 구조체의 차이

구조체	비트 필드 구조체

<pre>struct patient1 {
  int age;
  char sex;
  char drinking;
  char smoking;
  char pressure;
}</pre>
	<pre>struct patient2 {
	  int age;
	  unsigned sex : 1;
	  unsigned drinking : 1;
	  unsigned smoking : 1;
	  unsigned pressure : 2;
	}</pre>

char 형은 1byte, int 형은 4byte의 크기이므로 [표 16-3]에서 왼쪽의 구조체 형
patient1은 전체 크기가 8byte(64bit)이고 오른쪽의 비트 필드 구조체의 크기는 int 형
4byte와 5bit로서 37bit의 크기로 표현할 수 있다.

[표 16-3]의 오른쪽 비트 필드에서 unsigned sex : 1;은 멤버 sex에 대해 1bit의 기억
공간만을 사용하겠다는 의미다. [표 16-3]에서 나이를 나타내는 멤버 age는 0~120까지의
정수 범위를 가지므로 1byte 크기인 char 형을 사용할 수 있으며, 성별을 나타내는 멤버
sex는 0 혹은 1 값만을 가지므로 1bit의 크기만으로도 표현이 가능하다. 혈압을 나타내는
멤버 pressure는 0, 1, 2 값 중의 하나를 가지므로 최소 2bit가 필요하다.

비트 필드 구조체에서 멤버의 데이터 형은 데이터 형은 int 형 또는 unsigned 중의 하나만
사용할 수 있으며, 메모리 주소가 byte 단위이므로 포인터나 배열을 사용할 수 없다.

〈예제 16-4〉 비트 필드 구조체를 정의하고, 초기화하여 내용을 출력

```
01  #include <stdio.h>
02  struct patient2 {
03    int age;
04    unsigned sex : 1;
05    unsigned drinking : 1;
06    unsigned smoking : 1;
07    unsigned pressure : 2;
08  };
09
10  int main(void)
11  {
12    struct patient2 p1={35,0,1,1,3};
13    printf("age :%d\n", p1.age);
14    printf("sex :%d\n", p1.sex);
15    printf("drinking :%d\n", p1.drinking);
16    printf("smoking :%d\n", p1.smoking);
17    printf("blood pressure :%d\n", p1.pressure);
18    return 0;
19  }
```

[실행 결과]

```
age :35
sex :0
drinking :1
smoking :1
blood pressure :3
```

단원정리

공용체(union)

공용체의 공용이라는 말은 공동으로 사용한다는 의미로서 멤버들의 기억 장소가 멤버별로 구분되지 않고 기억 공간을 공동으로 사용하는 것이다. 공용체는 멤버들을 구성하고 멤버에 데이터를 저장하거나 불러오는 방법은 구조체와 동일하지만 기억 공간을 사용하는 것에 차이가 있다. 공용체를 선언할 때는 키워드 struct 대신에 union을 사용한다.

```
union pupil{
  char name[10];
  int id;
} pul;
```

멤버 중의 가장 큰 데이터 형의 크기를 기준으로 하여 메모리를 공동으로 사용함

| 1 | 2 | 3 | 4 | 5 | 6 | 7 | 8 | 9 | 10 |

└ pul.name, pul.id 공동 사용 ┘

열거형(enumeration type)

열거형은 구조체나 공용체와 같이 사용자가 정의하는 또 다른 형태의 데이터 형으로서 상수들의 집합을 정수형으로 대신하여 표현한다. 열거형 변수를 선언하는 형식은 다음과 같다.

```
enum tag_name  { 상수 list };
```

열거형은 키워드 enum을 사용하며 tag_name은 상수들의 집합을 대표하는 이름이다.

비트 필드(bit field)

비트 필드는 구조체의 멤버들을 byte 단위가 아니라 bit 단위로 처리할 수 있는 구조체를 말한다. 비트 필드는 정보를 작은 단위로 압축하거나 메모리를 절약하기 위해서 사용한다.

연습문제

16.1 공용체에 대한 설명이 맞으면 ○, 틀리면 ×로 표시하시오.

(1) 공용체 멤버들은 서로 같은 데이터 형을 갖더라도 기억 공간을 따로 사용한다.

(2) 구조체와 공용체는 사용자가 정의할 수 있는 데이터 형이다.

(3) 공용체는 멤버를 정하고 데이터를 저장하는 방법이 구조체와 다르다.

(4) 공용체 기억 공간은 멤버 중 가장 큰 데이터 형을 그 크기로 정해진다.

(5) 공용체의 멤버들은 기억 공간을 공동으로 사용하고 공유하여 사용할 수 있다.

(6) 공용체 변수의 초기화는 정의된 멤버 각각에 대해 동시에 지정할 수 있다.

16.2 enum(열거형)에 대한 설명이 맞으면 ○, 틀리면 ×로 표시하시오.

(1) enum은 상수들의 집합에 대해 정수형 값으로 대신한다.

(2) enum으로 정의할 상수들의 리스트는 영문자로만 구성이 가능하다.

(3) enum으로 정의할 상수들은 1부터 시작하는 정수값을 차례로 갖는다.

(4) enum으로 정의할 상수들의 초기값을 지정할 수 있다.

(5) enum으로 정의한 변수에는 정수 상수를 대입할 수 있다.

16.3 비트 필드(bit field)에 대한 설명이 맞으면 ○, 틀리면 ×로 표시하시오.

(1) 비트 필드 구조체의 멤버들은 bit 단위로만 처리해야 한다.

(2) 비트 필드 구조체의 멤버들은 정수형 변수만 사용이 가능하다.

(3) 비트 필드 구조체의 멤버들을 bit 단위로 선언할 때 사용할 bit의 크기는 생략할 수 있다.

16.4 공용체에 대한 설명 중 잘못된 것은?

① 공용체의 선언은 struct 대신에 union을 사용한다.

② 멤버의 데이터 형 중에서 가장 작은 데이터 형의 기억 공간을 공유한다.

③ 공용체는 기억 공간을 공유하지만 한 멤버의 값이 바뀌어도 다른 멤버에는 영향을 주지 않는다.

④ 공용체 변수에 대한 초기화에서 각 멤버별로 값을 초기화할 수 있다.

⑤ 공용체 멤버들의 데이터 형은 구조체 멤버와 같은 방법으로 정의할 수 있다.

16.5 다음 프로그램의 실행 결과는?

```c
#include <stdio.h>
union var {
   char n1;
   int  n2;
   double n3;
};

int main(void)
{
   union var data;
   data.n3=56.98;
   printf("%d", sizeof(var));
   printf("%d", sizeof(data));
   printf("%d", sizeof(data.n1));
   printf("%d", sizeof(data.n2));
   printf("%d\n",sizeof(data.n3));
   return 0;
}
```

① 88888

② 88124

③ 44144

④ 88148

16.6 다음 프로그램을 실행하여 문자열 ABCD를 입력할 경우 출력될 내용은?

```c
#include <stdio.h>
union distingush {
        char n1;
        char n2[5];
};

int main(void)
{
   union distingush var;
   scanf("%s", var.n2);
   printf("%c\n", var.n1);
   return 0;
}
```

① ABCD

② A

③ BCD

④ 공백

16.7 다음 프로그램의 실행 결과는?

```c
#include <stdio.h>
#include <string.h>
union univar
{
  char ch1;
  char ch2[4];
};
int main(void)
{
 union univar data;
 strcpy(data.ch2, "ABC");
 data.ch1='D';
 printf("%s\n", data.ch2);
 return 0;
}
```

16.8 다음의 선언에 대해 컴파일 오류가 발생하는 것을 모두 고르시오.

① enum {FALSE, TRUE b};

② enum {sun, mon, tue, wed, thu, fri, sat};

③ enum character {1, 2, 3, 4};

④ enum week {일, 월, 화, 수, 목, 금, 토};

⑤ enum week {"일", "월", "화", "수", "목", "금", "토"};

16.9 다음 프로그램의 실행 결과는?

```c
enum {FALSE, TRUE b};
b=FALSE;
```

① 변수 b에 FALSE라는 문자열이 저장된다.

② 변수 b에 0이 저장된다.

③ 변수 b에 1이 저장된다.

④ 컴파일 오류 발생한다

16.10 다음 프로그램을 실행하니 56이 출력되었다. ☐ 부분에 들어갈 적절한 내용을 모두 고르시오.

```
#include <stdio.h>
enum week {Sun, Mon, Tue, Wed, Thu, Fri, Sat};
int main(void)
{
    enum week day;
    day=        ;
    printf("%d", day);
    printf("%d\n",        );
    return 0;
}
```

① Fri 6
② 5 Sat
③ Thu Sat
④ Fri Sat

16.11 다음 프로그램의 ☐ 부분을 다음과 같이 변경할 경우 출력되는 내용은?

```
#include <stdio.h>

int main(void)
{
        enum character chr;
        chr=B;
        printf("%d", chr);
        printf("%d\n", D);
        return 0;
}
```

(1) enum character A, B, C, D; 로 정의하는 경우
(2) enum character A=1, B, C, D; 로 정의하는 경우
(3) enum character A=-1, B, C, D; 로 정의하는 경우

16.12 다음 프로그램의 실행 결과로 출력되는 것은?

```
#include <stdio.h>
enum character {A='a', B, C, D};
int main(void)
{
    enum character chr;
    chr=B;
    printf("%d", chr);
    printf("%c\n", B);
    return 0;
}
```

① 98b
② 11
③ 1B
④ B1

16.13 프로그램의 ☐ 부분을 다음과 같이 변경할 경우 출력되는 내용은?

```
#include <stdio.h>
enum product {m, c, b, h, d};
int main(void)
{
    char *name[]={"monitor", "CPU", "board", "hard_disk", "DVD"};
    enum product order;
    ┌─────────────────────────────┐
    │                             │
    └─────────────────────────────┘
    printf("%s\n", name[order]);
    return 0;
}
```

(1) order=m;

(2) order=c;

(3) order=d;

16.14 다음 프로그램의 실행 결과는?

```
#include <stdio.h>
enum card {spade, diamond, heart, clover};
int main(void)
{
    enum card card01;
    card01=heart;
    printf("card01 : %d\n", card01);
    printf("card01 : %d\n", diamond);
    printf("card01 : %d\n", spade);
    return 0;
}
```

16.15 다음의 프로그램에 대해 답하시오.

```c
#include <stdio.h>
struct patient {
  char age;
  unsigned sex : 1;
  unsigned drinking : 1;
  unsigned smoking : 1;
  unsigned marriage : 1;
};
int main(void)
{
  struct patient a={24,0,1,1,0};
  printf("age :%d\n", a.age);
  printf("sex :%d\n", a.sex);
  printf("drinking :%d\n", a.drinking);
  printf("smoking :%d\n", a.smoking);
  return 0;
}
```

(1) 비트 필드 구조체 변수 a의 크기는?

(2) 위 프로그램의 실행 결과는?

(3) 멤버의 데이터에 따라 다음과 같이 멤버 sex가 0이면 "남자", 1이면 "여자"로,
drinking이 1이면 "음주자"로, smoking이 1이면 "흡연자", marriage가 1이면 "기
혼자"로 출력되도록 프로그램을 수정하시오.

16.16 다음 프로그램의 실행 결과로 출력되는 것은?

```c
#include <stdio.h>
enum answer {NO, YES};
struct data {
   enum answer a;
   enum answer b;
};
int main(void)
{
   struct data d1={YES, NO};
   printf("%d", d1.a);
   printf("%d", d1.b);
   return 0;
}
```

① YESNO

② 01

③ 00

④ 10

16.17 프로그래밍 과목을 수강한 학생을 대상으로 다음과 같은 정보를 구조체로 저장하고 처리하고자 한다. 메모리를 최소한으로 사용한다는 전제 하에 구조체 형 student를 정의하시오.

구분	범위	내용
성별	0~1	0:남, 1:여
학년	1~4	1학년~4학년
반	0~1	0:A반, 1:B반
학과	1~10	1:컴공, 2:산공, ~10:물리
이름		한글 최대 5자
컴퓨터보유	0~1	0:없음, 1:보유

16.18 인터넷 상에서 영화티켓을 구매한 사람들에 대해 다음과 같은 정보를 구조체로 저장하고 처리하고자 한다. 메모리를 최소한으로 사용한다는 전제 하에 구조체 형 customer를 정의하시오.

구분	범위	내용
성별	0~1	0:남, 1:여
구매년도	1900~2030	4자리 숫자
구매 월	1~12	0:A반, 1:B반
장르	0~4	0:멜로, ~4:공포
상영관	0~3	0:1관, ~3:4관
성인	0~1	0:미성년, 1:성년

16.19 다음 프로그램은 환자의 상태(dr 음주여부, sm 흡연여부)를 저장하여 조건과 일치하는 환자의 이름을 찾고자 한다. 각 항목에 대해 "예"이면 1을, "아니오"면 0을 입력했다고 하자. 음주와 흡연에 대해 다음의 조건에 부합되는 환자를 찾기 위해 프로그램의 □ 안에 들어가야 할 내용으로 적절한 것을 보기에서 모두 고르시오.

> **보기**
>
> data[i].dr+data[i].sm data[i].dr&&data[i].sm
> data[i].dr*data[i].sm data[i].dr||data[i].sm
> data[i].dr-data[i].sm !data[i].dr*!data[i].sm
> data[i].dr/data[i].sm data[i].dr
> data[i].dr*data[i].sm-1 !data[i].dr

```
#include <stdio.h>
struct patient {
        char *name;
        unsigned dr : 1;
        unsigned sm : 1;
};

int main(void)
{
    struct patient data[4]={{"kim", 0, 0},
                    {"Park", 1, 0},
                    {"choi", 1, 1},
                    {"lee", 0, 1}};
    int i;
    for(i=0;i<4;i++)
        if(                               )
                printf("%s\n", data[i].name);
    return 0;
}
```

① 둘 다 하고 있는 환자
② 둘 다 하지 않는 환자
③ 한 가지만 하는 환자
④ 한 가지 이상 하는 환자
⑤ 흡연을 하는 환자
⑥ 흡연을 하지 않는 환자
⑦ 적어도 한 가지는 하지
   않는 환자

16.20 A 은행은 7자리, B 은행은 10자리, C 은행은 12자리로 구성된 계좌번호를 사용한다. 은행 간에 계좌이체를 하려면 금액을 출금할 계좌번호와 입금할 계좌번호를 입력하여 처리해야 한다. 계좌번호는 동일한 데이터 형의 변수만으로 처리하되 자릿수로 은행을 구별하여 출력하는 프로그램을 작성하시오. 출금 은행과 입금 은행의 계좌번호를 각각 입력받아서 함수의 인자로 사용하고, 출금 은행과 입금 은행의 이름, 계좌번호를 출력하도록 함수를 작성한다. 단, 계좌번호에 −(dash)는 사용하지 않는다고 가정한다.

16.21 지하철 티켓에 저장되거나 입력될 정보들을 구조체와 비트 필드로 나타낸다면 어떤 멤버와 데이터 형을 사용할 것인지를 나타내시오.

16.22 국내선 항공권을 예약하는 시스템에 대해 예약자의 정보들을 구조체와 비트 필드로 저장하려면 어떤 멤버와 데이터 형을 사용할 것인지를 나타내시오.

VIII

파일 출력과 파일 입력

Contents

17 파일을 이용한 데이터의 입력과 출력

프로그램을 포함하여 데이터를 컴퓨터의 하드디스크에 저장한다는 것은 나중에 다시 사용하기 위함이다. 프로그램을 비롯하여 워드 프로세서로 작성된 문서 그리고 이미지들을 하드디스크에 저장하거나 불러오기 위해서는 파일(file)이라는 단위를 사용한다. 컴퓨터에서 파일을 저장하는 단계는 문서들을 보관할 때 [그림 17-1]과 같은 단계를 거쳐 서랍장에 보관하는 것과 같은 방법이다.

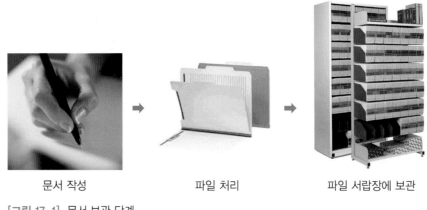

문서 작성   파일 처리   파일 서랍장에 보관

[그림 17-1] 문서 보관 단계

17.1 파일 처리를 위한 기초 지식

프로그램이나 데이터를 하드디스크에 저장하는 것은 마치 강의 시간에 중요한 내용들을 노트에 기록하는 것과 같다. 컴퓨터는 전원이 끊어짐과 동시에 RAM이라는 메인 메모리에 기억되었던 내용들이 사라지기 때문에 보관해야 할 내용들은 보조 기억 장치인 하드디스크에 저장하듯 사람에게 있어서 노트라는 것이 보조 기억 장치인 셈이다.

[그림 17-2] 사람의 보조 기억 장치인 노트　　[그림 17-3] 컴퓨터의 보조 기억 장치인 하드디스크

17.1.1 파일 열기와 파일 닫기

노트에 새로운 내용을 작성하거나 작성된 내용을 보기 위해서는 먼저 노트를 열어(open)야 한다. 이어서 새로운 내용을 기록한다면 노트의 빈 공간 또는 빈 페이지를 찾아서 기록(write)하고, 반면에 기록된 내용을 읽어야 한다면 해당 내용의 위치를 찾아 읽는다(read). 기록하거나 읽는 것이 모두 끝났다면 여러분들은 노트를 덮을(close) 것이다.

[그림 17-4] 보조 기억 장치인 노트의 사용 순서

컴퓨터에서도 파일로 저장하거나 파일을 읽을 때, 이와 유사한 방법으로 처리한다. 파일 입력과 파일 출력은 서로 별개의 작업이기는 하지만 [표 17-1]과 같이 공통적인 절차에 따라 진행한다.

[표 17-1] 파일에 대한 입력과 출력 단계

처리 단계	파일 입력(불러오기)	파일 출력(저장하기)
단계 1	파일 열기(open)	파일 열기(open)
단계 2	데이터 읽기(read)	데이터 쓰기(write)
단계 3	파일 닫기(close)	파일 닫기(close)

파일을 입력하거나 출력하기 위한 첫 번째 단계는 공통적으로 파일 열기(open)이며, 마지막 단계 역시 공통적으로 파일 닫기(close)를 사용한다. 따라서 파일 입력과 파일 출력 모두 먼저 파일을 열어(open)야 하며, 각각의 읽기와 쓰기 작업을 마친 후에는 반드시 파일을 닫아(close)야 한다.

파일 스트림(stream)이란?

C 언어에서 사용하는 모든 입력과 출력은 파일을 읽고 쓰는 것과 같은 방법으로 이루어진다. 그 이유는 C 언어가 키보드나 모니터(화면)를 포함하여 모든 주변 장치들을 파일처럼 취급하기 때문이다. 이러한 개념을 사용한 이유는 프로그램과 주변 장치 사이의 접속(인터페이스, interface)을 하나의 통일된 방법으로 단순화시켜 사용하는데 있다. 따라서 모든 입력과 출력은 스트림(stream)이라고 하는 공통된 접속(인터페이스)을 사용하여 파일로 취급되는 주변 장치들과 연결된다. 중요한 세 가지의 스트림을 요약하면 [표 17-2]와 같고 이들 스트림은 헤더 파일 〈stdio.h〉에 정의되어 있다.

[표 17-2] 주요 스트림

스트림(stream)	장치	역할
stdin	키보드	표준 입력
stdout	모니터(화면)	표준 출력
stderr	모니터(화면)	표준 오류 출력

대개 stdin은 키보드와 연결되고, stdout과 stderr은 모니터에 연결되어 있지만 stdin과 stdout은 디스크상의 파일로도 방향을 바꿀 수 있다. 프로그램에서 키보드와 화면에 대한 입력과 출력은 매우 빈번하게 일어나므로 파일을 open 할 필요 없이 사용 가능하지만 디스크상의 파일에 대한 입력과 출력은 함수 fopen을 사용하여 파일을 open 해야만 사용할 수 있다.

17.1.2 파일 저장 방식

C 언어에서 처리하는 파일은 저장 방식에 따라 두 가지 방식, 즉 텍스트 방식(text mode)과 이진 방식(binary mode)으로 구분한다. 컴퓨터는 모든 데이터들을 2진수로 처리하므로 하드디스크에 저장된 파일들도 실제로는 0과 1로 표현된 2진수로 저장한다. 그런데 메모장(notepad) 프로그램을 통해 파일을 열어 보면, 어떤 파일은 [그림 17-5]와 같이 읽을 수 있는 문자들로 표현되는 반면에 어떤 파일들은 [그림 17-6]과 같이 알아볼 수 없는 이상한 문자들로 표현되는 파일이 있다. 전자의 경우를 텍스트 방식으로 저장된 파일(text file)로, 후자를 이진 방식으로 저장된 파일(binary file)로 구분한다.

C 언어로 작성한 프로그램은 메모장을 통해 읽을 수 있으므로 텍스트 방식으로 저장된 파일이다. 텍스트 방식으로 처리할 것인지 이진 방식으로 처리할 것인지는 파일 처리의 첫 번째 단계인 파일 열기(open) 부분에서 구분해 준다.

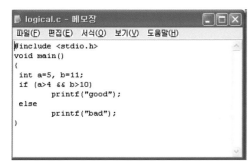

[그림 17-5] 텍스트 방식으로 저장된 파일   [그림 17-6] 이진 방식으로 저장된 파일

이진 방식으로 저장된 파일의 내용이 메모장에서 이상하게 보이는 이유   참고

컴퓨터의 메모리상에서 데이터가 byte의 연속으로 표현되어 기억되듯이 파일에 저장된 데이터들도 마찬가지 방법으로 저장된다. 그런데 텍스트 방식은 데이터를 파일에 저장하거나 파일로부터 읽을 때 ASCII 코드에 대응되는 byte 단위로 처리하고, 이진 방식은 텍스트 방식과는 달리 데이터를 파일에 저장하거나 파일로부터 읽을 때 데이터 형(type)에 기준하여 처리한다.

예를 들어 12345라는 정수를 파일로 저장할 때 텍스트 방식을 이용한다면 숫자 하나마다 1byte 크기의 ASCII 코드로 변환하여 저장하므로 총 5개의 byte가 필요하다. 그러나 정수 12345는 2byte 크기 공간에 저장할 수 있기 때문에 이진 방식에서는 2byte로 표현된 정보로 저장할 수 있다. 따라서 숫자로만 이루어진 데이터를 파일에 저장할 경우에는 이진 방식이 더 효율적이다.

그런데 이진 방식으로 저장된 내용을 텍스트 방식의 메모장 프로그램으로 읽으면 1byte 단위로 읽은 데이터를 ASCII 코드의 문자로 해석하기 때문에 이상한 문자들로 출력되는 것이다. 다음 표에서 정수 12345를 저장할 때 텍스트 방식이던 이진 방식이던 2진수로 저장되지만 설명을 쉽게 하기 위해 10진수로 표시하였다.

구분	저장 내용	byte의 크기					비고
텍스트 방식	정수 12345	1	2	3	4	5	5byte가 필요
이진 방식		12345					2byte가 필요

만약 텍스트 방식으로 저장된 파일을 이진 방식으로 읽으려면 1byte 단위로 읽어야 하므로 char 형의 데이터 형을 사용한다.

17.1.3 파일 데이터와 파일 포인터

파일 입력 또는 파일 출력을 하기 위해 파일 열기(open)를 한 후에는 실제 데이터를 파일에 저장하거나 파일에 저장된 데이터를 읽기 위해서 포인터(pointer)를 사용한다. 파일 처리에 사용하는 포인터를 파일 포인터라 부르며 파일 포인터는 해당 파일과 관련된 정보가 들어 있는 구조체를 가리킨다. 이 구조체는 헤더 파일 〈stdio.h〉에 FILE이라는 이름의 구조체 형으로 정의되어 있다. 파일 처리 프로그램을 작성할 때 이와 같은 파일 포인터가 사용된다는 것만 잘 기억하기 바라며 자세한 내용은 진행하면서 설명한다.

17.2 텍스트 방식의 파일 다루기

파일과 관련된 작업을 하기 위해 제일 먼저 해야 하는 것은 파일 열기(open)다. 파일 열기가 이루어지고 나서 파일 쓰기(write)나 파일 읽기(read)가 가능하다. 이후 파일이 열린 상태에서 파일 쓰기나 파일 읽기를 처리하고 모든 작업이 끝났다면 프로그램을 종료하기 전에 파일을 닫아(close)준다.

예를 들어 파일 처리 원시 프로그램이 저장되어 있는 위치(폴더)에 "names.txt"라는 텍스트 파일을 읽는 작업을 처리할 때 또는 "names.txt"라는 텍스트 파일로 출력할 때 다음과 같은 순서로 처리한다.

구분	"names.txt"라는 파일을 읽음 (파일 입력)	"names.txt"라는 파일로 출력 (파일 출력)
[단계 1]	FILE *fp; fp=fopen("names.txt", "r"); ...	FILE *fp; fp=fopen("names.txt", "w"); ...
[단계 2]	**파일 읽기**(file read) ...	**파일 쓰기**(file write) ...
[단계 3]	fclose(fp);	fclose(fp);

[단계 1] 　 파일 포인터 선언과 파일 열기

C 언어에서 파일 입력 또는 파일 출력을 하기 위해서 파일 포인터를 사용한다. 파일 포인터는 FILE이라고 하는 구조체 형 포인터를 말하는데, 구조체 형 FILE은 파일이라는 대상을 다루기 위해서 사용하는 하나의 데이터 형이다. 파일에 대한 입력과 출력을 하기 이전에 이러한 구조체 형의 포인터 변수를 선언한 다음, 입출력 함수에 대해 포인터만 넘겨줌으로써 파일 처리가 이루어지므로 프로그래머는 이에 대한 세부적인 사항을 알고 있을 필요는 없다.

파일 열기는 함수 fopen을 사용하며, 함수의 원형과 인자는 다음과 같다. 함수 fopen은 정상적으로 처리되었을 경우 파일에 대한 포인터를 반환하고, 오류가 발생된 경우에는 NULL 값을 반환한다. 함수 fopen은 헤더 파일 〈stdio.h〉을 필요로 한다.

fopen	함수 원형	FILE *fopen(char *filename, char *filemode)	
	함수 인자	*filename	처리하고자 하는 파일 이름
		*filemode	파일 접근 방식을 결정하는 모드(mode)
	반환값	파일 열기에 성공하면 유효한 파일 포인터를, 실패할 경우에는 NULL을 반환	

함수 fopen의 첫 번째 인자인 filename은 대상 파일의 이름이며, 두 번째 인자인 filemode는 파일 접근 방식을 결정하는 모드다. 파일 모드는 다음 [표 17-3]과 같이 크게 두 가지, 즉 파일 입력(파일 읽기) 모드와 파일 출력(파일 쓰기) 모드가 있다.

[표 17-3] 텍스트 파일 접근 방식 모드(mode)의 구분

구분	mode	의미	역할
파일 입력	r	Read(읽기)	파일을 읽기 전용으로 open. 파일을 open 할 수 없다면 NULL을 반환.
파일 출력	w	Write(쓰기)	파일을 생성하고 쓰기 전용으로 open. 같은 이름의 파일이 있다면 내용을 삭제하고 새로운 내용으로 파일을 생성.
	a	Append(추가)	추가 쓰기 모드로 open. 같은 이름의 파일이 있다면 마지막 부분에 내용을 추가하고, 파일이 없다면 새로 만듦.

파일 모드는 [표 17-3]의 읽기, 쓰기 그리고 추가의 세 가지 모드 외에 추가적으로 이러한 모드를 혼합하여 사용하는 혼합 모드들이 있으나 이 부분은 17.4.3절에서 설명한다.

함수 fopen에서 실패할 경우, 즉 NULL을 반환할 경우에는 파일과 관련된 어떠한 작업도 처리할 수 없으므로 다음과 같이 프로그램을 종료하는 함수 exit을 사용한다. 함수 exit은 헤더 파일 〈stdlib.h〉를 필요로 한다.

[파일 open에 대한 오류 처리 부분]

```
FILE *fp;
fp=fopen("처리할 파일 이름", "처리 방식 mode");
if (fp==NULL)
  {
    printf("File 처리 오류 발생!\n");
    exit(1);
  }
```

파일과 그 파일을 처리하려는 원시 프로그램이 동일한 폴더에 존재한다면 파일 이름만 정확히 기술하면 되지만, 파일이 동일한 폴더에 존재하지 않는다면 파일의 경로를 모두 기술해 주어야 한다. 예를 들어 파일이 폴더 c:\data\project01에 "names.txt"로 존재한다면 fopen은 다음과 같이 사용한다. 경로를 나타내기 위해서 \(back slash)를 사용할 경우에는 두 번 연속으로 사용해야 한다.

[파일 open에서 대상 파일에 대한 경로 표시]

```
fp=fopen("c:\\data\\proj01\\names.txt", "처리 방식 mode")
```

[단계 2] **파일 쓰기와 파일 읽기**

파일 처리를 위해 파일을 open 할 때 오류가 발생하지 않았다면 파일 쓰기나 파일 읽기 작업을 할 수 있는데 이때 파일 입출력 라이브러리 함수를 사용한다. 처리 대상에 따라 파일 입출력 함수들을 표준 입출력 함수들과 구분하여 표시하면 [표 17-4]와 같다.

[표 17-4] 파일 입출력 함수와 표준 입출력 함수

처리대상	파일 입출력		표준 입출력	
	구분	라이브러리 함수	구분	라이브러리 함수
문자	파일 쓰기	fputc, putc	표준 출력	putchar, putch
	파일 읽기	fgetc, getc	표준 입력	getchar, getch, getche
문자열	파일 쓰기	fputs	표준 출력	puts
	파일 읽기	fgets	표준 입력	gets
형식 지정	파일 쓰기	fprintf	표준 출력	printf, sprintf
	파일 읽기	fscanf	표준 입력	scanf, sscanf
block 단위	파일 쓰기	fwrite		
	파일 읽기	fread		

[표 17-4]에서 대부분의 파일 입출력 함수들은 파일과 관련된 함수임을 나타내기 위해서 표준 입출력 함수의 이름 앞에 "file"의 첫 글자인 'f'를 붙이며 사용 방법은 거의 비슷하다. 함수 fprintf는 printf와 마찬가지로 형식을 제어하는 문자열을 이용하여 파일로 출력하는 함수다. 함수 fprintf의 첫 번째 인자로서 파일 포인터가 사용된다는 것 외에는 printf와 사용 방법이 동일하다. 또한 함수 fputs와 함수 puts는 사용 방법이 거의 비슷한데, fprintf와 마찬가지로 함수의 인자로서 파일 포인터가 사용된다는 차이가 있다.

[표 17-4]의 제일 마지막 부분에 있는 함수 fwrite는 구조체와 같은 block 단위의 데이터를 처리할 때 사용하며, fwrite를 이용해서 파일 쓰기를 했다면 fgetc나 fgets로 읽

을 수 없고, fread를 통해서만 파일 읽기가 가능하다. 함수 fwrite와 fread에 대해서는 17.3(이진 방식의 파일다루기)에서 설명한다.

[표 17-4]에서 밑줄로 표시한 함수들은 ANSI 표준 입출력 함수들은 아니지만 헤더 파일 〈conio.h〉를 필요로 하며 Turbo C++에서는 가능하나 Visual Studio에서는 함수 이름에 차이가 있으므로 확인하여 사용해야 한다.

[단계 3] 파일 닫기

파일 쓰기나 파일 읽기 처리가 모두 끝났다면 프로그램을 종료하기 전에 열려진 파일들을 모두 닫아 주어야 한다. 파일이 닫혀지지 않은 상태에서는 그 파일을 다시 열 수 없다. 파일을 닫는 함수 fclose의 함수 원형은 다음과 같다.

fclose	함수 원형	int fclose(FILE *fp)	
	함수 인자	fp	함수 fopen을 사용하여 얻은 유효한 파일 포인터
	반환값	파일 닫기에 성공하면 0을, 실패하면 EOF를 반환	

구조체형 FILE은 어떤 구조로 정의되어 있는가?

참고 REFERENCE

구조체형 FILE은 헤더 파일 〈stdio.h〉에 다음과 같이 정의되어 있다. 구조체 형 FILE은 사용하는 버퍼, 버퍼의 크기와 현재 위치, 접근하고 있는 파일의 이름 등의 정보를 포함하고 있지만 이에 대해서 자세하게 알고 있을 필요는 없다. 고수준의 파일 입출력 함수들은 모두 구조체 형 FILE의 내용을 참조하여 처리되므로 프로그래머는 이 구조체의 멤버들을 세부적으로 다룰 필요가 없으며, 파일에 대한 입출력을 하기 전에 이러한 구조체를 갖는 포인터 변수를 선언한 다음, 입출력 함수에 대해 포인터만 넘겨줌으로써 파일 처리가 이루어진다.

[FILE 구조체 형]

```
typedef struct {
    int           level;        /* fill/empty level of buffer */
    unsigned      flags;        /* File status flags          */
    char          fd;           /* File descriptor            */
    unsigned char hold;         /* Ungetc char if no buffer   */
    int           bsize;        /* Buffer size                */
    unsigned char _FAR *buffer; /* Data transfer buffer       */
    unsigned char _FAR *curp;   /* Current active pointer      */
    unsigned      istemp;       /* Temporary file indicator   */
    short         token;        /* Used for validity checking */
} FILE;                         /* This is the FILE object    */
```

파일을 다루는데 있어서 구분해야 할 내용들

파일을 다루는데 있어서 프로그래머가 구분해야 할 내용들을 분류하면 다음 [표 17-5]와 같다.

[표 17-5] 파일 처리 방식과 구분

파일 다루기	구분
파일 입출력 방식에 따른 구분	저수준의 입출력 방식
	고수준의 입출력 방식
파일 저장 방식에 따른 구분	텍스트 파일
	이진 파일
파일 접근(access) 방식에 따른 구분	입력 모드(r)
	출력 모드(w)
	추가 모드(a)
파일 처리(process) 방식에 따른 구분	순차 처리 방식
	랜덤(random) 처리 방식

마지막의 파일 처리에는 파일에 저장된 데이터를 순서대로 읽으면서 처리하는 순차 처리 방식과 원하는 위치에서 바로 데이터를 읽거나 쓸 수 있는 랜덤(random) 처리 방식이 있다. 순차 처리 방식은 텍스트 파일을 대상으로 하고, 랜덤 처리 방식은 이진 파일을 대상으로 한다. 예를 들어 음악이 기록된 카세트테이프와 CD가 있다고 가정할 때 카세트테이프는 순차 처리에, CD는 랜덤 처리에 비유할 수 있다. 즉, 원하는 곡을 찾는데 있어 CD의 경우는 그 곡이 저장된 위치의 번호만 선택하면 바로 해당 위치로 이동하지만 테이프의 경우에는 테이프를 계속 돌려가며 위치를 찾아야 한다. 먼저 다룰 내용은 텍스트 파일의 순차 처리 방식이며, 이진 파일과 랜덤 처리 방식은 추후에 설명한다.

17.2.1 텍스트 방식의 파일 입출력 함수

텍스트 방식의 파일에 대한 파일 쓰기와 파일 읽기에는 [표 17-6]과 같은 라이브러리 함수들을 사용한다. 이 함수들은 모두 헤더 파일 〈stdio.h〉를 필요로 하므로 별도의 헤더 파일을 불러올 필요는 없다.

[표 17-6] 텍스트 파일 읽기, 쓰기와 관련된 함수들

처리 대상	파일 처리	라이브러리 함수	사용 예제
문자	파일 쓰기	fputc, putc	〈예제 17-1〉
	파일 읽기	fgetc, getc	〈예제 17-2〉 〈예제 17-3〉
문자열	파일 쓰기	fputs	〈예제 17-4〉
	파일 읽기	fgets	〈예제 17-5〉
형식 지정	파일 쓰기	fprintf	〈예제 17-6〉
	파일 읽기	fscanf	〈예제 17-7〉

17.2.2 문자 단위의 파일 처리

■ 문자 단위의 파일 출력

파일 출력, 즉 프로그램에서 만들어진 데이터를 파일에 저장하기 위해서는 다음과 같이 함수 fopen의 인자로 출력할 파일의 이름과 파일 출력 모드인 "w"(write)를 사용한다. 만약 fopen에 인자로 사용된 파일의 이름과 동일한 파일이 같은 폴더에 이미 존재한다면 이전에 기록된 내용을 모두 지우고 새로운 파일을 생성한다.

```
FILE *pt;
pt=fopen("출력할 파일 이름", "w");
```

문자를 파일에 출력하는 함수 fputc와 putc가 있는데 사용 방법은 동일하며 같은 기능을 한다. 이 함수들에 대한 원형은 다음과 같다.

fputc	함수 원형	int fputc(int ch, FILE *fp);	
	함수 인자	ch	출력하고자 하는 문자 상수 또는 변수
		fp	함수 fopen을 사용하여 얻은 유효한 파일 포인터
	반환값	입력된 문자 ch를 반환, 오류가 있는 경우는 EOF를 반환	

putc	함수 원형	int putc(int ch, FILE *fp);	
	함수 인자	ch	출력하고자 하는 문자 상수 또는 변수
		fp	함수 fopen을 사용하여 얻은 유효한 파일 포인터
	반환값	입력된 문자 ch를 반환, 오류가 있는 경우는 EOF를 반환	

〈예제 17-1〉은 키보드로부터 문자를 입력받는 함수 getchar를 사용하며 [Enter] 키가 사용되기 이전까지 입력된 문자를 파일 출력 함수 fputc를 이용하여 파일 "chr.txt"에 출력하

는 프로그램이다. 함수 getchar의 원형과 형식은 다음과 같다.

getchar	함수 원형	int getchar(void);
	반환값	입력된 문자를 반환, 오류가 발생하면 EOF를 반환

함수 getchar의 인자가 **void**라는 것은 함수 호출에 있어서 인자가 필요하지 않다는 의미다.

※ Visual Studio를 이용하여 17장의 예제를 빌드할 경우, 함수 fopen에서의 오류를 해결하기 위해서 프로그램 첫 부분에 다음 내용을 삽입해주어야 한다.

#define _CRT_SECURE_NO_WARNINGS

〈예제 17-1〉 문자 단위의 파일 출력(getchar, fputc)

```
01   #include <stdio.h>
02   #include <stdlib.h>
03   int main(void)
04   {
05     FILE *fp;
06     char c;
07     fp=fopen("chr.txt", "w");
08     if (fp==NULL)
09     {
10        printf("File open에 오류 발생");
11        exit(1);
12     }
13     printf("Enter가 사용될 때까지 문자출력\n");
14     printf("문자입력 : ");
15     while ((c = getchar()) != '\n')
16     {
17       printf("%c", c);
18       fputc(c, fp);
19     }
20     fclose(fp);
21     printf("\n");
22     return 0;
23   }
```

[실행 결과: Visual C++]

[실행 결과: Turbo C++]

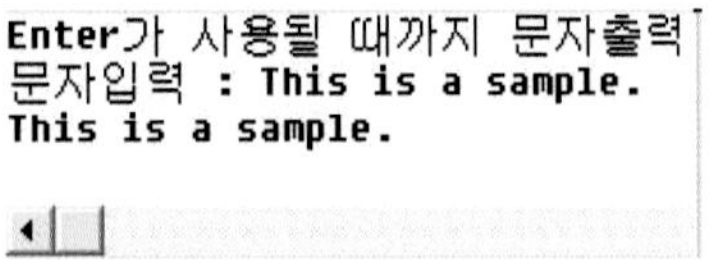

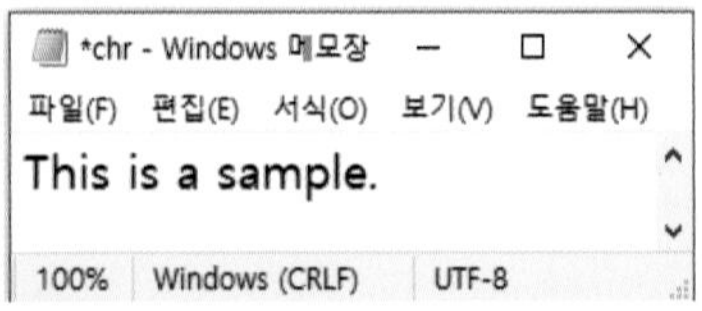

[그림 17-7] 파일(chr.txt)로 출력된 내용

[실행 방법]

프로그램을 실행하고 화면에 나타난 "문자입력:" 부분에 문자를 입력할 때마다 입력한 문자가 순서대로 파일에 저장된다. 그러나 Enter↵ 키(\n)를 누르면 반복을 중단하고 프로그램을 종료한다. 여기서 중요한 점은 함수 getchar는 키보드로부터 문자 하나를 입력받고, 함수 fputc은 문자 하나를 파일로 출력하므로 Enter⏎ 키를 제외한 키가 눌려질 때마다 파일 "chr.txt"에 저장된다는 것이다. 만약 Enter⏎ 키가 눌려지기 이전에 입력된 문자들을 한 번에 파일로 출력할 경우에 문자열 단위의 파일 출력 함수를 사용한다.

실행 결과는 프로그램을 실행하고 "This is a sample."이라고 입력한 다음 Enter⏎ 키를 누른 화면이고, 파일 출력으로 생성된 파일 "chr.txt"를 메모장(notepad) 프로그램으로 열어보면 Enter⏎ 키가 눌려지기 전까지 입력된 문자들이 [그림 17-7]과 같이 파일에 저장되어 있음을 확인할 수 있다.

[프로그램 설명]

프로그램 line	프로그램	설명
15~19	while( ) { … }	키보드를 통해 입력된 문자를 변수 c에 저장한 다음 파일에 저장한다. 입력된 문자가 '\n'(new line: 확장 문자열)이라면, 즉 Enter⏎ 키가 사용되면 순환을 멈춘다.

■ 문자 단위의 파일 입력

파일 입력, 즉 파일에 저장된 데이터를 프로그램을 통해 읽기 위해 다음과 같이 함수 fopen의 인자로 읽을 파일의 이름과 파일 입력 모드인 "r"을 사용한다. 만약 fopen에서 읽을 파일이 폴더에 존재하지 않는다면 파일을 열 수 없으므로 오류가 발생하며 이때 fopen은 NULL 값을 반환한다. 정상적으로 파일을 열 수 있다면 파일 포인터를 반환한다.

```
FILE *pt;
pt= fopen("읽을 파일 이름", "r");
```

파일에 저장된 데이터를 문자 단위로 읽는 함수 fgetc는 다음과 같이 함수 인자로 파일 포인터를 사용한다. 또 다른 함수로 getc가 있으며 사용 방법과 기능은 동일하다. 함수 원형과 형식은 다음과 같다.

fgetc	함수 원형	int fgetc(FILE *fp);	
	함수 인자	fp	함수 fopen을 사용하여 얻은 유효한 파일 포인터
	반환값	파일로부터 읽은 문자를 반환, 오류가 발생한 경우 EOF를 빈환	

getc	함수 원형	int fgetc(FILE *fp);	
	함수 인자	fp	함수 fopen을 사용하여 얻은 유효한 파일 포인터
	반환값	읽은 문자를 정수형으로 변환하여 반환, 오류가 있는 경우에는 EOF를 반환	

〈예제 17-2〉는 앞의 〈예제 17-1〉에서 생성한 파일 "chr.txt"를 입력 함수 fgetc를 사용하여 문자 단위로 읽고 그 내용을 화면으로 출력하는 프로그램이다. 파일 "chr.txt"의 내용은 [그림 17-8]과 같으며 앞의 〈예제 17-1〉을 다음과 같이 수정하여 결과를 확인한다.

〈예제 17-2〉 문자 단위의 파일 입력(fgetc, EOF)

```
01  #include <stdio.h>
02  #include <stdlib.h>
03  int main(void)
04  {
05    char c;
06    FILE *fp;
07    fp=fopen("chr.txt", "r");
08    if (fp==NULL)
09    {
10      printf("File open에 오류 발생");
11      exit(1);
12    }
13    while((c=fgetc(fp))!=EOF)
14    {
15      printf("%c", c);
16    }
17    fclose(fp);
18    printf("\n");
19    return 0;
20  }
```

[실행 결과: Visual C++]

This is a sample.
계속하려면 아무 키나 누르십시오

[실행 결과: Turbo C++]

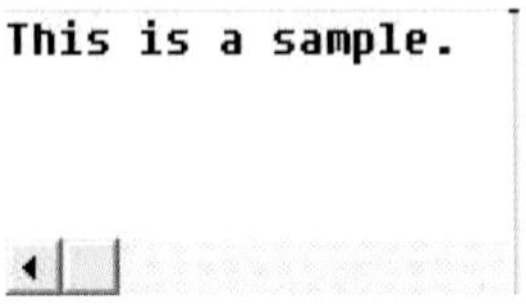

This is a sample.

◀ ▢

*chr - Windows 메모장 — □ ×
파일(F) 편집(E) 서식(O) 보기(V) 도움말(H)
This is a sample.

100%   Windows (CRLF)   UTF-8

[그림 17-8] 파일(chr.txt)로 출력된 내용

line 13의 EOF는 End Of File의 줄임말로 파일의 끝을 의미한다. 파일로부터 데이터를 읽을 때 만약 데이터를 읽을 수 없는 파일의 끝 부분에 도달했다면 읽는 작업을 중단해야 한다. 그렇다면 파일의 끝에 도달했다는 사실을 어떻게 알 수 있을까? 함수 getc 또는 fgetc는 문자를 읽다가 파일의 끝에 도달했다는 사실을 발견하면 EOF라는 특별한 값을 반환한다.

[프로그램 설명]

프로그램 line	프로그램	설명

13~16	while((c=…))
	{
	  …
	}
		반복문의 조건으로 사용된 함수 fgetc는 오류가 없을 경우 문자를 읽지만 오류가 발생된 경우는 EOF를 반환하는 함수다. EOF란 파일의 끝을 나타내므로 함수의 반환값이 EOF란 파일의 끝까지 읽었다는 말로 설명할 수 있다.
		따라서 정상적으로 데이터를 읽었다면 그 내용을 문자형 변수에 저장하고, 파일의 끝을 읽었다면 더 이상 읽는 작업을 할 수 없으므로 순환을 종료한다. 반복문 while의 조건은 참인 경우에만 순환하므로 c의 값이 EOF가 아닌 경우가 참이 되며, EOF 값이면 조건이 거짓이 되어 순환을 벗어난다.

13	c=fgetc(fp);	파일로부터 데이터를 문자 단위로 읽기 위해 입력 함수 fgetc를 사용한다.

파일의 끝에 도달했는지를 확인하는 함수로는 feof가 있다. 이 함수 원형은 다음과 같으며 파일의 끝에 도달했다면 0이 아닌 정수값을 반환하고, 그렇지 않은 경우에는 0 값을 반환한다. 함수 feof의 원형과 형식은 다음과 같다.

feof	함수 원형	int feof(FILE *fp);	
	함수 인자	fp	함수 fopen을 사용하여 얻은 유효한 파일 포인터
	반환값	파일의 끝에 도달했다면 0이 아닌 정수값을 반환하고, 그렇지 않은 경우에는 0값을 반환	

앞의 〈예제 17-2〉에 대해 함수 feof를 사용한 예는 다음과 같다. 〈예제 17-2〉에서는 파일 입력 함수로 fgetc를 사용하였으나 다음 예제에서는 getc를 사용하였다. 실행 결과는 〈예제 17-2〉와 동일하다.

〈예제 17-3〉 문자 단위의 파일 입력(getc, feof)

```
01  #include <stdio.h>
02  #include <stdlib.h>
03  int main(void)
04  {
05    char c;
06    FILE *fp;
07    fp=fopen("chr.txt", "r");
08    if (fp==NULL)
09    {
10      printf("File open에 오류 발생");
11      exit(1);
12    }
13    while(!feof(fp))
14    {
15      c=getc(fp);
16      printf("%c", c);
17    }
18    printf("\n");
19    fclose(fp);
20    return 0;
21  }
```

[실행 결과: Visual C++]

```
This is a sample.
계속하려면 아무 키나 누르십시오
```

[실행 결과: Turbo C++]

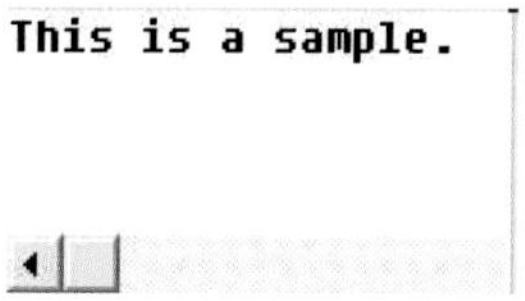

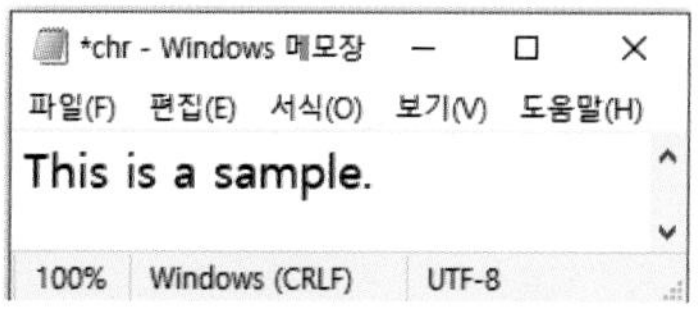

```
This is a sample.
```

[그림 17-9] 파일(chr.txt) 내용

while 문의 조건식에 사용된 함수 feof는 파일의 끝까지 읽었는가를 확인하기 위해 사용한다. 파일의 끝을 읽었다면 0이 아닌 숫자를 반환하고, 그렇지 않은 경우에 0을 반환한다. 따라서 파일에서 데이터를 읽는 동안에는 반복문 while의 조건식이 참이 되어야 하고, 파일의 끝을 읽었다면 조건식이 거짓이 되어 순환을 멈추어야 하기 때문에 함수 foef 앞에 부정을 뜻하는 논리 연산자 !을 사용한다.

17.2.3 문자열 단위의 파일 처리

■ 문자열 단위의 파일 출력

문자열이란 2개 이상의 문자가 연속된 문자들을 말한다. 문자열을 파일로 출력하는 함수로는 fputs를 사용하며 함수 원형과 인자는 다음과 같다.

fputs	함수 원형	int fputs(char *str, FILE *fp);	
	함수 인자	str	출력하고자 하는 문자열 상수 또는 변수
		fp	함수 fopen을 사용하여 얻은 유효한 파일 포인터
	반환값	성공적으로 이루어졌다면 0이 아닌 정수값을 반환, 그렇지 않으면 EOF를 반환	

〈예제 17-4〉는 2002년 월드컵 4강에 진출한 나라들을 문자열 출력 함수인 fputs를 사용하여 파일 "worldcup.txt"에 출력하는 프로그램이다.

〈예제 17-4〉 문자열 단위의 파일 출력(fputs)

```
01  #include <stdio.h>
02  #include <stdlib.h>
03  int main(void)
04  {
05    FILE *fp;
06    fp=fopen("worldcup.txt", "w");
07    if (fp==NULL)
08    {
09        printf("File open에 오류 발생");
10        exit(1);
11    }
12    fputs("Korea\n", fp);
13    fputs("Germany\n", fp);
14    fputs("Brasil\n", fp);
15    fputs("Turkey\n", fp);
16    fclose(fp);
17    return 0;
18  }
```

[실행 결과]

계속하려면 아무 키나 누르십시오

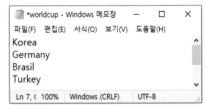

[그림 17-10] 파일(worldcup.txt)로 출력된 내용

[실행 방법]

프로그램에서는 파일 출력 함수로 fputs만을 사용하였기 때문에 실행 결과와 같이 화면에는 어떠한 내용도 출력되지 않는다. 그러나 탐색기를 이용하여 원시 프로그램이 저장된 폴더를 보면 출력 파일 "worldcup.txt"가 존재하며 메모장(notepad) 프로그램을 통해 열어보면 [그림 17-10]과 같다.

■ 문자열 단위의 파일 입력

함수 fgets는 행 단위의 문자열을 읽는데 사용하는 함수이며 다음과 같이 세 개의 인자를 필요로 한다. 데이터를 문자열로 읽을 때 함수의 인자로 지정한 문자열의 최대 길이 이전에 줄 바꿈 '\n'을 만나면 그때까지의 문자열에 NULL 문자 '\0'을 추가하여 문자열 포인터에 저장한다. 지정한 최대 길이 n보다 긴 문자열에 대해서는 n-1까지의 문자열만 저장하고, 나머지 문자열은 다음 문자열로 읽는다. 함수 fgets의 원형과 형식은 다음과 같다.

fgets	함수 원형		char *fgets(char *s, int n, FILE *fp);
	함수 인자	s	파일로부터 읽을 문자열을 저장할 포인터
		n	읽을 문자열의 최대 길이
		fp	함수 fopen을 사용하여 얻은 유효한 파일 포인터

다음 예제는 앞의 〈예제 17-4〉에서 생성한 출력 파일 "worldcup.txt"를 입력 함수 fgets를 사용하여 행 단위의 문자열로 읽고, 그 내용을 화면으로 출력하는 프로그램이다. 파일 "worldcup.txt"의 내용은 [그림 17-10]과 같으며, 읽을 최대 길이의 문자열은 "Germany"로서 문자열의 최대 길이는 7이다. 앞의 〈예제 17-4〉를 다음과 같이 수정하여 결과를 확인한다.

〈예제 17-5〉 문자열 단위의 파일 입력(fgets)

```
01 #include <stdio.h>
02 #include <stdlib.h>
03 int main(void)
04 {
05   char chr[8];
06   FILE *fp;
07   fp=fopen("worldcup.txt", "r");
08   if (fp==NULL)
09   {
10      printf("File open에 오류 발생");
11      exit(1);
12   }
13   while(!feof(fp))
14   {
15     fgets(chr,7,fp);
16     printf("%s", chr);
17   }
18   fclose(fp);
19   return 0;
20 }
```

[실행 결과: Visual C++]

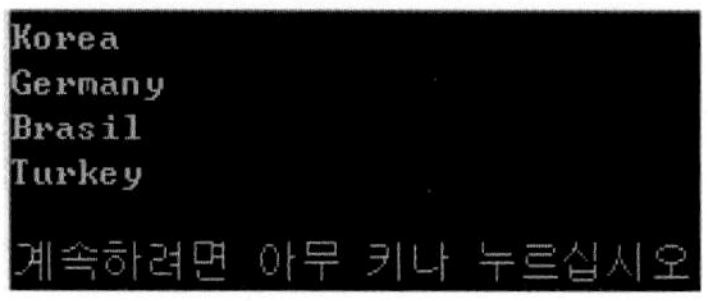
Korea
Germany
Brasil
Turkey
계속하려면 아무 키나 누르십시오

[실행 결과: Turbo C++]

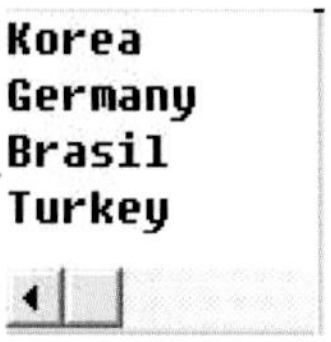
Korea
Germany
Brasil
Turkey

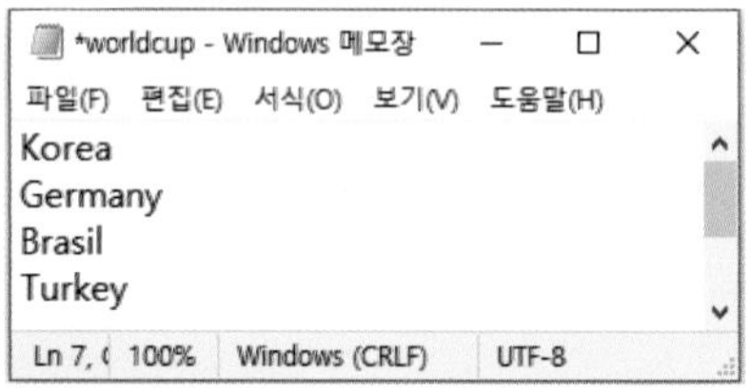
*worldcup - Windows 메모장
파일(F) 편집(E) 서식(O) 보기(V) 도움말(H)
Korea
Germany
Brasil
Turkey
Ln 7, (100% Windows (CRLF) UTF-8

[그림 17-10] 파일(worldcup.txt) 내용

[실행 방법]

line 16에서 printf의 형식 지정 문자열에 줄 바꿈('\n')이 포함되어 있지 않은데도 화면에 출력된 내용은 줄이 바뀌어져 있다. 이는 입력 함수 fgets가 문자열의 마지막에 '\n'을 추가하기 때문이다.

17.2.4 입출력 형식을 지정하는 파일 처리

■ 파일 출력 형식 지정

형식을 지정한다는 의미는 화면 출력 함수인 printf에서 변수의 데이터 형에 맞게 형식 지정자인 %d, %f 또는 %s 등을 사용하여 출력할 데이터의 형식을 지정한다는 것이다.

파일 출력 함수의 하나인 fprintf는 함수의 첫 번째 인자로 파일 포인터가 사용되는 것을 제외하고는 그 사용법이 화면 출력 함수인 printf와 동일하다. 함수 fprintf는 데이터를 파일에 저장할 때 주어진 형식에 맞추어 출력하며 함수 원형과 형식은 다음과 같다.

fprintf	함수 원형	int *fprintf(FILE *fp, char *format, 변수 list);	
	함수 인자	fp	함수 fopen을 사용하여 얻은 유효한 파일 포인터
		format	형식 제어 문자열
		변수 list	출력하고자 하는 변수들의 list
	반환값	출력될 내용의 byte 크기를 반환, 오류가 발생한 경우는 EOF를 반환	

〈예제 17-6〉은 2018년 러시아 월드컵의 F조의 국가와 득점을 배열에 저장하고 출력 함수인 fprintf를 이용하여 텍스트 방식의 파일 "2018cup.txt"로 출력하는 프로그램이다. 2018년 러시아 월드컵 F조에 속한 나라들과 조별 득점수는 다음과 같다.

[Worldcup F조의 득점수]

F조 국가	득점
스웨덴	5
멕시코	3
대한민국	3
독일	2

〈예제 17-6〉 출력 형식을 지정하는 파일 출력(fprintf)

```
01  #include <stdio.h>
02  #include <stdlib.h>
03  int main(void)
04  {
05    const char *team[4]={"스웨덴","멕시코",
06                        "대한민국","독일"};
07    int marks[4]={5, 3, 3, 2};
08    int  i;
09    FILE *fp;
10    fp=fopen("2018cup.txt", "w");
11    if (fp==NULL)
12    {
13       printf("File open에 오류 발생");
14       exit(1);
15    }
16    for(i=0;i<=3;i++)
17    {
18      printf("%s %d\n", team[i], marks[i]);
19      fprintf(fp, "%s %d\n", team[i], marks[i]);
20    }
21    fclose(fp);
22    return 0;
23  }
```

[실행 결과: Visual C++]

```
스웨덴 5
멕시코 3
대한민국 3
독일 2

C:\Users\user\program\Project1\Debug\Pr
이 창을 닫으려면 아무 키나 누르세요.
```

[그림 17-11] 파일(2018cup.txt) 내용

[실행 방법]

line 18에서 화면으로 출력하는 printf와 line 19에서 파일로 출력하는 fprintf를 같이 사용하였기 때문에 실행 결과는 화면과 동시에 파일에 출력한다. 출력 파일 "2018cup.txt"의 내용은 [그림 17-11]과 같다.

실 습 문 제

17.1 앞의 [Worldcup F조의 득점수]를 구조체로 정의하여 파일에 출력하는 프로그램을 작성하시오.

. . . .

■ 파일 입력 형식 지정

파일에 저장된 데이터를 주어진 형식에 맞게 읽는 함수인 fscanf는 다음과 같이 세 개의 인자를 필요로 한다. 함수의 첫 번째 인자로 파일 포인터가 사용된다는 것 외에 입력 함수인 scanf와 사용 방법이 동일하다. 함수 fscanf의 원형과 형식은 다음과 같다.

fscanf	함수 원형	int *fscanf(FILE *fp, char *format, 변수 list);	
	함수 인자	fp	함수 fopen을 사용하여 얻은 유효한 파일 포인터
		format	형식 제어 문자열
		변수 list	출력하고자 하는 변수들의 list
	반환값	정상적으로 읽은 필드의 개수를 반환, 그렇지 않은 경우에는 EOF를 반환	

다음 예제는 앞의 〈예제 17-6〉에서 생성한 출력 파일 "2018cup.txt"를 입력 함수 fscanf를 사용하여 읽은 다음 화면에 출력하고, 득점수의 합을 출력하는 프로그램이다.

파일 "2018cup.txt"의 내용은 [그림 17-11]과 같으며 2018년 러시아 월드컵 F조의 국가와 득점수가 기록된 파일이다. 이 파일로부터 국가 이름과 득점수를 읽지만 국가 이름은 문자열로 읽고, 득점수는 숫자로 읽기 위해 형식 지정자를 사용할 수 있는 fscanf를 사용한다. 그리고 득점의 합(sum)을 계산하기 위해서 반복문 안에서 득점수를 누적하여 합산한다. 앞의 〈예제 17-6〉을 다음과 같이 수정하여 결과를 확인한다.

〈예제 17-7〉 입력 형식을 지정하는 파일 입력(fscanf)

```
01  #include <stdio.h>
02  #include <stdlib.h>
03  int main(void)
04  {
05    char chr[10];
06    int marks, sum=0;
07    FILE *fp;
08    fp=fopen("2018cup.txt", "r");
09    if (fp==NULL)
10    {
11      printf("File open에 오류 발생");
12      exit(1);
13    }
14    while(!feof(fp))
15    {
16      fscanf(fp, "%s %d\n", chr, &marks);
17      sum+=marks;
18      printf("%-8s  %2d\n", chr, marks);
19    }
20    printf("득점 합 : %d\n", sum);
21    fclose(fp);
22    return 0;
23  }
```

[실행 결과: Visual C++]

```
스웨덴      5
멕시코      3
대한민국     3
독일       2
득점 합 : 13

C:\Users\user\program\Project1\Debug\
이 창을 닫으려면 아무 키나 누르세요..
```

*2018cup - Windows 메모장 — □ ×
파일(F) 편집(E) 서식(O) 보기(V) 도움말(H)
스웨덴 5
멕시코 3
대한민국 3
독일 2

Ln 7, 100%   Windows (CRLF)   ANSI

파일(2018cup.txt) 내용

실습문제

17.2 실습문제 17.1에서 사용한 구조체를 이용하여 fscanf로 파일을 읽어 들여 국가와 득점수, 합계를 화면에 출력하는 프로그램을 작성하시오.

· ·

17.2.5 키보드(콘솔) 입력과 파일 출력

다음 예제는 키보드(콘솔) 입력 함수인 scanf를 사용하여 입력받은 데이터를 파일로 출력하는 프로그램이다.

입력할 데이터의 개수가 정해져 있는 경우에 데이터의 개수만큼 반복하면서 키보드 입력 함수인 scanf와 파일 출력 함수인 fprintf를 사용한다. 함수 scanf는 키보드를 통해 입력받은 내용을 버퍼라는 임시 기억 장소에 보관한다. 따라서 반복문에서 연속적으로 scanf를 통해 데이터를 입력받게 되면 버퍼에 남아 있는 내용이 다음에 입력받을 데이터에 영향을 줄 수 있기 때문에 버퍼의 내용을 비워 주어야 한다. 이때 사용하는 함수로 fflush를 사용하였으나 Visual Studio 2019에서는 제 역할을 하지 못함을 확인하였다. 〈예제 17-8〉과 같이 함수 scanf를 반복문 안에서 연속적으로 사용할 경우 해결하는 방법으로는 함수 scanf 이후에 하나의 문자를 입력받는 함수 getchar를 사용할 수 있다. 이때 첫 번째 scanf에서 사용한 Enter↵ 키가 함수 getchar의 데이터로 처리되기 때문에 두 번째 scanf는 Enter↵ 키의 영향을 받지 않게 된다.

다음 예제는 학생 세 명에 대한 이름과 성적을 함수 scanf를 통해 키보드(콘솔)로 입력받아 텍스트 방식의 파일로 출력하는 프로그램이다. 입력할 학생의 이름은 크기가 20인 문자형 배열을 사용하며, 성적 데이터는 정수형 변수를 사용한다. 출력할 파일의 이름은 "grade01.txt"로서 전처리기 #define을 사용하여 매크로 상수인 filename에 저장하여 사용하였다.

〈예제 17-8〉 키보드(콘솔) 입력과 파일 출력(#define, scanf, fflush)

```
01  #include <stdio.h>
02  #include <stdlib.h>
03  #define filename "grade01.txt"
04  int main(void)
05  {
06    char names[20];
07    int score;
08    int  i;
09    FILE *fp;
10    if ((fp=fopen(filename, "w"))==NULL)
11    {
12      printf("File open에 오류 발생");
13      exit(1);
14    }
15    printf("이름과 점수를 입력하고 Enter\n");
16    for(i=0;i<=2;i++)
17    {
18      scanf("%s %d", names, &score);
19      fprintf(fp, "%s %d\n", names, score);
20      getchar();
21    }
22    fclose(fp);
23    return 0;
24  }
```

[실행 결과: Visual C++]

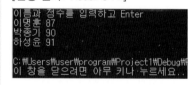

[그림 17-12] 파일(grade01.txt) 내용

line 18의 함수 scanf에서 형식 제어 문자열에 문자열과 정수 사이에 공백(blank)이 있으므로 키보드로 입력할 때 학생의 이름과 점수 사이에 공백을 넣어야 한다. 그러나 학생 이름을 입력할 경우에는 공백(white space)은 사용하지 말아야 한다. 만약 입력된 문자열에 공백이 포함되는 것을 허용한다면 함수 gets(Visual Studio에서는 gets_s)를 사용한다. line 20에서 다음 입력을 받기 전에 버퍼의 내용을 비우기 위해 함수 getchar를 사용하였다. 프로그램 실행 후에 화면을 통해 입력한 내용은 실행 결과와 같고, 파일 출력에 의해 생성된 파일 "grade01.txt"을 메모장을 통해 열어보면 [그림 17-12]와 같다.

실 습 문 제

17.3 〈예제 17-8〉에서 사용할 데이터에 대해 구조체로 선언하여 프로그램을 작성하시오.

17.3 이진 방식의 파일 다루기

C 언어에서 파일은 저장 방식의 형태에 따라 텍스트 파일과 이진(binary) 파일로 구분한다. 텍스트 파일은 byte 단위로 문자를 처리하는 아스키 코드로 변환되어 저장되고 읽혀지지만 이진 파일은 데이터 형 단위(bit)로 처리된 내용을 담고 있다. 그러나 텍스트 파일의 byte 단위 역시 bit의 연속이므로 텍스트 파일도 이진 파일에 포함된다.

텍스트 파일은 메모장과 같은 프로그램을 통해 타이핑하여 직접 만들 수도 있지만 이진 파일은 오직 이진 파일 처리 입출력 함수를 통해 생성되는 특별한 파일로서 이미지와 사운드 파일 그리고 실행 가능한 exe 파일들이 이에 속한다.

이진 파일도 텍스트 파일과 마찬가지로 파일과 관련된 작업을 하기 위해 제일 먼저 해야 하는 것은 파일 열기(open)다. 파일 열기에 있어서 문제가 발생되지 않아야만 파일 쓰기(write)나 파일 읽기(read)가 가능하다. 이후 파일이 열려진 상태에서 파일 쓰기나 파일 읽기를 처리하고 모든 작업이 끝났다면 프로그램을 종료하기 전에 파일을 닫아(close)주어야 한다.

예를 들어 파일 처리 프로그램이 있는 폴더에 "names.bin"라는 이진 파일을 읽는 작업을 처리할 때 또는 이진 파일로 출력할 때 fopen을 다음과 같은 방법으로 사용한다.

구분	"names.dat"라는 파일을 읽음 (이진 파일 입력)	"names.dat"라는 파일로 출력 (이진 파일 출력)
[단계 1]	FILE *fp; fp=fopen("names.bin", "rb"); ...	FILE *fp; fp=fopen("names.bin", "wb"); ...
[단계 2]	**파일 읽기** ...	**파일 쓰기** ...
[단계 3]	fclose(fp);	fclose(fp);

fopen의 첫 번째 인자는 대상 파일을 나타낸다. 두 번째 인자는 파일 처리 방식을 결정하는 모드다. 파일 모드에는 크게 세 가지, 즉 파일 입력인가, 파일 출력인가 그리고 파일에 대해 입력과 출력을 동시에 할 것인가를 결정한다. 파일 처리 방식 모드(mode)에 따라 세부적으로 구분한 내용은 다음 [표 17-7]과 같다. [표 17-7]에 나타난 모드에 사용된 문자 b는 텍스트 방식의 모드와 쉽게 구별하기 위해 2진을 뜻하는 binary의 첫 글자를 사용한다.

[표 17-7] 이진 파일 처리 방식 모드(mode)의 구분

기능	mode	의미	역할
파일 입력	rb	Read(읽기)	파일을 읽기 전용으로 open. 파일을 open 할 수 없다면 NULL을 반환.
파일 출력	wb	Write(쓰기)	파일을 생성하고 쓰기 전용으로 open. 같은 이름의 파일이 있다면 내용을 삭제하고 새로운 내용으로 파일을 생성.
	ab	Append(추가)	추가 쓰기 모드로 open. 같은 이름의 파일이 있다면 마지막 부분에 내용을 추가하고, 파일이 없다면 새로 만듦.
파일 입력 + 파일 출력	r+b, rb+	Update(갱신)	이미 존재하는 파일에 대해 읽기와 쓰기 작업을 하기 위해 open. 파일이 존재하지 않으면 NULL을 반환.
	w+b, wb+	Update(갱신)	새 파일에 대해 읽기와 쓰기 작업을 하기 위해 open. 같은 이름의 파일이 있다면 내용을 삭제하고 새로운 내용으로 갱신(update).
	a+b, ab+	Append(추가)	추가 쓰기 모드로 open. 같은 이름의 파일이 있다면 어느 위치에서건 읽기는 가능하지만, 파일의 마지막 부분에서만 내용을 추가할 수 있다. 파일이 없다면 새로 만듦.

17.3.1 이진 방식의 파일 출력

파일 출력, 즉 프로그램에서 만들어진 데이터를 이진 방식으로 파일에 저장하기 위해서는 다음과 같이 함수 fopen의 인자로 출력할 파일의 이름과 파일 출력 모드인 "wb"(write binary)를 사용한다. 만약 fopen에 인자로 사용된 파일의 이름과 동일한 파일이 같은 폴더에 이미 존재하고 있었다면 이전에 기록된 내용을 모두 지우고 새로운 파일을 생성한다. 만약 파일을 열 수 없다면 오류가 발생하고, fopen은 NULL 값을 반환하며, 정상적으로 파일을 열 수 있다면 파일 포인터를 반환한다.

```
FILE *pt;
pt=fopen("출력할 파일 이름", "wb");
```

이진 방식의 파일을 만들기 위해서 사용할 수 있는 파일 쓰기 함수로는 fwrite가 있으며, 구조체와 같은 block 단위의 데이터를 처리할 때 사용한다. 함수 fwrite로 만들어진 출력 파일은 읽을 때, 이진 파일 읽기 함수인 fread를 사용한다.

출력 함수 fwrite는 파일 쓰기가 성공적으로 처리되었을 경우 파일에 기록한 block의 개수를 반환하며 입력 함수 fread는 파일 읽기가 성공적으로 처리되었을 경우 읽은 block의 개수를 반환한다. 함수 fwrite의 원형과 형식은 다음과 같다.

	함수 원형	size_t fwrite(const void *ptr, size_t size, size_t n, FILE *fp);	
fwrite	함수 인자	ptr	파일에 기록하려는 데이터가 있는 버퍼(buffer)에 대한 포인터
		size	기록할 수 있는 데이터의 byte 수(block의 크기)
		n	size 만큼 쓰기 위한 반복 횟수(block의 수)
		fp	함수 fopen을 사용하여 얻은 유효한 파일 포인터
	반환값	파일에 출력한 block의 개수를 반환	

fread와 fwrite는 구조체 형과 같이 사용자 정의의 데이터 형을 포함한 모든 데이터 형에 사용할 수 있으며, 구조체의 block 단위로 처리할 수 있으므로 편리하게 사용할 수 있다. 예를 들어 다음과 같은 구조체 student에 대해 st라는 구조체 변수가 있다고 한다면 fprintf와 fwrite를 사용하는 경우 다음과 같은 차이가 있다.

이진 파일에서는 데이터의 단위를 block으로 처리하며 선언된 구조체 변수 st를 하나의 block으로 간주한다.

```
struct student
{
  char name[20];
  int id;
  char grade;
} st;
```

[구조체 형 변수 st에 대한 fprintf와 fwrite의 차이]

구분	프로그램
fprintf 사용	fprintf(fp, "%s%d%c", st.name, st.id, st.grade);
fwrite 사용	fwrite(&st, sizeof(st), 1, fp);

481

구조체 형 변수 st의 경우는 멤버수가 비교적 적은 경우이지만 많은 수의 멤버를 가진 구조체 형이라면 멤버별로 데이터를 구분해 주어야 하는 *fprintf* 대신에 *fwrite*를 사용하여 한 번에 처리하는 방법을 사용한다.

다음 예제는 2002년 한일 월드컵 D조의 조별 결과를 파일 출력 함수 *fwrite*를 사용하여 이진 파일인 "d-group.bin"에 저장하는 프로그램이다.

[2002년 월드컵 D조 결과]

국가	승	무	패
대한민국	2	1	0
미국	1	1	1
포르투갈	1	0	2
폴란드	1	0	2

〈예제 17-9〉 이진 방식의 파일 출력(fwrite)

```
01  #include <stdio.h>
02  #include <stdlib.h>
03  typedef struct  {
04          char na[10];
05          int vic;
06          int tie;
07          int def;
08  }  worldcup;
09  int main(void)
10  {
11   FILE *fp; int i;
12   worldcup d[4]={{"대한민국", 2, 1, 0},
13                  {"미국", 1, 1, 1},
14                  {"포르투갈", 1, 0, 2},
15                  {"폴란드", 1, 0, 2}};
16   fp=fopen("d-group.bin", "wb");
17   if(fp==NULL)
18   {
19      printf("File Open에 오류 발생 !");
20      exit(1);
21   }
22   if(fwrite(d, sizeof(worldcup), 4, fp) !=4)
23   {
24      printf("File Write Error 발생!");
25      exit(1);
26   }
```

[그림 17-13] 파일(d-group.bin) 내용

```
27    printf("국가이름 승 무 패\n");
28    for(i=0; i<4; i++)
29      printf("%-8s %2d %2d %2d\n",d[i].na,d[i].vic,d[i].tie, d[i].def);
30    fclose(fp);
31    return 0;
32  }
```

〈예제 17-9〉가 정상적으로 실행되면 화면에는 아무것도 나타나지 않으며, 파일에 데이터를 저장하는 것은 파일 출력 함수인 fwrite로 처리된다.

이진 방식의 파일 "d-group.bin"은 특별한 경로가 포함되어 있지 않으므로 실행된 프로그램과 같은 폴더에 생성된다. 생성된 파일은 이진 형식으로 저장되었기 때문에 메모장과 같은 텍스트 처리 프로그램으로 파일을 읽었을 경우에 [그림 17-13]과 같이 문자들은 byte 단위로 저장되므로 확인할 수 있지만 숫자에 대해서는 int 형의 4byte 단위의 크기로 저장되었기 때문에 byte 단위로는 그 내용을 알 수 없으며, 오직 파일 입력 함수 fread에 의해서만 내용을 확인할 수 있다.

[프로그램 설명]

프로그램 line	프로그램	설명
03~08	typedef struct {…} worldcup;	구조체 형을 하나의 이름(worldcup)으로 정의하기 위해 typedef를 사용하였다. 이 프로그램에서 구조체 형 worldcup이 block이 된다.
12~15	worldcup d[4]=	구조체 배열 d를 선언하고, 초기값을 저장한다.

22~26	if(fwrite())
	{
	…
	}
		파일 쓰기 함수 fwrite는 정상적으로 쓰기 처리가 이루어질 경우 파일에 기록한 block의 개수를 반환하므로 정상적인 처리가 되었다면 구조체 배열의 크기인 숫자 4를 반환한다. 만약 반환된 숫자가 4가 아닐 경우는 파일 쓰기에 오류가 발생한 것이다. 파일에는 4개의 block이 저장된다.

이진 파일 출력에 사용하는 함수 fwrite는 파일로 출력할 block의 개수를 함수 인자로 지정할 수 있으므로 배열에 저장된 모든 데이터를 fwrite(d, sizeof(worldcup), ④, fp)과 같이 ④개의 block을 한 번에 파일에 출력할 수 있으며, 한 개의 block 단위로도 파일 출력을 할 수 있다. 후자의 경우라면 반복문과 순환 제어 변수 i를 사용하여 각 배열 요소에 대해 fwrite(d[i], sizeof(worldcup), ①, fp)과 같이 ①개의 block 단위로 파일 출력을 할 수 있다. 이러한 방법은 17.4절에서 설명한다.

실 습 문 제

17.4 〈예제 17-9〉에서 파일로 출력하는 부분을 사용자 정의 함수로 작성하여 완성하시오. 함수의 인자로 구조체 배열을 사용한다.

17.5 친구 5명의 정보(이름, 전화번호, 출생한 월)를 구조체로 정의하여 이진 파일에 저장하는 프로그램을 작성하시오.

. . . .

17.3.2 이진 방식의 파일 입력

파일 입력, 즉 파일에 저장된 데이터를 프로그램에서 이진 방식의 파일로 읽기 위해서 다음과 같이 함수 fopen의 인자로 출력할 파일의 이름과 파일 출력 모드인 "rb"(read binary)를 사용한다. 만약 파일을 열 수 없다면 오류이므로 fopen은 NULL 값을 반환하며, 정상적으로 파일을 열 수 있다면 파일 포인터를 반환한다.

```
FILE *pt;
pt=fopen("입력할 파일 이름", "rb");
```

함수 fwrite로 만들어진 출력 파일은 읽을 때 이진 파일 읽기 함수인 fread를 사용한다. 입력 함수 fread는 파일 읽기가 성공적으로 처리되었을 경우 읽은 block의 개수를 반환한다.

fread	함수 원형	size_t fread(void *ptr, size_t size, size_t n, FILE *fp);
	함수 인자	
	ptr	파일로부터 읽은 데이터를 기억시킬 버퍼(buffer)에 대한 포인터
	size	읽을 데이터의 byte 수(block의 크기)
	n	size 만큼 읽기 위한 반복 횟수(block의 수)
	fp	함수 fopen을 사용하여 얻은 유효한 파일 포인터
	반환값	파일로부터 읽은 block의 개수를 반환

텍스트 파일은 파일에 저장된 내용을 읽을 때 파일의 처음부터 시작하여 끝부분(EOF)에 도달할 때까지 순차적으로 읽어 나간다. 그러나 이진 파일은 데이터들이 일정한 크기(구조체)를 갖는 block 단위로 데이터를 저장하므로 임의의 위치에 있는 block만을 읽을 수 있다. 또한 이진 파일에 저장된 전체 데이터를 읽을 때에도 텍스트 파일과 같이 파일의 끝부분 (EOF)에 도달할 때까지 저장된 block의 순서대로 하나씩 차례대로 읽을 수 있으며, 전체 block 데이터를 한 번에 읽을 수도 있다.

전체 block의 데이터를 한 번에 읽는 방법은 함수 fread의 사용에서 함수의 인자 n 부분에 파일에 저장된 전체 block의 개수를 지정한다. 만약 파일에 저장된 전체 block의 개수를 모른다면 파일로부터 전체 block의 개수를 계산해 낼 수도 있다. 파일로부터 block의 개수를 계산하는 방법과 파일의 끝부분(EOF)에 도달할 때까지 block의 내용을 순서대로 하나씩 차례대로 읽는 방법은 17.4절에서 설명한다.

다음 예제는 〈예제 17-9〉에서 생성한 이진 파일을 읽고 그 내용을 화면에 출력하는 프로그램으로 데이터에 저장된 전체 block의 개수(4)를 이미 알고 있다는 가정 하에 작성한 것이다. 앞의 〈예제 17-9〉를 다음과 같이 수정하여 결과를 확인한다.

〈예제 17-10〉 이진 방식의 파일 입력(fread)

```
01  #include <stdio.h>
02  #include <stdlib.h>
03  typedef struct {
04          char na[10];
05          int vic;
06          int tie;
07          int def;
08  } worldcup;
09  int main(void)
10  {
11   FILE *fp; int i;
12   worldcup d[4];
13   fp=fopen("d-group.bin", "rb");
14   if(fp==NULL)
15   {
16     printf("File Open에 오류 발생 !");
17     exit(1);
18   }
19   if(fread(d, sizeof(worldcup), 4, fp) !=4)
20   {
21     printf("File read Error !");
22     exit(1);
23   }
24   printf("국가이름 승 무 패\n");
25   for(i=0; i<4; i++)
26     printf("%-8s %2d %2d %2d\n",d[i].na,d[i].vic,d[i].tie,d[i].def);
27   fclose(fp);
28   return 0;
29  }
```

[실행 결과: Visual C++]

```
국가이름 승 무 패
대한민국  2  1  0
미국      1  1  1
포르투갈  1  0  2
폴란드    1  0  2
계속하려면 아무 키나 누르십시오
```

[실행 결과: Turbo C++]

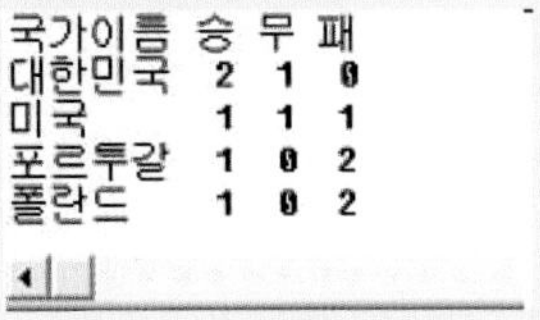

```
국가이름 승 무 패
대한민국  2  1  0
미국      1  1  1
포르투갈  1  0  2
폴란드    1  0  2
```

[그림 17-14] 파일(d-group.bin) 내용

프로그램을 실행하면 파일 "d-group.bin"을 읽어 실행 결과와 같이 화면에 출력한다. 혼돈하지 말아야 할 점은 함수 fread는 파일로부터 읽은 데이터를 해당 변수나 배열에 저장하는 역할만 할뿐 화면으로 출력하는 기능은 포함되어 있지 않다는 것이다. 따라서 파일로 부터 데이터를 읽어 변수나 배열에 저장된 값을 화면에서 확인하기 위해서는 printf와 같은 표준 출력 함수를 사용해야 한다.

[프로그램 설명]

프로그램 line	프로그램	설명

19~23	if(fread())
	{
	...
	}
		파일 읽기 함수 fread는 정상적으로 읽기 처리가 이루어질 경우 파일에서 읽은 block의 숫자를 반환하므로 정상적인 처리가 되었다면 숫자 4를 반환한다. 만약 반환된 숫자가 4가 아닐 경우는 파일 읽기에 오류가 발생한 것이다. 이 부분은 다음과 같이 두 가지 방법으로 사용할 수 있다.
		if(fread(d, sizeof(worldcup), 4, fp) !=4) 또는
		if(fread(d, sizeof(worldcup)*4, 1, fp) !=1)

실 습 문 제

17.6 〈예제 17-10〉에서 화면으로 출력하는 부분을 사용자 정의 함수로 작성하여 완성하시오. 함수의 인자로 구조체 배열을 사용한다.

17.7 실습문제 17.5에서 생성한 이진 파일을 읽어 들여 화면으로 출력하는 부분을 사용자 정의 함수로 작성하여 완성하시오. 함수의 인자로 구조체 배열을 사용한다.

17.4 원하는 블록의 위치에서 파일 읽기와 쓰기가 가능한 랜덤 처리 방식

파일 처리 방식은 크게 순차 접근(sequential access) 처리와 랜덤 접근(random access) 처리의 두 가지로 나눌 수 있으며, 랜덤 접근을 임의 접근이라고도 한다. 예를 들어 카세트테이프에 저장된 마지막 곡을 듣고 싶다면 그 위치까지 테이프를 계속 감아야 하지만 CD의 경우는 그 곡이 시작하는 번호만 입력하면 음악을 들을 수 있다. 순차 접근 처리는 카세트테이프와 마찬가지로 데이터가 있는 위치를 처음 위치에서부터 찾아나가면서 처리하는 방식이고, 랜덤 접근 방식은 CD나 DVD와 같이 원하는 데이터의 위치를 임의로 찾아 처리하는 방식이다.

이진 방식의 파일 처리에서 함수 fwrite나 fread는 같은 크기의 block 단위로 처리한다. 따라서 파일에서 이동하고자 하는 위치, 즉 block의 위치를 선택하여 파일로부터 읽거나 파일에 저장할 수 있다. 이와 같은 방식을 랜덤 접근이라 한다. 파일 포인터를 원하는

block의 위치로 이동시킬 때 함수 fseek을 사용한다. 그리고 파일의 시작 위치로부터 현재의 파일 포인터까지의 거리를 byte 크기로 환산해 주는 함수 ftell이 있다. 함수 ftell은 파일의 크기나 파일에 저장된 전체 block의 개수를 계산하는데 사용한다. 함수 fseek과 ftell의 원형과 형식은 다음과 같다.

fseek	함수 원형	int fseek(FILE *fp, long offset, int whence);	
	함수 인자	fp	함수 fopen을 사용하여 얻은 유효한 파일 포인터
		offset	whence를 기준으로 offset 만큼 이동
		whence	whence는 [표 17-9]에서 상수를 선택
	반환값	포인터 fp 이동에 성공하면 0을, 오류가 있는 경우는 0이 아닌 정수값을 반환	

ftell	함수 원형	int ftell(FILE *fp);	
	함수 인자	fp	함수 fopen을 사용하여 얻은 유효한 파일 포인터
	반환값	현재 파일 포인터의 위치를 반환하며, 오류가 있는 경우에는 -1을 반환	

[표 17-9] 인자 whence에 대한 상수

상수(constant)	whence	File 위치
SEEK_SET	0	파일 처음(시작) 위치
SEEK_CUR	1	파일 포인터의 현재 위치
SEEK_END	2	파일의 끝(마지막) 위치

함수 fseek은 파일 포인터인 fp를 임의의 block 위치로 옮길 수 있는데 첫 번째 인자인 fp는 대상이 되는 파일의 포인터를 말한다. 두 번째 인자인 offset은 기준이 되는 위치 (whence)에서 몇 byte를 이동할지를 결정하며, 세 번째 인자인 whence는 어디를 기준으로 이동할지를 지정하는데 [표 17-9]와 같은 상수가 사용된다. 즉, 파일의 처음(시작) 부분을 기준(SEEK_SET)으로 이동할 것인지, 또는 파일 포인터의 현재 위치를 기준(SEEK_CUR)으로 이동할 것인지, 아니면 파일 끝(마지막)을 기준(SEEK_END)으로 이동할 것인지를 지정한다. 이진 파일에서는 데이터의 저장 단위가 block이므로 파일 포인터를 원하는 block으로 이동시킨다면 block의 크기만큼씩 점프하여 이동할 수 있다. 예를 들어 구조체 형 worldcup이 block으로 처리되었고, 해당 파일에 대해 4개의 block이 저장되었다고 가정한다면 offset과 whence에 의해 파일 포인터가 이동하는 위치는 [표 17-10]과 같다.

[표 17-10] 함수 fseek에서의 파일 포인터 이동 위치

파일 포인터의 이동 위치	fseek 함수의 사용 방법
파일의 처음 위치 첫 번째 block 위치	fseek(fp, 0L, SEEK_SET);
파일의 마지막 위치	fseek(fp, 0L, SEEK_END);
n번째 block 위치	fseek(fp, sizeof(worldcup)*(n-1), SEEK_SET); fseek(fp, sizeof(worldcup)*(n-5), SEEK_END);

파일 포인터를 파일의 시작 위치로 옮겨야 한다면 함수 fseek 또는 함수 rewind를 사용할 수 있다. 파일 포인터를 파일의 시작 위치로 옮기는 경우에 rewind(fp)와 fseek(fp, 0L, SEEK_SET)은 동일한 기능을 한다. 함수 rewind에 대한 자세한 내용은 17.4.3(block 데이터의 수정)에서 설명한다.

예를 들어 첫 번째 block의 위치(n=1)는 파일의 처음 위치와 동일하다. 두 번째 block의 위치는 파일 포인터의 기준 위치를 파일의 시작 위치(SEEK_SET)로 하느냐 또는 파일의 마지막 위치(SEEK_END)로 잡느냐에 따라 offset의 크기가 달라진다. 이를 그림으로 나타내면 다음과 같다. 그림에서 block의 크기, 즉 구조체의 크기는 10byte로 가정하고, 하나의 ㅁ가 한 개의 block을 나타낸다고 가정하자.

① fseek(fp, 10L, SEEK_SET);

② fseek(fp, -30L, SEEK_END);

함수 ftell은 파일의 처음(시작) 위치에서 현재의 파일 포인터 위치까지의 거리를 byte 크기로 반환한다. 따라서 파일의 크기를 byte로 표시하거나 파일에 몇 개의 block이 저장되어 있는가를 계산할 때 다음과 같이 사용한다.

$$전체 \ block의 \ 개수 = \frac{파일의 \ 크기(byte)}{한 \ block의 \ 크기(byte)}$$

우선 파일 포인터의 위치를 파일의 마지막 위치(SEEK_END)로 이동(offset의 크기는 0)시

킨 다음, 파일의 처음(시작) 위치에서 현재의 파일 포인터의 위치까지의 거리를 byte 수로
환산하는 함수 ftell로 계산하여 이 값을 block(구조체)의 크기로 나누어준다.

파일에 저장된 전체 block의 개수를 계산하는 프로그램	설명
fseek(fp, OL, SEEK_END); total=ftell(fp)/sizeof(worldcup);	파일 포인터를 파일의 마지막 위치로 전체 block수=파일의 크기/block의 크기

17.4.1 파일 포인터의 위치를 이동하는 파일 입력

다음 예제는 앞의 〈예제 17-9〉에서 생성한 이진 파일 "d-group.bin"을 읽어 파일에 몇
개의 block이 저장되어 있는가를 출력하고, 이동하려는 block의 위치를 입력받아 랜덤 접
근에 의해 해당 위치의 데이터를 구조체 단위(block)로 읽은 다음 출력하는 프로그램이다.
앞의 〈예제 17-10〉을 다음과 같이 수정하여 결과를 확인한다.

[실행 방법]

〈예제 17-11〉 프로그램을 실행하면 실행 결과와 같이 전체 block의 수(4)를 출력하고 이
어서 이동하고자 하는 block의 값을 입력받기 위해 대기한다. 전체 block의 개수가 4이므
로 1~4 사이의 숫자를 입력하면 해당 block의 위치로 이동하여 데이터를 읽은 다음 출력
한다. 만약 그 외의 숫자가 입력되면 해당 block을 읽을 수 없으므로 file read error가
발행한다.

[프로그램 설명]

프로그램 line	프로그램	설명
20	fseek(fp,…);	파일에 저장된 전체 block의 수를 계산하기 위해 파일의 마지막 위치로 포인 터를 이동함. fseek(fp, OL, SEEK_END)은 파일의 마지막 위치(SEEK_END) 에서 0바이트 이동하므로 파일 포인터 fp는 파일의 마지막을 가리키게 된다.
21	total_block=…	전체 block의 수는 파일의 처음부터 마지막 위치까지 바이트 크기(ftell)를 구조체 크기로 나눈 값 total_block=ftell(fp)/sizeof(worldcup); 예로 ftell(fp)의 크기가 24이고, 구조체의 크기가 6바이트라면 이 파일에 는 4개의 블록이 존재한다.
25	scanf(…);	원하는 block 위치로의 이동 값을 long 형 정수로 입력
26	getchar();	버퍼의 내용을 비움
27~28	if (…)	이동할 위치가 전체 block의 숫자보다 크면 순환을 벗어남
29	fseek(fp,…)	파일의 처음 위치를 기준(SEEK_SET)으로 하여 포인터를 이동. 이동할 크기는 (원하는 위치-1)*구조체 크기
30~33	if(fread(…))	이동된 위치에서 block의 크기(구조체 크기)만큼 데이터를 읽어 d에 저장

〈예제 17-11〉 랜덤 접근의 포인터 이동을 이용한 파일 입력(fseek, ftell, fread)

```
01  #include <stdio.h>
02  #include <stdlib.h>
03  typedef struct {
04          char na[10];
05          int vic;
06          int tie;
07          int def;
08  } worldcup;
09  int main(void)
10  {
11   FILE *fp;
12   worldcup d;
13   long total_block, block_number;
14   fp=fopen("d-group.bin", "rb");
15   if(fp==NULL)
16   {
17     printf("File Open에 오류 발생 !");
18     exit(1);
19   }
20   fseek(fp, 0L, SEEK_END);
21   total_block=ftell(fp)/sizeof(worldcup);
22   printf("전체 block의 숫자는 %d 입니다.\n", total_block);
23   while(1) {
24     printf("원하는 block의 숫자(1-%d)를 입력하고 Enter >", total_block);
25     scanf("%ld", &block_number);
26     getchar();
27     if (block_number> total_block)
28       break;
29     fseek(fp, sizeof(worldcup)*(block_number-1), SEEK_SET);
30     if (fread(&d, sizeof(worldcup), 1, fp) !=1) {
31       printf("File read Error !");
32       exit(1);
33       }
34     printf("\n현재 block 위치 : %d\n", block_number);
35     printf("국가이름 승 무 패\n");
36     printf("%-8s %2d %2d %2d\n\n",d.na,d.vic,d.tie,d.def);
37   }
38   fclose(fp);
39   return 0;
40  }
```

[실행 결과]

```
전체 block의 숫자는 4 입니다.
원하는 block의 숫자<1-4>를 입력하고 Enter >1

현재 block 위치 : 1
국가이름 승 무 패
대한민국   2  1  0

원하는 block의 숫자<1-4>를 입력하고 Enter >4

현재 block 위치 : 4
국가이름 승 무 패
폴란드     1  0  2

원하는 block의 숫자<1-4>를 입력하고 Enter >0
File read Error !계속하려면 아무 키나 누르십시오
```

17.8 실습문제 17.7의 프로그램을 〈예제 17-11〉과 같이 랜덤 접근의 포인터 이동을 이용하는 프로그램으로 수정하여 결과를 확인하시오.

17.4.2 파일에서 데이터 검색

다음 예제는 앞에서 생성한 이진 파일 "d-group.bin"을 읽고, 국가명으로 검색하는 프로그램을 작성한 것이다. 검색을 처리하는 부분은 함수로 만들어 처리하였다.

검색이란 목적에 따라 필요한 데이터들을 찾아내는 것을 말한다. 앞에서 생성한 이진 파일에는 각 block마다 국가명, 승무패의 정보들이 저장되어 있으므로 이러한 항목들에 대해 조건에 맞는 데이터를 찾아내는 것이다.

검색을 하려면 우선 파일로부터 데이터를 읽은 다음 배열에 저장한다. 이어서 찾고자 하는 항목, 즉 구조체 멤버가 국가명(na)이므로 검색하고자 하는 이름을 입력받아 배열에 저장된 데이터와 비교해야 한다. 이때 이름은 문자열로 처리되므로 문자열 비교 함수인 strcmp 또는 strncmp(14.7.4절 참고)를 사용할 수 있다.

함수 strcmp과 strncmp의 차이는 문자열 전체를 비교하느냐 또는 문자열 중에서 처음 몇 문자(n)만 비교하느냐의 차이이며 함수의 반환값은 같다. 프로그램에서 요구하는 검색 대상은 이름에 대한 문자열을 비교하는 것이므로 함수 strcmp를 사용하지만, 예를 들어 이름 중에서 김씨 성이나 박씨 성을 가진 사람만을 검색하고자 한다면 한글 1자는 영문 2byte에 해당하므로 strncmp(name1, name2, 2)과 같이 처음 2개의 문자열만 비교하여 처리할 수 있다.

검색할 이름의 데이터를 찾았다면 해당 block에 저장된 내용을 출력하고, 해당 데이터가 없는 경우에는 "일치하는 데이터 없음!"이라고 출력한다.

검색 프로그램은 다음과 같이 데이터를 파일로부터 읽고, 검색하는 부분을 함수 search_data로 작성하였다. 실행 결과는 검색할 이름으로 "폴란드"를 입력하였고, 검색결과가 출력됨을 확인할 수 있다.

〈예제 17-12〉 파일 입력 데이터에 대한 검색

```
01  #include <stdio.h>
02  #include <stdlib.h>
03  #include <string.h>
04  struct worldcup{
05          char na[10];
06          int vic;
07          int tie;
08          int def;
09  };
10  const char *file="d-group.bin";
11  void search_data(void);
12  int main(void)
13  {
14    search_data();
15    return 0;
16  }
17  void search_data(void)
18  {
19    long i, total_block, check=0;
20    char name[10];
21    FILE *fpr;
22    struct worldcup d[10];
23    fpr=fopen(file, "rb");
24    if(fpr==NULL) {
25        printf("File Open에 오류 발생 !");
26        exit(1);
27    }
28    fseek(fpr, 0L, SEEK_END);
29    total_block=ftell(fpr)/sizeof(worldcup);
30    fseek(fpr, 0L, SEEK_SET);
31    fread(d, sizeof(worldcup), total_block, fpr);
32    fclose(fpr);
33    printf("파일에서 검색할 국가명을 입력하고 Enter>");
34    gets_s(name);
35    for(i=0;i<total_block;i++)
36     if (strcmp(name, d[i].na)==0)
37     {
38       {check=1;
39       printf("%-8s %2d %2d %2d\n",d[i].na,d[i].vic,d[i].tie,d[i].def);
40       }
41     if (check==0) printf("일치하는 데이터 없음\n");}
42  }
```

[실행 결과]

```
파일에서 검색할 국가명을 입력하고 Enter>폴란드
폴란드      1  0  2
계속하려면 아무 키나 누르십시오 . . .
```

[프로그램 설명]

프로그램 line	프로그램	설명
19	long i,…, check=0;	check은 검색의 성공과 실패를 구분할 변수
22	struct worldcup d[10];	데이터를 저장할 구조체 형 배열 d를 선언. 실제 저장된 데이터는 5개이나 데이터가 몇 개 저장되어 있는지 모를 경우에는 충분한 크기로 잡아주어야 함
23	fpr=fopen(…);	파일 이름이 저장된 포인터 변수 file과 데이터 읽기 모드인 "rb"를 사용함
28	fseek(fpr,0L,SEEK_END)	파일에 저장된 전체 block 수를 계산하기 위해 파일의 마지막 위치로 포인터를 이동 fseek(fpr, 0L, SEEK_END)은 파일의 마지막 위치(SEEK_END)에서 0바이트 이동하므로 파일 포인터 fp는 파일의 마지막을 가리킴
29	total_block=…	파일의 전체 block 개수를 계산
30	fseek(fpr,0L,SEEK_SET)	파일 포인터를 시작 부분(SEEK_SET)으로 이동 이 부분은 rewind(fpr)로 대체할 수 있음
31	fread(d, sizeof…	파일의 시작 위치에서 전체 block의 개수만큼 데이터를 한 번에 읽어 배열에 저장
34	gets_s(name);	검색할 국가이름 입력
36~39	if (strcmp(name,…	검색 대상인 문자열 name과 구조제 배열의 멤버인 d[i].name과 비교하여 같은 경우에 함수 strcmp는 0을 반환함
40	if (check==0) …	검색에 실패했을 경우의 처리

실 습 문 제

17.9 실습문제 17.7의 프로그램을 친구 이름으로 검색하는 프로그램을 작성하시오.

. . . .

17.4.3 block 데이터의 수정

다음 프로그램은 〈예제 17-9〉에서 생성한 이진 파일 "d-group.bin"을 읽은 다음, 데이터를 수정하는 프로그램이며 수정할 데이터는 block 번호로 검색한다.

파일 포인터를 원하는 block의 위치로 이동시킬 때 함수 fseek을 사용하고 함수 ftell은 파일의 크기나 파일에 저장된 전체 block의 개수를 계산하는데 사용한다.

파일 포인터를 파일의 시작 위치로 옮겨야 한다면 함수 fseek 또는 함수 rewind를 사용할 수 있다. 파일 포인터를 파일의 시작 위치로 옮길 때 rewind(fp)와 fseek(fp, 0L, SEEK_SET)은 동일한 기능을 한다. 함수 rewind의 원형은 다음과 같다.

rewind	함수 원형	int rewind(FILE *fp);	
	함수 인자	fp	대상이 되는 파일 포인터
	반환값	정상적인 경우 0을 반환하고, 오류가 있는 경우에는 EOF를 반환	

파일 입력과 출력은 파일을 open 할 때 함수 fopen의 파일 모드를 어떤 것을 선택하느냐에 의해 결정되므로 입력과 출력을 번갈아 처리할 수 없다. 따라서 하나의 프로그램에서 파일 입력 후에 파일 출력을 이어서 하고 싶다면 그 사이에 파일을 닫고 다시 출력 모드로 파일을 open 하여 사용해야 한다. 이는 파일 입출력 함수들은 buffer를 사용하여 입출력을 처리하기 때문에 입력용 buffer를 다시 출력용 buffer로 사용할 수 없기 때문이다.

그러나 함수 rewind나 fseek을 사용하여 파일 포인터를 시작 위치로 옮기면 중간에 파일을 다시 open 하거나 닫지 않고도 파일 입력과 파일 출력을 번갈아가며 사용할 수 있다. 함수 rewind는 텍스트 파일과 이진 파일에 대해서 모두 사용할 수 있으나 그 대신 처음에 파일을 open 할 때 다음 [표 17-11]과 같이 함수 fopen의 모드에 '+'를 붙여서 사용해야 한다.

[표 17-11] 이진 파일에 대한 파일 입출력 동시 모드

기능	mode	의미	역할
파일 입력 + 파일 출력	r+b, rb+	Update(갱신)	이미 존재하는 파일에 대해 읽기와 쓰기 작업을 하기 위해 open. 파일이 존재하지 않으면 NULL을 반환
	w+b, wb+	Update(갱신)	새 파일에 대해 읽기와 쓰기 작업을 하기 위해 open. 같은 이름의 파일이 있다면 내용을 삭제하고 새로운 내용으로 갱신(update)
	a+b, ab+	Append(추가)	추가 쓰기 모드로 open. 같은 이름의 파일이 있다면 어느 위치에서나 읽기는 가능하지만, 파일의 마지막 부분에서만 내용을 추가할 수 있음. 파일이 없다면 새로 만듦

완성된 프로그램은 다음과 같다. 다음 프로그램의 실행에서는 실행 결과와 같이 block 1(미국)의 데이터에 대해 승점을 0으로 수정하였다.

〈예제 17-13〉 block 데이터의 파일 수정

```
01  #include <stdio.h>
02  #include <stdlib.h>
03  #include <string.h>
04  typedef struct {
05          char na[10];
06          int vic;
07          int tie;
08          int def;
09  } worldcup;
```

[실행 결과]

```
전체 data

block 국가이름 승 무 패
0 대한민국  2  1  0
1 미국      1  1  1
2 포르투갈  1  0  2
3 폴란드    1  0  2

승점을 수정하려는 block의 번호를 입력>1
국가명 : 미국
수정할 승점 입력 후 Enter>0
계속하려면 아무 키나 누르십시오 . . . .
```

```
10   const char *file="d-group.bin";
11   void change_data(void);
12   int main(void)
13   {
14     change_data();
15     return 0;
16   }
17   void change_data(void)
18   {
19     int i, block_number, total_block;
20     FILE *fpr;
21     worldcup  d[10];
22     fpr=fopen(file, "rb+");
23     if(fpr==NULL)
24     {
25       printf("File Open에 오류 발생 !");
26       exit(1);
27     }
28     fseek(fpr, 0L, SEEK_END);
29     total_block=ftell(fpr)/sizeof(worldcup);
30     rewind(fpr);
31     fread(d, sizeof(worldcup), total_block, fpr);
32     printf("\n전체 data ");
33     printf("block 국가이름 승 무 패\n");
34     for(i=0;i<total_block;i++)
35       printf("%d %-8s%3d%3d%3d\n",i,d[i].na,d[i].vic,d[i].tie,d[i].def);
36     printf("\n승점을 수정하려는 block의 번호를 입력>");
37     scanf("%d", &block_number);
38     getchar();
39     printf("국가명 : %s\n", d[block_number].na);
40     printf("수정할 승점 입력 후 Enter>");
41     scanf("%d", &d[block_number].vic);
42     rewind(fpr);
43     fseek(fpr, sizeof(worldcup)*block_number, SEEK_SET);
44     fwrite(&d[block_number], sizeof(worldcup), 1, fpr);
45     fclose(fpr);
46   }
```

데이터가 바르게 수정되었는지를 확인하기 위해 〈예제 17-13〉을 다시 실행하면 오른쪽과 같이 데이터가 수정된 것을 확인할 수 있다.

[프로그램 설명]

프로그램 line	프로그램	설명
21	worldcup d[10];	파일로부터 데이터를 읽은 다음 데이터를 저장할 구조체 배열(d)을 선언
28~29	total_block=…	파일의 전체 block 개수를 계산
30	rewind(fpr);	파일을 읽기 위해 파일 포인터를 시작 부분으로 이동. fseek(fpr, 0L, SEEK_SET);과 동일함
31	fread(d, sizeof…	파일의 시작 위치에서 전체 block의 개수만큼 데이터를 한 번에 읽어 배열에 저장
37	scanf("%d", …	이동할 block의 위치 입력
41	scanf(d[block_number]…	수정할 승점 입력
42	rewind(fpr);	파일 출력을 위해 파일 포인터를 시작 부분으로 이동. fseek(fpr, 0L, SEEK_SET);과 동일함
43	fseek(for, sizeof(…	데이터를 변경할 block 의 위치로 이동
44	fwrite(&d[…	해당 block 위치에 데이터를 파일 출력

실 습 문 제

17.10 실습문제 17.7에 대해 특정 block의 생월을 수정하는 프로그램을 작성하시오.

· ·

17.4.4 block 데이터의 삭제

다음 프로그램은 〈예제 17-9〉에서 생성한 이진 파일 "d-group.bin"을 읽고, 특정한 데이터(block)를 삭제하는 프로그램을 함수로 작성한 것이다. 단, 삭제할 데이터는 국가명으로 검색한다.

데이터를 삭제하는 방법은 삭제할 데이터가 위치한 곳을 공백으로 남겨두는 것이 아니라 삭제할 위치에 다른 데이터를 대체해 넣는 것이다. 따라서 삭제할 block의 수만큼 전체 block의 개수가 줄어들도록 처리해야 한다. 그런데 데이터의 삭제는 데이터가 입력된 순서를 유지해야 하는 경우와 그렇지 않은 경우로 나누어서 생각할 수 있다. 예를 들어 데이터 전체의 block의 개수는 4이고, 다음과 같이 block에 저장되어 있다고 가정하자.

block number	block에 저장된 데이터	
0	대한민국	2 1 0
1	미국	1 1 1
2	포르투갈	1 0 2
3	폴란드	1 0 2

만약 두 번째 block의 미국(block number는 1번)의 데이터를 삭제하는 경우에 전체 block의 개수는 3이 되고 입력된 순서를 고려한다면 다음과 같이 나머지 데이터들을 모두 앞부분으로 옮겨야 하는 반면에, 순서를 고려하지 않는다면 제일 마지막 block의 데이터로 대체하는 방법을 사용할 수 있다. 따라서 순서를 고려하지 않는다면 간단한 방법으로 처리할 수 있으므로 후자의 방법을 사용한다.

block number	입력된 순서를 고려함		입력된 순서를 고려하지 않음	
0	대한민국	2 1 0	대한민국	2 1 0
1	포르투갈	1 0 2	폴란드	1 0 2
2	폴란드	1 0 2	포르투갈	1 0 2

만약 프로그램에서 변수 total_block이 전체 block의 개수를 의미한다면 다음과 같이 처리할 수 있다. 삭제할 이름을 찾았다면 현재 block의 데이터를 block의 마지막 데이터로 대체한다. 파일로부터 읽어 들인 첫 번째 block의 데이터는 배열 d[0]에 저장되므로 마지막 block의 데이터는 전체 block의 개수에서 1을 뺀 위치(total_block-1)가 된다.

```
for(i=0;i<total_block;i++)
    if (만약 i번째 block의 국가명과 삭제할 이름이 같다)
    {
        d[i]=d[total_block-1];
        total_block--;
    }
```

데이터를 삭제하는 프로그램은 크게 두 가지 부분으로 나누어서 처리한다. 우선 파일로부터 전체 데이터를 읽은 다음 배열에 저장하는 부분이다. 나머지 부분은 삭제할 데이터를 검색하여 해당 block의 위치를 찾은 다음 마지막 block의 데이터로 대체하여 파일에 출력을 하는 것이다. 프로그램의 전체적인 구성은 다음과 같다.

구분	프로그램 처리

파일로부터
데이터를 읽어
배열에 저장
(파일 입력)
	`fpr=fopen(file, "rb");`
	전체 block의 개수 계산
	파일로부터 데이터를 읽고, 배열에 저장(`fread`)
	`fclose(fpr);`

검색하여
마지막 block의
데이터로 대체하고
다시 파일 출력
(파일 출력)
	삭제할 이름을 입력받음
	`for(i=0;i<total_block;i++)`
	　`if (만약 i번째 block의 이름과 삭제할 이름이 같다)`
	　`{`
	　　`d[i]=d[total_block-1];`
	　　　`total_block――;`
	　`}`
	`fpr=fopen(file, "wb");`
	블록의 개수만큼 파일에 출력(`fwrite`)
	`fclose(fpr);`

위의 프로그램 처리에 나타나 있듯이 하나의 프로그램 안에서 파일 입력과 파일 출력이 이루어진다. 먼저 파일 입력을 위해 함수 fopen(file, "rb")을 사용하고 모든 데이터를 배열에 저장한 다음에는 함수 fclose로 닫아주어야 한다. 이어서 검색된 위치에 마지막 block의 데이터를 대체하고 파일 출력을 위해 다시 fopen(file, "wb")을 사용한다. 위치가 변경된 데이터를 파일로 출력한 다음에는 다시 함수 fclose로 닫아준다.

전체 프로그램은 다음과 같다. 삭제할 데이터의 이름으로 "미국"이 입력되었다면 실행 결과와 같이 "미국"의 위치에 제일 마지막 block의 데이터인 "폴란드"의 데이터가 저장된 것을 알 수 있다. 프로그램을 완성하면 다음과 같다.

〈예제 17-14〉 block 데이터를 파일에서 삭제

```
01  #include <stdio.h>
02  #include <stdlib.h>
03  #include <string.h>
04  typedef struct {
05          char na[10];
06          int vic;
07          int tie;
08          int def;
09  }  worldcup;
10  const char *file="d-group.bin";
11  void delete_data(void);
12  int main(void)
13  {
14     delete_data();
15     return 0;
```

[실행 결과]

파일에서 삭제할 국가명을 입력하고 Enter>미국

삭제 처리 후 전체 data

국가이름 승 무 패
대한민국 2 1 0
폴란드　 1 0 2
포르투갈 1 0 2
계속하려면 아무 키나 누르십시오 . . . _

```
16   }
17   void delete_data(void)
18   {
19     long i, total_block, check=0;
20     char name[10];
21     FILE *fpr;
22     worldcup d[10];
23     fpr=fopen(file, "rb");
24     if(fpr==NULL) {
25         printf("File Open에 오류 발생 !");
26         exit(1);
27     }
28     fseek(fpr, 0L, SEEK_END);
29     total_block=ftell(fpr)/sizeof(worldcup);
30     fseek(fpr, 0L, SEEK_SET);
31     fread(d, sizeof(worldcup), total_block, fpr);
32     fclose(fpr);
33     printf("파일에서 삭제할 국가명을 입력하고 Enter>");
34     gets_s(name);
35     for(i=0;i<total_block;i++)
36         if (strcmp(name, d[i].na)==0)
37         { check=1;
38             d[i]=d[total_block-1];
39             total_block--;
40         }
41     if (check==0) printf("일치하는 데이터 없음\n");
42     printf("\n삭제 처리 후 전체 data\n\n");
43     printf("국가이름 승 무 패\n");
44     for(i=0;i<total_block;i++)
45         printf("%-8s %2d %2d %2d\n",d[i].na,d[i].vic,d[i].tie, d[i].def);
46     fpr=fopen(file, "wb");
47     fseek(fpr, 0L, SEEK_SET);
48     fwrite(d, sizeof(worldcup), total_block, fpr);
49     fclose(fpr);
50   }
```

[프로그램 설명]

프로그램 line	프로그램	설명
28~29	total_block=…	파일의 전체 block 개수를 계산
30	fseek(fpr,0L,SEEK_SET)	파일 포인터를 시작 부분(SEEK_SET)으로 이동 이 부분은 rewind(fpr)로 대체할 수 있음
31	fread(d, sizeof…	파일의 시작 위치에서 전체 block의 개수만큼 데이터를 한 번에 읽어 배열에 저장
32	fclose(fpr);	파일 읽기가 끝났으므로 파일을 닫음

35~40	for (j=0;j<total_block
	{
	…
	}
		삭제할 block을 찾아 마지막 block의 데이터로 대체하는 부분

44~45	for (j=0;j<total_block	삭제 후 배열에 저장된 데이터를 화면에 출력
46~48	fpr=fopen(file, …	삭제 후 배열에 저장된 데이터를 파일 출력

단원정리

파일
프로그램을 비롯하여 워드 프로세서로 작성된 문서 그리고 이미지들을 하드디스크에 저장하거나 불러오기 위해서는 파일(file)이라는 단위를 사용한다.

파일 저장 방식
텍스트 방식은 데이터를 파일에 저장하거나 파일로부터 읽을 때 ASCII 코드에 대응되는 byte 단위로 처리하고, 이진 방식은 텍스트 방식과는 달리 데이터를 파일에 저장하거나 파일로부터 읽을 때 데이터 형(type)에 기준하여 처리한다.

텍스트 파일 처리의 기본 단계

처리 단계	파일 입력(불러오기)		파일 출력(저장하기)	
	동작	함수	동작	함수
[단계 1]	파일 열기(open)	fopen	파일 열기(open)	fopen
[단계 2]	데이터 읽기(read)	파일 읽기 라이브러리 함수	데이터 쓰기(write)	파일 쓰기 라이브러리 함수
[단계 3]	파일 닫기(close)	fclose	파일 닫기(close)	fclose

텍스트 파일 접근 모드

구분	mode	의미	역할
파일 입력	r	Read(읽기)	파일을 읽기 전용으로 open. 파일을 open 할 수 없다면 NULL을 반환
파일 출력	w	Write(쓰기)	파일을 생성하고 쓰기 전용으로 open. 같은 이름의 파일이 있다면 내용을 삭제하고 새로운 내용으로 파일을 생성
	a	Append(추가)	추가 쓰기 모드로 open. 같은 이름의 파일이 있다면 마지막 부분에 내용을 추가하고, 파일이 없다면 새로 만듦

파일 입출력에 사용하는 라이브러리 함수들

처리 대상	파일 입출력		표준 입출력	
	구분	라이브러리 함수	구분	라이브러리 함수
문자	파일 쓰기	fputc, putc	표준 출력	putchar, putch
	파일 읽기	fgetc, getc	표준 입력	getchar, getch, getche
문자열	파일 쓰기	fputs	표준 출력	puts
	파일 읽기	fgets	표준 입력	gets
형식 지정	파일 쓰기	fprintf	표준 출력	printf, sprintf
	파일 읽기	fscanf	표준 입력	scanf, sscanf
block 단위	파일 쓰기	fwrite		
	파일 읽기	fread		

파일 처리 방식과 구분

파일 다루기	구분
파일 입출력 방식에 따른 구분	저수준의 입출력 방식
	고수준의 입출력 방식
파일 저장 방식에 따른 구분	텍스트 파일
	이진 파일
파일 접근(access)방식에 따른 구분	입력 모드(r)
	출력 모드(w)
	추가 모드(a)
파일 처리(process) 방식에 따른 구분	순차 처리 방식
	랜덤(random) 처리 방식

EOF

End Of File의 줄임말로 파일의 끝을 의미한다. 파일로부터 데이터를 읽을 때 만약 데이터를 읽을 수 없는 파일의 끝부분에 도달했다면 읽는 작업은 중단되어야 한다. 함수 getc 또는 fgetc는 문자를 읽다가 파일의 끝에 도달했다는 사실을 발견하면 EOF라는 특별한 값을 반환한다.

함수 feof의 역할

파일의 끝에 도달했는지를 확인하는 함수로서 파일의 끝에 도달했다면 0이 아닌 정수값을 반환하고, 그렇지 않은 경우에는 0값을 반환한다.

랜덤 접근

랜덤 접근 방식은 CD나 DVD와 같이 원하는 데이터의 위치를 선택적으로 찾아가며 처리하는 방식을 말한다. 이러한 방식은 파일에서 이동하고자 하는 위치, 즉 block의 위치를 선택하여 파일로부터 읽거나 파일에 저장할 수 있다. 랜덤 접근에 사용하는 라이브러리 함수로는 파일 포인터를 원하는 block의 위치로 이동시킬 때 함수 fseek과 파일의 시작 위치로부터 현재의 파일 포인터까지의 거리를 byte 크기로 환산해 주는 함수 ftell을 사용한다.

이진 파일 처리방식 모드(mode)의 구분

기능	mode	의미	역할
파일 입력	rb	Read(읽기)	파일을 읽기 전용으로 open. 파일을 open 할 수 없다면 NULL을 반환
파일 출력	wb	Write(쓰기)	파일을 생성하고 쓰기 전용으로 open. 같은 이름의 파일이 있다면 내용을 삭제하고 새로운 내용으로 파일을 생성
	ab	Append(추가)	추가 쓰기 모드로 open. 같은 이름의 파일이 있다면 마지막 부분에 내용을 추가하고, 파일이 없다면 새로 만듦
파일 입력 + 파일 출력	r+b, rb+	Update(갱신)	이미 존재하는 파일에 대해 읽기와 쓰기 작업을 하기 위해 open. 파일이 존재하지 않으면 NULL을 반환
	w+b, wb+	Update(갱신)	새 파일에 대해 읽기와 쓰기 작업을 하기 위해 open. 같은 이름의 파일이 있다면 내용을 삭제하고 새로운 내용으로 갱신(update)
	a+b, ab+	Append(추가)	추가 쓰기 모드로 open. 같은 이름의 파일이 있다면 어느 위치에서나 읽기는 가능하지만, 파일의 마지막 부분에서만 내용을 추가할 수 있음. 파일이 없다면 새로 만듦

연습문제

17.1 파일 처리에 대한 설명이 맞으면 ○, 틀리면 ×로 표시하시오.

(1) 파일 처리는 먼저 파일을 open 하지 않아도 처리가 가능하다.

(2) 데이터를 파일에 저장하거나 파일로부터 데이터를 읽을 때 파일 포인터를 사용한다.

(3) 텍스트 파일의 접근 방식(mode) a를 사용하려면 먼저 파일을 open 해야 한다.

(4) 파일 처리가 끝나고 파일을 close 하지 않은 상태에서 프로그램이 종료되면 그 파일을 다시 open 할 수 없다.

(5) 텍스트 파일의 처리에서 문자나 문자열의 처리는 같은 함수로 처리한다.

(6) 파일 처리에서 파일을 open 할 경우 어떤 처리를 할 것인지 접근 방식을 컴파일러에 미리 알려주어야 한다.

(7) 이진 파일의 내용은 텍스트 편집기(notepad)로 확인할 수 있다.

(8) 텍스트 파일은 데이터를 byte 단위로, 이진 파일은 bit 단위로 처리한다.

17.2 다음 중 파일에 대한 설명으로 맞는 것을 모두 고르시오.

① 파일 입력이나 출력을 위해서 파일 열기가 먼저 이루어져야 한다.

② 텍스트 방식은 데이터를 ASCII 코드에 대응되는 byte 단위로 처리하고, 이진 방식은 데이터 형(type)에 기준하여 처리한다.

③ 파일의 입력과 출력은 스트림(stream)이라고 하는 공통된 인터페이스를 사용한다.

④ 프로그램에서 키보드와 화면에 대한 입력과 출력에 대해서도 파일 열기가 필요하다.

⑤ 텍스트 방식으로 처리할 것인지 이진 방식으로 처리할 것인지는 파일 쓰기와 파일 읽기에서 결정한다.

17.3 다음 설명이 맞으면 ○, 틀리면 ×로 표시하시오.

(1) 문자 단위의 파일 입출력 함수에는 fgets, fputs와 같은 함수가 있다.

(2) 함수 fprintf의 사용법은 맨 처음 인자가 파일 포인터가 사용된다는 것을 제외하고는 printf와 사용 방법이 동일하다.

(3) 함수 fscanf는 입력될 문자열에 포함된 공백을 포함하여 입력받을 수 있다.

(4) 파일 입출력에 있어서 사용하는 파일 포인터는 FILE이라는 구조체형 포인터다.

(5) 고수준의 입출력 함수는 저수준의 입출력 함수보다 사용하기가 어렵다.

(6) 파일 접근 방법에는 순차 접근과 랜덤 접근 방법이 있다.

(7) 순차 접근 방법은 음악이 수록된 CD에서 특정한 곡이 있는 위치를 찾을 때 사용하는 방법과 같다.

(8) 파일 포인터가 NULL 값을 가져야만 파일 처리가 가능하다.

17.4 텍스트 파일 접근 방식 모드(mode)의 구분을 바르게 연결하시오.

(1) r •   • ㉠ 파일에 데이터 추가

(2) w •   • ㉡ 파일 읽기

(3) a •   • ㉢ 파일 쓰기

17.5 텍스트 파일(test.txt)에 어떤 작업을 하기 전에 파일을 open 하는 부분으로 바르게 표현한 것은?

①
```
FILE *fp;
fp=fopen("test.txt");
```

②
```
FILE *fp;
fp=fopen("test.txt", "w");
```

③
```
fopen("test.txt");
```

④
```
fopen("test.txt", "w");
```

17.6 텍스트 파일(test.txt)에 저장된 내용을 화면에 출력하기 위해 파일을 open 하는 부분으로 바르게 작성한 것은?

①
```
FILE *fp;
fp=fopen("test.txt", "w");
```

②
```
FILE *fp;
fp=fopen("test.txt", "a");
```

③
```
FILE *fp;
fp=fopen("test.txt", "b");
```

④
```
FILE *fp;
fp=fopen("test.txt", "r");
```

17.7 텍스트 파일이 정상적으로 open 되어 있다는 가정 하에 파일에 이름을 저장하는 부분으로 바르게 작성된 것은?

①
```
fputs("박재상");
```

②
```
printf("박재상\n");
```

③
```
puts(박재상\n");
```

④
```
fprintf("박재상\n");
```

17.8 텍스트 파일이 정상적으로 open 되어 있다는 가정 하에 파일로부터 8자리의 문자열 한 줄을 읽어 배열에 저장한 다음 화면에 출력하는 부분으로 바르게 작성된 것을 고르시오. 단, fp는 파일 포인터라 가정한다.

①

```
char chr[8];
...
fgets(fp, chr, 8);
printf("%s\n", chr);
```

②

```
char chr[8];
...
gets(chr, 8, fp);
printf("%s\n", chr);
```

③

```
char chr[9];
...
fgets(chr, 8, fp);
printf("%s\n", chr);
```

④

```
char chr[9];
...
gets(fp, chr, 8);
printf("%s\n", chr);
```

17.9 다음과 같은 파일(data.txt)이 존재할 경우 파일로부터 데이터를 읽어 화면에 출력하는 프로그램의 ☐ 부분을 작성하시오.

```
#include <stdio.h>
#include <stdlib.h>
int main(void)
{
  char c;
  FILE *fp;
  fp=fopen(                    );
  if (fp==NULL)
  {
    printf("File open에 오류 발생");
    exit(1);
  }
  while((c=              ) !=EOF)
  {
    printf("%c", c);
  }
  fclose(fp);
  printf("\n");
  return 0;
}
```

[파일 내용]

AB40	123
AB60	34
BB45	45

[출력 형식]

AB40	123
AB60	34
BB45	45

17.10 연습문제 17.9에 대해 데이터를 읽어 다음과 같은 형식으로 자릿수를 맞추어 화면에 출력하는 프로그램의 □ 부분을 작성하시오.

```
#include <stdio.h>
#include <stdlib.h>
int main(void)

  char ☐ ;
  int ☐ ;
  FILE *fp;
  fp=fopen(☐);
  if (fp==NULL)
   {
    printf("File open에 오류 발생");
    exit(1);
   }
  while(!feof(fp))
  {
    fscanf(☐);
    ☐ ;
    printf("☐", chr, amount);
  }
  fclose(fp);
  printf(☐, "합계", sum);
  printf("\n");
  return 0;
}
```

[파일 내용]

AB40	123
AB60	34
BB45	45

[출력 형식]

AB40	123
AB60	34
BB45	45
합계	202

17.11 다음과 같은 내용으로 자릿수를 맞추어 파일(order.txt)에 저장하고자 한다. 프로그램의 ☐ 부분을 작성하시오.

```c
#include <stdio.h>
#include <stdlib.h>
int main(void)
{
    char ┌──────────┐,
    int n[3]={1223, 34, 143}, i;
    FILE *fp;
    fp=fopen("order.txt", "w");
    if (fp==NULL)
    {
        printf("File open에 오류 발생");
        exit(1);
    }
    for(i=0;i<3;i++)
        fprintf(┌──────────────┐, name[i], n[i]);
    fclose(fp);
    return 0;
}
```

[파일 저장 내용]

AB40	1223
AB60	34
BB45	143

17.12 다음 중 성격이 다른 함수는?

① fgets   ② fscanf   ③ fgetc   ④ fputs

17.13 파일 접근 방식의 구분 중 잘못된 것은?

① 입력   ② 출력   ③ 순차   ④ 추가

17.14 이진 파일에 대한 설명 중 맞는 것을 모두 고르시오.

① 파일 쓰기 모드(파일 출력)에 wb가 사용된다.

② ASCII 형식으로 데이터가 저장된다.

③ 랜덤 접근(random access) 처리에 사용한다.

④ 데이터를 block 단위로 처리하고 block을 나타내기 위해 구조체를 사용한다.

⑤ 이진 파일에서 block의 크기와 block의 개수는 항상 같아야 한다.

⑥ 함수 fread는 오직 1개의 block만을 읽어 들일 수 있다.

⑦ 파일 포인터의 이동은 함수 fseek를 사용하여 자유롭게 이동할 수 있다.

17.15 다음 중 이진 파일을 읽기 위한 파일 입력 처리 방식(mode)은?

① rb   ② wb   ③ ob   ④ ab

17.16 다음 중 이진 파일에 쓰기 위한 파일 출력 처리 방식(mode)은?

① rb　　　　② wb　　　　③ ob　　　　④ ab

17.17 다음 중 이진 파일에 쓰기 위한 파일 출력 함수는?

① fprintf　　② fwrite　　③ printf　　④ fputs

17.18 다음 중 이진 파일을 읽기 위한 파일 입력 함수는?

① fscanf　　② fgets　　③ scanf　　④ fread

17.19 다음 문장의 ☐ 부분에 적절한 단어를 보기에서 골라 쓰시오.

> ● 보기 ●
>
> fwrite　fread　fsacnf　fprintf　fseek　fsearch
> ftell　fpoint　block　데이터 형　순차　랜덤

이진 방식의 파일 처리에서 함수 fwrite나 fread는 같은 크기의 ☐☐☐☐ 단위로 처리하므로 임의의 위치로 이동하여 읽기와 쓰기가 가능하다. 이와 같은 방식을 ☐☐☐☐ 접근이라 한다. 파일 포인터를 원하는 위치에 이동시킬 때 함수 ☐☐☐☐ 를 사용하고, 파일의 시작 위치로부터 현재 파일 포인터까지의 거리를 byte 크기로 환산해 주는 함수 ☐☐☐☐ 를 사용한다.

17.20 함수 fseek에서 파일의 위치를 가리키는 상수에 대한 설명 중 틀린 것은?

① SEEK_END (파일의 끝 위치)　　　　② SEEK_CUR (파일의 현재 위치)
③ SEEK_SET (파일의 시작 위치)　　　④ SEEK_WHERE (파일 포인터의 위치)

17.21 다음 프로그램에서 block을 나타내는 구조체 형이 stdata일 때 파일 group.dat에 대해 block의 크기를 계산하는 ☐ 부분을 ftell을 이용하여 작성하고, ①은 어떤 처리를 하는지 설명하시오.

```
fp=fopen("group.dat", "rb");
```

① fseek(fp, 0L, SEEK_END);

② total_block= ☐☐☐☐ / ☐☐☐☐ ;

17.22 block의 크기가 10byte라고 가정하고 그림의 제일 왼쪽을 파일의 시작 위치라 가정하면 fseek(fp, –30L, SEEK_END);의 위치와 fseek(fp, 20L, SEEK_END);의 위치는 각각 어디를 나타내는가?

①	②	③	④	⑤
10 byte	10 byte	10 byte	10 byte	

첫 번째 block　　　두 번째 block　　　세 번째 block　　　네 번째 block

17.23 다음 표의 형식을 구조체 형을 정의하여 데이터를 배열에 초기화하고 화면과 파일 baseball.txt에 출력하는 프로그램을 완성하시오. (연습문제 15.19 참고)

이름	팀명	위치	타율
강백호	KT	내야수	0.380
양의지	NC	포수	0.352
이정후	키움	외야수	0.348

17.24 다음의 형식으로 가전제품의 품명과 단가의 내용이 파일 price.txt에 저장되어 있다고 가정하고, 파일의 내용을 읽어 화면에 출력한 다음, 각 품명의 수량만 입력받아 매출전표의 내용을 파일 sales.txt에 출력하는 프로그램을 작성하시오. 가전제품의 내용은 구조체 형으로 정의하여 사용하고, 매출전표에는 품명, 단가, 수량, 금액, 합계를 출력하되 함수로 작성하여 처리하시오. (연습문제 15.20 참고)

```
선풍기   55000
냉장고   635000
세탁기   443000
LCDTV  365000
```

17.25 중복되지 않은 로또번호 n set를 파일에 출력하는 프로그램을 작성하시오. 로또번호는 1~45 사이의 중복되지 않은 6개의 숫자를 1 set로 한다. 로또 번호를 생성하는 부분과 파일에 출력하는 부분은 함수로 작성한다. (연습문제 13.38 참고)

17.26 공백이 없는 숫자로만 구성된 파일이 있다고 가정하고 파일 전체에 대해 각 숫자가 몇 번 출현했는지를 카운트하여 출력하는 프로그램을 작성하시오. (연습문제 13.41 참고)

17.27 영문 문장(숫자 제외)이 저장된 텍스트 파일이 있다고 가정하고 전체 문장 중에서 알파벳 a~z 문자가 몇 번 출현했는지를 카운트하여 출력하는 프로그램을 작성하시오. 대소문자 구별 없이 처리하고 카운트가 1 이상인 경우만 출력한다고 가정한다. (연습문제 13.41 참고)

17.28 문제 17.24에 대해 품명과 단가를 이진 파일에 저장한 다음 수량을 입력받아 매출전표를 텍스트 파일에 출력하는 프로그램을 작성하시오.

17.29 문제 17.28에 대해 단가의 수정을 원하는 block의 숫자를 입력받아 해당 block의 단가를 수정하여 저장하고, 수정된 내용을 화면에 출력하는 프로그램을 작성하시오.

17.30 하나의 파일에는 품목이, 다른 파일에는 해당 품목의 수량만 저장되어 있다. 두 개의 파일을 읽어 품목과 수량이 저장된 파일을 생성하는 프로그램을 작성하시오.

17.31 임의의 텍스트 파일을 다른 이름으로 복사하는 프로그램을 작성하시오.

17.32 두 개의 텍스트 파일을 하나의 파일로 합쳐서 저장하는 프로그램을 작성하시오.

PART **IX**

고급 프로그래밍 기술

Contents

18 응용 프로그램 개발을 위해 필요한 방법과 문법들

지금까지 작성했던 프로그램들은 main 함수가 포함된 하나의 프로그램 파일만을 컴파일 하였다. 그러나 워드 프로세서나 그래픽 편집기와 같은 규모가 있는 프로그램을 개발하기 위해서는 수많은 프로그램 문장을 작성해야 하므로 한 사람의 프로그래머로는 감당하기 어려우며 설사 가능하다고 하더라도 많은 시간이 요구된다.

규모가 있는 하나의 프로젝트 프로그램을 함수 단위로 구분하여 작성한 것을 프로그램 모듈(module)이라 하는데 모듈별로 개발된 프로그램들을 각각 컴파일 하고, 링크 과정을 거쳐 하나로 통합된 프로그램으로 개발한다. 분할 컴파일이란 다음과 같이 각 모듈별 프로그램 파일로 나누어 컴파일 하는 것을 의미하며, 이러한 방법을 이용하면 프로그램의 일부를 변경하기 위해 프로그램 전체를 컴파일 해야 하는 번거로움을 덜 수 있다.

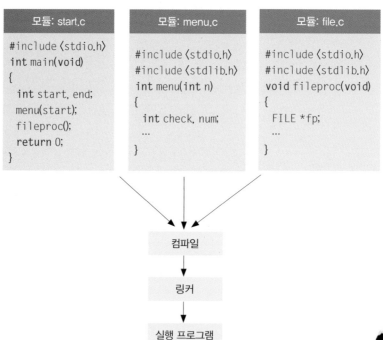

프로그램을 개발할 때 위와 같이 프로그램 모듈별로 나누어 개발하는 방법은 어린 아이들이 흔하게 가지고 노는 합체 로봇에 비유할 수 있다. 개별 로봇들은 다름대로의 기능과 역할을 하도록 만들어져 있지만 이들을 모두 합체하면 하나의 완전한 로봇(프로그램)으로 완성되는 것과 같은 이치다.

합체 로봇

18.1 프로젝트와 분할 컴파일

하나의 프로젝트 프로그램에 대해 프로그램의 모듈을 어떻게 구분하고 나누어 개발할 것인가는 프로그램 관리자의 판단에 달려있다. 이 절에서 사용할 프로그램은 11.4절(외부 변수)에서 작성했던 전역 변수(global variable)와 기억 클래스 중의 하나인 extern의 예제 프로그램을 가지고 분할 컴파일의 방법을 설명한다.

모듈별 프로그램들이 이미 작성되어 저장된 상태에서도 분할 컴파일이 가능하지만 모든 프로그램을 새롭게 작성한다고 가정한다. 다음과 같은 두 개의 프로그램(main.cpp, func01.cpp)을 작성하여 분할 컴파일을 한다고 가정한다.

모듈 1: main.cpp	모듈 2: func01.cpp

``c
#include <stdio.h>
void func01(void);
int data;
int main(void)
{
 data=9;
 printf("before call=%d\n", data);
 func01();
 printf("after call=%d\n", data);
 return 0;
}
``
	``c
	#include <stdio.h>
	extern int data;
	void func01(void)
	{
	 data=10;
	 printf("call func01=%d\n", data);
	 data=20;
	}
	``

먼저 프로젝트 이름을 project1이라 하고 [그림 18-1]과 같이 main.cpp를 작성한다.

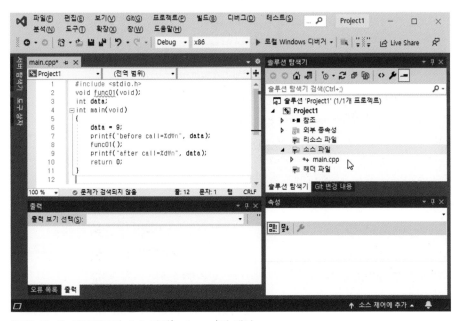

[그림 18-1] 프로젝트와 소스 파일(main.cpp)의 생성

소스 파일(main.cpp)을 생성한 후에 [그림 18-2]와 같이 솔루션 탐색기에서 [소스 파일]에
마우스 오른쪽 버튼을 눌러 [추가] → [새 항목]을 선택하여 파일 이름 func01.cpp의 프로
그램을 [그림 18-3]과 같이 작성한다.

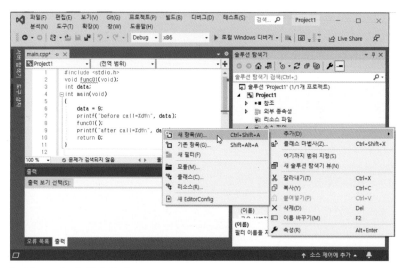

[그림 18-2] 새 항목 추가

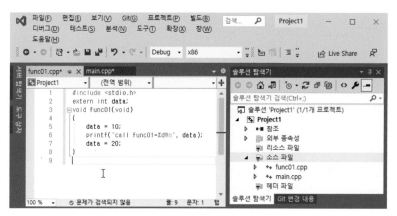

[그림 18-3] 추가하려는 소스 파일(func01.cpp)의 작성

이 예에서는 프로젝트에 오직 두 개의 소스 파일이 있는 경우이나 소스 파일은 앞의 과정
으로 추가할 수 있다. 이제 필요한 두 개의 소스 파일을 작성했으므로 빌드 과정을 처리한
다. 지금까지는 하나의 프로그램에 대해서만 솔루션 빌드를 하였으나 프로젝트에 포함된 소
스 파일을 모두 빌드하려면 [그림 18-4]와 같이 [빌드] → [프로젝트 이름] 빌드를 선택한
다. 프로젝트의 이름은 project1이라 했으므로 [그림 18-4]와 같이 프로젝트 이름이 나타
난다.

프로젝트 빌드를 선택하여 빌드 과정이 처리되고, 빌드 결과는 [그림 18-5]와 같다. [그
림 18-5]의 아래 부분을 보면 두 개의 소스 파일을 모두 빌드하여 하나의 프로그램인
project1.exe가 생성되었음을 알 수 있다.

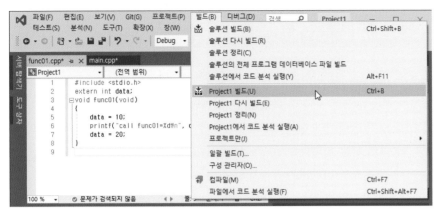

[그림 18-4] 프로젝트 빌드

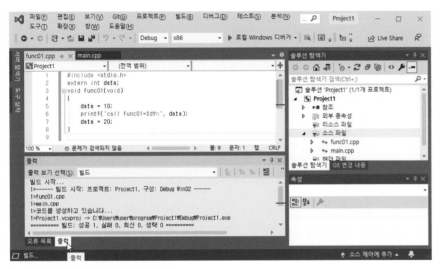

[그림 18-5] 프로젝트 빌드의 결과

실행 결과는 [그림 18-6]과 같다. 함수 main에서 data=9;로 초기화한 후 함수 func01을 호출한다. 함수 func01에서 전역 변수인 data에 대해 값을 20으로 바꾸고 다시 함수 main으로 돌아와 data의 값을 출력하면 20으로 바뀌어 있는 것을 알 수 있다.

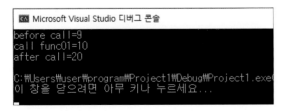

[그림 18-6] 실행 결과

18.2 프로그램 실행 중에 기억 공간을 확보하는 동적 할당

동적 할당의 동적은 dynamic의 의미로 정적(static)이라는 말과 반대되는 개념이다. 지금
까지 프로그램에서 사용한 모든 변수나 배열 등은 컴파일 과정에서 기억 공간에 대한 크기
가 결정되는데 이를 정적 할당이라 한다. 동적 할당은 컴파일 과정이 아니라 프로그램의 실
행 중에 기억 공간을 확보하는 것이다.

예를 들어 이름이나 집 주소를 나타내는 문자열의 길이는 사람마다 다르기 때문에 프로그램
에서 서로 다른 길이의 문자열을 처리하기 위해서는 충분한 크기(최대 길이)의 기억 공간을
미리 확보해야 한다. 어떤 사람의 주소는 짧을 수도 있고 경우에 따라 길어질 수 있다. 따라
서 모든 경우가 처리될 수 있도록 충분한 크기의 기억 공간을 확보해야 하기 때문에 비교적
짧은 문자열에 대해서는 기억 공간을 낭비하게 된다. 이와 같은 경우에 프로그램의 실행 중
에 입력할 해당 데이터의 크기에 따라 기억 공간을 확보하는 동적 할당을 사용한다면 기억
공간의 낭비를 줄일 수 있다.

만약 프로그램에서 int 형의 변수를 사용한다면 변수의 이름을 정의해 주어야 하며 컴파일
과정에서 4byte의 크기로 정해진다. 반면에 동적 할당은 프로그램 실행 중에 기억 공간이
확보되는 것이므로 컴파일 과정에서는 그 크기를 알 수 없으며, 변수의 이름 또한 갖지 못한
다. 따라서 실행 중에 동적 할당을 통해 기억 공간이 확보되면 그 공간을 사용하기 위해 할
당된 기억 공간의 주소를 사용해야 하므로 포인터를 사용한다.

18.2.1 동적 기억 장소 할당과 해제

할당이라는 말은 확보한다는 의미로 해석할 수 있다. 동적으로 기억 장소를 확보하는데
사용하는 함수는 malloc(memory allocation)이고, 확보한 메모리를 해제하는 함수는
free로서 이 함수를 사용할 때는 헤더 파일 〈stdlib.h〉가 필요하다. 이들 함수의 원형은
다음과 같다.

```
void *malloc(size_t size);
void free(void *ptr);
```

함수 malloc의 인자인 size_t는 데이터 형의 크기를 의미하며, unsigned int 형이다.
앞에서 언급했듯이 동적 할당은 변수의 이름이 없으며, 실행 중에 기억 공간을 확보하고, 그
공간을 사용하기 위해 할당된 기억 공간의 주소를 사용해야 하므로 포인터를 사용한다. 따
라서 malloc은 할당된 메모리에 대한 시작 주소를 반환하고 반환값의 데이터 형은 void
형으로서 모든 데이터 형의 포인터를 이용할 수 있다.

동적으로 할당된 기억 공간은 컴파일러가 그 크기를 모르므로 프로그램에서 더 이상 필요하
지 않을 경우 해제해야 하는데 이때 사용하는 함수가 free이며 포인터를 인자로 사용한다.

다음 예제는 입력할 문자열에 대한 길이(byte 수)를 입력받아 그 크기만큼 동적으로 기억공간을 할당하여 저장하는 방법이다.

〈예제 18-1〉 입력될 문자열에 대한 동적 할당

```
01  #include <stdio.h>
02  #include <stdlib.h>
03  int main(void)
04  {
05   char *ptr;
06   int size;
07   printf("입력할 문자열의 길이를\n");
08   printf("byte수로 입력하고 Enter>");
09   scanf("%d",&size);
10   ptr=(char *)malloc(size+1);
11   printf("%d개의 문자열을\n", size);
12   printf("공백없이 입력하고 Enter>");
13   scanf("%s", ptr);
14   printf("입력된 문자열 : %s\n",ptr);
15   free(ptr);
16   return 0;
17  }
```

[실행 결과]

```
입력할 문자열의 길이를
byte수로 입력하고 Enter>7
7개의 문자열을
공백없이 입력하고 Enter>program
입력된 문자열 : program
```

〈예제 18-1〉을 실행하고 임의의 byte 수를 입력한다. line 10에서 만약 입력한 byte 수가 n이라면 n+1 byte 만큼의 기억 공간을 확보하고 마지막 기억 공간은 문자열의 끝을 의미하는 NULL을 위한 공간으로 사용한다. line 15에서 동적으로 할당한 메모리를 해제한다.

18.2.2 구조체와 동적 할당

구조체 변수에 데이터를 저장하는 방법으로 일반 변수와 마찬가지로 키보드를 통하여 입력할 수 있다. 문자열을 키보드를 통해 입력할 때 사용할 수 있는 라이브러리 함수로 scanf, gets 그리고 fgets를 이용할 수 있다. 이름에는 공백이 사용될 수 있는데 scanf의 경우는 공백 이전의 문자열만 저장되므로 주의해야 한다.

■ 구조체 멤버에 대한 동적 할당

구조체에서 정의한 멤버들에 대해 키보드를 이용하여 공백 없이 데이터를 입력한다면 다음과 같이 프로그램 할 수 있다. 포인터는 단지 메모리 주소를 저장하는 기능만 있기 때문에 키보드 입력을 통해 포인터에 문자열을 저장하기 위해서는 반드시 메모리 할당을 해야 한다. 다음 예제는 포인터로 선언된 구조체 멤버에 대한 동적 기억 공간 할당을 나타낸다.

〈예제 18-2〉 구조체 멤버에 대한 동적 할당

```
01  #include <stdio.h>
02  #include <stdlib.h>
03  struct person
04  {
05      char *name;
06      char *phone_num;
07      int bell_num;
08  };
09  int main(void)
10  {
11    struct person p;
12    p.name=(char*)malloc(sizeof(char) * 20);
13    p.phone_num=(char*)malloc(sizeof(char) * 14);
14    printf("이름 입력 >");
15    scanf("%s", p.name);
16    printf("휴대폰 입력 >");
17    scanf("%s", p.phone_num);
18    printf("벨소리 입력>");
19    scanf("%d", &p.bell_num);
20    printf("이름   : %s\n", p.name);
21    printf("휴대폰: %s\n", p.phone_num);
22    printf("벨소리: %d\n", p.bell_num);
23    return 0;
24  }
```

[실행 결과]

```
이름 입력 >이성훈
휴대폰 입력 >010-0023-4321
벨소리 입력>5
이름   : 이성훈
휴대폰: 010-0023-4321
벨소리: 5
```

■ 구조체 형 포인터에 대한 동적 할당

다음 예제는 구조체 형 포인터에 대하여 동적인 기억 공간 할당의 예를 나타낸다.

〈예제 18-3〉 구조체 형 포인터에 대한 동적 할당

```
01  #include <stdio.h>
02  #include <string.h>
03  #include <stdlib.h>
04  struct employee
05  {
06   char name[20];
07   int year;
08   int pay;
09  };
10
11  int main(void)
```

[실행 결과]

```
name: James Bond
year: 1970
pay: 5500
```

```
12  {
13    struct employee *p1;
14    p1 = (struct employee *) malloc(sizeof(struct employee));
15    strcpy(p1->name,"James Bond");
16    p1->year = 1970;
17    p1->pay = 5500;
18    printf("name: %s\n",p1->name);
19    printf("year: %d\n",p1->year);
20    printf("pay: %d\n",p1->pay);
21    free(p1);
22    return 0;
23  }
```

line 14에서 구조체 형 포인터 p1에 대해 emplyee만큼(28byte)의 기억 공간을 동적으로 할당한 다음 문자열과 데이터들을 대입할 수 있다.

18.3 전처리기

C 프로그램을 작성할 때 프로그램의 처음 부분에 항상 사용했던 #include나 #define 등을 전처리기 또는 선행처리기(preprocessor)라 부른다. 영어의 pre는 미리, 앞서서라는 의미이고 processor는 처리기라는 의미로서 전처리기는 어떤 처리를 하기 이전에 하는 처리를 말한다. 즉 전처리기는 컴파일을 하기 이전에 어떤 내용을 미리 처리하라는 의미다. 원시 프로그램으로부터 실행 프로그램을 생성하기까지의 과정은 다음과 같다.

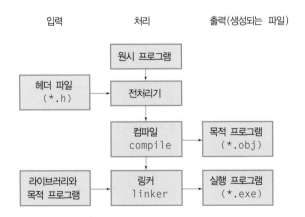

원시 프로그램에 포함된 전처리기 지시자 #include는 헤더 파일과 같이 현재 작성중인 프로그램 파일의 외부에 있는 파일들을 컴파일 하기 이전에 불러들이는 역할을 한다. 또한 전

처리기 지시자인 #define은 컴파일을 하기 이전에 매크로 상수나 매크로 함수를 정의하는 데 사용한다. 전처리기에는 다음 표와 같은 지시자(directive)가 있다.

[전처리기 지시자]

전처리기 지시자	기능
#include	컴파일 하기 이전에 외부 파일을 불러옴
#define	매크로 상수나 함수를 정의
#if #ifdef #endif #else #elif	프로그램의 일부분을 선택적으로 컴파일
#error	오류 메시지를 출력하고 컴파일을 중단
#pragma	컴파일 option을 지정

18.3.1 #include와 헤더 파일

모든 프로그램의 첫 부분에 사용하였던 #include는 프로그램 외부에 존재하는 파일(헤더 파일 등)을 불러오는데 사용한다. 프로그램에서 함수를 사용할 경우에는 그 함수에 대한 정의가 프로그램 안에 반드시 포함되어 있어야 한다. 여러분이 프로그램에서 사용한 라이브러리 함수인 printf나 scanf가 프로그램 안에 정의되어 있지 않아도 사용할 수 있는 이유는 그 함수의 원형(prototype)이 정의되어 있는 헤더 파일인 〈stdio.h〉를 불러(include)왔기 때문이다.

프로그램에서 자주 사용하게 될 함수나 구조체 등을 필요할 때마다 매번 main 함수가 정의된 프로그램 안에 정의하여 사용하는 것은 번거로운 일이며, 프로그램의 수정에 있어서도 효율적이지 못하다. 따라서 구조체 정의가 포함된 파일을 헤더 파일로 만들어 필요할 때마다 #include를 이용하여 불러들이면 프로그램의 관리나 수정이 쉬워진다. #include는 다음과 같이 두 가지 형식으로 사용할 수 있다.

```
#include 〈헤더 파일 이름〉
#include "사용자 정의 헤더 파일 이름"
```

#include 다음에는 헤더 파일을 기술하는데 기호 〈 〉을 사용하는 경우와 기호 " "을 사용하는 경우로 구분된다. 헤더 파일의 앞뒤에 기호 〈 〉을 사용하는 경우는 컴파일러를 설치할 때 미리 설정된 폴더에서 헤더 파일을 불러오겠다는 의미다.

그러나 사용자가 필요에 의해서 만든 헤더 파일들은 사용자가 정의한 특정한 폴더 또는 현재 작성중인 프로그램의 폴더에 만들어 사용하는데, 만약 현재 작성중인 프로그램의 폴더에 헤더 파일이 존재한다면 파일 앞뒤에 " "을 다음과 같이 사용하거나 경로를 모두 표시하여 사용한다. 폴더의 경로를 표시할 때는 \(back slash)를 두 번 사용한다.

사용 방법	비교
`#include "func01.h"`	원시 프로그램(*.cpp)이 저장된 폴더에 헤더 파일이 있는 경우
`#include "c:\\myprog\\main\\func01.h"`	원시 프로그램(*.cpp)이 저장된 폴더와 다른 폴더에 헤더 파일이 있는 경우

예를 들어 구구단을 출력하는 함수를 헤더 파일에 정의하여 사용하는 방법은 앞서 분할 컴파일을 할 때와 같은 과정으로 이루어진다. 먼저 아래의 소스 프로그램(main.cpp)을 생성하고, 새 항목을 추가하는 과정에서 [그림 18-7]과 같이 파일 형식을 헤더 파일(.h)로 선택하여 다음의 헤더 파일(gugudan.h)의 내용을 입력하여 저장한다.

헤더 파일에 대해서는 앞서 분할 컴파일처럼 같이 컴파일을 할 필요가 없다. 아래의 소스 프로그램(main.cpp)만 솔루션 빌드로 처리하면 컴파일 과정에서 헤더 파일(gugudan.h)을 불러와서 컴파일을 처리하기 때문이다. 솔루션 빌드의 결과는 [그림 18-8]과 같고 [그림 18-9]는 실행된 결과이다.

gugudan.h	main.cpp
| ```c
void gugudan(int i);
void gugudan(int i)
{
 int j;
 for(j=1;j<=9;j+=1)
  printf("%d*%d=%2d\n", i, j, i*j);
}
``` | ```c
#include <stdio.h>
#include "gugudan.h"
int main(void)
{
 int i=3;
 gugudan(3);
 return 0;
}
``` |

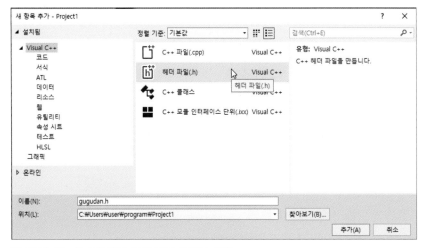

[그림 18-7] 새 항목에서 헤더 파일 형식을 선택

[그림 18-8] 소스 파일(main.cpp)에 대한 솔루션 빌드 결과

[그림 18-9] 실행 결과

이 예는 소스 프로그램(main.cpp)과 헤더 파일(gugudan.h)이 동일한 폴더에 저장되어 있다고 가정한 것이다. 사용자가 정의하는 헤더 파일을 사용하는 경우는 특정 변수나 상수를 정의하거나 구조체 형을 사용한 자료 구조, 사용자 정의 함수들을 이용하는 경우 또는 매크로를 정의하는데 사용한다.

18.3.2 #define과 매크로

#define은 프로그램에서 자주 사용하게 될 상수를 정의하거나 비교적 간단한 함수를 정의하는데 사용한다. 매크로 상수 이름은 일반 변수 이름과 구별하기 위해 주로 대문자로 표시한다.

#define 상수이름 상수
#define 함수이름(함수의 인자) 함수내용

#define을 이용하여 상수를 정의하는 것은 매크로 상수라 한다. 상수에는 숫자 또는 문자, 문자열을 사용할 수 있으며 다음과 같이 사용한다. 다음 예제는 0이 아닌 반지름의 값을 입력받아 원의 둘레를 계산하는 프로그램으로서 프로그램의 시작과 끝부분에 매크로 상수를 이용한 메시지를 표시한다.

〈예제 18-4〉 반지름의 값을 입력받아 원의 둘레를 계산하는 프로그램(매크로 상수)

```
01  #include <stdio.h>
02  #include <stdlib.h>
03  #define EQ ==
04  #define PI 3.141592
05  #define START "프로그램을 시작합니다."
06  #define END "프로그램을 종료합니다."
07  int main(void)
08  {
09   double radius;
10   printf("%s\n", START);
11   printf("0이 아닌 반지름의 길이를 입력하고 Enter :");
12   scanf("%lf", &radius);
13   if (radius EQ 0)
14   {
15     printf("%s\n", END);
16     exit(0);
17   }
18   printf("원의 둘레는 %lf 입니다.\n", 2*PI*radius);
19   printf("%s\n", END);
20   return 0;
21  }
```

[실행 결과]

```
프로그램을 시작합니다.
0이 아닌 반지름의 길이를 입력하고 Enter :12.5
원의 둘레는 78.539800 입니다.
프로그램을 종료합니다.
계속하려면 아무 키나 누르십시오 . . .
```

[프로그램 설명]

프로그램 line	프로그램	설명
3	#define EQ ==	조건문의 동등 연산자 '=='을 EQ라는 상수로 대체
4	#define PI	원의 둘레를 계산하는데 필요한 π(pi)값을 상수로 정의
5	#define START	프로그램의 시작을 알리는 메시지를 문자열 상수로 정의
10	printf(…,START);	문자열 상수 START의 내용을 출력
13	if(radius EQ 0)	조건식의 동등 연산자 '==' 대신 #define의 의해 매크로 상수로 대체된 EQ를 사용
15	printf(…,END);	문자열 상수 END의 내용을 출력

일반 변수와 매크로 상수를 비교하여 나타내면 다음과 같은 차이점이 있다.

[일반 변수와 매크로 상수]

구분	일반 변수	매크로 상수
이름	주로 소문자를 사용	주로 대문자를 사용
값의 할당	프로그램 상에서 언제든지 값을 변경할 수 있음	상수이므로 변수로 사용할 수 없음. 초기화만 가능함
데이터 형	데이터 형을 정의해야 함	데이터 형이 없음

#define을 이용하여 함수를 정의하는 것을 매크로 함수라 한다. 매크로 함수의 이름도 일반 함수의 이름과 구별하기 위해 주로 대문자를 사용한다. 매크로 함수는 일반 함수와 같이 인자를 사용할 수 있는 공통점이 있으나, 함수의 결과값을 되돌려주는 return 문이 사용되지 않는 차이점이 있다. 따라서 매크로 함수는 비교적 간단한 함수를 정의하여 사용하는데 이용된다. 다음 예는 어떤 값의 제곱을 계산하는 매크로 함수 SQUARE를 정의하여 사용한 것이다. 매크로 함수를 정의할 때 주의해야 할 점은 함수의 이름인 SQUARE와 인자를 리스트를 정의하는 (x) 사이에 공백이 없어야 한다는 것이다.

〈예제 18-5〉 제곱을 계산하는 매크로 함수

```
01   #include <stdio.h>
02   #define SQUARE(x) x*x
03   int main(void)
04   {
05     printf("SQUARE(5)=%d\n", SQUARE(5));
06     return 0;
07   }
```

[실행 결과]

```
SQUARE(5)=25
계속하려면 아무 키나 누르십시오
```

프로그램을 실행하면 25가 나온다. 그렇다면 다음과 같이 매크로 함수의 인자로 x+1과 같은 연산식이 포함된 프로그램의 결과는 어떻게 나올까?

〈예제 18-6〉 매크로 함수의 오류

```
01   #include <stdio.h>
02   #define SQUARE(x) x*x
03   int main(void)
04   {
05     double x=2, y=5;
06     printf("SQUARE(x+1)=%f\n", SQUARE(x+1));
07     printf("SQUARE(x+1)/SQUARE(y+1)=%f\n",SQUARE(x+1)/SQUARE(y+1));
08     return 0;
09   }
```

[실행 결과]

```
SQUARE(x+1)=5.000000
SQUARE(x+1)/SQUARE(y+1)=10.200000
계속하려면 아무 키나 누르십시오 .
```

프로그램은 매크로 함수인 SQUARE의 인자로 x+1과 같은 식을 사용한 경우다. 변수 x는 double 형으로서 2라는 값으로 초기화되었기 때문에 여러분은 SQUARE(x+1)의 결과가 3의 제곱인 9가 나올 것이고, SQUARE(x+1)/SQUARE(y+1)은 32/62을 처리할 것이므로 0.25가 출력된다고 생각할 것이나 결과는 앞에서와 같이 엉뚱하게 나타난다. 이유는 다음과 같다.

우선 SQUARE(x+1)의 결과가 5라는 값이 나오는 이유는 다음과 같이 계산하기 때문이다.

$$\text{SQUARE(x+1)} \underset{①}{\rightarrow} \text{SQUARE(2+1)} \underset{②}{\rightarrow} 2+\underline{1*2}+1 \underset{③}{\rightarrow} 2+\underline{2}+1 \underset{④}{\rightarrow} 5 \atop ⑤$$

즉, 함수의 인자로 사용된 x+1은 ②와 같이 전달된다. 이어서 SQUARE 함수의 몸체는 x*x를 처리하므로 ③과 같은 연산을 처리한다. 연산식 ③은 연산자 우선순위에 의해 곱셈(*)을 먼저 처리하므로 1*2를 먼저 계산하고 ④와 같이 더하므로 5라는 값이 출력된다. 따라서 함수 몸체의 x*x는 괄호를 사용하여 (x)*(x)로 표현해 주어야 한다.

이어서 SQUARE(x+1)/SQUARE(y+1)의 결과가 0.25가 아닌 10.2가 나오는 이유는 다음과 같다.

$$\text{SQUARE(x+1)/SQUARE(y+1)} \underset{①}{\rightarrow} \text{SQUARE(2+1)/SQUARE(5+1)} \underset{②}{\rightarrow} 2+\underline{1*2}+\underline{1/5}+\underline{1*5}+1 \atop ③$$

식 ③에서 곱셈과 나눗셈의 연산순위가 같기 때문에 왼쪽에서 오른쪽으로 계산이 이루어진다. 따라서 1*2를 먼저 계산하고 1/5, 1*5의 순서대로 계산하므로 최종적인 연산은 다음과 같이 10.2라는 결과가 얻게 된다.

$$2+\underline{1*2}+\underline{1/5}+\underline{1*5}+1 \rightarrow 2+2+\underline{0.2}+\underline{5}+1 \rightarrow 10.2$$

이와 같이 예상 밖의 결과를 얻게 되는 것을 부작용(side effect)이라 한다. 따라서 매크로 함수를 정의하는 경우에는 괄호를 적절하게 사용해야만 한다. 만약 매크로 함수 SQUARE를 괄호를 사용하여 다음과 같이 정의했다면 인자로 사용된 x+1에 대해 (x+1)*(x+1)을 처리할 것이므로 x가 2라면 9라는 결과를 얻게 된다.

```
#define SQUARE(x) (x)*(x)
```

반면 SQUARE(x+1)/SQUARE(y+1)의 결과는 다음과 같이 계산하므로 여전히 문제가 발생한다.

$$\text{SQUARE(x+1)/SQUARE(y+1)} \rightarrow (2+1)*(2+1)/(5+1)*(5+1) \rightarrow 3*3/5*5 \rightarrow 9$$

결국 함수 SQUARE는 다음과 같이 괄호를 더 추가하여 정의해야 한다. 앞의 〈예제 18-6〉을 다음과 같이 수정하여 결과를 확인한다.

〈예제 18-7〉 바르게 수정한 매크로 함수

```
01   #include <stdio.h>
02   #define SQUARE(x) ((x)*(x))
03   int main(void)
04   {
05     double x=2, y=5;
06     printf("SQUARE(x+1)=%f\n", SQUARE(x+1));
07     printf("SQUARE(x+1)/SQUARE(y+1)=%f\n",SQUARE(x+1)/SQUARE(y+1));
08     return 0;
09   }
```

[실행 결과]
```
SQUARE(x+1)=9.000000
SQUARE(x+1)/SQUARE(y+1)=0.250000
계속하려면 아무 키나 누르십시오.
```

결과는 실행 결과와 같이 정상적으로 출력된다. 함수와 매크로 함수를 비교하면 다음과 같다.

[매크로 함수와 함수의 비교]

구분	함수	매크로 함수
이름	주로 소문자를 사용	주로 대문자를 사용
인자의 데이터 형	인자가 사용될 경우 인자의 데이터 형을 지정해야 함	인자의 데이터 형이 없음
함수의 결과값	return 문을 사용	return 문이 필요 없음

#define은 상수나 함수를 정의하는 것에 반해 #undef은 이미 정의되었던 상수나 함수를 정의되지 않은 상태로 만들기 때문에 반대의 의미로 사용한다.

18.3.3 미리 정의된 매크로

지금까지 설명한 매크로는 사용자가 필요에 의해서 정의하는 사용자 정의 매크로이나 ANSI 에서 미리 정의된 매크로(predefined macro)가 있다.

미리 정의된 매크로는 컴파일러가 제공하는 매크로로서 컴파일러가 현재 상황이나 컴파일 중에 참고할만한 정보를 프로그래머에게 알려주는 용도로 사용한다. 이러한 매크로는 #define으로 정의하지 않아도 사용할 수 있지만 다시 정의할 수는 없다. 미리 정의된 매크로는 다음과 같다.

매크로 상수	기능
__DATE__	프로그램 파일이 컴파일된 날짜("월일년")를 나타내는 문자열 상수
__FILE__	컴파일 된 프로그램 파일의 이름 및 저장된 경로를 나타내는 문자열 상수
__LINE__	현재 처리중인 프로그램 파일의 행 번호를 나타내는 정수형 상수
__TIME__	프로그램 파일이 컴파일된 시간("시:분:초")을 나타내는 문자열 상수

이와 같은 매크로가 사용된 예는 다음과 같다.

〈예제 18-8〉 미리 정의된 매크로(__DATE__, __FILE__)

```
01  #include <stdio.h>
02  int main(void)
03  {
04    printf("컴파일된 파일: %s\n", __FILE__);
05    printf("컴파일된 날짜: %s\n", __DATE__);
06    printf("컴파일된 시간: %s\n", __TIME__);
07    printf("현재의 line : %d\n", __LINE__);
08    return 0;
09  }
```

[실행 결과]

```
컴파일된 파일: c:\prog\macro\macro\main.cpp
컴파일된 날짜: Dec 12 2012
컴파일된 시간: 10:43:16
현재의 line : 7
계속하려면 아무 키나 누르십시오 . . .
```

결과는 실행 결과와 같다. 매크로 상수 __LINE__은 현재 컴파일된 프로그램의 행 번호를 나타낸다. 프로그램의 첫 번째 줄을 1로 지정하므로 __LINE__이 있는 행은 7을 나타낸다. 매크로 상수인 __LINE__ 은 위와 같이 프로그램상의 행 번호를 나타내므로 주로 프로그램의 디버깅에 사용된다.

18.3.4 조건 컴파일

조건 컴파일(conditional compilation)이란 컴파일을 할 때 프로그램의 일부분을 선택적으로 컴파일 한다는 의미다. 즉, 주어진 조건에 따라 프로그램의 어떤 부분을 컴파일 하거나 컴파일 하지 않도록 할 수 있다는 것이다. 조건 컴파일에는 다음과 같은 지시자가 사용된다.

#if #ifdef #endif
#else #elif

조건 컴파일의 지시자는 조건문의 if의 사용 방법과 유사하지만 중괄호 { }를 사용하지 않는 차이가 있다. 조건 컴파일은 변수, 함수 또는 매크로가 중복되는 것을 피하는데 사용한다. 프로그램이 여러 개의 파일로 나누어진 경우에 하나의 프로그램 파일에서 #include에 의해 불러온 헤더 파일을 다른 프로그램에서도 중복하여 헤더 파일을 불러오는 경우에 컴파일을 하면 함수나 매크로가 중복 정의되어 오류가 발생되므로 조건적으로 컴파일 여부를 선택할 수 있도록 한다.

조건 컴파일 지시자는 조건에 따라 다르게 컴파일 할 수 있기 때문에 하나의 프로그램 코드를 가지고 서로 다른 실행 파일을 만들어낼 수 있다. 그러므로 사용자의 수준에 맞는 프로그램을 구분하여 만들 경우에 프로젝트 자체를 구분하여 개발하기 보다는 조건 컴파일을 사용하여 실행 파일을 구분하여 생성할 수 있다.

■ #if와 #endif 그리고 #elif

#if 지시자 다음에는 if 문과 마찬가지로 조건식이 필요하다. 주어진 조건식이 참일 경우에 프로그램 코드 ① 부분이 컴파일 되며, 조건식이 참이 아닐 경우에는 프로그램 코드 ② 부분이 컴파일 된다. 따라서 조건문인 if 문과 같이 중괄호 를 사용하지 않으며 대신 조건 컴파일의 마지막 부분을 나타내는 #endif가 반드시 사용되어야 한다.

```
#if (조건식)
    프로그램 코드 ①
#else
    프로그램 코드 ②
#endif
```

〈예제 18-9〉 조건 컴파일(#if, #endif)

```
01  #include <stdio.h>
02  #define LEVEL 1
03  int main(void)
04  {
05      #if (LEVEL>1)
06      printf("전문가용 프로그램\n");
07      #else
08      printf("초보자용 프로그램\n");
09      #endif
10      return 0;
11  }
```

[실행 결과]

```
초보자용 프로그램
계속하려면 아무 키나 누르십시오
```

매크로 상수 LEVEL이 프로그램 사용자의 수준을 나타낸 것이라고 가정할 때 1로 정의되어 있으므로 #if의 조건식 (LEVEL>1)은 거짓이며, #else 이하의 부분만 컴파일 된다. 따라서 실행 결과는 "초보자용 프로그램"이 출력된다.

#elif 지시자는 "else if"의 약어로서 다음과 같이 여러 개의 선택 조건 중에서 참인 조건

식에 포함된 프로그램 코드만을 선택하여 컴파일 하는데 사용한다. 다음은 사용자의 수준에 따라 헤더 파일을 선택적으로 불러들여 컴파일을 하는 예이다.

〈예제 18-10〉 조건 컴파일(#elif)

```
01  #if LEVEL == 1
02  #include "novice.h"
03  #elif LEVEL == 2
04  #include "middle.h"
05  #elif LEVEL == 3
06  #include "expert.h"
07  #else
08  #include "general.h"
09  #endif
```

■ #ifdef와 #endif

#ifdef는 "if define"의 약어로서 #if와는 달리 매크로 이름이 사용된다. #ifdef 다음에는 조건이 되는 매크로 이름을 쓰고, #ifdef와 #endif 사이에 조건적으로 컴파일 할 프로그램을 작성한다. 다음의 예에서와 같이 만약 #ifdef 다음에 명시된 매크로 이름이 프로그램 내에서 매크로로 존재한다면 조건 컴파일 영역에 포함된 프로그램 ①은 컴파일 되며, 그렇지 않다면 프로그램 코드 ②가 컴파일 된다. 만약 #else가 없는 경우에 매크로 이름이 존재하지 않는다면 프로그램 코드 ① 부분은 전처리기 과정에서 생략되므로 프로그램 코드가 없는 것으로 컴파일 된다. 조건적으로 컴파일 할 내용은 #if와 같이 #ifdef과 #endif 사이에 있게 되므로 중괄호 { }가 필요 없다.

```
#ifdef 매크로 이름
프로그램 코드 ①
#else
프로그램 코드 ②
#endif
```

#ifndef는 #ifdef와 반대 역할을 하는 지시자이다. #ifdef는 매크로가 정의되어 있을 때에만 컴파일 하지만 반대로 #ifndef는 매크로가 정의되어 있지 않는 경우에만 컴파일 한다. 조건문인 if 문과 마찬가지로 #ifdef와 #endif 사이에 #else를 넣을 수도 있으며 이 경우 #else 이하의 프로그램 코드는 그 외의 조건인 경우를 처리한다. #ifdef와 #endif의 사용 예는 다음과 같다.

〈예제 18-11〉 조건 컴파일(#ifdef, #endif)

```
01  #include <stdio.h>
02  #define LEVEL 1
03  int main(void)
04  {
05    #ifdef LEVEL
06    printf("전문가용 프로그램\n");
07    #else
08    printf("초보자용 프로그램\n");
09    #endif
10    return 0;
11  }
```

[실행 결과]
```
전문가용 프로그램
계속하려면 아무 키나 누르십시오.
```

#define에 의해 매크로 LEVEL이 정의되어 있기 때문에 #else 이하를 제외한 #ifdef 이하 부분만 컴파일 되므로 실행 결과는 "전문가용 프로그램"으로 출력된다.

18.4 배포 프로그램

원시 프로그램을 작성하고 솔루션 빌드 과정을 마치면 실행 가능한 exe 파일을 생성한다. 예를 들어 폴더 C:에서 〈예제 18-1〉의 프로그램에 대해 [그림 18-10]과 같이 프로젝트 이름을 dynamic, 소스 파일 이름을 malloc.cpp로 하여 솔루션 빌드 과정을 마치면 생성된 폴더와 파일은 [그림 18-11]과 같이 Debug라는 폴더에 dynamic.exe라는 실행 파일이 생성된다.

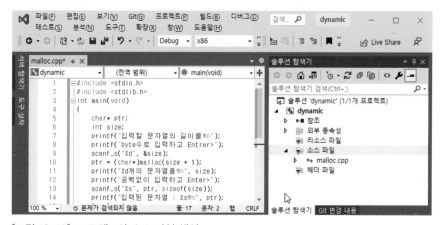

[그림 18-10] 프로젝트와 소스 파일 생성

[그림 18-11] Debug 폴더와 실행 프로그램

Visual C++의 컴파일 모드에는 두 가지, 즉 디버그 모드(debug mode)와 릴리즈 모드 (release mode)가 있다. 디버그 모드는 프로그램을 개발하는 단계에서 사용하는 모드이 고, 프로그램의 개발을 마치고 배포용 프로그램을 만들 경우에는 릴리즈 모드를 사용한다. 지금까지 사용한 컴파일 모드는 디버그 모드로서 디버그에 필요한 모든 정보를 포함하여 파 일을 컴파일하기 때문에 실행 프로그램의 크기가 커지므로 속도에 영향을 받는다. 반면 릴 리즈 모드는 코드에 필요한 부분을 실행 파일로 컴파일하기 때문에 최적화되어 실행 프로그 램의 크기도 작아지고, 속도도 개선된다.

Visual C++의 환경에서 C 언어가 아닌 C++ 언어를 이용하여 작성한 실행 프로그램을 배 포할 경우에는 반드시 릴리즈 모드로 전환하여 컴파일을 해야만 Visual C++가 설치되지 않은 컴퓨터에서도 실행이 가능하다. 그러나 C 언어로 작성한 프로그램은 디버그 모드로 컴 파일을 하던지 릴리즈 모드로 컴파일을 하던지 실행 상에서는 큰 차이는 없지만 릴리즈 모 드로 컴파일 했을 경우에 실행 프로그램의 파일 크기는 현저하게 작아진다. [그림 18-12]는 빌드 모드를 디버그 모드 또는 릴리즈 모드로 전환하는 방법이다.

[그림 18-12]에서 Release를 선택한 다음 솔루션 다시 빌드를 하면 [그림 18-13]과 같이 폴더 Release와 실행 프로그램이 생성된다. 디버그 모드의 실행 프로그램([그림 18-11]) 과 릴리즈 모드의 실행 프로그램([그림 18-13])의 파일 크기를 비교해 보기 바란다.

[그림 18-12] 빌드 모드의 변경

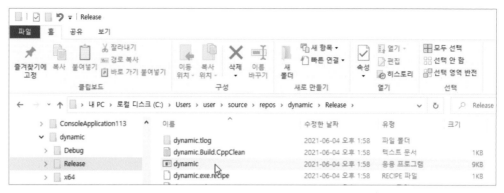

[그림 18-13] 폴더 Release와 실행 프로그램

Visual C++의 환경에서 프로그램을 빌드하고 실행했을 경우에는 실행이 종료됨과 동시에 [그림 18-14]와 같이 마지막 부분에 "계속하려면 아무 키나 누르십시오…"라고 표시되지만 윈도우 탐색기로 실행 프로그램(dynamic.exe)을 더블 클릭하여 실행했을 경우에는 프로그램의 종료와 동시에 창이 닫혀지므로 결과를 확인할 수 없다.

[그림 18-14] 〈예제 18-1〉의 실행 화면

배포용 실행 프로그램에서 이와 같은 현상이 나타나는 것을 방지하기 위해서는 프로그램의 종료 직전에 실행을 잠시 멈추게 하려면 〈예제 18-12〉와 같이 return 0;의 바로 앞에 DOS 명령인 "pause"를 system("pause");로 추가하여 사용한다. DOS 명령을 실행하는 함수 system은 헤더 파일 〈stdlib.h〉를 필요로 한다. 이 부분을 추가하여 완성한 프로그램은 다음과 같다.

프로그램을 수정하였으므로 다시 솔루션 빌드를 한 다음 윈도우 탐색기를 이용하여 폴더 Release 안의 dynamic.exe를 더블 클릭하여 실행시킨 결과는 [그림 18-14]와 같이 "계속하려면 아무키나 누르십시오…"라는 문장이 출력되고 키를 누르기 전까지 창이 닫히지 않으므로 결과를 확인할 수 있다. 이러한 방법은 디버깅 작업이 모두 정상적으로 끝나고 배포용 프로그램으로 만들 경우에만 사용한다.

〈예제 18-12〉 system("pause");의 추가

```c
01  #include <stdio.h>
02  #include <stdlib.h>
03  int main(void)
04  {
05    char *ptr;
06    int size;
07    printf("입력할 문자열의 길이를\n");
08    printf("byte수로 입력하고 Enter>");
09    scanf("%d",&size);
10    ptr=(char *)malloc(size+1);
11    printf("%d개의 문자열을\n", size);
12    printf("공백없이 입력하고 Enter>");
13    scanf("%s", ptr);
14    printf("입력된 문자열 : %s\n",ptr);
15    free(ptr);
16    system("pause");
17    return 0;
18  }
```

단원정리

분할 컴파일

모듈별로 완성된 원시 프로그램들을 하나의 실행 프로그램으로 만들기 위해 프로젝트 단위로 만들어 컴파일 하는 방법이다. 소스 파일 각각에 대해 컴파일을 하지 않고 프로젝트의 이름으로 빌드를 하면 프로젝트 안에 포함된 모든 소스 파일에 대해 컴파일과 링크 과정을 거쳐 실행 프로그램을 생성한다.

동적 할당

동적 할당의 동적은 dynamic의 의미로 정적(static)이라는 말과 반대되는 개념이다. 프로그램에서 사용한 모든 변수나 배열 등은 컴파일 과정에서 기억 공간에 대한 크기가 결정되는데 이를 정적 할당이라 한다. 동적 할당은 컴파일 과정이 아니라 프로그램의 실행 중에 기억 공간을 확보하는 것을 말한다.

동적으로 기억 공간을 할당할 때는 함수 malloc을 사용하고, 반대로 동적 할당 부분을 해제할 때는 함수 free를 사용한다.

```
void *malloc(size_t size);
void free(void *ptr);
```

전처리기

C 프로그램을 작성할 때 프로그램의 처음 부분에 항상 사용했던 #include나 #define 등을 전처리기 또는 선행처리기(preprocessor)라 부fms다. 영어의 'pre'는 미리, 앞서서라는 의미이고 'processor'는 처리기라는 의미로서 전처리기는 컴파일을 하기 이전에 어떤 내용을 미리 처리하라는 것을 의미한다.

연습문제

18.1 다음 세 개의 프로그램 파일을 프로젝트(sample)로 만들고 분할 컴파일을 통해 결과를 확인하시오.

```
mainprg.cpp

#include <stdio.h>
void disp01(void);
void disp02(void);
int main(void)
{
  printf("main program\n");
  disp01();
  disp02();
  printf("exit main\n");
  return 0;
}
```

```
disp01.cpp

#include <stdio.h>
void disp01(void)
{
  printf("\nThis is disp01 prog\n");
  printf("return to main\n");
}
```

```
disp02.cpp

#include <stdio.h>
void disp02(void)
{
  printf("\nThis is disp02 prog\n");
  printf("return to main\n");
}
```

18.2 함수 malloc과 free에 대한 설명 중 맞는 것은?

```
void *malloc(size_t size);
void free(void *ptr);
```

① 함수 malloc의 인자인 size_t는 데이터 형의 크기를 의미한다.
② 동적 할당은 변수의 이름이 없으며, 실행 중에 기억 공간을 확보한다.
③ 동적 할당은 일반 변수와 같이 스택(stack) 영역을 이용한다.
④ 동적으로 할당된 기억 공간은 컴파일러가 그 크기를 알 수 있다.
⑤ 동적 할당 메모리를 해제하려면 함수 free를 사용한다.

18.3 전처리기 지시자에 대한 설명 중 잘못된 것을 모두 고르시오.

① #include: 컴파일 하기 이전에 외부 파일(헤더 파일)을 불러옴

② #define: 변수에 대한 기억 클래스 정의

③ #ifdef: 프로그램의 일부분을 선택적으로 컴파일

④ #error: 오류가 있는 경우에도 컴파일을 완성

⑤ #pragma: 컴파일 option을 지정

18.4 다음 프로그램에서 입력할 문자열의 길이만큼 동적 할당을 할 때 빈칸에 들어갈 내용으로 가장 적절한 것은?

```
char *ptr;
int size;
printf("입력할 문자열의 길이를\n");
printf("byte수로 입력하고 Enter>");
scanf("%d",&size);
ptr=(char *)malloc(          ) ;
```

① sizeof(int)

② size

③ 4

④ char

⑤ size+1

18.5 다음의 구조체 형 포인터 변수 p1에 대해서 동적 할당을 한다고 가정할 때 빈칸에 공통적으로 들어갈 내용은 무엇인가?

```
struct employee
{
  char name[20];
  int year;
  int pay;
};


int main(void)
{
 struct employee *p1;
 p1 = (          *) malloc(sizeof(          ));
```

18.6 #define으로 m을 항상 10으로 고정하는 것은?

① #define m=10

② #define m 10

③ #define m==10

④ #define 10 m

18.7 전처리기의 설명으로 맞는 것은?

① # 기호를 지시자 앞에 붙이고 문장의 마지막에 ;(semi-colon)을 쓴다.

② 조건부 컴파일이 가능하다.

③ 매크로 상수나 함수의 정의가 가능하다.

④ 컴파일을 하기 전에 프로그램에 대한 일련의 작업을 수행한다.

18.8 다음 프로그램의 실행 결과를 예측하고 잘못된 부분을 고치시오.

```c
#include <stdio.h>
#define multiple(x,y) x*y
int main(void)
{
  int a=3, b=5;
  printf("%d \n", multiple(3+a, b));
  return 0;
}
```

18.9 다음 프로그램의 실행 결과를 예측하시오.

```c
#include <stdio.h>
#define LEVEL 2
int main(void)
{
  #if (LEVEL>=2)
  printf("전문가용 프로그램\n");
  #else
  printf("초보자용 프로그램\n");
  #endif
}
```

18.10 다음 프로그램의 실행 결과를 예측하시오.

```c
#include <stdio.h>
#define LEVEL 1
int main(void)
{
  #ifdef LEVEL
  printf("전문가용 프로그램\n");
  #else
  printf("초보자용 프로그램\n");
  #endif
  return 0;
}
```

APPENDIX

부록

Contents

부록 1 ASCII 코드표

10진수	2진수	8진수	16진수	ASCII	키(key)
0	0000 0000	00	00	NULL	CTRL/1
1	0000 0001	01	01	SOH	CTRL/A
2	0000 0010	02	02	STX	CTRL/B
3	0000 0011	03	03	ETX	CTRL/C
4	0000 0100	04	04	EOT	CTRL/D
5	0000 0101	05	05	ENQ	CTRL/E
6	0000 0110	06	06	ACK	CTRL/F
7	0000 0111	07	07	BELL	CTRL/G
8	0000 1000	10	08	BS	CTRL/H,BACKSPACE
9	0000 1001	11	09	HT	CTRL/I,TAB
10	0000 1010	12	0A	LF	CTRL/J,LINE FEED
11	0000 1011	13	0B	VT	CTRL/K
12	0000 1100	14	0C	FF	CTRL/L
13	0000 1101	15	0D	CR	CTRL/M
14	0000 1110	16	0E	SO	CTRL/N
15	0000 1111	17	0F	SI	CTRL/O
16	0001 0000	20	10	DEL	CTRL/P
17	0001 0001	21	11	DC1	CTRL/Q
18	0001 0010	22	12	DC2	CTRL/R
19	0001 0011	23	13	DC3	CTRL/S
20	0001 0100	24	14	DC4	CTRL/T
21	0001 0101	25	15	NAK	CTRL/U
22	0001 0110	26	16	SYN	CTRL/V
23	0001 0111	27	17	ETB	CTRL/W
24	0001 1000	30	18	CAN	CTRL/X
25	0001 1001	31	19	EM	CTRL/Y
26	0001 1010	32	1A	SUB	CTRL/Z
27	0001 1011	33	1B	ESC	ESC, ESCAPE
28	0001 1100	34	1C	FS	CTRL/₩
29	0001 1101	35	1D	GS	CTRL/]
30	0001 1110	36	1E	RS	CTRL/=
31	0001 1111	37	1F	US	CTRL/-
32	0010 0000	40	20	SP	SPACEBAR
33	0010 0001	41	21	!	!
34	0010 0010	42	22	"	"
35	0010 0011	43	23	#	#
36	0010 0100	44	24	$	$
37	0010 0101	45	25	%	%
38	0010 0110	46	26	&	&
39	0010 0111	47	27	'	'

10진수	2진수	8진수	16진수	ASCII	키(key)
40	0010 1000	50	28	(	(
41	0010 1001	51	29	)	)
42	0010 1010	52	2A	*	*
43	0010 1011	53	2B	+	+
44	0010 1100	54	2C	,	,
45	0010 1101	55	2D	–	–
46	0010 1110	56	2E	.	.
47	0010 1111	57	2F	/	/
48	0011 0000	60	30	0	0
49	0011 0001	61	31	1	1
50	0011 0010	62	32	2	2
51	0011 0011	63	33	3	3
52	0011 0100	64	34	4	4
53	0011 0101	65	35	5	5
54	0011 0110	66	36	6	6
55	0011 0111	67	37	7	7
56	0011 1000	70	38	8	8
57	0011 1001	71	39	9	9
58	0011 1010	72	3A	:	:
59	0011 1011	73	3B	;	;
60	0011 1100	74	3C	〈	〈
61	0011 1101	75	3D	=	=
62	0011 1110	76	3E	〉	〉
63	0011 1111	77	3F	?	?
64	0100 0000	100	40	@	@
65	0100 0001	101	41	A	A
66	0100 0010	102	42	B	B
67	0100 0011	103	43	C	C
68	0100 0100	104	44	D	D
69	0100 0101	105	45	E	E
70	0100 0110	106	46	F	F
71	0100 0111	107	47	G	G
72	0100 1000	110	48	H	H
73	0100 1001	111	49	I	I
74	0100 1010	112	4A	J	J
75	0100 1011	113	4B	K	K
76	0100 1100	114	4C	L	L
77	0100 1101	115	4D	M	M
78	0100 1110	116	4E	N	N
79	0100 1111	117	4F	O	O
80	0101 0000	120	50	P	P
81	0101 0001	121	51	Q	Q
82	0101 0010	122	52	R	R
83	0101 0011	123	53	S	S
84	0101 0100	124	54	T	T
85	0101 0101	125	55	U	U
86	0101 0110	126	56	V	V
87	0101 0111	127	57	W	W
88	0101 1000	130	58	X	X
89	0101 1001	131	59	Y	Y

10진수	2진수	8진수	16진수	ASCII	키(key)
90	0101 1010	132	5A	Z	Z
91	0101 1011	133	5B	[	[
92	0101 1100	134	5C	}	}
93	0101 1101	135	5D	]	]
94	0101 1110	136	5E	^	^
95	0101 1111	137	5F	—	—
96	0110 0000	140	60	·	·
97	0110 0001	141	61	a	a
98	0110 0010	142	62	b	b
99	0110 0011	143	63	c	c
100	0110 0100	144	64	d	d
101	0110 0101	145	65	e	e
102	0110 0110	146	66	f	f
103	0110 0111	147	67	g	g
104	0110 1000	150	68	h	h
105	0110 1001	151	69	i	i
106	0110 1010	152	6A	j	j
107	0110 1011	153	6B	k	k
108	0110 1100	154	6C	l	l
109	0110 1101	155	6D	m	m
110	0110 1110	156	6E	n	n
111	0110 1111	157	6F	o	o
112	0111 0000	160	70	p	p
113	0111 0001	161	71	q	q
114	0111 0010	162	72	r	r
115	0111 0011	163	73	s	s
116	0111 0100	164	74	t	t
117	0111 0101	165	75	u	u
118	0111 0110	166	76	v	v
119	0111 0111	167	77	w	w
120	0111 1000	170	78	x	x
121	0111 1010	171	79	y	y
122	0111 1001	172	7A	z	z
123	0111 1011	173	7B	{	{
124	0111 1100	174	7C				
125	0111 1101	175	7D	}	}
126	0111 1110	176	7E	~	~
127	0111 1111	177	7F	DEL	DEL

부록 2 · 키워드(keyword)와 예약어(reserved word)

키워드 혹은 예약어는 C 언어에서 특별한 의미로 사용하기 위해 미리 정해 놓은 단어를 말한다. 이러한 단어들은 고유한 기능을 하도록 만들어졌기 때문에 식별자로 사용할 수 없다. C 언어 키워드들은 데이터의 처리와 프로그램의 흐름을 제어하는데 사용한다. 앞에서 정수형 변수를 정의하는데 사용한 int가 키워드의 예이다. 그러나 printf나 scanf는 키워드라 하지 않고 식별자로서 함수라고 부른다.

[표 1] C 언어의 키워드들

auto	double	int	struct
break	else	long	switch
case	enum	register	typedef
char	extern	return	union
const	float	short	unsigned
continue	for	signed	void
default	goto	sizeof	volatile
do	if	static	while

부록 3 · 여러 종류의 데이터 표

[표 1] 도량형 환산표(길이)

단위	센티미터	미터	인치	피트	야드	마일	자	간	리
1센티미터	1	0.01	0.3937	0.0328	0.0109	....	0.033	0.0055	....
1미터	100	1	39.37	3.2808	1.0936	0.0006	3.3	0.55	0.00025
1인치	2.54	0.0245	1	0.0833	0.0278	....	0.0838	0.0140	....
1피트	30.48	0.3048	12	1	0.3333	0.00019	1.0058	0.1676	....
1야드	91.438	0.9144	36	3	1	0.0006	3.0175	0.5029	0.0002
1마일	160930	1609.3	63360	5280	1760	1	5310.8	885.12	0.4098
1자	30.303	0.303	11.93	0.9942	0.3314	0.0002	1	0.1667	0.00008
1간	181.818	1.818	71.582	5.965	1.9884	0.0011	6	1	0.0005
1리	392727	3927.27	154619	12885	4295	2.4403	12960	2160	1

[표 2] 도량형 환산표(무게)

단위	g	kg	ton	그레인	온스	lb	돈	근	관
1 g	1	0.001	0.000001	15.432	0.03527	0.0022	0.26666	0.00166	0.000266
1 kg	1000	1	0.001	15432	33.273	2.20459	266.666	1.6666	0.26666
1 ton	1000000	1000	1	—	35273	2204.59	266666	1666.6	266.666
1 그레인	0.06479	0.00006	—	1	0.00228	0.00014	0.01728	0.00108	0.000017
1 온스	28.3495	0.02835	0.000028	437.4	1	0.06525	7.56	0.0473	0.00756
1 lb	453.592	0.45359	0.00045	7000	16	1	120.96	0.756	0.12096
1 돈	3.75	0.00375	0.000004	57.872	0.1323	0.00827	1	0.00625	0.001
1 근	600	0.6	0.0006	9259.556	21.1647	1.32279	160	1	0.16
1 관	3750	3.75	0.00375	57872	132.28	8.2672	1000	6.25	1

[표 3] 도량형 환산표(부피)

단위	홉	되	말	cm³	m³	ℓ	in³	ft³	yd³	gal(美)
1 홉	1	0.1	0.01	180.39	0.00018	0.18039	11.0041	0.0066	0.00023	0.04765
1 되	10	1	0.1	1803.9	0.00180	1.8039	110.041	0.0637	0.00234	0.47656
1 말	100	10	1	18039	0.01803	18.039	1100.41	0.63707	0.02359	4.76567
1 cm³	0.00554	0.00055	0.00005	1	0.000001	0.001	0.06102	0.00003	0.00001	0.00026
1 m³	5543.52	554.325	55.4352	1000000	1	1000	61027	35.3165	1.30820	264.186
1 ℓ	5.54352	0.55435	0.05543	1000	0.001	1	61.027	0.03531	0.00130	0.26418
1 in³	0.09083	0.00908	0.0091	16.387	0.000016	0.01638	1	0.00057	0.00002	0.00432
1 ft³	156.966	15.6666	1.56966	28316.8	0.02831	28.3169	1728	1	0.03703	7.48051
1 yd³	4238.09	423.809	42.3809	764511	0.76451	764.511	46656	27	1	201.974
1 gal(美)	20.9833	2.0983	0.20983	3785.43	0.00378	3.78543	231	0.16368	0.00495	1

[표 4] 도량형 환산표(넓이)

단위	평방자	평	단보	정보	m²	a(아르)	ft²	yd²	acre
1 평방자	1	0.02778	0.00009	0.000009	0.09182	0.00091	0.98841	0.10982	—
1 평	36	1	0.00333	0.00033	3.3058	0.03305	35.583	3.9537	0.00081
1 단보	10800	300	1	0.1	991.74	9.9174	10674.9	1186.1	0.24506
1 정보	108000	3000	10	1	9917.4	99.174	106794	11861	2.4506
1 m²	10.89	0.3025	0.001008	0.0001	1	0.01	10.764	1.1958	0.00024
1 a	1089	30.25	0.10083	0.01008	100	1	1076.4	119.58	0.02471
1 ft²	1.0117	0.0281	0.00009	0.000009	0.092903	0.000929	1	0.1111	0.000022
1 yd²	9.1055	0.25293	0.00084	0.00008	0.83613	0.00836	9	1	0.000207
1 acre	44071.2	1224.2	4.0806	0.40806	4046.8	40.468	43560	4840	1

참고 : 1 hectare(헥타르) = 100 are = 10000m²

[표 5] 도량형 환산표(디지털 데이터)

단위	bit	byte	Kilobyte	Megabyte	Gigabyte	Terabyte
bit	1	0.125	0.00012207	9.3132E−07	9.0949E−10	1.1102E−13
byte	8	1	0.0078125	9.5367E−07	9.3132E−10	9.0949E−13
kilobyte	8,192	1,024	1	0.0078125	9.5367E−07	9.3132E−10
Megabyte	8,388,608	1,048,576	1,024	1	0.0009765	9.5367E−07
Gigabyte	8,589,934,592	1,073,741,824	1,048,576	1,024	1	0.0009765
Terabyte	8,796,093,022,208	1,099,511,627,776	1,073,741,824	1048.57	1,024	1

[표 6] 행성 데이터

행성 이름	영문 이름	지름(km)	태양과의 거리(km)	궤도 속도 (km/초)	공전주기 (일, 년)	위성 수
수성	Mercury	4,878	57,910,000	47.89	87.97(일)	0
금성	Venus	12,103	108,200,000	35.03	224.70(일)	0
지구	Earth	12,756	149,600,000	29.79	365.26(일)	1
화성	Mars	6,786	227,940,000	24.13	686.98(일)	2
목성	Jupiter	142,984	778,330,000	13.06	11.86(년)	16
토성	Saturn	120,536	1,426,980,000	9.64	29.46(년)	18
천왕성	Uranus	51,118	2,870,000,000	6.81	84.01(년)	15
해왕성	Neptune	49,528	4,497,070,000	5.43	164.79(년)	8
명왕성	Pluto	2,284	5,913,520,000	4.74	248.54(년)	1

찾아보기